《资本论》

—— 轻松读 ——

第一卷　资本主义的本质

［日］的场昭弘◎著
王　琰　张琰龙　江　涛◎译

超訳『資本論』

浙江人民出版社

《资本论》：一门属于民众的历史科学

——《〈资本论〉轻松读》中译本序一

马克思在《资本论》第一卷第二版跋中写道：“《资本论》在德国工人阶级广大范围内迅速得到理解，是对我的劳动的最好的报酬。”这句话清楚地表明，马克思把《资本论》看作一部写给工人阶级的书，而不是为了参与经济学理论的争论而写的学术著作。但马克思过于乐观了，1867年面世的《资本论》第一卷，不仅对于工人阶级来说是一部难啃的书，即便对于在学术上有所成就的经济学理论研究者们而言，也是一部难以窥其堂奥的巨著。为什么会这样呢？在笔者看来，根本原因在于《资本论》并不是一部经济学著作，而是一部由马克思本人创立的崭新的历史科学——“政治经济学批判”（这正是《资本论》的副标题）的研究著作。对这门新科学的理解，要求超越经济学以及其他社会科学的范畴思维，而这种超越，对于未曾把握到马克思所完成的哲学革命的人来说，只有经历了资本历史的客观进程之充分展开，才是有可能理解的。历史事实证明了这一点。生活于21世纪的我们，亲身经历了金融资本主义所造成的社会危机：资本市场的投机和冒险、超出经济学理性范围的全球性金融危机、由恐怖主义国际化和社会内部贫富分化加剧而引发的逆全球化趋势，这一切总是不断地使经济学对资本经济所作的理论断言成为笑话，总是不断地使《资本论》成为让当代读者感到亲切的著作。

虽然《资本论》愈益让人亲近，但研读它仍然是一件让多数读者望而生畏的事。本书作者的场昭弘写道："事实上要读《资本论》并非一件易事……自称读过《资本论》的人很多，但真正完整阅读过整本书的人又有多少呢？它的语言晦涩难懂，而且，即使有些能看出是专业用语的内容对我们有一定难度，但用这个时代的世界观难以理解的内容则更多。"其实，马克思本人也充分意识到这一点，他在《资本论》第一卷第一版的序言中这样写道："万事开头难，每门科学都是如此。所以本书第一章，特别是分析商品的那部分，是最难理解的。其中对价值实体和价值量的分析，我已经尽可能地做到通俗易懂。……分析经济形式，既不能用显微镜，也不能用化学试剂。二者都必须用抽象力来代替。”在 1859 年《政治经济学批判》的序言中，马克思写道：“在科学的入口处，正像在地狱的入口处一样，必须提出这样的要求：‘这里必须根绝一切犹豫；这里任何怯懦都无济于事。’”

《资本论》不是一部经济学著作，这一点必须再度强调。那么，它究竟是一本怎样的书呢？其实，它属于马克思所说的“历史科学”。

1844 年至 1846 年间，马克思发动了哲学革命，创立了历史唯物主义。这时的马克思写道：“我们仅仅知道一门唯一的科学，即历史科学。历史可以从两方面来考察，可以把它划分为自然史和人类史。但这两方面是不可分割的；只要有人存在，自然史和人类史就彼此相互制约。”历史唯物主义是一切可能的历史科学之哲学前提，而《资本论》学说是历史科学中的一种，因此，历史唯物主义是《资本论》的前提。

的场昭弘应该是知道这一点的。例如，他在本书（日文版）第二版序中写道：“阶级斗争与经济学领域并没有直接关联性，所以经济学家们也从不关心这类问题。可是，所谓的资本主义社会经济规律在很多方面都与国家权力、法律、政治之类的问题密切相关，而这些问题与经济学理论也没有直接关系。这类问题都会出现在具有激烈的阶级对立的领域。如果非要把资本主义社会当作一种超越历史的社会制度，那么，国家、法律、政治这类非经济类问题就可以忽略不计。从这个角度来说，历史这个概念对于马克思的学说而言是非常关键的。”这段话表明，的场昭弘知道历史唯物主义是马克思所阐述的科学理论之思想基础，只是他没有将这一点予以透彻而简要的说明。依笔者看来，我们只要指出如下一点，就可以把这件事讲清楚：

根据历史唯物主义，资本主义生产方式，不仅仅是社会物质财富的生产方式，还是整个资本主义社会共同体本身的再生产方式，它是当代阶级关系的再生产，当代政治国家的再生产，当代法律体系的再生产，当代意识形态乃至当代教育体系的再生产。

由此推论，资本主义的经济危机，无论是其起因，还是其后果，都不可能在一个被抽象出来的纯粹经济关系层面上得到说明，而应该在具有感性对抗性质的资本社会本身的生产方式这一维度上被把握和揭示。如果说经济学研究的是在经济逻辑中的“经济关系”，那么《资本论》研究的就是作为真相的、感性的“生产关系”。生产关系的人格化存在，便是阶级关系。由于生产关系本身具有对抗性质，那么自然而然地，在阶级关系中即包含阶级斗争。正因为如此，的场昭弘说了一句非常正确的话：“马克思是将资本主义社会作为阶级斗争的问题来研究的。”（见《〈资本论〉轻松读》第三卷后记）

也许，“阶级”“阶级斗争”这样的词语会让有些读者感到不舒服，感到刺耳。这样的读者可能有一颗善良的心，抱有对一个永远和谐的人类社会的期待，所以反感任何阶级斗争学说。但是，正如王国维先生曾经说过的那样，世界上有两类学问，一类可爱而不可信，另一类则可信而不可爱。马克思的学说正属于这第二类。

的场昭弘这本书日文原书名为《超译〈资本论〉》。他所谓的“超译”，其实是从《资本论》中精选原文，随即加上“插话式解读”。其解读的重点，并不在于解释被选的原文，而是提领出一条供思考的线索，使读者以不偏离此线索的方式循序理解原著内容之精华。

的场昭弘之所以能做出如此类型的“超译”，其基础在于他本人曾经翻译了马克思的许多原著，并同时对这一学说的内涵有深入的理解。这是其一。其二，他对《资本论》与当今资本社会的经济问题的内在关联以及由之引发的一系列思想争论有清楚的把握。在此基础上，他着眼于普通读者的需要，简明地勾勒出一条隐含在《资本论》三卷中的问题线索。与此同时，力求尽可能清晰地展示马克思本人在这条线索上的思考。这是的场昭弘此书的最大价值所在。我们应当感谢他所做的这一贡献！

马克思主义中国化是当下中国哲学社会科学界追求的一个重要的基本目标。但是，在朝向这个目标努力的过程中，我们倒是需要经常反思一下这个目标本身的真实内涵。何谓一种非吾族的学问或思想的中国化呢？有助于对此问题的反思的，是历史上一个现成的例子，即佛学的中国化。佛学中国化的最高成果是禅宗，这一点没有疑义。禅宗源于古印度的佛陀，但它已完全可被称为“中国的佛教”了，因为它事实上已是中国思想的一部分了。佛学中国化分为两个阶段。第一阶段就是努力地做到让佛经说汉语。这是一个巨大的努力，到了唐朝基本成功。第二阶段就是让佛学的思想深入中国民众的内心。这一阶段的真正完成，是在禅宗第六祖慧能那里，正如毛泽东所称赞的那样："《六祖坛经》是一部人民群众的佛经。"

与此相类比，马克思主义中国化的第一阶段也已完成，我们确实较为成功地汉译了《马克思恩格斯全集》，这就是说，我们基本做到了让马克思的学说讲汉语。接下去就应当是第二阶段，即让马克思的思想深入中国普通百姓的内心。若这一阶段未完成的话，就谈不上马克思主义的中国化。马克思主义中国化绝非少数学者、专家的学术工作，而是要让马克思的伟大思想融入中国思想、融入中国文化精神，以应对一个由资本带来的世界历史进程，同时也建构我们民族在现代化进程中的精神家园。兹事体大，是思想的事业。思想的事业是在民众的生命实践中展开的，其中就包含马克思学说在中国民众的广大范围内得到理解。我们相信，这也是马克思本人的心愿，因为他相信人类解放属于整个世界历史进程，他晚年对东方社会历史进程的关注证明了这一点。

由此看来，的场昭弘的这本书给我们中国学者做了一个榜样，中国的马克思学说研究者不也应该在接近民众这个方向上为马克思主义中国化做出进一步的努力和贡献吗？

复旦大学哲学学院

当代国外马克思主义研究中心

王德峰　教授

2022年3月

在全球化分裂的时代重读马克思

——《〈资本论〉轻松读》中译本序二

近年来，不少发达国家的对内和对外政策出现急剧变化。它们在国际经贸往来中推动“逆全球化”，导致全球化进程止步不前，甚至出现倒退。观察这些发达国家历史上的对外政策变化，我们可以清晰地看到，其对外政策的变化很大程度上受到其国内经济格局的影响，即内政变化的延续。这种变化的主要特征，是其国内收入差距的持续扩大：不同群体在全球化进程中受益程度相差巨大，有的群体不仅得益不多，甚至还深受其害，成为所谓“被遗忘的群体”。这种国内收入差距拉大而形成的阶层撕裂，是这些国家对外政策变化的内在基础。而收入差距问题，则一直是马克思主义政治经济学关注的主要研究课题。

《资本论》诞生100多年来，西方学界对其的态度几经嬗变，但马克思主义的“幽灵”始终徘徊在发达资本主义国家上空。每当资本主义世界出现经济、金融和社会危机，《资本论》便会回到人们的视野之中，马克思主义也会在不同的环境下，以不同方式、不同程度地被“重新发现”。这展现出马克思所著《资本论》的巨大生命力。

日本是最早关注马克思主义的东亚国家之一。第二次世界大战之后，伴随着日本社会从上到下兴起学习西方的风气，马克思主义作为重要的西方理论，吸引了梅本克己、竹内良知等众多学者。“冷战”结束后，经济全球化加深了东西方思想与文化的互通，马克思主义理论的研究也更加深入。20 世纪 90 年代，日本发展陷入停滞，经济下滑，失业率骤增，社会矛盾层出不穷，这些因素都推动了马克思主义研究的再度复兴。马克思主义在日本的发展，与其社会环境的变化紧密相连，已在全球经济学研究中形成了一个相对独立的日本马克思主义思想流派。

近年来，一股“回到马克思”的潮流在日本再度掀起，不破哲三、石川康宏、的场昭弘等日本学者的马克思主义研究著作都出乎意料地受到欢迎，成为日本年轻人群体中的畅销书。这一现象昭示了马克思主义经久不息的生命力。《资本论》不仅影响了 19 世纪下半叶以来的人类历史，而且在人类社会面临收入差距拉大等挑战时，仍将激发人们的学习和思考。同时，日本年轻人群体对《资本论》的重新关注，也折射出他们迷茫焦虑的群体心态。日本民众的学历、个人收入、生活需求等差距日益扩大，在越来越大的社会下沉拉力作用下，日本一些年轻人开始出现不愿意再冒风险的倾向，晚婚化、少子化现象显著，不少人丧失上进心、成功欲，且消费意愿低迷。“低欲望社会”“下流社会”成为日本的标签。在闭塞感与焦虑感中，他们急于为心中的疑惑找到答案，而马克思或许早在一百多年前就已经洞察并深入思考了这些问题。

这也是本书作者的场昭弘写作一系列马克思主义相关著作的现实意义所在。本书原名为《超译资本论》，“超译”在日文中具有“更简练的翻译”之义。正如书名所揭示的，本书是对《资本论》原著编译简化的普及版，内容更为平实易懂。书中着重分析的商品、资本与全球经济一体化等理论，在“逆全球化”浪潮悄然兴起的今天，赋予了马克思主义的时代化和大众化新的意义。

正如日本著名作家内田树所呼唤的那样：“读马克思吧！”“读过马克思之后，你会感觉到自己思考的框子从外面被摇晃着，框子的墙壁上开始出现裂痕，铁栅栏也开始松动。于是你会领悟到，原来自己的思想是被关在一个牢笼中。”

本书作者的场昭弘，是日本经济学家，也是日本神奈川大学教授。他一直专注于研究经济社会思想史。最近，的场昭弘正在从事《新译马克思恩格斯全集》（由国际马克思恩格斯基金会编辑和出版）的编辑工作。他作为《新译马克思恩格斯全集》日本编委会和历史小组的代表，与来自柏林、莫斯科和阿姆斯特丹的学界同人一起翻译出版了此书第29卷。他的其他著作还有《重读马克思：如何与“帝国”作战》《受马克思的邀请：追寻新思想》《马克思与资本主义的终结》《卡尔·马克思入门》等。

是为序。

中国宏观经济学会副会长

北京大学汇丰金融研究院执行院

巴曙松　教授

2022年3月

第二版序

荐读《资本论》

《资本论》是值得一读的。事实上要读《资本论》并非易事。比如单从第一卷的厚度（德语原文有 800 多页）来看就已经让人望而生畏了。自称读过《资本论》的人很多，但真正完整读过全书的人又有多少呢？而且它的语言晦涩难懂，即使能看懂专业术语的我，读起来也有一定的难度。在晦涩难懂的内容旁边加一些注解说明，虽说也能够帮助读者理解，但德语版《资本论》里那些附注的说明文字，使用的也不是简单易懂的术语。

而且，人们常常会抱有这样的疑问："19 世纪写的《资本论》，现在还有阅读它的意义吗？这本书对现在的我们有什么价值呢？"哦，原来人们已经把《资本论》当作"已经过时的古典价值观"了！

在这里，我想强调的不是《资本论》所谓的古典学术价值，更不是如一些奉行经济学原理的人们一样把《资本论》当作是解读资本主义社会构成的理论，我无意抱着这样的想法去解读它。我认为，阅读《资本论》恰恰是为了更好地了解现在这个时代，就这一点来说，每个人都应该去读它。当然，这是一本解读《资本论》的书，为了全面理解《资本论》，首先我阅读了德语和法语的原著。的确，如何通俗易懂地解说它，是本书主要的着眼点。当然，只是阅读马克思的文章并不能实际了解现代社会的问题，所以我们有必要重新去读《资本论》。

《资本论》是站在劳动者立场上的一本书

那么，所谓现代社会的问题究竟是什么呢？是资本主义社会的规律，是资本积累的规则，还是国家权力的问题，抑或是剥削的理论……确实会有很多疑问。可以说《资本论》所涉及的无论是对象还是内容都非常广泛。如果全面思考这些争议内容，反而无法把握《资本论》的整体思路。所谓的整体思路，不是说马克思作为一名大学经济学教授的讲课思路，而是作为一位革命导师创作这本著作的意图。

的确，革命导师马克思提出要客观分析资本主义规律，并不是为了客观地探究资本主义机制，而是为了解救资本主义社会中被剥削被压迫的人民。

这么说，在日本一定会遭到反对和质疑。因为站在劳动者或资本家这样特定的立场上，理论就不能成为学问，充其量只能算是一种“宗教学说”。但马克思对这种质疑早已了然于胸，他对这些国民经济学家们所主张的看似客观、实际上却很随性的分析一一进行了驳斥。我们知道，斗争分为表面斗争和内在斗争：对科学体系中的表面性状进行说明，是马克思采取的表面斗争；接受科学体系，并从科学体系入手对社会进行深入批判与剖析，这是内在斗争。而这内在斗争的基础，是由在资本主义社会没有得到一个拥护者的弱者来发动的。

《资本论》是一本关于阶级斗争的书

我们谈起马克思主义时常常会用“阶级斗争”这个词，但不幸的是，阶级斗争与经济学领域并没有直接关联性，所以经济学家们也从不关心这类问题。可是，所谓的资本主义社会经济规律在很多方面都与国家权力、法律、政治之类的问题密切相关，而这些问题与经济学理论也没有直接关系，这类问题仅会出现在具有激烈阶级对立的领域。

如果非要把资本主义社会当作一种超越历史的社会制度，那么国家、法律、政治这类非经济类问题则可以忽略不计。从这个角度来说，历史这个概念对马克思的学说而言是非常关键的。

因此，马克思经常把资本主义时期和以前的历史时期做对比，找出隐藏在经济学体系中的非经济因素。有人主张这些因素在经济学中从未出现过，也有人主张这是自然规律，马克思分别对这些观点进行了批判。

阅读《资本论》后我们会发现，人类是一种利己主义动物的观点中出现了人类是一种群居动物的观点，勤劳能够致富的观点中出现了掠夺能够带来财富的观点，工人通过自己的劳动能够获得相应报酬的观点中出现了工人被剥削榨取的历史事实——它们之间都显示出互为矛盾的关系。

历史和理论

看上去理所应当的自然规律背后，贯穿着这个时代特有的规律，但是很少会有人意识到这一点。无论哪个时代，人们都会觉得自己所处的时代会永远存续，因此发生的所有事情都是正常现象。这种想法的结果就是人们会被具有不可预测性的历史发展给冲击到。当然，一定会有人批判说这是历史主义思想。如果把所有发生过的事还原到历史中，就能发现世界是不断变化的。由于过去的变化导致了现在的变化。我们现在这个时代可能会迎来历史的终结，但每个人都有美化自己所处时代的意识，所以都不愿接受历史主义的诠释。

马克思对于这种意识是非常了解的，因此他不仅强调了社会制度历史性的一面，同时对其非历史性的一面在世界中的各种不同变化因素展开了分析和论证。

将历史带入理论世界，的确会造成理论体系的不完善。比如，在剥削的过程中，像高利贷资本这种过去被明确定性为欺诈的交易，如今在资本主义社会却取得了合法的地位，就这一点来说无法从理论上进行解释。

工人创造的剩余价值产生了利润，利润的产生又是有一定原因的。为了解释一个原因，又会引入另一个现象，看上去就像由嵌套式思维方式所产生的牵强附会的说法。为了避免过于突兀，马克思对剩余价值的产生原因并没有直接说明，而是反复对商品进行论述，对其所有的可能性进行分析。

首先要了解商品世界存在的矛盾

马克思为《资本论》第一卷写的序言中曾提到“为什么要从商品开始分析资本主义”，那部分内容正对应着以上这个问题。如果主张“不等价交换是工人被剥削的根源”，就会被简单地归类为“也有人主张这种说法”，即忠诚地追随普通经济学者们的做法，进而遵循他们的理论。最终结果就是，即使接受他们的理论，得出的结论也是：如果没有对工人的剥削，就无法建立这个世界。

这种做法被马克思称为“上向法”。也就是说研究的过程要分析一个个现实问题，但是如果只分析现实问题，就只能看到问题真实的动向而已。把现实问题抽象化，找到一种可以代表这个时代的东西，以此进行分析才有意义。

从这个角度来说，商品就是这个时代最好的代表。商品无处不在，可怎么看也看不出有什么特殊的地方。就是这样的表象下隐藏了所有的问题。

把商品的价值和使用价值加以区分的并不是马克思，他只是采用了古典派经济学者的分析方法对商品进行了分析。也就是说，在这个问题上马克思只是沿袭了他们的学说而已。

但是，商品中出现了货币，继而商品中又出现了特殊商品。如果特殊商品也和商品一样的话，那么作为特殊商品的劳动力也应该具有和商品同样的特征。可是，这个商品中包含的活生生的人所产生的各种生活需求该如何解决？古典派经济学者对此束手无策。马克思为了寻求完整的说明而进行了研究，结果劳动力商品具有二重性的问题就显露了出来。

如果把劳动力商品和一般商品作为同样的事物进行说明，就会出现难以解释的矛盾。也就是说，劳动力的使用价值和交换价值没有差别的话，劳动力商品就难以成立。这个差值就成为一个不可忽略的事实展现出来。这就是“给工人支付的劳动报酬”和“没有支付给工人的剩余价值”之间的差值。理论本身是古典派经济学者的理论，但依据他们的理论，劳动力商品中存在无法解释的矛盾。

如何描绘现实社会?

那么，为什么这些矛盾会隐藏在资本主义社会等价交换的世界中呢？这完全是一些内在的逻辑理论。如果一味遵循这些内在的逻辑理论，资本主义就会成为单纯的理论体系。资本主义的发展虽然存在矛盾，但总会因为经济景气或不景气的循环而摆脱这个矛盾。

通过历史分析现实世界，了解各种各样的具体问题，大大丰富了平淡无奇又依据薄弱的理论性争论的内容。马克思《资本论》的伟大之处，正是他的理论支撑产自这个现实世界。它不仅仅是一本经济学著作或者统计学书籍，更是马克思在体验和观察社会实际后所写的书。马克思不仅文笔卓越，还曾在法国巴黎与英国伦敦居住时亲身体会了历史的进程，了解了社会发展的趋势，他更曾用亲身体验到的历史与统计依据薄弱的数据展开了比较。

马克思拾起被国会抛弃的议事记录。暂且不谈仔细阅读国会议事记录是一件多么了不起的事，马克思在阅读过程中意识到，其中所写的内容与现实问题之间有很大出入，他的阅读由此成为一种批判式的阅读。马克思不是一个只会纸上谈兵的理论家，他是一个革命家。也正由此，成就了他的伟大。

马克思是一位改变现代社会的革命家

回归正题，马克思是一位革命家。作为革命家，他抓住了资本主义的核心问题，并试图通过阶级斗争构筑一个未来社会。这个未来社会是通过无产阶级的眼睛看到的世界，当然这是出于对无产者的同情。但马克思并不是用同情来支持无产阶级的，因为他预测到这个社会中蕴藏着推动历史进程的巨大客观动力。

从这点来看，马克思并不是因为同情而成为一个社会主义者的。他是意识到无产阶级的存在是未来世界发展的必然，才成为社会主义者。从这里回过头再看之前提到的，把马克思的理论作为阶级斗争理论来看，会成为一种持特定立场的宗教学说——这种说法是多么可笑。他的学说之所以站在工人的立场，不是因为工人悲惨，而是因为历史车轮转到了这里。从这个意义上来说，作为革命家的马克思并不需要成为一名工人。

不是工人为何能写出一本站在工人立场的书?

这是一个一直以来都比较有争议的问题，一个资产阶级的人为何能够成为无产阶级的代言人？过着富足生活的人一般都会对劳动人民的生活唯恐避之不及，但为什么马克思能够为工人发声？其实确切地说，正因为他不是工人，才能够客观地分析工人的社会。如果拥有工人的身份，反倒很难看清他们的权利中所暗藏的陷阱。工人们认同的想法很难使工人以外的人群所接受。从理论的建立上来说，这不仅是很大的不利因素，更无法使该理论获得社会的认同。因此，马克思在现实面前进行冷静的思考，其结果就是确认了工人们的想法具有合理性。只有确认了这一点，马克思才能在直面资本家的同时，更坚定地提出自己的理论。

马克思的《资本论》涵盖哲学、数学、美学、文学、统计学、卫生学等多种学科的内容，而这些学科的内容和工人并没有直接关系。尽管用工人阶层的语言完成这本著作可能会更好，但是工人的学说即使能在工人的世界被认同、被理解，在资产阶级的世界也不会被认可。资产阶级的世界有其特有的语言和表达方式，他们接受和推崇的就是《资本论》所涉及学科的学问。如果不了解这两个世界的差异就展开社会批判，最终也只能是被嗤之以鼻。马克思和恩格斯在英国之所以为资本家们所畏惧，正是因为他们在这些领域的深厚修养，而且讽刺的是，他们本身就是资产阶级，是在资产阶级世界中具有一定影响力的人物。

虽然有些讽刺，但要承认《资本论》从某种意义上来说，是那个时代富含资产阶级教养学识的一本书。然而，这本书最终被推上了批判的高台，被资本家们驳斥。在《资本论》的很多引用中出现了大量作家的言论，这些言论无外乎是那个时代资产阶级的一些陈词滥调。马克思对此毫不畏惧，一一进行了严厉的驳斥，他犀利的批判风格让对手感到恐慌和畏惧。

并非是你们的责任

阅读《资本论》就要适应它的修辞风格，换句话说它并非一本浅显易懂的书。即使读起来有些困难，马克思还是迫切希望劳动人民能够去阅读它。

因此，马克思在写作这本书时尽力避开晦涩的理论和哲学语言，通过详细引用那些汇报社会底层艰苦悲惨现状的报告书，希望劳动人民去了解他们所生活的这个世界。特别是后半部分更加体现出这一特点。后半部分的内容对知识分子来说反而更加难以理解，因为这部分内容不是理论体系内的知识，而是有关现实生活，对现实生活一无所知的人是无法理解的。

就这样，这本难懂的书被资产阶级彻头彻尾地解读成一本关于阶级斗争的书籍。也正因为如此，这本书至少能让大家和自己所处的现实世界进行对比："我们为什么会被解雇？""为什么说我们是无用的人？"读了这本书，我想劳动人民会不由地发出这样的怒吼。但是，资本家们当然会为这些剥削和压迫找到相应的理由。

马克思并没有直接对劳动人民说，"你们是被剥削的阶层，你们的主张是正确的"。如果大家能够坚持读下去，就会发现，他在书中明确论述了导致工人被剥削、被压迫的责任并不在他们自身。最初可能看上去都是些晦涩难懂的论述，只要耐心去读，就会体会到"哦，原来是这样，这里说的还是关于我们的问题"。

第一版序

万事开头难

开始阅读《资本论》，读者都会先看马克思在序文中所写的这一段话：

> 一切事在开头总是困难的。这一句话，可以在一切科学上适用。第一章（尤其是分析商品的那部分）的理解，是最难的。关于价值实体与价值量的分析，我已尽可能通俗化了。

这是作者一开始就给读者的忠告，即“因为很难，所以请耐心地读下去”。但是作者已经尽量将复杂的内容进行了简单化的说明，所以读者不必心怀畏惧地读这本书。作为价值表现形式的货币以及商品的无形价值都不是一目了然的存在，这才是困难所在。马克思说“第一章（尤其是分析商品的那部分）的理解，是最难的”，所以这本书读起来自然会让人感到有一些难度。

商品（只是为了出售而制造的产品）所体现的价值正是用来分析现代社会的工具，如果连商品本身都不了解，就有些说不通了。这和分析人类也有相似之处，分析人类就需要了解人体细胞，而人体细胞的复杂性正如商品一样，都是难以全面了解的。

当然，目前对遗传基因技术的研究发展很迅速，通过对基因的研究，人类已经掌握了人体的复杂构成。因此马克思认为的商品复杂性，对于现在的读者来说可能也已经没有那么难以理解了。

思考遗传基因和人类的关系

我们这个时代的人们要远比 19 世纪的读者更了解遗传基因的原理，所以可以说，各位应该会更加容易理解关于作为资本主义社会细胞的商品的详细分析。因此，看到马克思的这段序文，我们不仅不会畏惧退缩，反而会调整好自己的心态，认为自己能够很容易理解这本书而选择继续阅读下去。

马克思认为，除了《资本论》关于价值形式的内容以外，其他内容比想象中要容易理解。马克思说，书中分析的实例都是取自英国；如果迟些写，他可能就会选择美国作为范例。因为分析了资本主义社会中最强大的国家，其他国家的发展也就一目了然了。

无生命物支配有生命的人

这本书的主旨是通过分析英国的发展，进而掌握资本主义生产的自然规则，让世人了解这个规则是如何辐射至全世界的。任何一个国家都脱离不了这个规则，所以没有人能够置身事外。也可以说这本书讲述的就是资本主义社会的宿命，暗示我们必须睁开双眼，认真地阅读。

“我们如果像英国那样发展下去就糟了！”可以想见德国的读者曾发出这样恐慌的呼声。但他们很可能继续闪烁其词地说，资本主义这样发展下去是一件很糟糕的事情，但是如果不发展只会更糟。“无生命的物支配有生命的人”，马克思告诫后发资本主义国家面临的问题将更加残酷。

这句“无生命的物支配有生命的人”，其实也是贯穿《资本论》的主题。有生命的我们被过去劳动积累的无生命的资本所奴役，这个认识在书中多有出现。但是在这里，强调的是与先发资本主义国家相比，后发资本主义国家即将面临的是更大的不幸。

迟早是殊途同归

在最先发展资本主义的英国，劳动人民的生活的确很糟糕。但是由于统计调查相对完善，社会现状都是公之于众的，从这个意义上来说也算幸运。而当时德国的劳动人民因为不了解社会的实际状况，反而看不到自己所处的地位。因此，马克思在这本书中引用了大量的统计资料，目的就是为了让劳动人民更加了解具体的社会现状，以此揭示德国社会的未来发展。

> 本书的最终目的，是揭露近代社会的经济的运动法则，但一个社会即使已经发现了自身的运动法则，也不能跳过，或以法令废止自然的发展阶段。它只能把生育时的痛苦减短或缓和。

原来，即使读了《资本论》也无法改变规则。所以德国的劳动人民面临的未来形势仍然很严峻。但是，读过它多少可以让自己变得轻松一些。

不是对资本家的批判，是对资本规则的批判

马克思明确指出，写这本书的目的不是对具体的资本家及土地所有者进行批判。如果去批判这些人，就如同让资本人格化（资本要变身为人），那只会形成新的问题。因此，在书中明确了批判的对象。这本书不会专门对人进行细致分析，因为人类利己主义的本性才是问题所在。现在，这种本性正体现在经济的范畴中。

目前，资本主义世界都遵循着资本的规则，这个规则的蔓延不是一蹴而就的，而是缓慢发展的。它的发展是一个经历漫长演变的过程。

马克思说，书中所描述的悲惨世界可能会给读者带来心情的不悦，所以读《资本论》需要有面对真实的勇气。马克思具有坚定的信念，最后用这样一句话作为结束语，“走自己的路，不要管别人说的话”。

我认为，这句话是马克思终其一生证明的决心，也是他伟大一生的结晶。

导 言

这本书是讲什么的？

对于读者来说，《〈资本论〉轻松读》这个书名实在很奇特。我在这里首先声明，这本书不是《资本论》的新译本。相信仅仅看到这本书的厚度，大家肯定也会知道这本书连《资本论》的选译本都算不上。

那么这究竟是本什么书呢？简单来说，就是为了让大家读《资本论》而写的简本。大家也发现了，日本出版发行的《资本论》简编本已经多如牛毛了，就连马克思主义经济学类的入门书籍也不胜枚举。但大家要注意的是，本书并不是研究马克思主义经济学的高深读物，而是一本为了让大家能够体会《资本论》魅力的、一看就懂的入门书籍。

《资本论》为谁而著?

一提起《资本论》,想必“厚厚的几大本,晦涩难懂的语言,读起来太费劲”,早已是大家的共识。如果我告诉你,《资本论》其实是一本拯救和引导在资本主义制度下受苦受难的大众的书,你会怎么想?

日本是资本主义国家,很多人并不具备对社会发展的前瞻力,想当然地认为日本的资本主义制度会永远维持下去。我写这本书的意图就是要对这种想法大声地说不!至今《资本论》仍然具有指导意义,是一种超越时代的武器,并指引着工人获得完全解放。

隐藏在“商品”之中的资本主义之谜?

如果抛开价值论、价值形式论这类晦涩难懂的问题,《资本论》就是一本关于阶级斗争的书。或许,可以进一步说,它是一部赤裸裸地描述劳动者被迫廉价出售被商品化的劳动力,被资本家剥削、压榨的过程与真相的作品。

资本主义社会的实质全部刻印在“商品”这个遗传基因之中,因此所有的谜就隐藏在商品之中。而谜底就是存在着一种表面上看起来是等价交换,实际是一种非等价交换的特殊商品，也就是劳动力商品。所以，要解读资本主义就必须全面地剖析商品。

在解读资本主义的过程中，首先展开的是关于商品的各种晦涩探讨。但是，这些探讨也仅仅是为了解释和说明在后半部分出现的劳动力商品（我们向企业出售的劳动能力）的实际状况而导入的。如果说资本主义之谜全部都隐藏在商品之中的话，那么批判资本主义就意味着要批判商品，但这实际上是非常困难的事情。

批判资本主义并非易事？

马克思在 19 世纪提出了小标题上的观点。今天，我们可以说人类由人体细胞组成，因此分析细胞就是分析人类。是的，对遗传基因研究耳熟能详的现代人来说，这一点不难理解。但对于 19 世纪的人而言，他们认为资本主义的本质并不在于商品，而在于掌握社会体制的资本家们。因此不管有什么市场、有什么商品，都被认为是无关紧要的。罪恶的根源在于掌握着资本主义社会体制的资本家。

在现代日本，有句口号是“打倒资本家，建立社会主义”。但人们没注意到，只要携带着资本主义遗传基因的商品存在，资本主义就会复活。就如同大家都那么排斥转基因食品，但只要转基因存在，它迟早会蔓延整个地球。想要遏制转基因食品就必须全面停止转基因作物的种植，但真正行动起来又是如此困难。而马克思主动对批判资本主义这个困难发起了挑战，也正因为如此，他并不被当时的人们理解。

全球经济一体化带来了社会富足?

现在的日本人都生活在携带着资本主义遗传基因的商品社会之中，想要摧毁这个大环境是件异常艰苦的事。但是这个遗传基因会吞噬一切，会不断索求和榨取。资本主义国家的全球经济一体化的推进，造就的世界两极分化是资本主义社会的又一体现，它绝不是新生的事物。

读者中有几人能环游世界去体会因全球经济一体化带来的贫困呢？相信大多数人认为全球经济一体化会使世界各国经济朝着实力均衡的方向发展，继而对“这个世界将会越来越富足”的宣传充满了期待。这就如同19世纪，除了像马克思这类审慎思考社会发展的人以外，在参观世界博览会时，大家都会不由自主地坚信并憧憬未来世界的富足和繁华。而此时，马克思正在一堆无人问津的统计资料中寻找着，发现那些被人忽略和遗忘的可怕数据，并将其引用到自己的著作中。

但人们惧怕事实，所以压低帽檐遮住面孔，闭上眼睛不断地告诉自己，“绝对没有这样的事，这个世界犹如迪士尼的小小世界那样和平而美好”。在这里，我并不是想要批判迪士尼，迪士尼的小小世界作为人们追求理想生活的美好愿望而言是完美无缺的，我只想对那些把理想当作现实的人说，真实的世界不是这样的。

绝望之后才能看到希望

我住在法国。在这个富饶的国度，要了解有多少人在过着贫穷的生活是需要一定勇气的。在法国，每天都有因饥饿而死去的人，但是又有多少人会在意呢？

我曾经在地铁站看到一个贫穷的乞丐，他绝望地深垂着头，双手伏地。这个姿势在我的脑海里留下了深刻的印象。他用绝望的眼神注视着巴黎这个繁华都市。那一刻，我觉得这正是马克思写下《资本论》的意义所在。我认为，他的学说并非旨在和经济学者们进行理论的论争，更不是为了成就自己的名声，他只是理解了人们都不理解的那些悲惨事实，用罕见的逻辑思维能力将这些悲惨事实进行系统化阐述，给人类带来希望之光。这就是马克思所做的一切之意义所在。

衷心地希望通过本书，能够让更多的人读一读给人类带来温暖的礼物——《资本论》。

目 录

第一篇
商品和货币

第一章 商品 003

第一节 商品的二因素——使用价值与价值 004

第二节 在商品中表现的劳动的二重性 009

第三节 价值形态或交换价值 013

第四节 商品的拜物教性质及其秘密 029

第二章 交换过程 035

第三章 货币或商品流通 039

第一节 价值尺度 040

第二节 流通手段 043

第三节 货币 050

第二篇
货币的资本化

第四章　货币的资本化　059
第一节　资本的总公式　060
第二节　资本总公式的矛盾　063
第三节　劳动力的买和卖　067

第三篇
绝对剩余价值的生产

第五章　劳动过程和价值增殖过程　075
第一节　劳动过程　076
第二节　价值增殖过程　077
第六章　不变资本与可变资本　081
第七章　剩余价值率　087
第八章　劳动日　093
第一节　劳动日的限界　094
第二节　对于剩余劳动的贪求：工厂主与领主　096
第三节　无法律限制劳动榨取的英国各产业　098
第四节　日间劳动与夜间劳动——轮班制度　101

第五节 关于标准劳动日之斗争 102
——14世纪中叶至17世纪末强制劳动日延长的法律

第六节 关于标准劳动日之斗争 107
——对于劳动时间的强制法律限制和1833年至1864年英国的工厂立法

第七节 关于标准劳动日之斗争 110
——英国工厂法与其他各国的反应

第九章 剩余价值率与剩余价值量 113

第四篇
相对剩余价值的生产

第十章 相对剩余价值的概念 121

第十一章 合作 127

第十二章 分工与制造业 133

第一节 制造业的二重的起源 134

第二节 部分劳动者及其工具 135

第三节 制造业的两个基本形态：混成的制造业与有机的制造业 135

第四节 制造业内部的分工和社会内部的分工 138

第五节 制造业的资本主义的性质 141

第十三章 机械与大工业 143

第一节 机械的发展 144

第二节 由机械到生产物的价值转移 145
第三节 机械经营对于劳动者最初的影响 146
第四节 工厂 150
第五节 劳动者和机械之间的斗争 153
第六节 机械驱逐劳动者同时会予以赔偿的学说 154
第七节 机械经营的发展及劳动者所受的斥力和引力 157
第八节 大工业在制造业、手工业和家内劳动上引起的革命 158
第九节 《工厂法》（卫生条款和教育条款）及其在英国的普遍化 160
第十节 大工业与农业 164

第五篇
绝对剩余价值与相对剩余价值的生产

第十四章 绝对剩余价值与相对剩余价值 169
第十五章 劳动力价格和剩余价值量的变化 173
第一节 劳动日及劳动强度不变，劳动生产力可变 174
第二节 劳动日和劳动生产力不变，劳动强度可变 175
第三节 劳动生产力与强度不变，劳动日可变 175
第四节 劳动的持续时间、其生产力、其强度同时变化 175
第十六章 关于剩余价值率的种种公式 179

第六篇
工资

第十七章　劳动力价值（或价格）的工资化　185

第十八章　计时工资　191

第十九章　计件工资　195

第二十章　不同国家的工资差异　199

第七篇
资本的蓄积过程

第二十一章　单纯再生产　205

第二十二章　剩余价值的资本化　209

第一节　扩大的资本主义生产过程；商品生产的所有法则化为资本主义的占有法则　210

第二节　经济学上关于扩大的再生产的错误思想　211

第三节　剩余价值分割为资本与所得；节欲论　212

第四节　除剩余价值分割为资本与所得的比率，还有几种情形决定蓄积的量：劳动力的榨取程度；劳动生产力；所用资本与所消费资本的差额的扩大；垫支资本量　215

第五节　所谓劳动基金　216

第二十三章　资本主义蓄积的一般法则　219
第一节　在资本构成不变的场合，劳动力的需要随蓄积而增加　220
第二节　在蓄积及伴蓄积而生的累积进行中，可变资本部分将相对减少　225
第三节　相对过剩人口（即产业预备军）之累进的生产　228
第四节　相对过剩人口的各种存在形态，资本主义蓄积的一般法则　237
第五节　资本蓄积的一般法则的例解　240
第二十四章　所谓原始蓄积　251
第一节　原始蓄积的秘密　252
第二节　农民土地的剥夺　256
第三节　15 世纪末叶以来对于被剥夺者的残酷立法；降低工资的法律　261
第四节　资本主义的租地农业家的发生　265
第五节　农业革命在工业上的反应作用；工业资本的国内市场的形成　266
第六节　工业资本家的发生　268
第七节　资本主义蓄积之历史的倾向　275
第二十五章　近世殖民学说　281

后　记　286
第二版后记　289

第一篇

商品和货币

第一章

商品

第一节　商品的二因素——使用价值与价值

首先了解商品之谜

《资本论》开篇就是简单、质朴的语言：

> 资本主义生产方法支配着的社会的财富，表现为“庞大的商品堆集”，而以单个的商品为元素形态。所以，我们的研究，必须从商品的分析开始。

马克思在序言中说，资本主义社会的细胞是商品。所以通过分析商品就能了解资本主义的本质。同时也要明确：商品的出现首先要具备“具体的有用价值”，也就是要体现出商品所具有的“使用价值”。但这里要探讨的并不是使用价值的问题，因为使用价值是商品的自然属性，并不是商品的本质。

仅仅在这一小部分内容中，马克思就洋洋洒洒地将这个非常复杂的问题的答案写了出来。所谓商品的使用价值，就是指其本身所具有的、能够满足他人需求的价值。比如杯子、书本中所体现的价值正是其使用价值。但是，在资本主义社会中它们为何被称作商品呢？使用商品来满足需求固然很重要，但是没有人去关注商品的具体形态，人们只关注商品背后存在的某种价值。虽然是只杯子，在资本主义世界表现出来的却并不是杯子本身。这真是个奇妙的世界。就如人们看到货币，不会有人把它当作金属或纸张一样，一点也不奇怪，即使是普通的商品也已经改变了它自身的价值。

什么是交换价值？

接着进入交换价值的说明。

> 交换价值，最先表现为一种使用价值与他种使用价值相交换之量的关系或比例，这种关系是因时因地而不绝变化的。所以，交换价值好像是偶然的，是纯然相对的。说商品有内在的交换价值（固有价值），似乎是矛盾的。但我们且更周密地讨论一下这个问题。

两种商品在交换的时候，如果价值是由商品所有者之间相互妥协来决定的话，那么交换比率因时间和地点的不同都只是一种偶然。所以，认为交换价值中暗藏着某种定量的想法就站不住脚了。表面上，这种交换关系所达成的结果是由偶然性所致。但是事实果真如此吗？应该还有一些必然性存在吧。这必然性就是价值，价值指的是什么、如何在商品中体现出价值，就是问题所在。

商品的背后是人类的劳动

人们在计算某一图形的面积时往往会把这个图形分解为若干个简单图形，再把这些简单图形的面积加起来。马克思以此为例，通过对商品中无法看到的那些因素进行还原，自然就完整拼合出了商品价值的构成。

在商品自身内部无法发现的东西，要追根溯源的话，只剩下创造商品的人类劳动了。

这个观点的提出看上去有些突然。如果说人类的这种交换关系是人与人之间关系的一种，那它就应该是与人类本质有关联性的。

这里的论述中并没有明确“劳动”这个概念。马克思在《1844 年经济学哲学手稿》中写过这样一句话：“人类相似的本质就是劳动”。实际上他已经用这种方式对“什么是劳动”做出了回答。

这个所谓的劳动分为两种：第一种，制造商品的“具体人类劳动”；第二种，就是所有商品中共通的非具体劳动，在这里使用“抽象的人类劳动”这个说法。

> 劳动生产物的有用性质不见了，表现在此等生产物内的劳动的有用性质，和劳动的具体形态，也不见了。它们不复彼此区分，却还原为同一的人类劳动，抽象的人类劳动。

而且，马克思还提到了生产交换价值的劳动的条件，以及该如何计量的问题。马克思主张，由商品所含的劳动量来决定价值。具体来说，计量的标准就是劳动所付出的劳动时间——劳动日。

社会平均化劳动

但是这么规定的话，一些生产效率低下者所制造的商品（浪费了劳动时间的商品）岂不就比相同的商品具有更高的价值了吗？面对这样的质疑，马克思指出，商品的价值不是取决于每个个体的劳动，而是由社会平均的劳动来决定的。

> 社会所必要的劳动时间，即是在社会标准的生产条件下，用社会平均的劳动熟练程度与强度，生产一个使用价值所必要的劳动时间。

随着生产力的不断发展，商品中所包含的社会必要劳动时间也会不断减少。不过这种规律无法提前获知，因为这是由市场来决定的。

关于这部分的说明，我觉得马克思的论述显得有些生硬。尽管道理说得通，但在引出商品中存在的某种人类劳动时，阐释得不够充分。可是，对这部分继续赘述也不行。针对《资本论》开头关于商品这部分内容，以前日本的马克思主义经济学者进行过长时间的争论。这部分的说明确实有其勉强之处。这种情况是因为，出现了难以只用理论解答的问题。为此，我们就需要回顾一下商品的历史了。亚当·斯密是从原始社会开始说明的，而马克思没有选择这种说明方法，所以让人觉得说明不充分。虽说如此，我们还是以马克思的论述为前提继续往下看好了。

第二节　在商品中表现的劳动的二重性

如果劳动也是商品的话，它就具有两种价值

要解释商品与劳动之间关系的生硬之处，不能只用理论，因为追溯历史的发展也很必要。在《资本论》第一章第二节“在商品中表现的劳动的二重性”的内容中，第一次通过历史的发展轨迹来说明商品与劳动之间的关系。此外，这一节的内容是马克思最想要论述的内容，也就是“劳动的二重性”——马克思最大的发现。因此，这一节的描述显得非常谨慎，但慎重中又略显轻快。

两种不同的商品具有的共同性质就是价值，如果这个价值源于劳动的话，那么劳动自然就要包括两种劳动——“创造使用价值的劳动”和“创造价值的劳动”。

但是，从劳动本身是无法区别它们的。是由于不同质的劳动产生的价值，还是同质的劳动也就是有用劳动创造的价值？必须要说明一下这个问题。因此，把有商品交换的社会和没有商品交换的社会加以区别，并从历史发展的角度进行分析是有必要的。

以古代印度社会为例，古印度诸国内部制造的产品各自不同，自然就存在着劳动分工。但是，在当时的古印度诸国内部还不存在商品，所以就难以继续往下理解了。而近代机械化工厂中已经出现了分工作业，但在工厂内部不存在商品交换。也就是说，商品的交换必然开始于某个社会。

商品是如何产生的?

> 只有各自独立而不相依赖的私人劳动，其生产物才当作商品而互相对待。

这里的意思是说独立的生产者把各自的产品进行交换，只有在这种情况下才会有商品。古印度诸国内部也好，工厂内部也好，都没有形成独立私有的劳动，所以没有出现商品。

进行商品生产的社会，从某个时代才真正开始——也就是说，原本人类社会是没有商品生产的。对这两种社会的区分，正是马克思历史分析的特色。

出现了商品生产的社会，与开展共同体内部分工或工厂内部分工的社会不同，前者是个拥有独立劳动的社会化大分工的世界。从某种角度来看，像古印度这样，其实是一个具有任何时代都有的历史共通性的世界。这个共通性就是无论哪个时代，人只要不劳动就无法生存。

商品生产社会的劳动

> 劳动在任一社会形态中皆是人类的生存条件，这是一个永久的、自然的必然，没有它，人与自然间将无物质的交换，也就无人类生活。

人类的劳动当然不会凭空制造出所有产品，而只是把自然中存在的物质进行一番加工。从这个意义上来说，劳动不是财富唯一的来源。更加重要的财富来源是土地，是大自然。

> 劳动是物质财富之父，土地是其母。

但是，商品生产社会的劳动和这种加工自然物质的劳动有所不同。商品生产社会不仅仅是对自然施以劳动，以此创造使用价值的社会，它还是为创造交换价值而进行劳动的社会。这种劳动不是具体的劳动，是抽象的人类劳动。因此，问题的本质不是劳动的质而是劳动的量。

是否从事着创造价值的劳动?

人类劳动一旦以量化的形式出现，那么问题自然就不是质的不同，而是量的不同了。当然，这里指的不是作为劳动报酬获得的量，而是抽象化劳动者支出获得的量。相对于只能从事简单劳动的工人而言，掌握了各种技能的工人至少能够创造更多价值。简单劳动和复杂劳动的差别正在于此，即使同样被称为工人，也会因为不同的需求而产生各种各样的分工。

对于商品生产社会来说，很重要的一点不在于是否从事着创造使用价值的劳动，而在于是否从事着创造价值的劳动。这就是两种社会之间巨大的差异所在。商品生产社会中的劳动形成了二重性。非商品生产社会中劳动不存在二重性，但商品生产社会中存在二重性。马克思发现的不仅是劳动的二重性，还有二重性在不同历史发展阶段的差异。

生活在商品生产社会的人们，永远不会意识到这些问题。因为大家都认为这样的世界一直存在，而事实并非如此。《资本论》最初的草稿《政治经济学批判》的开篇就是从社会发展的历史开始详细论述的，为什么在正稿中却放弃了这种写法呢？因为这种说法无法形成理论，而《资本论》始终都要有理论的依据。但是仅仅依靠理论的说明并不充分，这也是马克思只是对这部分内容点到为止的缘故吧。最后，他以这样一段话概括：

> 从一方面看，一切劳动，就生理学的意味说，都是人类劳动力的支出。它当作同一的或抽象的人类劳动，便形成商品价值。从另一方面看，一切劳动都是人类劳动力在特殊的有一定目的的形态上的支出。它当作具体的有用的劳动，便生产使用价值。

第三节　价值形态或交换价值

解析货币之谜

《资本论》第一章第三节为“价值形态或交换价值”，这一节不仅内容比较长，还是《资本论》最难理解的部分。换句话说，这节是马克思付出心血最多的一部分。为什么这么说呢？是因为这部分内容从商品中引导出了货币的概念。

相信不会有人认为货币是一种商品。即没有人把劳动力看成商品，也没有人把货币当作商品。解释它们之间的关系，不是一件容易的事。但是马克思主张的是通过商品剖析资本主义一切的谜团，所以不解决这个难题，由商品所创造的资本，以及由资本驱动的劳动力商品的谜团也就难以解决了。因此，这是一个需要首先解答的难题。

商品是一个完全让人无从下手的东西，马克思对商品便进行过这样的描述。商品具有使用价值很容易理解，但是不论如何解析商品也找不到其价值在哪里。因此，只能让商品与其他商品之间建立一种相对的关系然后进行分析，价值的所在也就明晰了。

一、单纯的、单一的或偶然的价值形态

价值表现的两极——货币之谜（一）

这里首先通过两个最简单的商品来进行分析。

> 一切价值形态的秘密，潜伏在这单纯的价值形

态中。故其分析，是我们最感困难的。

两个商品的相对关系就是指“X 量的 A 商品” = “Y 量的 B 商品”。接下来要展开的内容都是从这两对关系出发进行分析的，所以要把这对关系作为分析的基础。

在这里，马克思使用了两个晦涩难懂的名词，即“相对价值形态”和“等价形态”。这两个词是很重要的概念，简单来说可以这么理解，相对价值形态是用来表现价值的，等价形态是用来表示价值的。

这个等式的意思是，X 量的 A 商品可以用 Y 量的 B 商品来表示，所以 X 量的 A 商品将与自身价值相等的 Y 量的 B 商品作为等价形态来计量自身的价值。从这个意义上来说，A 商品通过 B 商品来计量自身价值的方法就可以用“相对价值形态”这个词来表达。

为什么要区分这两种价值形态呢？这是因为，用于计量价值的 B 商品这种等价形态，和普通商品不同。它的作用是用来计量价值的，完全不同于 A 商品的作用。

相对价值形态——自身为何物都不明了的价值形态

这部分要对商品自身价值需要借助其他商品的使用价值来衡量的商品相对价值形态进行说明。

如果把A商品看作是“我”的话，会是什么情况呢？在这里，我们可以和B商品来做个比较。假设B商品的价格比其自身价值高50，那么就可以知道以B商品为基准的“我”的价格也比自身价值高50。按照这种方法，“所有人”都可以通过比较为自己定位，商品也是如此。用某个特殊商品当作指标，来计量价值，就能够根据这个特殊商品来决定所有商品的价值。也就是说，商品只有在与其他商品进行比较时，其价值才能够体现。

那么，经常用于计量价值的商品是什么呢？它就是等价形态。马克思把麻布和上衣这两种商品进行了价值对比，如果麻布用上衣来进行价值估算的话，麻布为相对价值形态，上衣则为等价形态。这种情况下这两种商品的作用是完全不同的，理解这一点非常关键。此时上衣自身的作用是体现麻布的价值。

一商品的相对价值，可以在其价值不变时发生

> 变化。其相对价值，又可以在其价值发生变化时不变。并且就使价值量的相对表现，同时发生变化，二者的变化也不必是一致的。

这里需要指出的是这两者之间的关系，一方的价值是另一方的使用价值。用来计量麻布价值的上衣，它的使用价值就是去计量麻布的价值。

另外，马克思还论述了上衣代表麻布多少价值，也就是价值的量的问题。20 码麻布相当于 1 件上衣的话，表现出来的并非是质而是量，也就是表现出生产商品的过程中消耗的必要劳动时间。随着生产力的变化，这个量的关系也必然会随之改变。

等价形态——体现其他商品价值的形态

接下来，马克思详细说明了用来体现价值的上衣，即上衣用其自身的使用价值来计量其他商品价值的问题。这便是第一条定律。

> 考察等价形态之际，我们注意到的第一个特征是：使用价值是其对立物——价值——的现象

形态。

这里暗藏着等价形态的秘密。相对价值形态和等价形态表现的是商品所代表的社会关系。从上衣和亚麻布的例子开始，即使我们已经恍然大悟般理解了它们之间的关系，但作为等价形态的商品已成为货币时，却不会有人想到这中间体现的仍旧是一种社会关系。等价形态一般指的是货币，在计算货币是多少的时候，没有人会去考虑和质疑这些货币中存在着什么样的社会关系，这就是货币看上去像个谜团的原因。可以说，正是为了体现这种社会关系才有了货币，而货币这最根本的价值却被人们忽视了。

马克思对此进行了如下说明：

> 但这种性质，在等价形态未充分发展而成为货币以前，不曾为浅薄的资产阶级经济学者所注意。他们以更不暧昧的商品代替金与银，反复叙述各种曾在某时充作商品等价的商品，想从此说明金与银的神秘性质。他们决不梦想到，最简单的价值表现，例如 20 码麻布 =1 件上衣，已经提出了待解决的等价形态的谜。

这里，又引出了第二条重要定律，即用来制造作为等价形态的麻布所消耗的具体而有用的劳动，是创造价值的劳动。

> 在等价形态中，具体劳动是它的反对物的现象形态，明白地说，是抽象人类劳动的现象形态。这是等价形态的第二特征。

创造了等价形态的具体劳动是私人劳动。它通过价值计量而成为社会劳动。这就形成了第三条定律。

> 这是等价形态的第三个特征：私人劳动采取其反对物的形态，即直接社会的形态。

等价形态和相对价值形态的区别

马克思还发现了商品和商品对照时所产生的关系。

这些关系简单说，就是一方的使用价值等同于另一方的价值；一方的具体劳动等同于另一方的抽象劳动；一方的私人劳动等同于另一方的社会劳动。

正是这些关系成为剖析商品秘密的重要概念。也正是在这错综复杂的关系中，体现着人类古代共同体社会和商品生产社会的区别，成为解开资本主义世界之谜的关键。要探讨货币商品、劳动力商品，就要围绕着这些关系展开。

二、总和的或扩大的价值形态

对这个关系继续展开分析就会发现——货币之谜（二）

只要理解了简单的价值形态，之后展开的价值形态也就比较容易理解了。但为什么在价值形态中会出现货币这种商品呢？马克思分为三个阶段对此进行了说明。

被扩大的价值形态指的是什么？以下的等式表现的就是一个商品被扩大的价值形态。

1 件上衣
20 码麻布 — 10 磅茶
40 磅咖啡

> 一商品（例如麻布）的价值，现在是表现在商品界无数其他的要素上。每一种其他的商品体，都成了麻布的价值的镜。麻布的价值，是第一次真正

表现为无差别的人类劳动之凝结。

能够适用于两种商品的说法，应当也适用于其他的所有商品。由此可以说明，麻布的价值可以用其他任何商品来体现。所以麻布作为商品和其他无数的商品产生社会关系时，它不再是这个商品世界孤立的“公民”，它和其他所有商品结成一体，成为“世界公民”。

将无数商品束为一体的物体的秘密

当麻布和所有商品进行交换成为可能，简单的价值形态中似乎存在的偶然性问题就消失了。此时，交换已经不是偶然行为。如果是偶然行为，交换比率会在各种欲望中得到体现，而且交换比率会由偶然因素来决定。但是无数的交换就意味着，交换比率并不是由无数人类欲望的偶然性决定的。

在这种交换关系的背后，支持这个等式成立的、共通的某种固定因素是一定存在的。可以说正是从被扩大的价值形态中，看到隐藏在其中的人类劳动。也就是说，这个等式的成立不是偶然，而是由价值决定的。

前文提到过马克思用历史性的说明方法，从交换价值中推导出了价值的存在，在这里则要从理论意义上推导出价值的存在。这多个等式中，价值作为商品间相互联系的公约物，体现了存在的必要性。

但是这种关系的建立还不够牢固。如果麻布作为主语，有其他无数的商品作为宾语以体现其相同的价值，那么麻布的价值究竟为何物就永远不得而知了。麻布的价值究竟是什么呢?

如前文所述，“我”的实际价格和 B 商品的相同，和 C 商品的也相同，而且——与你的也一样。那么“我”的实际价格到底是多少呢？这个问题仍然无解！

三、一般的价值形态

作为标尺的社会存在——货币之谜（三）

由此就出现了下面这样一组等式：

1 件上衣 ＼
10 磅茶 —— 20 码麻布
40 磅咖啡 ／

这组等式和前文中的等式是完全相反的。不是 20 码的麻布等于 1 件上衣，而是 1 件上衣、10 磅茶之类的各种商品等于 20 码麻布。这个等式中，麻布用其自身的使用价值来表现所有商品的价值。用自己表现其他商品的价值，从这个角度来说，麻布成为一种综合的、一般的等价物的价值形态。作为一种客观的标尺，成为计量所有商品的工具。如果和 20 码麻布价值相等，无数的商品就能证明自己具有极高的价值。

如果说“我”的价格比自身的价值高 50 的话，和“我”基本相同的 A 商品、B 商品等的自身价格也就和“我”一样是 50。“我”也就自然而然地成为一种标尺性的社会存在。但是这时“我”的存在价值，更应该说只是用来计量价格的工具。

被排除在商品世界之外的东西

麻布这种商品也和“我”的命运相同，它的工作就是用来计量其他商品的价值，意思是它也被排除在商品这个世界之外了。

如此一来，麻布作为被排除的商品，恰恰完全体现出了商品生产的神秘之处。也就是说，麻布已经不是麻布了，它是其他商品的价值，即它是人类劳动的体现。

马克思这样写道：

> 商品界一般的相对价值形态，使那从商品界被排出来当作等价商品的麻布，有一般等价的性质。麻布自身的自然形态，成了商品界的一般的价值形态；因此，麻布得与一切其他的商品直接交换。它的物体形态，成了一切人类劳动的可见的体化物，成了一切人类劳动的一般的社会蛹化物。织物劳动虽是生产麻布者的私人劳动，但在这时，也取得了一般的社会形态，取得了与其他各种劳动均等的形态。

对劳动货币的批判

这部分内容之后，是马克思在注解中对法国小资产阶级社会主义者约瑟夫·蒲鲁东这个宿敌进行的批判。马克思提出，麻布被排除在商品范畴之外成为一般等价形态，一般等价形态虽存在于这个社会，却是被社会排除在外的一种社会存在。如果不理解这个作为特殊存在的一般等价形态，会出现什么情况呢？那样就会变成像蒲鲁东之流的想法了。

批判的要点在于，是否任何商品都能够成为一般等价形态这个问题上。实际上马克思之前的论述，的确给作为普通商品的麻布赋予了一般等价形态的作用。但是在之后的论述中我们可以看出，无论是从历史发展的角度，还是从理论的角度都是说不通的。只不过为了解释问题，把麻布当作一个例子而已。麻布的价值既不是等量的价值体现，也无法掰成一分一毫来表现价值，所以它不能成为一般等价形态。但作为例子进行说明是可以的。

但是，蒲鲁东紧咬着麻布这个说明的实例，认为任何商品都可以作为一般等价物，主张不需要货币之类的特殊商品。也就是说，一般等价形态的本质是劳动时间，只要用劳动时间计量价值就可以，这就等于说货币表面价值和实际价值是一体的。用马克思的话说，这就像是主张“一切天主教徒都可以成为教皇”一样，任何商品都可以替代货币，所以结论就是“劳动时间可以替代货币”。这种想法肯定是行不通的，马克思对此进行了激烈的抨击。

四、货币形态

金这种特殊的自然形态——货币之谜（四）

马克思在“货币形态”一节中，就商品生产社会中货币作为一般等价形态的必然性进行了说明。首先，我们可以列出以下等式：

20 码麻布
1 件上衣　　　2 盎司黄金
10 磅茶
40 磅咖啡

与前文相比，这里看上去只是用 2 盎司黄金代替了 20 码麻布，其实这里有着很大的区别，也就是说所有商品价值的表现形态根据社会习惯最终使用了黄金这种特殊的自然物，这一点非常重要！

马克思在这里将历史融入理论，使用麻布和上衣的等式在理论上对价值形态进行了说明。但是从历史的角度来看，在探讨价值形态之前，黄金和商品形成的对立关系就已经存在了。当然，最初黄金是作为商品出现的，之后逐渐转变成为货币商品。当货币成为黄金的时候，黄金的形式就成为货币形态，黄金就成为和以往性质完全不同的商品了。

为什么马克思没有从一开始就提出历史性的说明呢？看上去这是个不足之处。但是，在进行理论说明的同时引入历史的发展，恰恰是马克思独有的论证法，也只有从这个角度入手才能对资本主义社会进行深入剖析。

从理论上来讲，像蒲鲁东学派所主张的那样，任何商品都可以成为货币。如果是那样，商品价值只需用劳动时间来计量即可。但是，历史发展的规律显示，并非如此。从理论上来说，任何教徒都可以成为教皇，但是能够成为教皇的人都是在满足一定的条件后才成为既定人选的。可见，黄金成为货币绝非偶然，由此也就产生了下面“拜物教性质”的问题。

商品、劳动、货币中所存在的共性

这里，我们梳理一下以上三个小节的说明方法。商品中包含交换价值和使用价值。交换关系的成立，具有偶然性，但是一系列商品交换关系的成立是由于这些商品中包含它们能够相互认同的人类劳动。换句话说，商品世界是建立在人类劳动基础之上的。

人类劳动中也包含着创造使用价值的劳动和创造价值的劳动。前者表现为有用劳动、具体的人类劳动和私人劳动，后者表现为一般劳动、抽象的人类劳动和社会劳动。由此可见，人类劳动就凝聚在商品之中。

接下来，论述的是商品中存在的特殊货币商品。一系列的商品交换的过程中，为什么会产生可以用来计量所有商品价值的特殊商品呢？而且这个特殊商品在产生的同时，它自身所包含的人类劳动就全部消失。仅仅用黄金的量来给商品定价的原因又是什么？针对这些问题，分析的结论就是，黄金是人类劳动的体现。

由此可以说，商品、劳动、货币三者存在一定的共性。也就是说，这三者都具有使用价值和交换价值、具体劳动和抽象劳动、价值形态和等价形态。为了体现出这种二重性，马克思进行了大篇幅的说明和论述，这种二重性正是解读《资本论》最关键的要点。

第四节　商品的拜物教性质及其秘密

成为王者，颠覆一切的货币之谜

马克思在开始的内容里举了桌子的例子。如果只是把桌子看作是桌子的话，就没有任何不可思议之处了。但是，如果桌子成为商品的话，不可思议的地方就显示出来了。

> 它（桌子）不仅用脚直立在地上；在它对其他一切商品的关系上，它还用头倒立着，并从它那木脑袋里，展出了种种不可思议的幻想。

在这段话里，桌子好像会自己思考一样，在脑海中展开了其他商品与自己的比较。但是对于为了制造它花费了多少人力之类的问题，桌子却丝毫不关心。这个例子的意思就是，抛开制造商品所耗费的具体劳动不谈，还有人类的血汗倾注其中。这一点在商品生产社会中体现为价值，如果连这一点都忽略的话，桌子这种商品和其他商品之间就变成了在一定价格上对等的简单数量关系了。

关于认知问题的思考

马克思于19世纪在书中写下了与现象学问题相关的、含义深刻的一段话：

> 这就像光线一样当一物的光线射入我们的视神经时，我们不认它是视神经的主观的刺激，却认它是眼睛外界某物的对象形态。但在视觉活动中，确实也有光线由一物射到彼物，由一外界对象投射到眼里。在物理的物间，确实也有一种物理的关系。但商品形态，及表示商品形态的劳动生产物间的价值关系，是和劳动生产物的物理性及由此发生的物的关系，绝对没有关系了。那只是人与人之间的一定的社会关系。但在人看来，这种关系，居然幻想成为物与物之间的关系了。

站在认识论的角度，马克思的理解处于19世纪的水平。即使是在物理学世界里，“映入眼中的事物是由外来刺激的光留下的影像”这种学说，如今已经没有人这样主张了。随着脑科学的发展，“该如何进行认知”这个问题，争论较多的是主体的立场问题。“一个事物要表现的是什么”与“人类该如何理解这个事物”，完全是两个不同层次的问题。因此可以说，对商品的认知也是如此，随着时代的发展，人们认知的水平也会提高。

物理世界存在的争议，实际上和商品的问题是一样的。商品在把货币作为价值体现时，抹杀了人类劳动创造的价值，在与货币构成等价关系时更是倒置了所有关系。

为何会出现倒置

马克思把这种现象称之为商品拜物教。为什么会出现这种关系倒置的现象呢？问题就出在商品社会中，人类各自的私人劳动生产物不得不通过市场来进行分配。在这个市场中，所有的具体劳动被还原到所有的价值当中。每项有用劳动自身似乎没有任何意义，表现其价值的是货币，所以商品就越发像被一张神秘的面纱遮住了。马克思采用象形文字这种说法来比喻商品。

> 价值不曾在它的额头上，写明自己是什么，但把每一种劳动生产物化作了社会的象形文字。后来，人类才想到要说明这个象形文字的意义，才来

> 探究他们自己的社会的生产物之秘密。把使用对象物当作价值，这是本来就和语言一样，是人类的社会的产物。但直到近来，科学的研究才说明劳动生产物在它是价值的限度内，只是生产它所支出的人类劳动之物质的表现。这一种发现，在人类发展史上划了一个新的时代。但劳动社会性之对象的外观，依然不曾扫除。价值的真正性质虽被发现了，但在一种特殊生产形态（即商品生产形态）内适用的真理——独立的私人劳动所特有的社会性，是由各种劳动同为人类劳动的性质构成，并采取各种劳动生产物同有价值性的形态——在被拘囚在商品生产关系以内的人看来，依然是永恒不变的。这就像科学的分析，虽然把空气分解成了几种元素，但空气形态，在当作物理的物体形态时，依然是和以前一样的。

为什么看不到货币的神秘性——鲁滨孙所创造的神话

就像马克思所做的那样，通过反复解析商品生产的秘密，那些完全被商品社会浸染的人，还会认为商品生产并没有改变什么。“说这说那最终不还是钱吗？”相信很多人都会讲出这句话。刚刚批判了金钱拜物教，最终关心的还是这个商品值多少钱。所以资本主义经济学也就渐渐无心再关注商品生产的秘密了。

马克思在这里提到了鲁滨孙·克鲁索的故事。资本主义经济学家们对鲁滨孙·克鲁索的故事是非常青睐的。那是因为这个故事不是历史的事实，而是历史的理论。它不是像马克思那样专心致志地进行过调查的历史，而是为了使现实行为得到合理化的解释、站在现在的角度去解读的历史。

的确，鲁滨孙在孤岛上的生活，作为人类社会的原始模式出场，但他掌握的是 18 世纪资本主义社会的知识。对这样的鲁滨孙来说，孤岛上的生活虽然只是一个人的生活，但从他的每一个想法到全部生活都是资本主义世界的内容，每天的劳动时间简直就像生活在伦敦那样有规律。如果说这是人类史的起点，那么就意味着商品生产社会自古即有，今后仍然会永久存在，因为很早以前就有了像鲁滨孙这样的人。

真实存在的过去的故事

马克思在这里列举并对比了中世纪的例子。这不是在南方小岛逍遥度日的假想空间，而是现实中存在的中世纪，这个世界与商品生产社会完全不同。农产品的地租、赋税、劳役等由人们的劳动形成的社会关系，表现为人与人的关系，这个时代的现实世界并没有被物质掩盖。

马克思通过比较这两个世界，充分揭露了商品拜物教时代也就是商品生产社会这个时代的特殊性。因此，马克思反而把这个时代定义为特殊时代。在《政治经济学批判》中最为着重论述的这部分内容，在《资本论》中却没有真正展开，只是时不时提到而已。这种写法恰恰是马克思为了避免自己的理论陷入自相矛盾而藏的一招暗棋。

第二章

交换过程

商品交换背后存在的人

《资本论》第二章“交换过程”内容非常短。在这一章中，马克思关注的是商品背后的人，也就是商品所有者。到目前为止，探讨的商品交换议题，都只涉及商品而没有其他。这里提出“商品所有者”，是为了对产生商品交换的原因进行说明。商品所有者自身不打算使用自己拥有的商品，希望以此换得其他商品，才有了交换行为。

虽说如此，找到自己想要的东西并不是一件容易事。因为其他商品所有者也都有这样的想法。正因为如此，商品所有者要满足自己的愿望就必须先获得一般等价物——货币。

> 从一个商品所有者的观点看，每一他种商品，对于自己所有的商品，都是特殊的等价；自己所有的商品，对于其他一切的商品，则是一般的等价。但一切商品所有者所处的地位都是一样的。这情形，实等于没有一种商品，当作一般的等价，从而，也没有一般的相对价值形态，使商品能以价值的资格来相等，并以价值量的资格来互相比较。

商品所有者为了出售自己的商品，就把剩余产品拿到市场上，由此就产生了商品。但在一些共同体内部（如古印度诸国）是不存在商品的。因为共同体内部的交换是直接的物物交换。那么商品是在哪里产生的呢？“商品的交换，是在共同体的尽头处，在一共同体与其他共同体，或与其他共同体的成员们接触的地方开始的。”

这句话是《资本论》中非常有名的一句话，这句话指出了商品生产社会和非商品生产社会的界线。一旦有过一次越界的行为，共同体内部就会渐渐出现商品生产。

货币在历史上是怎样演变而成的？

从商品中分离出来的商品就是货币。马克思在这部分内容中，从历史发展的角度和理论的角度对货币进行了说明。从理论上来说，无论货币是什么，都没有太大的影响，因为存在偶然性。然而，实际上是以下两种情况决定了货币的产生。第一点是共同体外部存在需要交换的重要物品，第二点就是它必须是游牧民主要流通的生产物，如家畜等（有时也会是奴隶）产品。这是历史上存在的发展阶段，那时的交换是和理论是有区别的。

实际上，并不是任何商品都能成为货币。就如被当作神圣之物的海螺那样，从某种意义上来说，它在商品交换产生之前就从商品中被分离出来。接下来在第三章“货币或商品流通”中会有具体分析：货币已经被逐渐地固定为金、银等商品。为什么只能是金或银，不可以是其他商品？因为目前金和银这样的商品满足了这样的条件：从材质来说能够进行分割、合成，从质地来说不会发生变化。

成为货币的金、银，作为商品也体现了在开采地被投入的劳动价值。但是劳动的价值不是能够轻易就看得到的。所以金、银的价值根源在于劳动这一点无法展现出来，也正因如此，人们就会认为，用来计量商品价值的金、银有多重，这个商品的价值就有多少。

这就是产生货币的原因。

第三章

货币或商品流通

货币的作用

在第三章中，马克思对货币进行了详细的叙述。根据货币的功能，从大的方面分为价值尺度、流通手段、货币这三节内容。另外，他对货币本身的含义也展开了详述。

如何定位从商品中推导出的货币，是个大问题。只有这个问题得到解决，才能使从货币中推导出资本成为可能。不仅仅要了解货币是商品，还要了解资本也是货币的产物。从这里开始，才算是真正看到了《资本论》的精髓，才能着手解析资本主义价值增值之谜。

第一节　价值尺度

货币是计量价值的道具

首先以“金是货币”为前提，在了解了货币之后就需要格外注意以下的问题：

> 不是因为有货币，所以商品有公约的可能。正好相反，是因为一切商品，当作价值，都是对象化的人类劳动，所以它们有公约的可能，所以它们的

价值能由同一个特殊的商品来计量，所以这个特殊的商品能转化为共同的价值尺度，即货币。货币为价值尺度，但诸商品内在的价值尺度是劳动时间，货币仅为其必然的现象形态。

从表面上来看，货币具有商品共通的价值，但别忘了实际上劳动才是商品的通约物。货币不过是表现这种价值的尺度而已。所以，一开始从价值尺度进入问题的探讨也是合理的。

计量价值这种事，直觉上就是计量一个物品值多少钱，也就是作为标尺。没有实际的黄金之类的货币也是可以的，只要知道价格就行，这就是所谓的概念性货币。

货币计量的不是价值，是价格

这里需要注意说法上的微妙差异，也就是“价格的尺度”和“价值的尺度”这两种说法。

当作价值尺度和当作价格标准是货币的两种全异的机能。如果它是人类劳动之社会的体化，它是价值尺度；如果它是确定的金属重置，它是价格标准。

金可以变得极薄也可以变得极厚。金和金之间没有质的区别。当然根据金的生产量会有金价的变动，但即便如此也没有改变作为矿石的金与作为货币的金之间的价值，因此也就没有改变金作为计量尺度的功能。

英镑原本是用来计量银的重量单位，后来逐渐转化为计量金的重量单位。马克思在回顾这段历史时，明确了名称变更不会改变问题的本质。继而他又提出了更重要的问题，就是价值和价格之间的区别。

价值和价格之间没有相互呼应。如果说劳动是价值的内在尺度，那么货币就是价值的外在尺度，这种说法恰恰明确了这两者的分离关系。有时没有价值的东西也会标有价格，两者的分离关系并没有影响货币作为价值尺度的功能。

第二节　流通手段

一、商品的形态变化

货币是商品的媒介

在这里，马克思用“形态变化”这个难以理解的词开始了这一节内容，这个词本身并没有什么特别的含义。商品之间是通过货币作为媒介进行交换的，之后商品自身会因消费而逐渐消失。对这种物质代谢过程的说明并不是本节需要探讨的课题。其实商品在交换的过程中，作为媒介物的货币在不断的变化中得以留存，这才是形态变化这个词的含义所在。

所谓形态变化，是指商品首先变为货币（商品能够成功出售的情况下），再由货币变为商品的意思。这里所说的变形过程可以用“W—G—W”等式来表示，这里的 W 是指商品（Ware），G 则是指货币（Geld）。

首先，流通到市场的商品遭受最初的“磨炼”，也就是这个商品作为符合自身价值的优良产品，在市场是否能够畅销的问题。马克思引用了莎士比亚的名句“真爱无坦途”对商品这一“鲤鱼跳龙门”的飞跃进行了分析。在市场中，商品被低价抛售或者被抬价销售的事时有发生。问题在于，这个商品的价值只有在市场中才能得到体现，经过几年的市场销售，这个商品所包含的社会必要劳动量也就自然明了了。

从别的角度来看，这个关系到商品存续问题的销售过程，其实是一个被购买的过程。所以，一方面 W—G 在进行，另一方面 G—W 也在进行。这个过程是买家对这个商品究竟有多少使用价值进行估算的过程，买卖一旦成交，商品就体现为它的价格是多少，也就是价值是多少了。

另外，也要说明“用钱购买某商品”的过程中 G—W 的形式变化。在此过程中，货币将自己反映在一切商品之上，即用价格表明货币可转化的限度。既然货币在变成商品后消失了，那么就可以认为，“无论从哪里来的钱都是没有臭味的”。

通过货币进行销售和购买的困难以及商品的滞销——产生经济危机的可能性

货币作为销售和购买商品的媒介物，也会停留在交易过程中。原则上，假设所有的商品都能够卖出去，这个过程就能够保持均衡。如同法国经济学家萨伊的销售论（所有的商品一定都能够卖得出去的学说）所说的那样，商品都能够自己打开销路的话，就不会存在商品滞销的问题。是马克思最早揭示出商品在形态变化的过程中产生矛盾的可能性，也就是发生经济危机的可能性。

> 说这二种互相独立而又互相对立的过程，形成一个内的统一，无异说这个内的统一，是在一种外的对立上运用。内的非独立（因互相补充之故），变为外的独立。这情形发展到一定点，这个统一便必须强烈的，由一次恐慌来维持。商品内在的使用价值与价值之矛盾，私劳动必须表现为直接社会劳动之矛盾，特殊具体劳动必须表现为一般抽象劳动之矛盾，物的人格化与人格的物化之矛盾；总之，这种内在的矛盾，都在商品形态变化的矛盾中，取得了发展的运动形态。这诸种形态，包含恐慌的可能性，但也仅包含恐慌的可能性。这种可能性，会发展成为现实性。但从单纯商品流通的立场说，引

出这种发展的种种关系，还是没有的。

虽然可能性很小，但在商品流通这个简单的买与卖过程中，生产过剩、商品滞销等问题导致的经济危机还是有可能发生的。如果不对金融制度之类的问题进行分析，关于经济危机发生的可能性也就只能得出这种推测性的结论。

二、货币的流通

究竟应该流通多少货币?

卖与买具有连续性，而货币便是这两种流通行为之间的媒介。从表面上看，是因为有了货币，商品才能够流通，而不是有了商品交换，货币才流通。由此，马克思首先论述了货币以商品媒介物形式作为流通手段的功能。

从货币实现了商品流通这一点来看，究竟需要多少货币呢？这便是流通过程中所需货币的必要量问题。一国的货币量究竟要有多少？比如现代社会的信用货币，自身是没有价值的，所以通过商品的流通量来决定货币的必要流通量是很重要的。而且，存款货币、信用凭证等有价证券也包含在其中，所以这并不是一个简单的问题。

马克思似乎原本不打算深入探讨这个问题。因为价格上升、货币贬值等问题在本阶段还不适宜展开论述。所以，马克思是这样叙述的："在这个前提下，流通手段的量应该由实现流通的商品价格总和来决定。"

他还提出了一个等式：

$$\frac{\text{商品的价格总额}}{\text{同名称货币的流通次数}}=\text{充作流通手段的货币量}$$

货币的必要流通量不是问题的本质

关于货币量的争议，在18世纪大卫·休谟的"货币数量说"（货币价值并不在于它自身而在于它的数量）之后开始受到关注。问题不在于"流通的量"，也就是说不用整天围绕着货币流通量的问题绞尽脑汁，同时不要忘记货币是劳动的量的体现。

> 流通手段的量，定于流通商品的价格总额与货币流通的平均速度。这是一个法则。这个法则还可表示如下：已知商品的价格总额与商品形态变化

的平均速度，则流通货币或货币材料的量，取决于货币自身的价值。但依据幻想，则商品价格定于流通手段量，流通手段量又定于国内现存的货币材料量。这幻想的首倡者，把这个幻想建筑在一个悖理的假设上：即在加入流通过程之际，商品没有价格，货币也没有价值；在加入流通过程之后，则商品总和的可除部分，将交换贵金属总和的可除部分。

本书写作的时候，黄金的市场价格开始上涨，那是由于前些时候房地产行业危机导致的金融动荡、货币贬值所引发的。对市场的不安就会带动投资者投资黄金，所以不要忘记即使是现代货币也是金这个事实。

三、铸币：价值符号

当货币与价值分离的时候

终于，错觉成为现实的时刻到了，这就是货币与黄金分离的时刻。当然这指的并不是信用货币，由商业信用、银行信用发展起来的信用货币和这里所要探讨的铸币、价值符号是不同概念的货币。

流通中的黄金成为货币必须要经过铸造，而且流通的过程中，金的重量也会不断地损耗减少，劣币驱逐良币的情况在历史上比比皆是。拥有10英镑金币的人往往会偷偷把金币磨小，多出来的材料就可以铸造一枚新的金币或是挪作他用。为了支撑市场流通，政府就得不断地向市场投入足量货币，并回收损耗的货币。

这种情况从某种意义上来说，就是要国家保证货币的强制通用力。有些磨损消耗的金币在流通意味着这个货币并不具有它名义上的价值。其结果就是，即使形式上的交换还在进行，但也只是在国家权力保障下的结果。代替金币流通的一些零钱，如价值较低的硬币，也就失去了它名义上的价值。于是铸币中无法体现自身应有价值的货币开始在市场上流通。

在这个发展过程中，市场上还流通着更没有实际价值的货币，这就是价值符号。今天，国家利用政府信用在市场上推出的流通货币就是纸币，这是国家从外部投入的货币。但是，不顾市场平衡盲目投入纸币的话会引起通货膨胀，所以纸币的发行量和黄金储备量原则上必须是一致的。在此基础上纸币才可以替代黄金。只有在替代等量黄金的前提下，纸币才能够体现价值，并被称为价值符号。

在流通的过程中，黄金所代表的价值日益遭到遗忘，而其所存在的问题也就被忽略了。

第三节　货币

自身就含有价值的货币

这部分分析的是货币作为储蓄手段、支付手段以及世界货币的功能。这里出现的黄金，不是像作为价值尺度那样在脑海中用来替代计量标尺的概念性的东西，也不是像作为流通手段那样被铸币、价值符号所替代的东西，这里分析的是用黄金铸造成金币的问题。

一、贮藏

接下来的问题产生于被排除在流通手段外的，不是用来流通而是用来贮藏的货币。

> 自商品流通发展以来，即有保留第一形态变化结果（即商品的转形姿态，或其金蛹）的必要与欲望随着发生。在这种必要与欲望下，商品的售卖，非为要买商品，乃为要以货币形态代替商品形态。于是，形态变化不复是物质代谢的媒介，它成了它自己的目的了。商品的转形姿态，因此，不为绝对可以让渡的姿态，也不为仅仅暂时的货币形态。货币凝固为贮藏的货币，商品卖者成了货币贮藏者。

守财奴货币

马克思指出，对货币进行储存而不进行流通的社会，就是 19 世纪的印度那样的落后社会。贮藏货币的结果就是货币流通减少，造成通货紧缩从而使物价下跌。但是为了购买商品就必须拥有货币，只要不是专门产黄金的国家，就要提前进行黄金储备，就类似于外汇储备金，所以产生拥有黄金的欲望也是必然的（第 24 章的“所谓原始蓄积”中马克思就谈到了这段历史）。

当然，即使是现在也有很多贮藏黄金的人，虽然这并不是一个普遍的行为。关于贮藏的问题，后来凯恩斯将其定位为阻碍流动性的问题。一旦出现货币价值不稳定、国家信用不稳定的情况，即使在今天也会马上出现黄金被贮藏的情况。从这一点来说，也不能小看过去的人对经济的敏感度。黄金的价值此时完全体现出来，因此它的魅力不减。

三、支付手段

最后出现的真正的货币

货币作为支付手段，促进信用凭证之类的商业信用支付手段得到广泛应用，这个内容马克思并没有写（关于这个问题，在 1894 年恩格斯编辑出版的《资本论》第三卷中才真正进行了论述）。像船运提单这样的信用支付的产生需要一个前提条件，也就是当商品的销售和交货在时间上发生了分离。

远距离贸易会延缓交易的实现。使用信用凭证的话，可以先获得信用凭证，到约定日期之后便可以凭证兑换。这种商业信用关系和这里论述的问题没有太大的关系，我们要说明的是货币在被支付之前即使不体现为现金的形式，也是完全可以的。

但是，在进行支付的时候没有货币就要出大问题了。没有了作为支付手段的货币，可能会导致流通的彻底中断。说的不是商品的买与卖这样简单的货币流通的中断，而是买卖后引起的大规模货币流通中断，有时甚至可能导致经济危机的爆发。

> 货币充作支付手段的机能，包含一个直接的矛盾。在各种支付互相抵消时，货币只在观念上，有计算货币或价值尺度的机能。而在支付必须实行时，它并非充作流通手段，非充作物质代谢的暂时的媒介形态，却是当作社会劳动的个别的体化物，当作交换价值的独立存在，当作绝对的商品。

货币是唯一的财富

以往，人们对黄金并没有特别的关注，只有在突发情况下人们对黄金的需求才会出现以下情况。这种情况即使在当今社会也是有可能发生的，这里我引用了书中的文字：

> 这种矛盾，是在名叫金融恐慌的生产恐慌和商

> 业恐慌中爆发的。支付的连锁与人为的清算组织十分发展以后，这种恐慌方才会发生。当机构全般因某种原因发生扰乱时，货币必须立即地、突然地由观念的计算货币姿态，急变为现款。平常的商品是不能代替它的。商品的使用价值，是无价值的了；商品的价值，在它自己的价值形态之前消灭了。在繁荣时期，架子十足的市民们，曾宣称货币为空的幻想，只有商品是货币。但现在，全世界市场都喊，只有货币是商品。像鹿叫着要新鲜的水吃一样，它的灵魂叫着要唯一的财富（货币）。

结果就是，当商品的价值被抹杀时，作为支付手段的货币也没了存在的必要。支付一旦停滞，连锁反应将非常严重！即使到今天也是如此。如果是在国家可干预范围内的金额，一般不会出什么大问题，而一旦超过这个范围，问题的严重性绝对不可小觑。

三、世界货币

最终仍然只能是黄金

最后，就是要对世界货币进行分析了。在国内即使货币能够被价值符号或辅助铸币所替代，到了全球贸易中却是行不通的。

> 在世界商业上，诸商品必须普遍地展开它们的价值。所以，它们的独立的价格形态，在此，必须与充作世界货币的商品相对立。

世界市场中，黄金最初是以商品的形式出现的，那是因为它本身就是一种体现劳动的商品。国际贸易中，多用黄金作为支付手段，没有黄金储备的话，国际贸易就很难进行了。

很多人认为，当今社会国际贸易结算使用的是美元，即使马克思主义经济学者中也有人认为黄金的时代已经结束了。

其实，是否以黄金进行结算并不是问题的关键，关键是要在最终决算过程中有体现劳动的实体货币。

战后成立的世界货币基金组织，人为取消了黄金而选择美元作为信用货币。一旦出现黄金储备不足，或者全球经济动荡的情况，就会出现世界流通货币最终回归到黄金的现象，而且这种现象不止出现过一次。就像没有出现过核电事故并不代表核电是安全的道理一样，虽然美元目前维持着世界货币的功能，但并不能说美元就是可以信赖的货币。因为时不时仍然会出现世界货币回归到黄金的现象，所以现实中美国联邦储备银行里的黄金储备不可以为零。

马克思在分析货币的同时，不断地强调不能忘记“货币是体现劳动的商品”这个特性，第四章要讨论的资本问题也有类似叙述。

第二篇

货币的资本化

第四章

货币的资本化

第一节　资本的总公式

为何会产生资本

以下我们进入《资本论》一书中最核心的资本问题。所有的谜都隐藏在资本的价值增殖过程中。使用第一篇中所分析过的与资本相关的概念，就能彻底让这些谜浮出水面。

首先，马克思是这样叙述的：

> 当作货币的货币，与当作资本的货币，最先是只由流通形态的不同去区别的。

是的，无论是作为资本的货币还是作为货币的货币，它们的本质都是相同的，不同的只是流通的形式。所谓流通形式，除了在前文出现过的 W—G—W 的形式，还有 G—W—G 的形式。

后者的形式虽然从理论上来讲是成立的，现实中却难以成立。这是因为购买某种商品然后将其出售，结果获得与购买金额相等的货币，现实社会中这是不可能出现的现象。

然而，作为资本的货币正是在进行这样的流通。前者的

W—G—W 流通过程中购买的商品与售出的商品不同，所以流通前后两端的商品使用价值是不同的。而在 G—W—G 流通过程中，即使到手的货币并不是原有的货币返还，但如果数量相同，那么这个交易就是没有意义的。只有货币在数量上产生差异，流通才有意义。G—W—G 这种流通方式，其目的也就仅仅在于体现两端货币在数量上的差别。

价值增殖

按照这种逻辑，这个公式就不是 G—W—G，而是 G—W—G' 了。G' 的意思是与 G 相比增加了 ΔG。马克思把 ΔG 称之为“剩余价值”，所谓的剩余价值就是最初投入的资本获得增殖的部分。

> 原来垫支的价值，不仅没有在流通中受到一点损害，并且还曾经在流通中，变更了它的价值量，加进了一个剩余价值，增殖了。但使这个价值变为资本的，就是这个运动。

这部分内容展现出更多的现实，即从货币开始循环的资本一般都是以价值增殖为目的。

反之，当作资本的货币流通，则以自身为目的。价值的增殖，发生在这种不绝更新的运动内。所以，资本的运动，是无限界的。

追求货币价值增殖的资本家

文章这部分内容进展有些快，因为在 G—W—G' 这个公式中已经明确了作为资本的货币具有无限的价值增殖力。而且，这个公式中展开资本运作的资本家所发挥的作用，就是人为地促进资本进行价值增殖。

马克思将这种永不停息、永不满足的利益增殖的欲望与货币贮藏者进行了比较。马克思指出，假如只会死守着货币的货币贮藏者是头脑发昏的资本家，那么追求利益增殖的资本家则是理智的货币贮藏者。货币贮藏者竭力想把货币从流通中抽取出来，精明的资本家却试图不断地把货币重新投入到流通之中。对于这些在利益增殖面前永远都不知道满足的资本家，马克思进行了如下描述：

资本家知道，无论商品是怎样的不好看、不好闻，它总归在信仰上、在事实上，是货币，是已行割礼的犹太人，是从货币造出更多货币的古怪的手段。

法语版中将犹太人割礼这部分内容删除了，文章中出现的其他关于犹太人的内容仍然保留着。大概是因为这句话确实过于激烈。

这是很微妙的表达方式。“关于犹太人问题”，马克思最初的解释是，现代社会就是一个具有犹太人精神的世界。在这本书中的描述则是，商品生产社会的本质是具有犹太人精神的。

马克思自己也是接受过割礼的犹太人，是一个很纯粹的犹太人。所以他脑海中只是把自己当作犹太人，并非有什么对犹太人的抽象理解。但是，现代社会则是抽象理解的犹太人式的社会。在读这部分内容时需要注意区分这两者的差异才好。

第二节　资本总公式的矛盾

不遵守等价交换原则的货币之谜

前文所述的，都是以等价交换为前提的商品生产社会原理。在这里，用这种原理来解决公式中的问题，真是一件奇妙的事情。然而，现实中用货币和货币进行等价交换这种事是没有人去做的，该如何理解这个问题就是本节需要解决的课题。

以上这些问题，自然会出现各种争议。从商品交换的角度来说，原本就不是等价交换。书中引用了因提出“感觉论”而成名的康狄亚克这一典型的例子，简而言之，他的观点就是要便宜买进高价卖出，而这正是商品生产社会的本质。但是，如果进行的总是非等价交换，那么马克思的观点就完全不成立了，这个世界就会充满诈骗和欺瞒，人人都需要小心提防上当受骗。

如果真如康狄亚克所主张的那样，买家总是被欺骗，那么买家总有一天会成为卖家，所以这个世界一定会变成充满欺骗和被欺骗的世界，结果就是一个在某处诈骗又会在某处被诈骗的世界。这样来说大家都是一样的（“小偷的世界里没有小偷”这种说法，是曼德维尔的寓言中的世界）。所以，商品生产社会的交换，就应该是等价交换。而且，在实际生活中，我们如果被卖家坑骗的话，就不会再去那家店。不会在不信任的地方购买商品，结果自然就清晰了。亚当・斯密所提出的自然价格正是这种现象。

但是事实上却无法否认从 G—W—G 变成 G—W—G'。其中最典型的情况就是 G—G' 之间的变化。由这种变化可以联想到高利贷资本，即通过金钱的借贷关系获取利息。或者是远距离购入稀有物品再高价售出获得利润的商业资本。这些都是 G—G' 在现实中的例子。

当然，高利贷者借款给对方，而对方在还款前有可能破产倒闭。所以，借款获取的利益可以说是一种风险回报，而后者获取的是商业风险带来的利益回报。这些都是在特殊情况下发生的非等价交换的例子。

在商品生产社会成为一般社会形态之前，事实上的确存在这样非等价交换的现象。所以，后来会产生掠夺性的原始资本积累之类等现象。不过，在这里要探讨的不是这个问题。这里要探讨的问题是，商品生产社会中即使普通人也能经常在商品交换中产生剩余价值，而这些剩余价值完全没有成为马克思说明的对象。

谜产生于何处?

马克思论述的目标只有一个，那就是商品生产社会中普通人之间的交易问题。

所以，资本没有由流通发生的可能，但也同样没有离开流通而发生的可能。它必须在流通中发生，但又不在流通中发生。

这种说法很是奇妙。它的意思是说，高利贷资本、商业资本时代的确能够在流通中产生资本，但这不是商品社会中存在的问题，而且不可否认流通所积累的资本会用于商品生产，所以这就成了“先有鸡还是先有蛋”的问题。

本章提到的“资本的原始积累”这个重要问题，这里并没有展开论述，而是放在《资本论》第一卷的最后，是因为这种资本主义游戏需要在公正的规则（等价交换）下才能进行，实际上资本主义发展初期并没有遵循这个规则。这种在理论特别难解释的问题需要单独论述。

也许，并不需要特别解释，这种论证的逻辑就像是一个有钱人和作为穷人的你在相同的情况下一起工作，但是穷的总是你。如果不搞清楚身份、门第的问题，也就无法解释你为何一直贫穷。

货币的资本化，必须根据商品交换内在的法则来说明，从而，必须以等价物的交换为出发点。当

> 作资本家幼虫的货币所有者，必须依价值购买商品，也必须依价值售卖商品，但在过程的终结，他取出的价值，又不能不比当初投入的价值更大。他由幼虫变为蝴蝶的发展，必须在流通领域中进行，又必须不在流通领域中进行。这就是问题的条件。“这里是罗得岛，就在这里舞蹈吧！”

对这里矛盾、难题的解决，正显示了马克思的非凡论证力。

第三节　劳动力的买和卖

劳动力商品之谜

现在，终于要触及资本主义之谜——“劳动力”这个核心问题了。该如何解读这个问题呢?

如果说问题既不是出在货币这个环节，也不是出在流通过程之中，那就只剩下一个环节了。即问题只能出在最初的G—W中。这个商品的买卖究竟具体买了什么呢?这个交易具体购买的是劳动力商品。劳动力就是劳动能力，是指体力和精神的总体，它存在于人的身体中，存在于活的人体中，使用劳动能力，通常会产生某种使用价值。

因为劳动力商品是活生生的人，所以既不能买来存放着，也不能放在冷库里保存或是放在家里备用。所能做的只有让他按照一定的时间为自己工作。如果是奴隶的话还能将其放置一边，但是出卖劳动力商品的人并不是奴隶。他们所能出售的是制造能力、思考能力，而不是他们作为人的身份。

从这种意义上来看，劳动力是一种特殊的商品。他们有时会任性，有时会指责，有时还会偷懒旷工，当真是难以驾驭的一种商品。但是另一方面正是因为有了他们，商品才能卖出去。也就是说，从生产的角度来说他们只是商品而已，但是从他们同时还是消费者这一点来说，他们的存在价值又超越了商品。

劳动力商品产生于何处?

劳动力商品不是在任何时间、任何地点都存在的商品。很早以前就有了商品，但是出现只能依靠出卖劳动力才能生存的人群是资本主义社会中才有的事情。当然，依靠劳动力商品开始获得无限价值增殖的资本，是和劳动力商品同时产生的。这里似乎隐藏着一个很大的陷阱，马克思是这样论述的：

> 至于资本，却不是这样。它的历史的存在条件，单有商品流通和货币流通，还是不够的。资本仅能在那种地方存在，在那里，生产手段和生活资料的所有者，在市场上，与售卖劳动力的自由劳动者相遇。这一个历史的条件，包含一个世界史。所以，资本，从它初出现的时候起，便在社会的生产过程上，划了一个时期。

商品生产的过程中能够产生资本主义式生产，是因为市场中产生了劳动力商品。也就是说，离开了劳动力，商品就不会存在。

劳动力的交换价值与使用价值的区别

那么，劳动力商品有什么价值呢？

首先是劳动力商品的商品价值。它是由满足商品所有者维持生存所需的“再生产费用”来决定的。再生产所需的必要价格，也就是劳动时间决定了工人的商品价值。当然，这个价值根据时间与地点的不同都会有所不同。而且根据工人所提供的劳动质量不同，价值体现也会有所不同。在这里无法进行完全客观的讨论，因为这个问题与一个国家，以及这个国家所处的发展阶段都有关联（这是个历史性的问题）。

其次是劳动力商品的使用价值。如果说再生产的费用就是交换价值的话，使用价值就可以说是为资本家从事的某种商品生产的劳动。对于资本家也就是劳动力商品的买家来说，劳动力商品的最大使用价值就是充分满足了对劳动力的需求。

这里所说的使用价值，具体来说是指工人工作的总劳动时间。

如果资本家为这些劳动时间所创造的所有价值支付酬劳，使用价值和交换价值就是等价的。但是这样就失去资本家雇用工人的意义了。资本家眼里的交换价值，也就是劳动报酬的金额当然应该是少于使用价值的。一般情况下，资本家不会先支付报酬再让其劳动，而是会先让其劳动，然后视其劳动力的支出情况再支付报酬，也就是劳动之后支付工资。先付工资的话劳动力一定会逃之夭夭。

人类世界的财富产生于人类

就这样，在流通中那些不符合规律的等价交换问题得到了解决。解决方法就产生于劳动力的使用价值和交换价值的差别。马克思简直解决了所有的谜题，人类社会的财富显然还是由人类创造的，这是对人类的剥削，而不是靠什么想法、创意获得的。财富都是通过对人类的剥削产生的。

但是，这种关系看着像是等价交换。因为它是质和量之间的交换，而质和量是没有办法比较的，所以讨论使用价值和交换价值的差额问题是没有意义的。

在这里，如果把劳动力商品的使用价值还原为劳动时间的量，把交换价值也还原为时间，其结果会怎样呢？结果就是两者之间会出现明显差异。

但是，不愿承认这个差异的资本家会这么说：我们是根据劳动来支付报酬的。剩下的价值都是机器创造的。不，这只是资本家自己的臆想，利用各种借口进行的牵强附会的解释。这些理由尽管看上去是那么的合理。我们接下来马上就会看到马克思对这个问题的剖析。

连这种歪理都能够说得通的社会，被马克思称为“边沁的天堂”。以下是这部分论述内容的引用：

劳动力的买卖，是在流通领域或商品交换领域内进行的。这个领域，实际是天赋人权之真正的乐园。在那里行使支配的，是自由、平等、所有权和边沁。自由！因为这种商品（如劳动力）的买者和卖者，都只听命于自由意志。他们是以自由人、权利平等者的资格，缔结契约的。契约是一种最后结果，他们的意志，即在此取得共同的、合法的表现。平等！因为他们彼此皆以商品所有者资格发生关系，以等价物交换等价物。所有权！因为他们都是处分自己所有的东西。边沁！因为双方都只顾自己的利益，他们的特殊利益，他们的私利。每一个人都只顾自己，不顾别人。但就因此，每一个人即按照事物之预定的调和，或按照全知的神的指导，为相互的利益、为共同的福利、为全体的利益而工作。

第三篇

绝对剩余价值的生产

第五章

劳动过程和价值增殖过程

第一节　劳动过程

资本主义以外的劳动

在本章中，马克思从青年时期就开始研究的课题“劳动是什么”展开论述。一般来说，劳动是人类对自然的改造行为，这一行为改变了自然，人类自身也在这个过程中不断发展变化。

人类逐渐发明和创造了劳动手段，正是根据这些劳动手段，我们将人类的历史划分为不同阶段。而且通过在劳动对象——土地上进行的劳作，劳动逐渐具体化。

就这样，劳动对象和劳动过程成为生产手段，而劳动人民的劳动则成为生产性劳动。

伴随着人类社会的发展，劳动也随之演变和发展，这和资本主义社会的价值增殖过程是不同的。贯穿人类历史的是一般意义上的劳动过程，其特征就在于，对人类而言这种劳动就是创造使用价值。

> 劳动过程，在只表现简单的抽象的要素时，是一种有目的的产生使用价值的活动，它使自然物适

> 于满足人类欲望，是人与自然间物质代谢的一般条件，是人类生活的永久的自然条件，故与人类的生活形态无关，得在人类生活各种社会形态上共通适用。

但是，资本主义社会的劳动并非如此。首先，劳动是在资本管理下进行的；其次，产品是资本家的所有物。从这两点就可以区别资本主义劳动和一般意义上的劳动。

第二节　价值增殖过程

增加价值的劳动

那么，在资本管理下进行的劳动是怎样的呢？

我们知道，资本家为了出售产品才会制造产品，为了获得高于最初投资金额的价值而进行生产。资本家从事的不是慈善事业，所以他考虑的是要通过生产获得高于最初投入资本的收益。从这个意义来说，这里所说的劳动过程并不是简单的劳动过程，而是必须创造价值增殖的劳动过程。

因此，支付给工人进行再生产所需的劳动力价值和他在整个劳动过程中所创造的价值是不同的，这个差额就是资本家获得的利益。如果工作 6 小时所创造的价值是劳动力价值的话，他就必须要为资本家工作 12 个小时以上才行。

> 试比较价值形成的过程和价值增殖的过程，我们就知道，价值增殖过程，不外是延长到一定点以外的价值形成过程。若仅继续到这一点，使资本家购买劳动力所支付的价值，恰好由一个新的等价物代置，那便是简简单单的价值形成过程。若超过这一点，那便是价值增殖过程。

在这里，马克思把价值形成和价值增殖这两个词进行了区别使用，同时也对价值增殖进行了说明。

如果把资本形成工人劳动力价值的过程称为价值形成过程的话，那么超出的部分就是资本价值增殖的过程。

商品生产可以形成价值，但是无法形成剩余价值。因此，商品社会体现的是价值的形成过程而非价值的增殖过程。另一方面，价值增殖过程会产生剩余价值。因此，价值增殖过程是资本主义社会的生产过程。两者具有微妙的差别。

也就是说，古代共同体内部将剩余产品作为商品出售，交易中并不包含劳动力商品，因此也就不会形成价值增殖过程。

这就是为什么购买工人劳动生产价值的资本家，不仅驱使工人没有间歇地进行工作，还时常要打起精神进行劳动监督了。

对于价值增殖过程来说，最重要的事情就是使价值增殖。这就意味着要让工人在资本家购买的劳动时间内不间歇地持续作业，而且还要防止工人旷工。

第六章

不变资本与可变资本

机器不能创造价值？

到目前为止，马克思都没有对生产资料和原材料进行专门论述。但实际上它们都是生产中不可或缺的因素。那么，这两个因素对商品的价值形成有什么影响呢？这个问题就是本章要探讨的内容。

姑且不论劳动形成价值这个问题，机器和原材料与价值形成又有什么关系呢？如果它们直接关系到价值的形成，那么之前的论述就站不住脚了。生产资料和原材料若是都包含在已完成的劳动中，那么它们应该都对价值的形成有所贡献。假设由它们所形成的价值创造出新的价值，那么使价值增殖的就是“已完成的劳动”，而并非有生命的人类劳动。

关于这个问题马克思是这样分析的：机器和原材料既然是商品就一定有价值，但是，它们的价值仅仅体现为被转移的那部分价值，且这些价值并没有创造新的价值。而工人不仅将这些价值转移到商品中，还在创造新的价值。

> 新价值的加入，是由于劳动之量的增加。生产手段旧价值在生产物中的保存，是由于追加的劳动之性质。同一劳动有二重作用。这种以劳动二重性

为根据的二重作用，由种种现象，显示出来了。

是谁实现了机器的价值?

原本，这些价值问题都是和人类的劳动支出相关联的。追溯机器、原材料的消耗过程，如果前提是它们被还原于价值，那么机器、原材料、燃料、工厂等生产要素就应该都消耗在已经完成的劳动之中了。

原材料和燃料在生产过程中被消耗了，所以它们的价值被转化到商品中。这一点很容易理解。但是机器每天还在那里，如何证明机器的价值也被转化到了商品之中呢？这还真是一个让人难以理解的问题。假设这台机器的价值转移周期是 10 年的话，它的价值被每天一点点地转移到商品之中，这样解释也无可厚非。

> 生产的劳动，把生产手段转化为新生产物的构成要素时，价值也经一度轮回。它已由消耗了的身体，转化为新形成的身体。但这种轮回，也发生在现实劳动的背后。劳动者不保存旧价值，即不能加入新劳动，那就是不能加入新价值；因为，他必须把劳动加到有一定用处的形态上去；但若不把生产

> 物当作新生产物的生产手段，从而把这种生产物的价值，移转到新生产物上去，他就不能在有一定用处的形态上，把劳动加入。所以活劳动（即运用中的劳动力）加入价值同时借以保存价值的现象，乃是一种天惠。这种天惠，不费劳动者一文，但极有利于资本家。设无此，他原有的资本价值，就无法保存了。在生意兴旺时，资本家固只知道赚钱，绝不留意这种天惠。但恐慌发生，劳动过程受强烈打击时，他却会敏锐地感到这一点。

形成价值的只有有生命的劳动

以上引用的这段话虽然有点长，但相当重要。这段话在说，价值的转化过程虽说不起眼，实际上却肩负着重要的作用。因为有了价值转化，机器才能得到保养和维护，而且不需要为此支付额外费用，因为工人的劳动中自然已包括了对机器的维护。一心只考虑赚钱的资本家却根本不会关注到这一点。当经济危机到来时，解雇工人之后他们才会切身感受到没有工人的劳动，机器等生产资料都成了完全没用的东西。

因此，马克思主张形成价值的只有劳动，机器、原材料等都不足以形成价值。这些没有使价值产生变化的机器、原材料之类的生产要素可以称为“不变资本”，而产生附加价值、实现价值增殖的劳动则可称为“可变资本”。

能否使价值产生变化是问题的关键。这不是通常所说的固定资本和流动资本，而是站在价值变化的观点上所定义的不变资本和可变资本。这种定义方式明确了马克思对包括设备在内的所有生产要素都采取价值分析的方法和立场，后文中我们还会反复使用这两个名词。

第七章

剩余价值率

剥削程度的体现——剩余价值率

这里，马克思开始使用“不变资本”和“可变资本”这两个概念来探讨工人被剥削的问题。在《资本论》原文中，不变资本用c表示，可变资本用v表示，剩余价值用m表示。因此，用这些字母商品的价值就可以表示为“c+v+m”。其中，创造了m的实际上是已被资本家支付工资v的工人，所以支付给工人工资的v和资本家获得剩余价值的m相比较，就能得出新形成的价值比率，这个比率就是“剩余价值率”。也就是说v和m相比，可以算出形成了多少新的价值，或者说可以计算出剥削了工人多少价值。

当然，为了避免遭受“现实中的企业家不会去做那样的计算”之类的批评，马克思也列举了现实中经营者如棉花生产商把c这部分排除后进行商品价值计算的例子。不管怎样，既然探讨的是价值增殖的比例，这种计算方式也就无伤大雅了。

工人的可变资本价值，是工人进行再生产所需的必要费用，马克思将其称为“必要劳动”。把必要劳动所花费的时间称为“必要劳动时间”。他还把超出必要劳动时间形成的新的价值部分，也就是剩余劳动m所支出的时间称为“剩余劳动时间”。

> 而经济的社会组织（例如奴隶社会与工资劳动社会）所以各有区别，也就因为，对于直接生产者（劳动者）的剩余劳动，各社会有各社会的榨取形式。

马克思一再强调进行资本价值增殖是资本主义社会的特殊性，通过计算剥削程度的公式就可得出剩余价值率。

这个计算公式就是：

$$剩余价值率\frac{m}{v}=\frac{剩余劳动}{必要劳动}$$

马克思为了计算方便，将剩余价值率设定为100%。100%乍一看是个相当高的比率，原因是人们把这个比率误解为是利润率才会觉得很高。计算利润率时，资本家在可变资本中加上预先投入的不变资本——也就是用“v+c”来和剩余价值m进行计算，这时利润率自然就会减少。

这样计算出来的结果体现的只是前期投入的资本可以产生多少剩余价值的问题，和工人被剥削的程度是完全不同的问题。《资本论》的本质是探讨工人的被剥削问题，因此剩余价值率才是关键所在。

《资本论》第七章的第二节至第四节的内容都很短，篇幅基本都用来对各类学说进行批判，说明只是点到为止。不过，这三节中也包含一些重要的问题。剩余价值率这些概念都是站在工人的角度上进行定义的，所以会被一些“无法保持沉默”的人用某种论据进行批判。

“西尼耳的最后一个小时”——不可思议的争议

“西尼耳的最后一个小时”所争议的正是上文提及的问题。如果能够顺畅地理解剩余价值率就不会有问题，但实际上资本家最关心的是利润率，也就是预先支付的全部资本能够获得多少利润的问题。从资本家的关注点出发，自然就发展出了这种论调。

如果按照马克思所举的纺织工厂一例，劳动时间为 12 小时的话，最初的 8 小时填补的是棉花原料的成本，接下来的 1 小时 36 分钟填补的是劳动资料的价值，再接下来的 1 小时 12 分钟填补的是劳动工资的价值。所以仅剩的约 1 小时就是创造剩余价值的部分。这也就是所谓的“最后一小时”所阐述的问题。

这个问题的争论点不是用什么理论去论证，而是劳动时间断然不能减少。这个有力论据使现实问题浮出水面。

牛津大学教授西尼耳提出，应该阻止工人所主张的 10 小时劳动时间，并以此展开了他的理论。正是这个原因，他被曼彻斯特的资本家们选中，推广了他颇为得意的理论。迄今为止，资本理论拥有很多忠实的御用学者，而西尼耳教授当之无愧地成为他们优秀的前辈。

他根据上述的争议最后得出的结论就是，10 小时的劳动时间根本无法为资本家挣得利润，资本家等于是在从事慈善事业。

实际上，如果劳动时间减少，所消耗的原材料以及机器的损耗也会随之减少，预付资本的损失也会减少。西尼耳理论没有逻辑的原因主要是，他并不理解不变资本究竟是什么。这原本是一个只需要考虑是否要增加有生命的人类劳动的问题，他却在“这也能产生价值、那也能产生价值”的问题上纠缠不清。

但是，这种站不住脚的观点，无论在什么时代都是存在的。面对被延长的劳动时间压迫和剥削的工人们，马克思向他们预言未来并不会有所改变。

好了，每当你们的“最后一小时”发生问题时，请想起这位牛津的教授。再会罢，希望我们会在一个更好的世界再见。

即使在当今社会，也仍然会出现第二个、第三个西尼耳教授，所以请大家保持警惕。

第八章

劳动日

第一节　劳动日的限界

劳动日不会轻易地被减少

相信大家已经发现，前面章节的内容是一个漫长的、艰难的理论性论辩过程。从这里开始，即将出现的不是摆在桌面上的理论，而是人们所说的话。理由也很明确，因为这并不是一个工人的劳动时间——劳动日——纯粹由理论构成的世界。在这个世界里，这种斗争关系着生死存亡的斗争。马克思告诉工人们，要先从第八章开始阅读，原因正是在于此。

那么劳动日的标准该如何制定呢？

首先劳动时间不可能低于必要劳动时间（这是工人为了生存所必要的再生产费用）。当然劳动时间与必要劳动时间相等也是没有意义的。如果那样的话，劳动时间里就没有包含资本家要得到的剩余价值。

当然，劳动时间也是有上限的。一天只有 24 小时，所以超过 24 小时的工作日也是不存在的。除此之外，还要考虑到工人作为活生生的人，身体所能承受的劳动也是有极限的。但是资本家既然购买了劳动力商品就会希望尽可能多地榨取剩余价值。这个矛盾就导致了激烈的斗争。

> 资本的生命冲动是增殖价值，创造剩余价值，即用不变资本部分，用生产手段，吸收最大可能量的剩余劳动。资本是死的劳动，它像一只吸血鬼，必须吸收活的劳动，才能有生命；所吸收的血愈多，其生命也愈活跃。劳动者劳动的时间，即是资本家消费其所购劳动力的时间。假令劳动者竟用自己的时间作自己的事情，他就劫夺资本家了。

钓到的鱼就是自己的

从资本的立场来说，工人就是被榨取的对象。既然购买了该劳动力，怎么使用就不容他人置喙。但是，站在出卖劳动力的工人的立场上来说，劳动却是生活的最大痛苦。这里不存在理论，有的只是为生存而战的斗争。

> 所以，在资本主义生产的历史上，标准劳动日的规定，会表现为限制劳动日的斗争。斗争的一方，是资本家全体即资产阶级，他方是劳动者全体即劳动阶级。

接下来开始进行具体事实的论述。

第二节　对于剩余劳动的贪求：工厂主与领主

比较劳动的悲惨性

首先，没有转变成为剩余价值的剩余劳动本身，在任何世界都是作为一种必要的保留而存在的。当然，任何社会都需要一定的储备。一般情况下产生剥削剩余劳动的想法并非来自生产本身的特性，而是产生于对财富的贪欲。

因此，金、银的生产很容易勾起令人恐惧的欲望，特别是在开采业中对劳动力剥削的程度更是达到了极致。然而，这只是资本主义世界对过去世界的一种丑化，实际上并没有那么严重和恶劣。反倒可以说，是进入资本主义社会后，才真正出现了这样悲惨的剥削状况。如果说美国以前对黑人奴隶的剥削还具有一定的地方性特点，那么当棉花生产成为资本主义世界的一部分后，黑人奴隶们的悲惨生活就可见一斑了。奴隶们生活的悲惨从这里开始加剧。

马克思把英国工厂劳动和多瑙河地区的徭役劳动（以劳动的形式纳税）进行了比较。

在英国工厂工作的工人的剩余劳动和必要劳动，只要是发生在同一工厂就不可能被真正分离。瓦拉几亚（今罗马尼亚）的农民向工场主（土地贵族）所付出的徭役劳动，与通常意义上的农耕劳动却是可以进行区别的——因为工作场所不同。

按照规定，多瑙河流域的瓦拉几亚农民一年的徭役劳动应该是很少的，但是根据土地领主们不断增加的各种诠释，徭役劳动负担变得越来越沉重。而且在气候恶劣的地区，农民们能够为自己工作的时间本来就很少，因此徭役劳动的比例变得更高。由此可以肯定，土地领主、工场主对剩余劳动的渴望同样是毫不含糊的。

英国的工厂和漏洞百出的法律

那么，英国的工厂难道就比瓦拉几亚的徭役劳动强度高吗？英国出台了限制工作日的《工厂法》，因为国家不允许进行资本主义剥削。1867 年《资本论》刚出版时，英国还是 10 小时工作制的时代。按周工作时间来算，从周一到周六就是满满的 60 小时劳动。不过，如果和当今日本的劳动者相比，恐怕当年英国工人的工作时间反倒更少一些。当时的英国政府为了督促工厂主遵守工作时间的规定，还专门设置了工厂视察员（当时是一个叫莱昂纳德·霍纳的人物），马克思曾认真细致地阅读了他的视察报告。

当然，很多工厂的实际劳动时间都是超过法定劳动时间的，这是为了获得更多利润。即使每天延长 5 分钟的劳动时间，一年积累下来也是一个庞大的数字了。缩短法定吃饭时间的做法，更是家常便饭。以下是引用这份报告书中的描述：

> “倘允许我每日越限 10 分钟，你就每年把 1000 镑，放在我钱袋里了。”“一分钟一秒钟，便是利润的要素。”

由此可见，即使是在英国，这些法律漏洞也多得像筛子一样。

第三节　无法律限制劳动榨取的英国各产业

童工劳动的实际状况

这一节从开头就引用了童工劳动的悲惨状况，是关于他们从事生产花边、陶器、火柴、壁纸、面包等劳动的状况。引用了一个 7 岁儿童的例子。

> 这个孩子从 7 岁开始，就在雪中往返于工厂和家。因为他的工作时间经常高达 16 个小时。——在他操作机器工作的时候，我蹲下给他喂饭。因为机器不能停下来，他也不能离开机器。

即使在当今社会，一些发展中国家的工厂以及发达国家的偷渡移民聚集的工厂里仍然能见到这一幕，这与马克思的期待是背道而驰的。这种悲惨的境地，至今也没有成为过去时，我们只能为之扼腕叹息。如果继续阅读，接下来的内容让我不由地想起几年前在尼崎发生的那场铁道事故。

过度劳动的实际情况

> 他们为了一次惊人的火车意外事件，曾使数百旅客死亡而被控告。铁路工人的疏忽，被认为是这次不幸事件的原因。但他们在陪审官前异口同声说：在 10 年或 12 年前，他们每日仅劳动 8 小时。

> 但在过去五六年间，增到14、18乃至20小时了。假期开行游览专车时，他们有时还继续做40小时乃至50小时的工作，没有间断。他们都是平常人，不是怪物。到一定限度后，他的劳动力就用尽了。他们的知觉，于是迟钝了。他们的脑筋停止思考，他们的眼不能视了。

在日本，过分地要求铁路工人严格遵守时间，这种不人道的过度劳动导致了尼崎那场事故的发生。“过度劳动”这个词即使在当今的日本仍然是个常见词。

我们发现100多年前的报告中也有类似的事故。马克思举了这样一个例子。一位名叫玛丽的女工，在一家女装成衣厂工作。她每天的工作都超过16个小时，由于过度劳动，有一天她被人发现暴毙在床上。

马克思满怀愤怒地引用了这篇新闻报道：

> 自由贸易主义者科布登，与布赖特的机关报《晨星》也曾大声说：“劳苦而死的白色奴隶，死了就算了。”

第四节　日间劳动与夜间劳动——轮班制度

为什么童工无法反抗？

一天的劳动时间最多是24小时，只要是活生生的人都不能承受。可是，资本家们又想让机器24小时不停地运转。解决这个矛盾的方法就是日夜轮班制度。在这个制度下，劳动力主要是童工，童工便宜又老实，所以最适合。在这里作者就不再赘述他们的悲惨状况了。马克思把这些无法接受教育的孩子们眼中的世界在注解中进行了描述，注解中的内容要这里写一下，他们都是些纯洁的天使。

> 黑尼斯，12岁，“他答说，4的4倍是8，4个4是16。国王是有一切的钱和金的人。我们有一个国王（告诉他是女王），他们叫她作亚力山大妃。告诉他，亚力山大妃是女王的子的配偶。他说，女王的子是亚力山大妃。他说，妃是男子。”杜尔讷12岁，他说，“我不住在英格兰。他觉得，这是一个国家，但以前不知道这是一个国家。”摩里斯14岁，“他曾听说上帝创造世界，听说一切人都溺毙了，只有一

个没有；他还听说，这个人便是小鸟。”

孩子们说的话很质朴，也很无知。像这样的少男少女什么都不懂，所以也就不懂得反抗，只会一味地辛苦劳作。正因如此，他们才能忍受那残酷的夜间工作。正因如此，资本家才能够继续这样的剥削。接下来这段话也是引用注解里的内容：

> 同时，那位“节欲”的玻璃资本家，也许正在深夜吃醉了葡萄酒，由俱乐部回家来，傻子一样哼着：“绝不，绝不，英国人绝不会是奴隶。”

真是讽刺！因为他们在说奴隶的老板不是奴隶。而且在驱使孩子们深夜工作的同时，自己早已酩酊大醉。

第五节　关于标准劳动日之斗争

——14世纪中叶至17世纪末强制劳动日延长的法律

配合工作时间的规律

马克思在这部分话题一转，开始从历史角度介绍这种情况究竟是从什么时候开始发生的。这部分开篇就对工作日该如何定义进行了阐述，以下引用了这段内容：

> “什么是一劳动日呢？”资本已付一日劳动力的价值以后，它有怎样长的时间，可以消费劳动力呢？再生产劳动力所必要的劳动时间是有限定的，劳动日能更延长到什么程度呢？关于这些问题，大家知道，资本是这样答复的：劳动日等于每日 24 小时减去几小时休息的时间。没有这种时间，劳动力要重新运用，便绝对是不可能的。这是自明的。劳动者终生不外是劳动力，他所有的时间，依照自然和法律，全都是劳动时间，是用来使资本价值增殖的。人格教育的时间，精神发达的时间，履行社会职分的时间，社交的时间，生理活力与精神活力的自由表现的时间，甚至星期日的休息时间（哪怕在盛行安息主义的国度），全然是骗人的。

在资本主义社会，人们的自由时间是配合劳动时间规律而定的，而且劳动时间越来越凌驾于自由时间之上。资本主义甚至还有剥夺一个人维持其生存可能的倾向。当然，这并不应该把矛头指向资本家，因为真正的问题在于资本主义。所以，资本主义从本质上来说，从来不会关心工人的死活。

在发达国家，资本主义对待工人是仁慈的吗？

有人可能会说，今天那些发达的资本主义国家不是正在致力于改善工人的生活吗？因此这个世界变得“有希望”了。后面这句话正是提出这种观点的理由。纵观资本主义世界，这种无限延长工作时间的做法和对工人的剥削至今仍然存在。比如在法国，资本家实施的是一周 35 小时工作制，但是在非洲原法国殖民地并没有实施这种工作制。不，应该说是强加给当地工人更加残酷的工作制。结果就是，孤儿和贫民作为劳动移民或是收养的义子被接到法国。这种做法固然可以当作是法国资本家的仁慈之心，但是所起到的作用也仅仅是杯水车薪。

真正的资本主义是不能任由工人遭受如此迫害的，因为即便不能让工人们活得太好，也不能让他们死去，最好还要让他们活得长一些。要做到这样需要什么手段呢？那就是停止工作日的无限延长，制定正常工作日。然而这个做法并不是资本家绞尽脑汁想出来的，而是迫不得已的。

> 在证券投机中，每个人都知道，暴风雨有一天会到来，但每个人都希望，在自己已经赚到大钱，把钱藏好之后，让暴风雨侵压自己的邻人。等我安全以后再发洪水罢！

这，就是资本的特性！

济贫所成了恐怖之所！

那么正常劳动日是从何而来的呢？那是“工人和资本家进行了数百年斗争的结果”。这是个严肃的事实，是工人运动争取到的结果。

回顾这数百年的历史就会感受到这奇妙的事实。这个事实就是《工厂法》试图缩短劳动日，但是这数百年来却是劳动日不断被延长的历史。过去很严重，现在有改善，这种历史性的观点其实只是个谎言。

如果是历史学家就会注意到这一点，近代社会开始之前，人们的劳作没有那么辛苦，甚至事实上过的也并非食不果腹的生活。黑暗的中世纪、“黑暗”的非洲、“光明”的近代社会和欧洲——在某种意义上来说这种历史观是站在资本家的角度，做出符合资本家自身利益的解释。

人们从何时开始，又是如何从懒惰变得勤勉的呢？这一节的内容从这个问题开始论述。在英国，这一变化可以说是瘟疫席卷英国之后，以爱德华三世颁布劳工法为契机的。由于人口减少，不得不加重人民的劳作负担。因此，利用劳工法推进了增加工作日的措施。但是，延长劳动日并不是一件简单的事。一直到 18 世纪，劳动日的延长都没有太大的进展。

鲍士尔兹维特在 18 世纪留下了这样的名言：总之，英国的产品为什么能够达到高品质——因为那是劳动人民心情愉悦，也就是说他们善于娱乐休闲吧，这样的娱乐休闲让英国人的素质得到了提高。这真是至理名言，真希望所有的资本家都听一听这些话，这里说的英国是马克思写《资本论》的 100 年前。

但是这种声音在接下来出现的论调中逐渐消失了。不能让工人太自以为是了！应该教会他们如何认真完成劳动义务！教会他们做这些的地方是哪里？那就是济贫所。要让懒于工作之人聚集的济贫所成为恐怖之所。当然，这个济贫所会逐渐成为减少劳动时间的地方，但是这里最初发挥的是实施强制性劳动的作用。

不管怎么说，都无法否认是由国家做出了这种强制延长劳动日的行为。

第六节　关于标准劳动日之斗争

——对于劳动时间的强制法律限制和 1833 年至 1864 年英国的工厂立法

是工人的胜利？

反对增加工作时间的斗争开始了，斗争的结果就是迎来了《工厂法》的时代。

> 资本经历数世纪时间，始将劳动日延长到标准的最高限，并超过此限延长到自然日 12 小时的限界。但此后，当大工业在 18 世纪末叶出现时，却发生了一种像雪山崩溃一样激烈的无限制的侵袭了。道德与自然的限制、年龄与性别的限制、昼夜的限制，统统被粉碎了。甚至昼夜的概念——那在旧法令上是非常单纯的——也弄成如此暧昧，以致

> 1860 年，还有一位英国审判官，为要在判决上，确立昼夜的区别，不得不运用犹太法典那样的敏感。资本则欢欣鼓舞，庆祝自己的成功。

工人并没有一直保持沉默。

1833 年出台的《工厂法》，首次规定了标准劳动日的概念。

法律规定一个劳动日的时间是指从早上 5 点半到下午 8 点半，在此之间只要不超过 12 小时，13 岁到未满 18 岁的劳动者也都可以参加劳动，但是禁止不满 9 岁的儿童参加劳动。13 岁以下的儿童只能进行 8 小时劳动，9 至 18 岁的所有童工都不允许从事夜间工作。

这是理所当然的事情，但是仍然有人对法律进行“合法滥用”，即产生了所谓的交接班制度，把童工分成两组，连续雇用他们进行劳动。

实际上这个时期的宪章运动等劳工运动的激烈程度一直在增加，《工厂法》得到了进一步的发展。1844 年通过的《工厂法》中，在未成年工人的条件里还增加了女性，把童工劳动时间也下调为 6 个半到 7 个小时之间。这绝对是一次巨大进步！

此后，随着 19 世纪 40 年代劳工运动的不断高涨，议会通过了 10 小时工作制的法案。这个法案的通过是在 1848 年 5 月，正是欧洲大陆革命进行得如火如荼之时。

资本家的反攻倒算

然而从某种意义上来说，劳工运动发展到这个阶段已经达到了顶点。在巴黎，风起云涌的六月劳工运动被镇压，工人的力量从政治的世界消失，即使是在英国，宪章派的力量也在减弱。

资本家的反攻倒算开始了。可见，国家制定的法律不过只是政治影响下的产物而已。即使工厂主违反了法律，他们也可以主导司法裁决，自然也能够判个无罪获得胜诉。可以说这种法律没有太大的意义。

不过延长劳动时间对于资本自身来说也没有太大意义的时代逐渐到来了，这是由逐渐发达的机器工业带来的影响。1860 年以后，为了减少劳动日而进行的斗争逐渐顺利发展，这个问题会在下一章的相对剩余价值中详细论述。当然，劳动日的减少是因为实施了强制劳动，提高了生产率。

第七节　关于标准劳动日之斗争

——英国工厂法与其他各国的反应

马克思的赞赏

在这部分中，马克思关于标准劳动日的斗争是这样概括的。

第一点事实是，在兴起工业革命的部门首先开始了近乎到极限的工作日延长，然后针对工作日的延长实施了一些措施加以规范。当时这只不过是个别现象，最终工作日的延长成为普遍的现象。

第二点事实是，这个成果是工人和资本家之间进行长期斗争的结果。

> 因此，正常工作日的确立是工人和资本家阶级之间长期的，多少具有隐蔽性的市民斗争的产物。斗争是在近代工业范围内开始的，所以它最先发生在近代工业的发源地英国。英国工厂的工人不仅是英国，而且是整个近代工人阶级的先驱，他们的理论家也是最先向资本的理论挑战的先驱。

而工厂哲学家尤尔博士却宣称，资本在勇敢地为“劳动的完全自由”而战，英国的工人阶级却把“《工厂法》是奴隶制”写在自己旗帜上，这真是难以抹去的耻辱。

马克思对于英国工人在前方进行的辛苦斗争，表达了敬意。但是作为化学家而闻名于世的乌尔博士却感叹，资本主义通过发展机器的劳动能力以减轻劳动人民的痛苦，却遭到了劳动人民的批判与斗争。

工厂法很快就传入法国，马克思期待着它在法国的影响。那么在美国的情况又是怎样的呢？由于美国南北战争的爆发，工厂法得到了迅速推广。马克思在文中所叙述的这几个国家，在工厂法的推行上时间有前有后，但是工人的运动在各国都取得了一定的效果。

第九章

剩余价值率与剩余价值量

在付出的劳动工资不变的情况下，为了提高利益而增加工人人数

在《资本论》中，这短短的一章是关于绝对剩余价值的分析，将它放在第三篇的最后，指出了绝对剩余价值及其极限所产生的矛盾，与接下来的第四篇“相对剩余价值的生产”起到承前启后的作用。

为了更加简明扼要地说明问题，在这里首先要明确一个前提，这个前提就是“劳动力的再生产所必需的劳动时间不变”。这样一来，后面要探讨剩余价值率为多少的时候，剩余价值的多少就可以由剩余劳动时间来决定。

假如一天的工作时间为 6 小时，剩余价值率为 50% 的话，剩余劳动时间就是 3 小时。如果剩余价值率是 100% 的话，剩余劳动时间就为 6 小时。因此，要想进一步增加剩余价值的话，只需要增加工人数量即可。

由此得出第一个定律：

> 所生产的剩余价值量，等于所垫支的可变资本量，乘剩余价值率；换言之，若已知同一资本家同时榨取的劳动力的数目，又知每个劳动力的榨

取程度，则所生产的剩余价值量，由二者间的复比例决定。

即在付出的劳动工资不变的情况下，为了提高利润而增加劳动时间。

以此为前提，要维持剩余价值就要减少工人人数，那么只剩下加强对工人的剥削程度也就是延长劳动时间这一种方法。但是，劳动时间的增加有其自身的极限。

由此得出第二个定律：

平均劳动日有一个绝对的限制；因为，依照自然那必须小于24小时。这种绝对的限制，使可变资本的减少，只能在这绝对的限制内由剩余价值率的提高来补偿；或者说使被榨取劳动者数的减少，只能在这绝对的限制内，由劳动力榨取程度的提高来补偿。

第三个定律：

假定劳动力的价值为已定的，劳动力的榨取程度为不变的，则各个资本额所生产的价值与剩余价值之量，与可变资本部分（即转化为活的劳动力的部分）之量，成正比例。

既然剩余价值率是有极限的，那么要提高剩余价值就只能通过多雇用工人来实现。

为什么要增加机器？

但是，这样就会出现一个很明显的矛盾。一面说要增加剩余价值的量，最好增加工人的数量，而另一方面，很多资本家增加的却是不变资本（机器）。增加不变资本为什么能够提高剩余价值的量？用这一规律是解释不了这个问题的。

在下一章中这个问题即使能够得到解释，也会在工人雇用的增加和资本主义的发展之间产生一种新的关系。为了提高剩余价值而雇用工人，就需要提前预付资本以确保劳动力的供给。拥有这种资本，并加强发展监督体制，以监督这些增加的工人，由此产生了资本主义。正因如此，中世纪要限制业主雇用工人的数量。马克思在这里将黑格尔的话引为例证，即从量变转化为质变。

向规则社会的转型

这是一个需要从历史的角度更深入探讨的问题，也是最根本的积累问题。除此之外，马克思认为是资本将监督劳动的指挥权人格化，这一观点非常重要。这就是说，资本家的出现，从某种意义上来说是一种产生规则和强制力装置的出现。

> 进一步，资本发展成为一种强制关系，使劳动阶级，超过满足其生活欲望所必要的程度来劳动。当作他人劳动力的生产者，当作剩余劳动的吸收器，当作劳动力的榨压器，它的能力，它的无限制性，它的作用力，和过去任何以直接强制劳动为基础的生产制度比较，皆只有过之，无不及。

总而言之，资本主义社会作为以工厂制度为基础的规则社会（法国哲学家福柯的说法），具有其他任何社会所没有的规则，且在指挥体制的建立上也是独树一帜的。马克思对此进行了很隐晦的评价，认为“迫使工人从属于资本家”才是这个体制的本质。

巨大的不变资本没有工人也不会存在，也就是说，无生命体成为过去劳动的不变资本，但是如果没有有生命的工人，它就无法存续。既然如此，资本就要不断地将有生命的工人提供给不变资本。这就是进行劳动的规则。

第四篇

相对剩余价值的生产

第十章

相对剩余价值的概念

这一篇与《资本论》第一卷中的第七篇“资本的蓄积过程”，可谓是本卷中最长的两篇了。内容长也是因为第三篇、第四篇和第七篇历史性叙述的部分较多，这部分在《资本论》第一卷中实际占到一半以上的篇幅。

这里，马克思首先提到了“缩短必要劳动时间”。如果想缩短必要劳动时间，就必须要抛开一个重大的前提，也就是抛开一直以来所说的“工人的必要劳动时间是一定量”这个前提。劳动时间如图所示，a—b 是必要劳动时间，b—c 就是剩余劳动时间。

a————————b———c

要抛开 a—b 的量不变这个前提，会有什么影响呢？其变化如下图所示。

总而言之，必要劳动时间的缩短也不是不可能。如果把 b' 加入劳动日中，减少必要劳动时间即变相增加剩余劳动时间。

a————b'———b———c

整体劳动时间没有变化，所以只是必要劳动时间减少的部分增加到了剩余劳动时间里。作为增加剩余劳动的新方法，只需要减少必要劳动时间就可以了。

这样一来，工人的必要劳动时间减少了，剩余劳动便相应地增加了。这种做法是如何实现的呢？当然，如果只是让工人忍饥挨饿地工作，那么就失去了最初引入必要劳动时间这个概念的意义了。因为是必要的，所以将其减少是不可能的。当然也会有不支付工资的恶劣的资本家，这里不考虑这种例外现象。

为什么资本家同意减少劳动日？

假设资本家同意减少劳动日，那么前提就是工人的必要劳动时间的减少是正常情况。即他们的生活必需品价格降低了，也就是说生产的产品增加了。再换种说法就是劳动生产率提高了。

如此一来，要增加的剩余劳动，不需要扩大生产力和延长劳动日，只需要通过缩短必要劳动时间就可以实现。

在这里，马克思论述的并非是通过工作日的延长获得榨取绝对剩余价值的方法，而是通过减少必要劳动时间获得相对剩余价值的方法引出“相对剩余价值”的概念。

这个概念在现代社会似乎是显而易见的。但是从历史发展的进程来看，却是从绝对剩余价值到相对剩余价值的过渡。历史见证了这一过程。

在生产力水平低下时，一味地延长劳动日，无论工人怎样反抗也无法阻止资本家这么做。但是随着生产效率的提高，那些顽固的资本家们脸上浮现出和蔼的笑容，欣然同意将劳动日降低到正常范围。这当然是有理由的。

日常用品价格的减少

那么为什么必要劳动量变得廉价了呢？这是因为生产效率提高了，增加了产品的产量。以前，一天生产 10 个产品，现在能够生产 20 个，那么每一个产品所耗费的劳动时间就会减少。如果工人用以往的消费水平去消费产品的话，他所消费掉的必要劳动时间就会减少。

当然，每个资本家的目的都是要提高剩余价值，而非在乎工人的福利水平。实际上一个企业进行新的技术研发，并能通过技术革新来降低产品的必要劳动时间，这样就能够让企业获得特别的利润，马克思将其称为“特别利润”。如果其他企业为了获得这种利润也争相引进这项技术的话，结果就是特别利润逐渐消失，制造这个产品的社会平均劳动会减少，相应的必要劳动时间也会减少。这样一来，企业又会为了追求特别利润去开发新的生产方式，资本主义社会就成为不断研发新技术的社会。

马克思在书中这样写道：

> 商品价值与劳动生产力成反比例。劳动力价值（因其由商品价值决定），也与劳动生产力成反比例。但相对剩余价值，则与劳动生产力成正比例。

资本的冲动

随着生产力的提高，劳动力的价值在不断下降。但是，事实上对于资本家而言，这意味着剩余价值在不断增加，所以形成了资本的内在冲动。

> 所以，增进劳动生产力，使商品便宜，并由此使劳动者自己也便宜，乃是资本之内在的冲动和不断的倾向。

这里必须注意这样一个事实：并不能认为随着必要劳动时间的缩短，一天的工作时间也会渐渐缩短。资本的目的不是为工人谋福利。资本先是迟迟不肯减少工作时间，进而还想要独占由于必要劳动时间的降低而获得的利润。

第十一章

合作

合作的含义

这部分中，我们要探讨的是生产力扩大的具体形式。有人会质疑，为什么是“合作”呢？“只要有机器不就能解决了吗？”为了让心急的读者少安毋躁，马克思意味深长地揭示了一个教训（这个教训来自亚当·斯密），提醒读者要予以关注。

生产力这个概念，不能简单地用机器这个概念去解读。机器不过是一种技术，生产力必须是一种具体投入到生产中的体系。单单只有机器是构成不了体系的。

对于资本主义生产的开始是这样描述的：

> 资本主义生产，事实上，是在这个地方开始的，在这个地方，同一个资本，同时雇用多数的劳动者，从而劳动过程扩大它的范围，而以较大的规模供给生产物。多数劳动者在同时、在同地（或在同一工作场所）、在同一资本命令下，生产同种商品，无论在历史上、概念上，都是资本主义生产的出发点。就生产方法本身说，初期的制造业，仅在下述一点，和基尔特手工业分别。那就是，同一个

> 资本，同时雇用较多数的劳动者。基尔特老板的工作场所，不过是扩大了罢了。
>
> 所以，二者的差异，当初只是量的差异。我们曾说明，一定资本所生产的剩余价值量，等于一个劳动者所供给的剩余价值，乘同时雇用的工人数。工人数的多寡，就其自身说，不会改变剩余价值率，或劳动力的榨取程度。就商品价值的生产一般而论，劳动过程的每一种质的变化，都与我们无关。

所谓合作，虽然只是工人聚集起来完成同一个工作的方式，实际上结果有着很大的不同，这其实是一种革命。因为身处同一工作地点，工具、材料等能够一起使用，而且可以降低在这些工具、材料上花费的成本，由此，也能够降低不变资本所占的比例。

合作的秘密

所谓的合作就像是传递水桶一样大家齐心协力完成同一个工作。只要有过这种经验就能够理解，这样做比每个人排队去提水要有效率得多。合作简直就是把人类自身像机器一样组织起来，以此来提高工作效率的做法。当然合作也存在诸多问题。

> 多数力融合为一个全力时所生出的新能力且不说，即使是单纯的社会接触，也会在大多数生产劳动上，成为竞争心与生活精神的刺激，从而，增进各个人劳动的效率。所以，12 个人在 144 小时的总劳动日中共同劳动，比 12 个人各自做 12 小时，或一个人每日做 12 小时连续做 12 日，定能供给更大得多的总生产物。理由是，人即不如亚里士多德说天然是政治的动物，无论如何也是社会的动物。

总而言之，只要在一起工作，人们就会产生竞争意识，这源于人类具有社会性。大家经常看到，在自行车竞赛中集中在一起骑行的选手要比一个人骑行的选手速度快，除了集体骑行所受风的阻力要小这一客观原因外，也有精神方面的原因。日本的田间种植工作也可以作为一个例子。和邻近的人一起耕作远比一个人要有效率。但是，在劳动共同体内部所体现的这种原理并没有持续下去，因为这种原理没有产生资本主义。

让工人服从命令的体制

在同一个地方工作的有利之处是可以节约空间，进而减少移动，也就是节约所谓的“非生产费用”。文中用的是“结合劳动日”这个说法，换句话说，就是工人离开各自独立的世界，组成一个社会机构，即共同劳动整体的一部分力量，由此他也获得了“种属能力”。既然是一个机构，在这个机构中就会存在体制，也可以说是形成了一个体制。

在第九章中，马克思已经展开的内容在这里成为重要的论述内容，包括大量雇用工人、专门用于购买机器的资金能力和进行整体管理的指挥能力，这些都是不可或缺的。

这里出现了工人要听从同一个命令的问题。资本家要指挥被结合起来的劳动，就有义务在监督劳动的过程中让工人服从命令。这是资本家的威严，是让他人的意志服从于自己的威严，一方面，这是提高社会生产力的体制；另一方面，这也是让工人束缚于生产之中，让工人服从命令的体制。在这里，马克思对这个体制的二重性进行了论述。

这个功能促使资本家创造了具有某种特殊性质的工人。

这类工人不同于其他工人，他们是专门执行监视和命令的工人，比如被雇用的厂长、管理层等。他们的职能是代替资本家直接进行这遭人恨的工作，而背后的资本家作为最高司令官掌控着一切的事实并不会改变。

第十二章

分工与制造业

第一节　制造业的二重的起源

分工的开始

前文中所述的合作是指，把工人结合起来进行作业，这种劳动结合使人们分别从事不同的工作。从 16 世纪中期开始，制造业采取的就是这种分工方式，并从这种分工方式逐渐发展成为两种分工方式（内在的发展和外在的发展）。

第一种，是把具有不同能力的工人聚集在一起。

初级阶段是把从事不同工作的工人集合在一个地点工作。在这个阶段，是各自具有不同技能的工人的集合，后来发展为让他们承担任何人都能完成的简单工作。

第二种，是把进行同一种工作的工人聚集在一起。

最初工人们各自独立生产商品，然后给这个工作点施加一些外在的压力（比如在某个期限内必须要生产大量的商品），让工人们遵从这个命令，他们就会放弃各自的独立生产流程，逐渐成为进行部分劳动的工人。

只不过这个阶段的分工还只是局限于制造业领域，也可以说此时只是协作发展的初级阶段。

第二节　部分劳动者及其工具

分工和机器的进化

由此产生的分工，使工人从事的工作越来越单一。

这样单一的作业，把一个生产过程分割成几个部分。而且，作业过程中逐渐制造出了各种特殊工具。马克思在文中描述，只在伯明翰就生产有 500 种不同的铁锤，细致的作业分工和工具之间的相互对应关系，促进了工具的发展。

与多功能的工具不同，应用于精细手工业的工具需要不断改进，因为这些工具很快就会不适用于作业需要达到的目标。于是，人们对这些工具进行组装，形成了一些大型机器。但是机器的出现分割了人类的劳动过程，而且还需要一个前提，就是劳动过程要像机器一样由一个个零部件连接。

第三节　制造业的两个基本形态：混成的制造业与有机的制造业

朴素的分工

马克思在文中指出，世界上原本就存在两种制造业。

首先来看在手表生产领域的制造业类型。比如在瑞士和法国的边境，以瑞士的瓦德和纽采德尔的手表工场为例。在那里，由小型的乡镇工场制造零部件，然后把零部件运到组装工场。所有的生产过程不在一个工场中完成，因此在这些地区的村子里分布着很多小型工场。

马克思执笔《资本论》时，在第一国际的内部斗争中，与组织这个地区工人运动的巴枯宁进行了全力的斗争，所以他深知这些地区的工人和那些大工厂的工人是有很大区别的。

综合分工

另一类是把一系列的作业集中在一起进行有序组合的制造业，比如生产缝纫机针的例子。这和斯密所叙述的分工生产比较相似。和协作不同的是，每一个步骤都进行了有序组织，实施的是一种流水作业。进行流水作业的过程中可以看出“劳动的连续性”“均匀度”“规律性”“有序性”“劳动的强化”等特点。没错，这和我们所了解的普通分工已经很相似了。其中很重要的一点是每个人的劳动都取决于其他人的劳动，所以对规则的要求就非常严格。

卓别林的《摩登时代》中有一幕非常著名。这部电影中工厂所强调的并非机器的强大，而是工人必须要像机器一样又规律又准确地完成操作，但这是不符合人性的工作要求。

成为机器的工人的组织

马克思对这种有序组合型组织的情况进行了非常详细的叙述，在这个组织里，为了提高生产力，每名工人都必须成为怎样的人呢？书中是这样描述的：

> 制造业既然把这种种工作分开，使它们独立起来，一个还一个，故劳动者也可依照各人的特长，一类一类地、一组一组地划分了。他们的天赋，是分工的基础；同样，制造业一经被采用，又会把原来只宜专任特殊机能的劳动力发展。总劳动者现在可以用相等的程度，具有生产上必要的各种资质，并使其各器官（即特殊劳动者或各组劳动者），专任它的专属的机能，从而，依最经济的方法，把这种种资质使用了。当部分劳动者成为总劳动者的肢体时，他的片面性和缺陷性，便成为完全性了。专

> 任一种机能的习惯，使他成为一个作用当然更准确的器官；同时总机构上的联络，又强迫他必须以机械部分的规律性来工作。

机器不是我们所认为的那样只是一个铁制工具。它是人类的集合体，这个事实在这里已逐渐变得清晰了。工场里的工人组织变成了一个个机器零件，这是分工带来的巨大变化。

第四节　制造业内部的分工和社会内部的分工

两种分工的区别

在这部分中，马克思对工场内的分工（在工场里进行的劳动分割）和另一种“社会内部分工”（在社会中进行的劳动分割）进行了论述。后者在人类历史之初就已经存在。

> 商品生产与商品流通既为资本主义生产方法的一般的前提，所以，制造业要有分工，则社会内部的分工必须已有相当程度的发展。反之，制造业的分工，又会发生反应作用，使社会的分工发展并且

增加。劳动工具分化了，生产工具的职业，也日益分化。

随着社会内部分工发展到一定程度，就会产生内部分工的初期形式——“制造业的分工”。反过来，它又会促进社会内部分工的发展。这意味着上述两种分工从某一阶段开始相互作用，进而形成共同发展的关系。

人类历史的发展促进了分工的发展，而社会内部分工和制造业的分工从本质上来说是不同的。从形式上来看，社会内部分工当然是广泛存在的，制造业分工则存在于狭窄的单一空间中。不过这并不是关键所在，它们之间最大的区别在于，社会内部分工会导致商品买卖，而制造业分工却不会。

其原因可以说是由社会内部分工的无政府状态下的生产和基于制造业内部分工的有计划生产之间的差别所造成的。在制造业的分工中，加工的产品作为未完成商品只是在通过一道加工工序，而社会内部分工中形成的是商品与商品之间相互竞争的关系。

在这里，马克思说了很有趣的一句话。他说：“在资本主义生产方法的社会内……一方面，有社会劳动之计划的命令的组织；他方面，工作场所内部是全然没有分工，即有，也是规模极小，或偶然发生的。”的确，社会要求每个资本家遵守规则和计划性，同时又遭到他们坚决的反对。他们为什么反对呢？因为这个社会如果像工场一样成为一系列的组织体，资本家就可以无视社会的要求，或者可以说，资本想要让社会成为在资本掌控下的大型工场。

如果马克思的论述试图使未来社会成为一个工场，那样的话，就和资本家的想法不谋而合了。但是，这只不过是马克思抓住了资本家想法的偏激性在进行批判。实际上，让社会成为一个工场的状态就是一种所谓的“一个资本家，全体工人”的国家资本主义的完成形式，而这并非马克思的主张。

旧社会的问题点

如果既没有制造业内部分工的计划性，也没有社会分工的无政府状态，这个世界会怎样呢？印度就是这类世界的展现。

在印度，固定分工的再生产是由公社管理的，公社内部不允许产生像制造业那样的分工。因此，社会内部也好，制造业内部也好，都处于落后的社会状态。马克思并没有赞美这样的社会，甚至还批判这种停滞性。

甚至在西欧社会，也曾有制造业界的行会组织来制定规则阻碍制造业的发展，这种规则在资本主义发展的过程中必须要通过国家命令等手段进行摧毁和清除。

第五节　制造业的资本主义的性质

分工能够迫使能力得到发展吗？

在制造业的分工过程中，工人被迫向资本提供的劳动中包括一种特殊的能力，当然这种特殊的能力是在监督工人劳动的管理机制下进行的。这里引用18世纪福开森的一段话予以说明：

> 无智是迷信之母，也是产业之母。思虑与想象是易于错误的。手足的活动习惯，既与思虑无关，也与想象无关。所以，制造业最繁荣的地方，即是人类最少思索的地方。在那里，工作场所，可以看作是一座机械，而以人为其构成部分。

马克思也很认真地分析了《国富论》的法语译者卡尼尔，然后提出：分工的发展使工人熟练性也在不断地提高。

至此，已经可以否定制造业阶段是发展的最高阶段这种说法了，那个时期的制造业还没有发展成机器大工业。而在那个阶段，处于分工状态的熟练工人仍然很强大。世界是男性支配的，因为学技术的周期很长，没有让妇女和儿童轻易就能参加进来的机会。《学徒法》等各种法律的限制，阻碍了向机器大工业分工迈进的步伐。但是，接下来发生了突飞猛进的变化。

第十三章

机械与大工业

第一节　机械的发展

无所不能的机器登场了

这一章是《资本论》中最长的一章。如果是普通的书，这一章的分量足以独立成册了。当然，《资本论》是总括地描述当时资本主义发展全景的一部巨著，有如此长的一章也不足为奇。

作者在本章的开头引用了约翰·斯图亚特·穆勒的一段话，以明确机器的发明绝不是为减轻工人每天的劳动，仅仅是为了降低商品的价格。机器装置中包括动力及其传动装置和工具机，而最后一种工具机对工业革命的发展至关重要。随着工具机的发展，驱动工具机的动力超越了人类，逐渐发展成为动力机。为了传送动力，传动装置也得到了很大的发展。随后，文章以信封的生产为例，描述了工具机械的发展。

折纸、涂糨糊、描绘花纹等作业完全都由一台机器来完成。马克思在1862年的工业博览会上看到这台机器时不由得惊叹，正是这样的自动装置的出现开启了大工业时代，正是这样的自动装置让工厂不断扩大，最终成为机械怪物！

机械的发明，实际上是在制造机械的制造业工场中发生的，之后很快就推动制造业向机械工业变革。最后又带动了交通运输的发展，促进了铁路、蒸汽汽船、电信等产业领域的发展。

第二节　由机械到生产物的价值转移

要使用机械还是劳动力?

根据机械的运作进行协作和分工之类的劳动安排不需要任何花费，而且蒸汽、水等自然资源本身也不需要任何费用。

购置机械需要很大一笔费用，这些费用不是一次性转移到商品中的，而是一点点地转移。大规模机械作为过去的劳动产物，它的出现可以被理解为大工业时代是一个过去的劳动世界。机械的生产力就体现在将这种过去劳动尽可能少地转移到一个产品中。这样一来，机械的效率就会提高，反之，转移得越快，机械的效率就会越差，因为这意味着转移得少的机械损耗速度慢。

机械代替的是一部分劳动力，这取决于机械价值是否低于劳动力。如果劳动力更廉价，也就没有使用机械的必要了。

换句话说，受到法律等手段保护的劳动，劳动力的价值会不断升高，机械就会被投入使用以替代劳动力。如果存在价值低于机械的没有得到保护的劳动力，机械就不会被应用于生产。

马克思举了一个意味深长的例子：

> 在英国，直到现在，尚有时不用马力，而用妇人拉运河内的船舶。生产马和机械所必要的劳动，是数学上确定的分量；反之，过剩人口中的妇女的维持生活费，却是随便有一点就行的。

这就是在有微不足道的廉价劳动力的情况下，不会投入机器进行生产的原因。

第三节　机械经营对于劳动者最初的影响

机械支配人的劳动

这部分要探讨的问题是机械如何残酷地驱使人。

一、资本对于补助劳动力的占有：妇女劳动与儿童劳动

首先，操作机械并不需要强壮的体格，因此缺乏体力的工人，也就是妇女和儿童取代男性成为被雇用的劳动力。这样，全家人都可以成为工人。而且，如果一个工人有妻子和两个孩子的话，四个劳动力的价值即使比一个劳动力价值高，也会被限制在四个男性劳动力的价值之下。

在英国，看上去超过 13 岁而实际上不到这个年龄的少年被父母带到工厂工作，或者被父母卖掉做清扫烟囱工作，这样的例子不胜枚举。这些现象都是对寻求更低工资的资本动向的回应。在这里，可以用婴幼儿急剧上升的死亡率来说明问题。由于母亲的就业，全家人都在劳动而没有人照顾家庭，导致婴幼儿死亡率上升。

英国议会为了防止儿童荒废学业，法律规定雇用 14 岁以下的儿童工作就要资本家承担为其提供教育的义务。但是只要有教师证明就可以达到要求，这一条件在现实中被很多资本家利用，弄虚作假，让人假冒老师进行所谓的教育以达到雇用童工的目的，这种例子也不胜枚举。

二、劳动日的延长

不如说是劳动时间变长了

由于机械能够不间断地工作，进行机械作业的工人的劳动日不是减少了，而是出现了不断延长的趋势。妇女和儿童之类的弱体力工人是无法反抗这一做法的。

机械运转得越快，其价值的转移也就越快，而且为了防止出现新的机械引起突然的价格贬值，机械生产就更需要尽量地延长劳动日，所以说劳动日不可能会减少。

机械将以前没有能力作为工人工作的劳动力纳入了劳动中，由此，产生了被机器替代而遭解雇的工人阶层，并因此多了许多过剩人口。这些过剩人口的存在又导致工人处于无法和资本对抗的状态。

三、劳动的强化

劳动被进一步强化

工人并没有放弃反抗，他们展开各种抵抗运动，最终在减少标准劳动日的斗争中获得了胜利。从这种意义上来说，机械未必能够成功地延长劳动日。但是这里又出现了新的情况代替劳动日的延长，那就是劳动的强化。

现在，我们要考察的，是劳动外延量转换为劳动强度这一事实。

也许可以说，劳动的强化正是大工业所产生的新现象。随着劳动运动的发展，资本开始探索剩余价值的新生产方式。这种生产方式可以说就是强化劳动，即在单位时间内增加生产量。

劳动强化——速度和劳动范围的扩大

劳动日的缩短，创造了劳动密集的主观条件。换言之，创造了劳动者在一定时间内流出较大量劳动的能力。但劳动日的缩短，一旦成为强制的法规，则资本手中所有的机械，又将成为一种客观的手段，系统地被用来在同一时间内，榨出更多的劳动。这个结果，是由二重的方法得到的。第一，是提高机械的速度；第二，是扩大同一劳动者所监视的机械范围，即扩大他的劳动范围。

劳动强化也就是通过提高机械的速率和扩大一个工人所看管机械的数量来增加劳动强度。这样一来，劳动时间虽然缩短了，工厂主的财富却得到了更进一步的增加，马克思使用统计的手法对此进行了说明。因此，《工厂法》相较工人而言对资本家反而更加有利。讽刺的是，这次倒是资本家主动提议可以减少工作时间。当然目标不可能是零，被减少的工作时间不过是最有效地进行强化劳动所节省的时间而已。

第四节　工厂

由人和机器构成的梦幻世界诞生了吗?

工厂成为一个用来运转机械的大组织体系。马克思在文中多次引用的那个机器发明家乌尔博士正是这个机器体系的推动者。马克思在乌尔博士的有微妙区别的两句话中分析出了其中暗含的深意。下文引用了这两句话。马克思把乌尔描述为现代的邦葛罗斯（也就是伏尔泰的《赣第德》中出现的人物，他坚信这个世界只要存在的就是合理的），简直就是一语中的。

> “各种成年或不成年劳动者的合作，他们努力地熟练地，照应一个生产机械的体系，那是不断由一个中心动力推动的”；
>
> “一个大自动机，由各种机械的和自意识的器官构成，那些器官全隶属在一个自动的动力之下，并在不断的协力中，为生产一个共同的对象而动作”。

在这里，前一句话强调了工人的主体关系，后一句话强调的是自动装置的主体性；前一句话描述了机器的强大功能，后一句话说明了机械在资本主义生产中的意义。总之，后一句话所表达的就是机械作为巨大的体系，使人类从属于机械。这一切就是所谓的工厂体系。

于是，那些没有任何技能，只能承担看管机器工作的非熟练工，和少数受过科学训练的技术人员，被安排在机械所需要的各个工作岗位上。

工人从属于机器——兵营式的纪律

和制造业的分工不同，一个工人已经不再专门从事一项作业，而是像机械的零部件一样要为机械服务了。这是对机械的从属，也意味着人与机械融为一体。

关于机械劳动，马克思是这样描述的：

> 机械劳动，既使神经系统极度疲乏，同时又抑压筋肉的多方面的作用，并在心身两方面，不许有自由的活动。甚至劳动的减轻，也成为一种虐待的手段，因机械不使劳动者免除劳动，仅使他的劳动没有兴趣。不错的，在资本主义生产不仅为劳动过程，且为资本价值增殖过程的限度内，不是工人使用劳动条件而是劳动条件使用工人的情形，乃为一切资本主义生产所共有的特点。

这里可以看出，与其说是机械代替了劳动，不如说是机械侵蚀了劳动。这就是资本主义创造的以机械劳动支配有生命劳动的体系。

在这部分中，马克思说明了劳动的质的变化在工厂中产生了什么，它被称作是 19 世纪所产生的一种兵营式的纪律。

在这里，马克思用注解的方式引用了恩格斯《英国工人阶级状况》一书中很长的一段话，说明法律已经不再适用于工厂。那是一个工厂内部契约要优先于外部社会的法律的世界，这和工人从属于机器的问题密切相关。我不由想起傅立叶，他把工厂称为“温和的监狱”。

第五节　劳动者和机械之间的斗争

被机器排挤的工人

> 资本家与工资劳动者间的斗争，是与资本关系一同开始的。这种斗争，在全制造业时期，皆甚猖獗。但劳动者反抗劳动手段——资本之物质的存在方法——的斗争，却是机械采用以后的事。劳动者视生产手段的这个形态，为资本主义生产方法的物质基础，而反抗之。

马克思在这部分提到了初期的劳动反抗表现为毁坏机械运动的这段历史。这种反抗依然是把技术和剥削混为一谈的，随后的反抗中工人们才开始对剥削形式的批判。

被机器排挤而成为过剩劳动人口的人们，导致全体劳动力价格的降低，这是工人展开斗争的前提。最具体的例子可以引用棉纺织业的没落。由于机器代替了人工，工人们的工资在下降，甚至连印度都受到了波及。而针对资本主义生产方式所使用的机器进行的批判又激化了劳动斗争，这个例子充分证明了这一点。

当然，面对工人的斗争，也有人提出反对意见，认为即使棉纺织业没落了，也会很快出现新的工业领域。对失业的工人来说，问题是“很快是什么时候”，因为关系到他们的生死存亡。

第六节　机械驱逐劳动者同时会予以赔偿的学说

即使被解雇还会有下一份工作吗？

被机器排挤而失业的工人们能否在其他领域重新获得工作机会？这确实是一个现实问题。他们与当今时代有失业保险等保障、能够在别的地方重新找到工作的工人相比，条件当然完全不同。但无论在哪个时代，再就业都不是一件简单的事情。

在此，我只要说：从一产业部门被逐出的劳动者，无疑，可以在某别的产业部门求职业。倘他们求得了，他们和被游离的生活资料间的结合，会再缔结起来，那一定因为，曾有新的追加的资本，投下来作媒介，绝非因为原先使用他们现已转化为机械的资本，在当中作媒介。并且，就使他们果真能够求得，他们的前途也是何等暗淡啊！他们已由分工之故，变成了不健全的；他们在原劳动范围之外，几乎是没有用处的，所以，他们所能加入的职业，只有少数低级的报酬甚差而求职者又非常拥挤的劳动部门罢了。再者，每一个产业部门，每年都会吸引一种新的人口之流，来补充缺额并准备扩充的。当机械在某产业部门将有业工人一部分游离出来时，补充队也会重新分割，而为其他部门所吸收。不过，原来的牺牲者，却大都在过渡期间饥饿死了。

统计中表现的只是失业率为百分之几而已，但这种失业率无法说明长期失业者和失业后很快就能找到工作的人之间的差别。与此相似，失业对于最底层的工人而言意味着没有工作。

是机器的错吗?

问题不是出在机器上，而是出在体制上。所以说，如果机器会说话，自然也会找出这样的借口。

批判机器是没有意义的。有一段话佐证了这个观点，下面就引用这句话。这是有名的激进派比耳·赛克斯的话：

> 审判官先生们，这个旅行商人的头是割掉了。但这不是我的罪。这是刀的罪。我们能因有这种一时的不便，就不用刀么?

马克思认同由于机器的应用，过剩人口会被新的领域吸收这个观点，同时也意识到新的领域如果没有达到实现经济增长的规模，或者没有国家的介入去增加雇用的话，非直接生产人员被雇用的机会实际上不会增加。

的确，19 世纪英国的仆人数量在总人口中占比较大，当仆人是这类人群的主要就业渠道。那个时代，并不像现在这样有国家干预。所以，由于机器的排挤而失业的人不会那么容易就开拓出新的就业领域。

第七节　机械经营的发展及劳动者所受的斥力和引力

工人随着经济发展的起伏而感到不安

机器的应用，导致工人被排挤和再吸收，马克思将这个过程分为几种情况进行分析。其中最有意思的是，机器的大量应用与世界市场的关系，即在某生产领域投入机器进行生产，很快就能产生利润，而从这些利润中又会产生新的投资。由此发展起来的新部门很快又会产生对原材料的需求，强制海外殖民地——如印度出口棉花等原材料。这一系列的发展会带动过剩人口作为劳工移民迁往那些原料生产地。

由此，国际分工产生了，继而世界划分为从事工业生产的地区和提供原材料的地区。这种投机热潮会不断重复经济的活跃—繁荣—过剩—危机—停滞这个过程，而这也会给工人的生活中带来更多的不安定因素。

先是机器的应用，然后工人被排斥，随着工厂的扩张，工人再次被雇用——这种反复地雇用、解雇的循环会使工人陷入头晕眼花的变动之中。

也就是说随着经济发展，失业、再就业周而复始地循环。马克思在以棉纺织业为例说明的同时，把从 1815 年开始基本上10年左右就会经历一次从经济繁荣到经济危机的经济周期，同当时的历史性事件进行了关联性分析。因为内容实在是太长了，所以在这里就不引用了。这一节的内容是了解19世纪发生的事件和经济之间关系的宝贵材料。花如此多的篇幅，目的就是为了描述经济发展的起伏常常让工人陷入不安的生活状态。

现在出现了“劳动或生活的不稳定性”这个词，它指的不是真正的失业，而是指经济发展的起伏周期带来的令人焦虑不安的问题。

第八节　大工业在制造业、手工业和家内劳动上引起的革命

缝纫机的发明

在马克思划分的五个阶段中（协作的废弃、工场制度对家内劳动和制造业的反作用、近代制造业、近代家内劳动、近代工场主的工业以及家内劳动向大工业的过渡），最重要的当然要数第五个阶段——“近代工场主的工业以及家内劳动向大工业的过渡”。

> 妇人劳动力及未成年人劳动力的滥用，一切正常劳动条件和一切正常生活条件的盗掠，过度劳动与夜间劳动的野蛮——那种种都会使劳动力，变得便宜。但这种种作用，终久会碰到自然的难于跨过的限制。从而，以此等方法为基础的商品便宜化过程，和资本主义的榨取一般，也都会碰到这种限制。达到这一点，当然须经相当的年日。但这一点一经达到，采用机械的时候就到了，分散的家内劳动（或制造业）急遽转变为工厂经营的时候就到了。

在这个阶段，马克思列举了服饰生产行业的发展。他指出，引起革命的是——缝纫机。

缝纫机的应用使男工失去了作用，女工取而代之。最初以小规模纺织品制造商为主的生产，随着缝纫机价格的下降，大规模纺织品制造商将小制造商驱逐，独霸了生产领域。就这样在小规模的工场手工业、家庭劳动为主的领域开始了工厂式的大生产。

第九节 《工厂法》（卫生条款和教育条款）及其在英国的普遍化

在工厂工作的儿童能力更强理论

《工厂法》出台后，这些工厂仍然维持着原来的经营模式，从这个意义上来说，《工厂法》所规定的标准劳动日已经失去意义，与卫生、教育相关的条款却与工厂的运营密切相关。机器装置、换气、维持清洁等相关领域基本都没按照法律规定施行。因此，《工厂法》不如说是为了促进家庭内劳动和制造业向工厂大生产转型的一部法律。

关于教育的内容规定有以下一些条款：儿童即使长时间坐在教室里也无法提高学习效率，为了提高学习效率应该强制其劳动；在工厂做工的儿童能够更加集中精力，比整天学习的学生也更有能力。这样的理论随之出现，继而产生了为了发展儿童教育，将学业和劳动进行结合的想法。最终的结果就是这些孩子根本无法接受正规的教育。

用完就被抛弃的教育

教育与劳动不能分割，至今都是教育评论家们经常主张的论调。也就是说，100多年前具有这种“慧眼”的文人已经存在于工厂主身边了。

单就结果而言，这种论调存在着很大的矛盾。为什么这么说呢？因为被强迫参加工厂劳动的儿童在工厂只是单纯的机器，在学校接受的也是不正规的教育，长大后被赶出工厂后将不得不成为一个没教养的人。

> 一个以大工业为基础的自然发生的革命要素，是工业学校与农业学校，还有是职业学校。在那里，工人的子女，对于工艺及各种生产工具的实际使用法，受得若干的教育。工厂法，虽不过从资本手里挖得最初的贫弱的让步，虽只以小学教育和工厂劳动相结合；但这是没有疑问的，工人阶级在不可避免地夺得政权之后，工艺教育仍会在理论方面和实用方面，在劳动学校内，占得它的位置；这也是没有疑问的，这种以废止旧分工为最后目标的革命酵母，正好与资本主义生产形态及相应的经济的劳动关系互相矛盾。

诚然，给自己的孩子实施正规的良好教育，给工人的孩子却是简单的初等教育。

马克思在最后用了一句非常严厉的话进行抨击，“鞋匠，就做鞋匠该做的事吧”。这句话现在已经没有人再说了。新的工业革命把这些工人排斥出去以后，这样的匠人教育已经没有任何意义了。当然，如何看管机器的教育又另当别论。

是家人的错吗？

接下来话题开始转移到家人的问题。在报告中有这样的内容：父亲和母亲的强烈欲望，迫使孩子过早开始工作。可以看出，他们只是把孩子纯粹当作机器使用，必须想方设法制止这种事情的发生。马克思是这样反驳的：事实并非如此。资本主义为了发展而让孩子们成为廉价劳动力，让他们从事和机器一样的工作，才是家庭关系被摧毁的原因。而且这种家庭关系的崩溃是历史的命运，他们自身绝没有错。

现在日本的保守派提出让旧的家庭关系恢复，这简直太像当时英国议会上讨论的内容了。他们主张孩子教育的失败是由于家庭关系的崩溃造成的。但是家庭关系在历史上并非都是固定形式，而是经常变化的。马克思对此进行了反驳。

关于《工厂法》，马克思最后进行了概括。这段话描述了对未来社会的一种展望，非常重要。所以虽然很长，在这里也全文引用：

> 工厂法是劳动阶级在肉体方面和精神方面的保护手段。但当工厂法的普遍化为不可避免时，则如上所示，由小规模分散的劳动过程到大规模社会结合的劳动过程之转化，资本之累积，工厂制度之独裁，也会普遍化，急速化。工厂法的普遍化，把局部隐蔽资本支配的古代形态和过渡形态，悉加破坏，并以资本之直接的公然的支配，代替它们。同时，它又使反抗资本支配的直接的抗争，也普遍化。工厂法的普遍化，既在个个工作场所内厉行划一性、规律性、秩序性与节约；又由劳动日的限制和取缔，在技术上给与了极大的刺激，从而，加甚了资本主义生产全般的无政府状态和激变，提高了劳动的强度，增进了机械与劳动者间的竞争。过剩人口的最后的避难所，从而全社会机构一向备有的安全办，也和小经营及家内劳动的范围，一同被破坏了。总之，当生产过程的物质条件与社会结合由

此成熟时，其资本主义形态的矛盾与对立，同时，新社会的形成要素与旧社会的革命要素，也由此成熟了。

从某种意义上来说，这段话并不像马克思的风格。这段话其实是说法律让资本主义得到了进一步的发展，却也让资本主义的发展产生了矛盾。换言之，法律看上去带动了生产力的发展，实际上法律以及制定法律的国家，总是扮演着享受资本带来利益的同时又在发挥着促进资本进行发展这一作用的角色。这一点，会在后面进行分析。首先必须要清晰地认识到工人拼命争取到的权利不知何时竟然被纳入了资本的发展中，这还真是讽刺。

第十节　大工业与农业

对农业的打击

大工业的发展，也带给农业巨大的影响。这种影响首先表现在农民变成了工人，其次是农业经营的现代化，最后是大城市的出现使工人的精神萎靡，同时因为食品生产的增加，搅乱了土地的自然条件。

下面这一段话对于思考当今全球气候变暖的问题来说可以成为重要的参考：

> 大工业在农业范围引起的最大的革命，是剿灭旧社会的堡垒——自耕农民——而以工资劳动者代替他们。社会变革的要求，与阶级对立的事实，在农村，是和在都市一样了。最陈旧最不合理的经营方法，为科学之有意识的工艺学的应用所代替了。原来在幼稚未发展形态上使农业和制造业互相结合的家庭脐带，为资本主义生产方法所割断了。但同时，资本主义生产方法又以农业和工业对立发展的形态为基础，而为一个新的较高级的综合——农业和工业的结合——造成了物质的前提。

第五篇

绝对剩余价值与相对剩余价值的生产

第十四章

绝对剩余价值与相对剩余价值

生产性为何物?

本章的开头，就探讨了生产性的概念。生产性劳动，从广义上解释就是在共同体内部的任何劳动。但是，我们发现资本主义世界却不适用这一定义。

> 可是在其他方面，生产的劳动之概念，又变狭窄了。资本主义的生产，并不单是商品的生产，在本质上，且是剩余价值的生产。劳动者不是为自己生产，而是为资本生产。所以，仅仅生产还是不够的。他必须生产剩余价值。只有为资本家生产剩余价值的劳动者，换言之，只有为资本价值增殖而工作的劳动者，才是生产的。

如果一定要产生剩余价值才能说是生产性的体现，那么到目前为止的经济学学说发展史根据对“剩余”的理解不同也会出现不同的生产劳动的概念。关于这个问题，马克思计划另外写一部剩余价值学说史（由考茨基编辑的《剩余价值理论》）来对此进行详细论述，除此之外再没有过多地谈及这个问题。

两个“内涵”

接下来，马克思谈及了作为生产性劳动的资本主义社会劳动，即将话题转向通过延长劳动日所获得的绝对剩余价值，以及在一定的劳动日内通过强化劳动所产生的相对剩余价值。

绝对剩余价值的生产，是通过旧生产方式产生的。从这个角度来说，资本还没有使劳动过程完全从属于自己，仅仅只有形式上的从属而已。这可以用“形式上的内涵”来表示。

随着机器在生产中的应用，生产完全从属于资本，在这种情况下，由过去劳动所创造的机器无可选择地从属于劳动过程，被称为“实际上的内涵”。这两者之间的区别在下文中会经常出现，对此的理解非常重要。

第十五章

劳动力价格和剩余价值量的变化

工资还是降低了

现在，我们要来看看工资和剩余价值量的变动之间存在什么关系，而其结果就是通过降低工资来提高剩余价值。这两者之间的关系，会产生一个有意思的问题，即劳动日究竟能够降低到什么程度。

如果劳动力的价值不会降低到等于再生产所需要的价值的情况下，剩余价值的大小就会由劳动日的长短、劳动强度、劳动生产力这三个因素来决定。将这三个因素分别进行不同的组合，来看一下是什么结果。

第一节　劳动日及劳动强度不变，劳动生产力可变

这里假设能生产 6 先令商品的劳动力的价值是 3 先令，那么剩余价值就是 3 先令。剩余价值如果提高到 4 先令，作为工人生活费的必要劳动量价值只能降低到 2 先令。

也就是说，劳动生产性提高就意味着劳动力价值下降，劳动生产性降低就意味着劳动力价值的增加。剩余价值只能通过劳动生产性的提高才能增加。

第二节　劳动日和劳动生产力不变，劳动强度可变

劳动强度高，产品的数量就多，劳动产品也就会从 6 先令增加到 8 先令。所以劳动力的价值，也就是工资也会提高。同时，剩余价值也会提高。

第三节　劳动生产力与强度不变，劳动日可变

这种情况下，劳动日会缩短或者增加，缩短的情况下剩余价值也会随之减少。反之，增加劳动日，剩余价值当然也会增加。有时也有不得不延长劳动日的情况，但是即使劳动力的价格没有变，就劳动日的延长所增加的消耗而言，事实上劳动力的价值还是减少了。

第四节　劳动的持续时间、其生产力、其强度同时变化

这里可以分为两种主要的情况。

第一，劳动生产力降低，同时劳动日延长。劳动生产率

的低下会使劳动力价值增加，此时劳动日不变的话，剩余价值就会减少。但是劳动日的延长也会出现剩余价值增加的情况。

举一个具体的实例来说，拿破仑战争时期，也就是欧洲大陆封锁令实施的时期（19世纪早期），生活费价格不断上涨，在这种情况下只有通过延长劳动日和提高劳动强度才能增加剩余价值。

第二，劳动强度与劳动生产力增加，同时劳动日缩短。这种情况下，劳动力的价格下降。在资本主义社会，不能创造剩余价值的话，生产就没有意义，所以即使会有缩减劳动时间的情况，也不可能缩减到剩余价值减少的程度。当然，资本主义即使被废除，作为社会性费用的剩余劳动也依然存在。

马克思在这里对劳动时间能够得到缩短的可能性进行了探讨。他认为资本主义社会是由多数人的劳动支撑着极少数人的自由时间而构成的，所以劳动时间的减少必定是受一定程度限制的。

劳动时间为零的世界是否可能存在，或者劳动时间能够减低到什么程度，这些问题牵扯的因素太多，从长期的发展来看，劳动时间从没有缩短到一周 40 个小时以下。那么，我们可以认为在需要确保剩余劳动的社会中，降低劳动时间绝对不是一件容易的事情。

第十六章

关于剩余价值率的种种公式

作为剥削率的剩余价值率

这一章是《资本论》中最短的一章。马克思为了让读者了解剩余价值率的含义，采用了总结的方式来进行叙述。

首先表述的就是剩余价值率的公式：

$$\text{公式 I}：\frac{\text{剩余价值}}{\text{可变资本}}=\frac{\text{剩余价值}}{\text{劳动力价值}}=\frac{\text{剩余劳动}}{\text{必要劳动}}$$

从这个公式中，我们可以看出剥削的程度，亦即工人阶级和资产阶级利益分配的问题、双方各自获取了多少价值的问题。换句话说，就是双方各自获取了多少劳动时间的问题。在这里，马克思用公式清晰地把这些关系表示出来。看得出，马克思始终把经济学的对象当作两个阶级间的问题来看。

用这样的公式来明确这两个阶级之间利益关系的只有马克思。斯密和李嘉图所代表的古典派经济学，也就是现代经济学之前的流派主张的观点是，因为提前预支了资本，所以要考虑工人创造了多少剩余价值。

$$公式Ⅱ：\frac{剩余劳动}{工作日}=\frac{剩余价值}{生产物价值}=\frac{剩余劳动}{总劳动}$$

可以看出，公式Ⅰ和公式Ⅱ之间存在着很大差别。前者清晰地表现出工人阶级和资产阶级相互的利益分配，与之相反，后者一开始并没有把工人能够获得的收入考虑在内。甚至可以说后一个公式给人的直观印象就是资本家从产品、工作日获得很少的剩余价值作为回报，表现出来的自然就是很低的剥削率。

无酬劳动和有酬劳动

很快，马克思又从公式Ⅰ导出了公式Ⅲ。

$$公式Ⅲ：\frac{剩余价值}{劳动力价值}=\frac{剩余劳动}{必要劳动}=\frac{无给劳动}{有给劳动}$$

公式Ⅲ中揭示出更加明确的剥削关系。以自己的劳动支出作为代价获得了多少劳动报酬，这个公式更加让人一目了然。下面的引文是这样描述的：

> 因此，资本就不但如亚当·斯密所说，是对于

> 劳动的支配，在本质上，实是对于无给劳动的支配。不论剩余价值，后来结晶为怎样的特殊的姿态（利润、利息或地租），在实质上，总归是无给劳动时间的实体化。资本价值增殖的秘密，不外是资本对于他人一定量的无给劳动，操有一种支配权。

这段话是要说明资本获得劳动的支配权，资本价值的增殖并非来源于劳动中所获得的剩余产出，而是直接来自剩余劳动本身。

第六篇

工资

第十七章

劳动力价值（或价格）的工资化

再一次确认劳动力商品

用以上方法，我们明确了被剥削的劳动力价值。虽然第六篇和第五篇一样篇幅很短，但内容上相当重要。

首先，返回劳动力商品的原点。商品交换是基于等价基础上的交换。如果是等价交换的话，那么雇用劳动力商品的代价是支付的货币必须等价。如果是这种交换，就不会产生剩余价值，资本主义社会的本质就会动摇。

所以要在这里再次确认，劳动力商品的二重性和其他商品的二重性是不同的，它是不等价交换的源头。其他商品的使用价值和价值是从质和量上进行区别的，而劳动力商品的使用价值和交换价值两者都是可以还原到量上的。问题就出在这里。

劳动价值这种说法不合理

工人出卖的是劳动，那是因为工人具有劳动的能力。资本获得的是劳动的支配权，如果没有工人的话这种劳动支配权也就没有意义了。因此“劳动的价值”这种表达方式是有问题的。劳动的价值，表达的含义是对所有完成的工作支付的工资。这种表达并没有明确资本主义社会中存在的具体问题。

劳动的价值究竟由何而定？

如果说是商品的话，当然是由供求关系而定。但是，如果这个商品的主人把原价分割为劳动价值与商品价值，那么这种商品就会马上死掉。所以除了供求关系外，创造劳动价值的生产费用也是很重要的问题。这个生产费用是什么呢？不是劳动，应该说是劳动力（这样说更容易理解劳动的主人）的价值。

> 可知经济学者所称的劳动的价值，实是劳动力的价值。劳动力存在于劳动者人格之内，与其机能（即劳动）不同，那正如机械与其自身的作用不同一样。

资本主义社会中所用的说法

如果劳动的价值等同于劳动力的价值，那当然指的就是劳动力的主人进行再生产所需要的费用了。由此，面对的问题就是：这是否意味着整个工作日的 12 个小时？把必要劳动和剩余劳动分开来考虑的话，就可以明确得到报酬的劳动时间恐怕只有整个工作日的一半，也就是 6 个小时。

但是，在资本主义生产关系中是不能这样说的。在这种生产关系中所采用的是“工资”这种说法。这个词显然没有包含必要劳动和剩余劳动之间的任何关系，所以工资就是和12个小时的全部劳动等价的。不是价值，而是由货币表现的“价格”，所有的一切便被掩藏起来看不见了。

马克思在分析商品时，对价值的问题一直紧追不舍，那是为了展现出在资本主义社会的用语中被抹杀的真实劳动与人之间的关系。因此，本章再一次确认《资本论》最开始所探讨的劳动力商品的内容，同时也必须要分析工资这个不可思议的概念。

> 把劳动力的价值及价格，转化为工资形态，或转化为劳动自身的价值及价格，有一种决定的重要性。这种现象形态，把现实关系隐蔽起来，正好显示其反面。劳动者与资本家的一切法律观念，资本主义生产方法的一切欺骗，此种生产方法下的一切自由幻想，以及庸俗经济学者的一切辩护的空言，都是借用这个现象形态作基础的。

相信今天的我们，已然不会对工作40个小时从而获得相应的劳动报酬这种事存有疑问。的确，如果没有对整个资本主义体制产生“资本的利润在哪里”之类质疑的话，在一个小范围内是能够认同进行劳动获得报酬这样的交换关系的。而工资这个词的本质，正体现在被局限的范围内能够得到认同的劳动交换关系中。

第十八章

计时工资

关心劳动的内容

实际上除了依靠计时工资生活的人以外，现在的我们基本上都是以月薪的方式获得劳动报酬的。对劳动内容和劳动时间之间，究竟有怎样的关系之类的问题，谁都不会有太多想法。

如果去关注这个问题就会发现，比如法国和日本之间，劳动时间居然有这么大的差距，平均到每小时的收入来说日本要比法国的工资低得多，日本人为此应该会感到很恼火。在收入对比上，最糟糕的要算没有稳定工作的自由职业者了（日本一般的小时工资是700—800日元，法国，当然也有欧元汇率比较高的原因，小时工资一般在1200日元左右），即使是法国人，相信也没有清晰地意识到这个问题。

这是为什么呢？对于这个问题的分析就是这一章以及下一章的主要内容。

一般决定工人的工资金额，首先采用的都是计时工资，但是工资本身并不是按照这种标准一天、一周、一月这样来累加的。至于工人关心的是什么，马克思在注解中是这样叙述的：

这就无异说：劳动者主要关心的，是他的所

得（即名义上的工资额），不是他的所与（即劳动量）！

工人在选择工作时，考虑更多的不是要做多少工作，而是能够拿到多少工资，而且事后居然都不知道自己干了这么多的工作。但是，如果反过来根据劳动时间来决定工资的话会怎样呢？可能干了几个小时，雇主就把工人辞退了。这样的话，工人就无法获得用于再生产的收入。不管怎么说，工人都必须要达到能够满足再生产所需要的劳动时间，同时还应获得付出这些劳动时间的劳动报酬。

比如加班，也是如此。劳动时间超过一周 40 个小时的情况下就算是有加班，因为已经保证了工人再生产的需求，所以资本家对于这部分劳动也只是支付少到可怜的报酬。即使这报酬看上去很多，也会比这个工人正常劳动日的小时工资要低得多。

而且月工资低的工人，会被要求加班延长工作时间。这样一来，平均到每小时的工资就会更低，也会导致体现劳动力价值的工资在整体上下滑。劳动工资的减少就是工人之间的相互竞争导致的。

第十九章

计件工资

要小心计件工资

工资的另一种形式是计件工资，这是由计时工资转化而来的工资形式。工资是劳动力价值的转化形式，其特征是很难看清劳动力的价值是否获得了合理回报。由计时工资转化成的计件工资也具有这一特征。计件工资是一种更加难以计量劳动力的支出是否获得了合理回报的工资形式。

现代社会是被推崇为按照能力获得报酬的时代，也可说是对这种以计件工资为支付形式寄予希望的时代。因此，应该更多关注马克思的这个观点。在劳动时间相同的情况下，某人的产出多就代表能力高，所以应该获得更多报酬，其实这个观点是一个陷阱。

首先，这种工资形式对于资本主义生产来说是非常有利的。当然，计件计酬制度从根本上来说是在一定的劳动时间内进行的劳动，所以形式上是计时工资。随着生产效率的提升，在原有的工资基础上会不断地按比例递增报酬，从这个角度来说即增加了单位时间内的劳动强度。

与此同时，通过这种工资形式，可以使资本无须监督工人是否偷懒，因为工人自身会主动率先地进行劳动。

相互拉低工资的体系

还有，派遣劳动、包工等劳动承包形式，能够引进相对于正式工人更加优秀的临时工。从这些最底层的工人身上剥削榨取的体制在当时的英国被称作“血汗制度”（sweating system），到了 21 世纪，资本主义国家更加推崇这种制度。

马克思举了以下例子。资本家和一部分主要的工人签订契约，这些工人进而把工作转包给其他工人去做，这样就使得一些工人从其他工人身上进行利润的剥削。迄今为止，这种剥削还没有形成具体的形态，但是在现代社会中，类似替代休假的员工进行工作的人、大学的外聘教师等这种被廉价雇用的劳动者，他们不仅被经营者剥削，同时也被这些的专职员工剥削。

通过上述分析，计件工资为资本主义创造了积极主动地为资本倾尽全力的工人。从这个角度来说，它可算是资本主义最合适的工资形式了。其结果就是工人们为了获得工作争先恐后地一拥而上，在平均产量进一步得到提高从而增加了总产量的同时，工资却不断地下降——对于资本来说，这简直是最完美的体系。

支付的不是与劳动等价的工资！

计件工资不会使工资提高，反而更可能导致工资降低。因此，计件工资激化了工人们的不满。

> 不是资本家把那种变动当作实行减低工资的口实；便是劳动生产力上的增进，伴着有劳动强度上的增进；不然的话，就是由于劳动者看重计件工资的外观，以为他们被支付的对象，是生产物，不是劳动力，因而反对在商品售卖价格不减低时把工资减低。

这是一件极为讽刺的事。计件制的工人通过计算原料和各种费用，终于发现资本家简直赚得盆满钵满。而反观自己所获得的工资，工人们愤怒地指出这与他们付出的劳动是完全不对等的！应该说，这恐怕就是能力主义背后隐藏的陷阱吧。当然资本家只简单地用一句“你们想太多了”就轻易搪塞过去了。

第二十章

不同国家的工资差异

为什么发达国家的工资要比发展中国家高？

这里首先要探讨的问题是，为什么发达资本主义国家的工人工资要比不发达资本主义国家的高。劳动强度更高、生产方式发达的国家的工人，比劳动强度相对低的国家的工人所获得的换算成货币形态后的工资要高。

当然，在资本主义生产方式较发达的国家里，货币的相对价值比资本主义生产方式不太发达的国家要小，物价也会相应高一些。所以，可以说名义工资的确高，实际工资是否真的高就很难说了。

但是，如果从生产方式不发达的国家、名义工资低的国家买入便宜的商品，那么工资本身就会变多。在这些国家销售生产方式发达的国家的商品，获得更多的利益，就会使剥削转嫁给海外的劳动者，从而提高本国的生活水平。不过，马克思并没有对这几个方面的内容进行分析。

从各个国家的必要劳动和剩余劳动的比率来看，资本主义生产方式越发达的国家，这个比率就越大。马克思指出，这个比率高就意味着剥削率高。

生产方式越发达，工资就会越高吗？

把各国的生产效率和工资水平进行比较的话，结果当然是生产效率越高的国家工资越高。这从某种意义上来说，也是一种心理安慰，痛苦的时候愚弄一下邻国也是好的。当今社会，出现了日本怎么都比印度要强这种自我安慰的心态，也出现了美国经济学家凯恩斯那样的人物，主张只要劳动生产率提高，工资就会上涨。

这个问题并非如此简单。可惜，马克思在这个阶段的分析尚不全面。可以肯定的是，在劳动运动、国家干预、殖民地贸易、军事手段的介入等各种因素的影响下，才会如此。如果没有这些条件，单从理论上来讲，生产率的提高不会带来工资的增加。这个问题确实已经不在经济学理论范畴内了，实际上这正是资本主义社会的一大谜团。在第七篇中会逐渐解开这个谜团。

第七篇

资本的蓄积过程

第二十一章

单纯再生产

终于进入了最后一篇。第一卷马上就要结束了，这一篇是第一卷中最长的一篇，占据了这卷书的1/3篇幅。而且内容涉及的是进入资本主义社会之前的历史问题，所以涉及的历史轨迹也很长。作者在本篇中反复强调《资本论》是一部暴露资本主义社会体制的著作。从这种意义上来说，站在历史的角度去了解资本主义社会体制的形成过程是非常重要的。资本主义社会非常“自恋”，希望把自己的过去描绘成浪漫的玫瑰色，也正因如此，需要用历史批判的方法去还原它的本色。

简单再生产模式——工人的再生产

首先，马克思假设了一个每年生产不会扩大的简单再生产模式。这是一个最为简单的模式，可以说这是扩大再生产模式的原型。资本家把生产所得用于自己消费，不进行再投资的情况下，就是这种简单再生产的模式。但是即使在这样的情况下，资本家对工人的剥削也不会改变。

资本家首先要雇用工人，就必须要想办法储备用于支付给工人作为相应劳动力价值的货币。即便在周而复始地进行再生产的过程中可以忽略这个问题，但“最初的货币是从哪里来的”这个问题非常重要。这也正是第七篇内容中一个最重要的问题。最开始一定是有原始资本的，这些资本提前支付给了工人，然后由工人创造剩余价值来进行填补。然后再一次提前支付——就这样重复进行着同样的循环。总之，假如最初积累的钱是他本人的劳动所得，那之后所有的收益都是由工人创造的——这一事实不会改变。

工人并不自由

在这里，问题的关键不是量的再生产，而是工人也是被再生产的对象。

> 使劳动者这样的不断再生产，这样的永久存在，那正是资本主义生产的存亡条件。

工人首先要把自己的劳动力价值，也就是作为工资的那部分价值贡献出来，然后在资本家监督下把自己的剩余劳动力出卖出去，以此生产更多的剩余劳动。通过这些行为，工人自己也在剥削着自己而进行着再生产。

因此，资本家决不允许具有特殊技术的工人去其他的城市或者移民海外。虽然工人不是奴隶，但可以通过移民制度、工业间谍等各种牵强的理由，来阻止技术人员跳槽到其他企业或移民海外。相反，在禁止单一技术的工人移民的同时却积极引进专业技术人员移民进来，道理是一样的。虽然这并不是对劳动者的身体进行支配，但带来的结果就是限制了劳动者的自由移动。这就是所谓的“如果要走，就把以往给你的好处放下再走”。

马克思在这里借用了棉纺织业厂主博德尔的话：

> 棉业制造家选定的送话器博德尔，把“机械”区分为两类；那两者都属于资本家，但一个是在他工厂内部，其他则在夜间与星期日，住在工厂外部的小屋中；一是死的机械，其他是活的机械。死的机械，不仅逐日毁损并低减它价值，且存在于机体中的一部分，有许多还要因技术上的无间断的进步，而不绝趋于废朽，不过这在几个月内，即得有利的，以新的机械来代换。然在活的机械，则正相反，那延续愈长，它累代蓄积的熟练愈多，它就愈加优良。

博德尔真是个实话实说的人。这里所说的“活的机械”当然指的就是工人。从结果来看，英国就此成功地阻止了优秀的工人移民美国。

第二十二章

剩余价值的资本化

第一节　扩大的资本主义生产过程；商品生产的所有法则化为资本主义的占有法则

不可思议的话

文章开头就直奔主题。

> 我们以前所讨论的，是剩余价值如何由资本发生；现在则要讨论，资本如何由剩余价值发生。把剩余价值用作资本，或把剩余价值再转化为资本，即我们所谓资本蓄积。

非常直接地进入关于“扩大再生产”的内容。资本家没有消费工人所创造的剩余价值，而是考虑把剩余价值转化为新的生产手段以及对劳动力进行投资。马克思引用《圣经》里的一段话来解释：

> 我们且回头论到上面的例子。那也不外乎是亚伯拉罕生以撒，以撒生雅各的老故事。10000 镑的原资本，产生 2000 镑的剩余价值，这剩余价值转化为资本，产生 400 镑的新剩余价值。这又再转化

为资本，成为第二追加资本，产生 80 镑的新剩余价值。这样连绵不断地进行着。

这个过程中，暂且先不管最初的 10000 英镑是从哪里来的，之后的追加资本一定是通过剥削工人获得的。通过剥削的方式，资本得到扩大再生产正是资本主义的存在方式。由此我们可以得知，所有权规则由基于个人劳动的所有转变为支配他人劳动的占有。

这样一来，所有权的规则对资本家来说是把他人的未计酬劳动据为己有的权利，而另一方面，对工人则意味着放弃自己所生产产品的拥有权。

第二节　经济学上关于扩大的再生产的错误思想

扩大再生产对工人是否有利？

资本家最初的理解是，资本不能浪费在非生产性消费上，货币的贮藏也是具有生产性的。但是，资本家的这种做法会使资本处于停滞状态而无法发挥应有的作用。从这个意义上来看，马克思认为古典经济学家提出生产投资才是具有生产性的主张是了不起的观点。

但是，古典经济学家之后所提出的观点中出现了问题。他们认为最初创造出来的剩余价值是对可变资本进行的再投资，也就是用于购买新雇用工人的生活资料，而完全没有考虑再投资中还有用来购买不变资本的那部分（因为当时还没有不变资本的概念，自然也就存在这种局限性）。

这种理解必然会造成一种误解，认为追加的投资全部都用来支付新的工人的工资了。马克思没有忘记补充这样一句话——资产阶级当然利用了这一论调。总之，资产阶级常常误导人们认为因为有扩大再生产，才有对工人的雇用。

第三节　剩余价值分割为资本与所得；节欲论

从积累到投资

在这一节出现的不是资本而是被资本吸引的资本家。随着资本积累的发展，永无止境的增殖欲望让资本家觉醒，一直致力于资本积累的资本家突然开始不断地进行投资。这样看来，资本家并不是在约束自己对财富的欲望，而是像发现了新的财富源泉一样开始挖掘财富。

接下来对资本又赋予了新的使命。这里再一次出现了《圣经》：

> 蓄积啊！蓄积啊！那是摩西及预言者！“资本蓄积的直接原因是节约，不是劳动；劳动只能供给材料，使节约能达到蓄积的目的。”所以，节约啊！节约啊！把剩余价值或剩余劳动之尽可能的大部分，再转化为资本啊！为蓄积而蓄积，为生产而生产，——古典派经济学就用这个公式来表现资产阶级时期的历史的使命。关于财富的难产，它不稍有幻觉。但在历史的必然之前，悲伤有何用处呢？若在古典派经济学看来，无产阶级不过是生产剩余价值的机械，资本家也不过是把这剩余价值转化为追加资本的机械。

资本家就是资本的人格化，和无产者一样被卷入资本主义的运行规律之中。《共产党宣言》第一章中也有和这句话内容一致的表述。

资产阶级如何获得拥护

在19世纪前半期，与其努力让财富再转化为资本，不如利用财富逍遥享乐的这种轻浮看法，在古典经济学派中盛行。1830年七月革命爆发，兴起于法国里昂的无产阶级运动风起云涌，在英国也燃起了熊熊烈火。随着欧文主义、圣西门主义、傅立叶主义的传播，古典经济学派那些观点也自然而然地土崩瓦解了。

在这些经济学家中，最为拥护资产阶级，提倡“最后的一小时”（第七章）理论的西尼耳又想出了另一个词：“节欲”。

资本家忍住欲望进行资本积累的节欲，被美化成肩负着资本积累的责任。之后，这个学说又经过各种形态的变化，作为资本利润的形成理由继续活跃于学术界。忍耐能够创造价值，这还真是一个了不起的大发现！

第四节　除剩余价值分割为资本与所得的比率，还有几种情形决定蓄积的量：劳动力的榨取程度；劳动生产力；所用资本与所消费资本的差额的扩大；垫支资本量

显然只有降低工资

这一节的标题非常长，至少告诉了我们剩余价值会用于消费还是用于投资，取决于剩余价值量的多少。接下来的问题就是，该如何去提高剩余价值率。

换言之，为了达到目的，应该减少工人的支出，不断降低工资，还要大量雇用工人，让他们长时间工作，以及加强劳动强度。

所谓的劳动强化就是不断使用具有新生产力的机器，从而加大产量。这和工人的劳动强化是密切相关的。但是，如果工人的工资也随之上涨那就没有任何意义了，所以结果就是工人的工资不变，却强化了工人的劳动。

最后马克思是这样叙述的：

> 劳动力的榨取程度如有一定，剩余价值量就取

决于同时被榨取的劳动者数的多寡。而此劳动者数，又以各种不同的比例，与资本量相照应。所以，由累次蓄积而增加的资本愈多，则化分为消费基金与蓄积基金的价值总量也愈大。就这样，资本家一方面尽管过着更逸乐的生活，同时仍可表示其更加“节欲”。最后，生产的一切发条，还会因垫支资本量的愈益增加，生产规模的愈益扩大，而不绝加强其伸展作用的。

第五节　所谓劳动基金

工资金额是事先定好的

为使资本的价值增殖，关键在于如何压低工人的工资。特别是有人提出给工人发的工资应按照国家规定的比例计算出来。这种观点被称作“工资基金说”，但是我们实际中看到的工资并没有形成固定的标准，它是随着资本和劳动的激烈交战而变化的。

作为资本，当然，工资的金额越少就会对其越有利。因此，站在资本的角度去计算，把现已支付的总工资作为劳动基金，然后拿它去除以工人人数。这样一来，每个工人平均所得的工资金额看上去就像是提前规定好的一样。

第二十三章

资本主义蓄积的一般法则

第一节　在资本构成不变的场合，劳动力的需要随蓄积而增加

机械化使农民成为工人

进入这部分内容之前，我们必须先了解“资本的有机构成”这个词。剩余价值率指的是，工资与剩余价值的构成。如果这个词意味着剥削率的话，那这个所谓的“有机构成”就是指作为可变资本的工人工资和作为不变资本的生产资料之间的比率。换一种说法就是，过去劳动和有生命劳动之间的比率。

这个词会产生什么问题呢？随着资本的不断蓄积，有机构成的比例会相应得到提高，也就是说过去劳动会逐渐增多。这种不断积累的过去劳动是什么呢？这个问题就是本章要探讨的课题。

积累每年都会增加，意味着每年获得的剩余价值再投资于生产，自然会带动对工人的需求。从这个意义上说，投资再生产能够增加对工人的雇用，部分情况下甚至还会提高工资。

但是，更多的情况是对工人的需求会扩大农村劳动力

的供给。毫无疑问，工人数量的增加也会导致无产阶级的增加。马克思强调这种雇用的增加是无产阶级从属于资本的再生产的问题，这和工人收入提高的问题暂时还属于不同性质的问题。

出乎意料的三个讲述真相的人

在这里马克思介绍了三个诚实、正直的人物。这三个人是 17 世纪的约翰·白拉斯、孟德维尔和艾登勋爵。富人之所以成为富人，是受益于贫穷工人的劳动。这三人对此都有真实而又深刻的认识，呼吁资本家不要忽略了这个问题。马克思选用了艾登的一段话。这段话在法语版中更加详细一些，所以这里引用了法语版的内容：

> 我国的土地自然产物，确实不够维持我们的生活。如其不是仰赖过去的劳动，我们的衣、食、住都成问题。至少，社会一部分人必须不辞辛苦地劳动。……其他的人，虽然，不纺织也不劳作，而支配着产业的生产物，但他们之得免于劳动，只是沾文明和秩序的光。……他们纯然是市民制度的产

物。这样一种制度，承认一个人虽不由自身劳动，也可占有劳动的结果。拥有独立财产的人……他们之获有财富，决非凭他们自己的卓越的能力，几乎全是……靠他人的劳务。使社会中的富有者与劳动分子区别的，并不是因为前者拥有土地或拥有货币，而是因为他们支配着他人的劳动。这个计划（艾登所赞成的计划），将给有产者以支配劳动者的充分的（决非过分的）影响与权力，把那些劳动者安置在非下贱非奴隶的状态中，但安置在安易而宽大的隶属状态中；凡属通晓人间性，通晓人类史的人，都承认这种隶属状态，是劳动者为自身幸福所必要的。

马克思在这里高度评价了艾登勋爵，认为他是在推进亚当·斯密理论发展中，唯一取得一些成就的人。这是不经意间说出来的真心话。法语版把德语版中以注解的形式写下的内容原封不动地直接放入了正文之中，显然这种做法更容易让人理解。这段话的重要性就体现在它明确指出生产关系的物质形式制约了法律这一事实。

这里要介绍一下，林格是 18 世纪的人，他在法国并不出名，但他和孟德斯鸠是同时代的人物，1794 年成为恐怖政治的牺牲品。

被自己制造的产品所支配

这种资本积累的增多，加大了对劳动力需求的关系，带来的劳动工资的高涨，马克思并没有无视工人所获得的那可怜的一点生活改善。但是他就是那样一个语言犀利的人，再加上预知了工人们未来要面临的悲惨命运，于是他这样说道：

> 劳动价格随资本蓄积而增腾的现象，实际不过表示劳动者为自己冶造的锁链，已经有这样长这样重，就略微松放一点也无妨而已。

沉浸在那一点点工资的喜悦之中，就开始赞美这个世界春天的到来，这就是雇用工人的内心写照。

对此马克思叙述了两种情况，一种是工资上涨，资本蓄积同时增加。这种情况下资本当然是快乐无比的。另一种情况是工资上涨，但是资本蓄积速度减缓。而全球经济一体化的后果是工人被降低工资，这是增加积累的欲望驱使的结果。最后马克思是这样总结的：

> 由经济学者神秘化为一种自然法则的资本蓄积法则，在实际，不过表述以下的事实：即，劳动榨取程度的减退或劳动价格的昂腾，一经达到这样的程度，以致资本关系的不绝的再生产与规模累进扩大的再生产感到威胁，那就会由资本主义蓄积自身的性质，予以排除。在这种生产方法之下，非对象的富，为劳动者的发展欲望而存在，反而是劳动者为既存价值的增殖欲望而存在。所以，在这种生产方法之下，上述那种事实，是无可奈何的。人类在宗教上，是受他自己的头脑的产物所支配，在资本主义生产之下，则是受他自己的手的产物所支配。

第二节　在蓄积及伴蓄积而生的累积进行中，可变资本部分将相对减少

资本的集中——相互侵占

这一节主要探讨的是剩余价值用于追加可变资本以外的投资所产生的问题。也就是说，对不变资本——生产资料的追加投资。这样的话，剩余价值对可变资本的投资就不会有太大增加。

马克思称之为“生产手段量”，即意味着对不变资本的投资优于可变资本。随着蓄积的增加，不变资本的比例会不断提高。

这种现象产生的条件，当然首先要有资本的原始积累。如果某人在资本主义生产关系刚建立时已经有了资本蓄积，那么他就必须成为资本家。至于什么样的人会成为资本家的问题，在下一章中会进行具体分析，目前的焦点是无休止的资本蓄积的问题。

假设最初有数量很多的拥有少量资本的资本家。这些资本家在竞争的过程中，首先就是要进行资本的蓄积。在竞争中失败的人，他积累的资本就会被其他资本家夺去。就

这样，资本的蓄积并非只是通过资本家个人的努力来实现，也可以通过掠夺他人的资本来扩大。这里引用很有名的一段话：

> 社会总资本细分为许多个别资本，或此等细分部分相互间的作用，为此等个别资本相互牵引的事实所抵消。但这种互相牵引，并不就指单纯的与蓄积有同一意义的生产手段与劳动支配权的累积，却是指已经形成的诸资本的累积，是个别资本独立性的扬弃，是资本家被资本家剥夺，是多数小资本转化为少数大资本。这种过程，与此前的过程不同，因为它只以已经存在已经发生机能的资本在分配上的变化为前提，由是，它的作用范围，不受限制于社会财富的绝对的增加，不受限制于蓄积的绝对的限界。正因为资本在许多人手中丧失，所以能大量把握在一个人手中。这就是狭义的集中，是和蓄积及累积相区别的。

促使个别资本进行蓄积的力量，就是通过与其他资本相互侵占而产生新的积聚的力量。这就是所谓的“集中”。

资本争夺战的发展

积聚（积蓄）和集中（汇集）是资本蓄积的最大问题。

个人资本之间通过竞争不仅增加了资本蓄积，在竞争的过程中也实现了资本的相互蚕食。马克思在《资本论》第一卷中并没有论及资本与资本之间的竞争问题，只是点到为止。恩格斯编辑的《资本论》第三卷才会论述资本围绕平均利润率和个别利润率之间的差异展开的激烈竞争。为了追求更高的利益，资本纷纷涌入利润率高的领域，在这些领域小资本会逐渐被蚕食侵吞。

实际上，这个问题会进一步牵扯到信用制度的问题。信用制度就是指有人积聚了零散的小资本，然后通过各种形式借贷给大资本，以此将这种资本斗争朝着更加有利的方向推进。作为资本争夺战的武器，信用制度扮演着最重要的角色。这也是《资本论》第三卷探讨的内容。

现在，资本主义国家中为了技术研发和扩大市场占有率而不断扩大规模的做法，也正是这种集中和积聚的结果。合并也好，企业收购也好，增资也好，不管用什么形式，基本的运作是不会改变的。从这个意义上来说，股份公司制度是一个划时代的发展，因为通过这个制度能够成功地做到一次性获得巨额的融资，而现在这种制度在全球都得到了大规模发展。

另一方面也促使巨大的生产力发展依赖于技术的开发和资料的生产，对作为可变资本的工人的需求越来越少。成为世界级大企业，对工人的雇用不会增加反而会减少，也就是对发达国家工人的雇用转变为对发展中国家工人的雇用，导致发达国家的用工需求逐渐减少。工资高的工人逐渐会被资本抛弃。

第三节 相对过剩人口（即产业预备军）之累进的生产

经常需要备用工人的社会

工人过剩的问题和资本主义的发展是密切相关的。18 世纪之前，世界很多国家的人口都处于缓慢增长状态。但是之后人口突然就开始迅速增长了。增长的原因正在于资本主义的集中与积聚，其中最重要的表现为对工人需求的增加。为了剩余价值的生产，工人需求在增加，资本的追加又进一步加速了对工人需求的增加。

但这并不是正比例关系。生产突然降低到过去的发展程度会导致劳动需求的减少，而人口并不能这么简单地进行调节的。人口不断增加，使他们成为资本主义国家进入大发展时期的备用劳动力。当今，随着全球经济一体化的发展，发展中国家的过剩人口成为资本的绝好目标，因为他们正是资本所需要的低工资的工人。不过按照马克思的理论，这种需求不会持续太久。

马克思关于这个资本主义的现象讲述得非常简单，甚至可以说是很残酷：

> 资本主义的蓄积，会比例于其自身的力量与范围，不断产生相对过剩的超过资本价值增殖平均所需的劳动人口。

过剩人口问题对资本主义制度来说也有可能成为致命的问题。人类的出生和商品的生产是不同的，每个国家都被人口问题所困扰，人口过剩或者人口减少，并不能根据当时的经济发展简单地进行调整。从经济不景气到经济好转的过程中，一旦出现新的领域，也就是高收益领域，资本就会在过剩人口中大量用低工资雇用工人。当时的铁路建设，之后的公共事业建设，现如今的程序工程师，都属于这种情况。如果资本对劳动力的需求能够顺利地得到保障，资本家会开心地笑个不停。

> 佯言劳动的需要与供给，不是为资本的伸缩所规制，不是为资本增殖要求的变化所规制（因而，不是资本伸展，故劳动市场显示相对不足，资本收缩，故劳动市场显示过剩），却是资本的变动，依存于人口数的绝对的变动，那就近代产业及其十年一度的循环及其周期诸阶段（随着蓄积的进展，此等阶段，会由不规则的日益迅速地相互继起的诸种变动，变得错综复杂）而言，倒是一个美好的法则。但劳动市场受资本伸缩的规则，正是经济学者的信条。

人口问题是资本主义的陷阱

这只是在不同时期能够吸收多少过剩劳动力的问题，如果是完全不需要过剩劳动力的话又将会怎样呢？当然过剩的人口只能忍饥挨饿了。

这种等待获得工作的工人们，就像是在候场区等待出场的演员一样。如果没有工作会怎样呢？只能选择要么挨饿，要么移民。如果是这样，那么下一次再出现劳动力的需求该怎么办呢？自然是马上就会出现用工不足的现象。而这种情况会从什么领域开始显现呢？曾任牛津大学教授的亨利·麦利维尔是这样说的：

> 人类的生殖虽再迅速，要补充失去了的成年劳动，无论如何，非有一代的期间不可。

移民简直就是荒谬，对工人的性生活也要抱怨

经济发展景气的时候出生的孩子长大成人后，经济自然就该走下坡路了。这种经济发展与人口增长错位的现象是很常见的，因此让这些剩余人口移民简直是荒谬的做法。由于移民而减少的劳动力又该如何进行填补呢？

写下《人口论》的马尔萨斯向广大工人群众提出，希望他们根据经济的发展、工业的循环来调整自己的生育节奏。这就是说，连生育都要被资本约束。当然，这种想法肯定是不现实的。

劳动力商品是特殊商品，不是能简单生产出来的。

日本著名经济学家宇野弘藏也是一个关注劳动力商品的

特殊学者。从经济不景气到经济好转的过程中，对工人的需求会增加。但是，劳动力的供给很快就会触底（因为无法马上生育孩子，现在的西欧诸国和美国都是通过马上引进海外劳工来解决，这个问题就此成为经济发展的控制阀）。而如果没了过剩人口，实现充分就业的情况下工人工资会上涨，那么利润就会减少（也就是利益减少）。随后因为过剩投资，经济开始恶化，并逐渐走向经济危机。导致这种经济发展周期不断反复的原因，恰恰就是劳动力商品的特殊性。这正是最本质的原因。

美国和西欧诸国大量引入移民绝非是出于爱心，而是因为他们太了解劳动力商品这种特殊性本质了。

也要利用没有工作的工人

在经济学研究领域，出现了指责经济恶化的原因在于人口这一强势的观点。认为工资降低，过剩人口的出现也都是由生育方法不当引起的。

> 但劳动市场受资本伸缩的规则，正是经济学者的信条。据他们所说，工资因资本的蓄积而增

> 腾。而这增腾的工资，将刺激劳动人口之更迅速的增殖；这种增殖，又会引起劳动过剩，以致使资本对于劳动的供给，显示相对的不足。在此场合，工资又跌落，并由此得到这个徽章的反面。劳动者人口，会因工资的跌落，而次第减少；这一来，资本再比之劳动者人口，发生过剩现象；或竟如其他诸人所说，工资低落及由此发生的劳动者榨取的增进，将进而促进蓄积的速度，同时，低廉的工资，又会阻止劳动者阶级的增大。到这时，劳动的供给，复不够供应需要，工资于是趋贵，并如是绵绵不断地反复下去。这在发达了的资本主义生产看来，实是一种美好的运动方法！

虽然劳动人口的数量和工资之间有着相互影响的关联性，但实际上发达国家随着技术的不断研发，对工人的需求反而没有多少增长，所以不可能出现什么充分就业的问题，经济的发展也不会使工资上涨，反而会出现这样的趋势：高品质工人的人口日益过剩。

“产业预备军”（工人的过剩人口）一方面会在经济发展

良好的时期成为降低工资的影响因素，当然这也仅是一个抑制工资上涨的说法而已。从这个角度来说，失业者或者过剩人口在某种意义上正是资本所需要的。这和经济学的学说恰好相反。工人人口增加并不能带来经济景气，反而可以说是经济景气利用了过剩的工人人口。企业总是能够通过雇用工人或者使之闲置的手段，成功地抑制工资上涨。

马克思将这种关系称为“资本的专制”，资本家经常会使好不容易找到工作的工人和没有找到工作的工人之间产生就业竞争，用这种方式和手段达到对工人的完全支配。

工人并没有沉默

这个资本的秘密如果被工人知道了会怎样呢？工会一定会把失业者组织起来。这对资本来说是破坏性的冲击，所以要尽一切可能进行阻止。

> 骰子是有假的啊！资本同时在双方作用着。它一方面由蓄积增大劳动的需要，另一方面又由劳动者的“游离”，而增大他们的供给；同时，更在失业者加压力于就业者的限度内，使就业者不得不实

现较多的劳动。这一来，劳动的供给，就在某限度内，与劳动者的供给相独立了。在这种基础上，劳动供求律的运动，实成全了资本的专制。劳动者工作愈加多，为他人生产的富愈是多，他们的劳动生产力愈是增进，则他们当作资本价值增殖手段所尽的机能，愈是增加他们的不安程度；当他们自己把自己何由至此的秘密看破时，当他们发觉自己相互竞争的强度，全系于相对过剩人口的压迫程度时，当他们由工会及其他方法，企图在就业者与失业者间，组织计划的协同动作，以打破或削弱资本主义生产这种自然法则所加于他们这一阶级的破坏影响时，资本及其阿谀者即经济学者，立即嚷叫起来，说那侵害了所谓“永远的”“神圣的”供求法则。就业者与失业者间的结合，将会搅乱这种法则的“纯粹的”作用。

即使是现在，全世界的工会组织都在试图把派遣、自由职业、包工制等劳动者，甚至还有失业者都联合起来。但是在日本，和马克思所说的工人的反应是完全不同的。日本的大多数劳动者，他们本人对工会的活动会感到不安，因为担心自己的收入会因此受到影响。

比如在法国的工会，他们所做的工作要么是让工人缴纳整整一天的工资作为失业工人的救济基金，要么是去救济移民劳动者，要么是和海外的工会进行合作等。而日本人往往认为，工会所做的这些事都是没有什么用的。大家再仔细回味一下马克思的这段话吧，劳动者和资本家以及追随他们的御用经济学家们是不处于对等地位的。

不稳定性无产者自古就有

这里出现的“不安”这个词，和现在处于问题中心的“不稳定性无产者”这个词是一样的意思。对有工作的工人来说，不安也是存在的。具有这种就业不安感的人们，现在正试图结束这种状态，这对资本来说恐怕是相当头痛的事吧。

最后用关于海外殖民地发展的一段话进行小结：

> 但在另一方面，例如在殖民地的场合，一旦有相反的情形，妨碍产业预备军的形成，妨碍劳动者阶级绝对隶从资本家阶级时，资本及其平凡的桑

差·斑萨，却马上就会背叛那“神圣的”供求法则，并要用强制手段来阻止它的作用。

回过头，我们再看一下殖民地的发展史，对殖民地发生的各种反抗，资本不是通过经济学的言论去抨击，而是使用暴力手段来镇压的。

第四节　相对过剩人口的各种存在形态，资本主义蓄积的一般法则

三种过剩人口以及更下阶层的人口

这一节的分析对象是“相对过剩人口”。马克思认为，相对过剩人口分为流动的、潜在的和停滞的这三种过剩人口。

首先，流动的过剩人口是以未成年男性劳动力为中心的，换言之就是用完就被抛弃的男性童工。他们到青年后就会被解雇。这个阶层的人最终只有移民这一条路可以走。这类过剩人口中也包括一定年龄以上的中年工人。因为他们跟不上时代的变迁，已经无法作为可用的劳动力被雇用。马克

思在这里引用了工人阶级和资产阶级之间平均寿命究竟有多大差距的统计数据。数据表明前者的平均寿命是 15 岁，后者是 38 岁。无论是前者还是后者，从现代的角度来看他们的平均寿命都是非常短的，并且我们需要注意的是两者的寿命差高达两倍多：沉重的体力劳动让工人很快就耗尽了自己的生命。

其次，是潜在的过剩人口，这些是等着成为工人被城市吸收的农村人口。这个阶层比境况困苦的工人处于更加恶劣的条件中，从这点来看他们是“有一只脚已经踏入了贫困的泥沼”的阶层。

最后，是停滞的过剩人口，他们是替代现有就业工人的群体，拿着低廉工资的工人阶层。

比这三种过剩人口更糟糕的阶层是被贫困压迫得喘不上气的被救济的贫民。他们被认为是充满危险的社会底层，是马克思在 1843—1845 年居住在巴黎时期重点调查的阶层。具体包括妓女、流浪汉、犯罪分子等。这些人中有具备劳动能力的人、孤儿等，也包括没有劳动能力的人。

19 世纪的医院、监狱、济贫院简直就和等死没有区别，在资本主义社会这些人作为比相对过剩人口更下层的人口，对提高工人工资来说，他们的存在是一种非常沉重的反作用力。从这个意义上来说，这个阶层是资本主义社会中没有任何价值的阶层，只需要从廉价工人身上剥削来财富支撑这些人的消耗即可。

贫困是神的恩惠吗？

马克思在这里关于贫困的解释，引用了新教牧师汤生德的一段话，这句牧师鼓吹“贫穷的人有福了，因为神的国是你们的”[①]论调：

> 好像依照自然法则，贫民在某种限度内就是轻率而缺乏思虑的（好像口中不含着金匙就投生到世上来一样轻率而缺乏思虑）。惟其如此，社会上乃不绝有若干人担当最卑贱、最污浊、最劣等的任务。人类幸福的基金，由是颇有增加，同时，比较优雅的人，不但由是得解苦脱役，……并还有自由，可以不断从事适于自己性向的各种职业。救贫法，有一种倾向，要把这种神与自然所设定的制度

① 《圣经·路加福音》第6章第20节。

的调和、美好、均整和秩序破坏。

哦，原来贫穷也是有说法的，贫穷是由上帝而定的。因此，让贫穷的人变得富有是违反教义的。

在我们当今的世界里，已经没有这种能堂而皇之地说这种话的人了。但是在心里保持着优越感，认为这就是天命，估计这样想的人还是有很多的。上层人士并不关心下层人民。下层人民如果只关心上层人士的事，那么上层人士就会认为自己的力量是天命所选，下层人民也会希望尽其所能成为上层人士。总是处在下层的人们，存在的地方总是最不起眼的。这些人中的大多数都是无人关心的外国移民劳工、残疾人、老人、寡妇等。

第五节　资本蓄积的一般法则的例解

一、1846—1866 年的英格兰

英国成为富强的国家了吗？

马克思在这里主要揭露了当时英国具体的社会状态。统

计数据表明，在这 20 年间，财政收入、生产等方面都显示出英国获得了辉煌的经济成长，而另一方面也显示了国民贫困的增长。

马克思叙述道，英国大臣格莱斯登为 19 世纪 40 年代早期的经济成长和贫困之间的落差而悲叹，对 20 年后贫困的减少而感动。问题是实际的情况究竟是怎样的呢？在今天看来，这个时代在英国经济发展史上是最有争议的时代，关于当时生活水平的争议至今仍然没有一个定论。而马克思的看法是生活水平降低了。

关键问题就是，他们这些工人当时究竟过着怎样的生活呢？书中首先对被救济的贫民生活状态进行描述。这些贫民的人数在 87 万—100 万人，而且最后 10 年中饿死的人数还在增加。

当今资本主义国家，逐渐被社会淘汰的人群在某处死去也不会有人关心，这些人的生活并没有进入人们的视野。贫困这个话题总有媒体在炒作，并非人们亲眼所见，马克思所在的时代也是如此。而另一方面，世界博览会、铁路旅游热潮、在百货公司购物消费等，也是这个时代的发展印记。究竟哪个才是这个时代的真实面目呢？迄今为止，这场争论都没有结论，也就说明了问题的难度。

二、英国工业劳动阶级中报酬微薄的阶层

贫民从家里被赶出来

通过调查，马克思描述了那个时代英国工人阶级的营养状态。关于营养状态的描述主要引用了西门医生的卫生报告。西门医生在报告中指出，工人阶级处于营养不良的状态，之前的居住条件，取暖、衣物等应该都是无法满足需求的。他还指出，要解决工人们的营养状态，当然要优先考虑食物问题。

关于住宅问题是这样叙述的：

> 财富发达的结果，会破坏建筑不良区域，以图“改善”街市，建造银行仓库一类大建筑物，并为营业上的交通与奢华的大马车，扩展街道，敷设铁路。这一来，贫民就显然要被驱往更坏更拥挤的角落。

维多利亚时代是英国最繁荣的时代，当时进行过事关英

国形象的城市改造，其结果是贫民的家园被摧毁，导致大量贫民陷于居住条件困难的境地。繁华只是表面的幻影，掩盖的是穷人居无定所的悲惨现实。在现代社会，发达国家法国兴起的房地产热潮，同样映照出表面上的繁荣热闹景象和100多万人在到处找房子居住的现实。在美国，房地产热潮以及由房地产造成的泡沫经济崩溃之后，穷人们一下子失去了他们仅有的一点财产——家。可见，维多利亚时代绝不是一个已经过去的时代。

富人从房地产中获利更多

伦敦城市中心住宅严重不足的情况，对于马克思来说也是一件苦恼的事情。就他自身的经历来说，房租的确太高了，对于穷人来说更是支付不起。通过投机铁道业、炒作房地产，伦敦这个城市的经济充满了商机，而工人们在忍受着寒冷寻找着栖身之所。

> 赞美这种资本主义的公正吧！当土地所有者、房屋所有者、实业家们，因敷设铁道、开拓街道的“改善”，致其所有物被收用时，他们不单要取得充

> 分的代价，并还须对于勉强的“节欲”，依照神与人的法则，慰以莫大的利润。但劳动者却连同他的妻子与什物，被驱逐出来；如其他们成群结队地挤塞到当局指定为绅士生活的区域，他们就要遭受卫生警察上的取缔！

马克思也曾有过因交不起房租而被赶出去的经历，因此这部分内容写得特别真实。而且富人们从居住不舒服的市中心搬到了郊外，穷人们就住进了那些富人们原来的房子（也就逐渐形成了贫民区），而且一间房子里居住着一家数口人。在报告中公布了英国北部的工业区布拉德福市的街道平均一间房屋居住人数的数据，那里的房屋平均居住着 10 人以上。

三、流浪劳动者

所谓的最底层的工人

在这里要说的是，只在有工作时才能得到雇用的工人，他们被当作流浪劳动者使用。在法语版中还标注了“矿山工人”这个副标题。总之就是来往于各个建筑工地或矿山工棚的工人。

文中首先叙述了这些居住在建筑工地或矿山工棚中的工人们和传染病之间的关系。可以确定的是，这些建筑工地卫生管理上的混乱，导致了天花、伤寒、霍乱等疾病的传播。马克思的亲人中有小孩子因染上传染病而死亡，他的妻子也患上了天花，或许是因为马克思本人经历过这些灾难，所以他在写到19世纪50年代的卫生管理问题时，内心的怒火尤为炽烈。

还有矿山工人。矿山工人就在矿山的附近建造工棚居住。那里没有用水设施，也没有厕所，一间小屋里往往居住着很多人，而且这些工棚的居住费用是工资的一部分，连水都是需要向资本家购买的，这些费用会直接从工人的工资里扣除。在日本的碳住地区也有类似这样的劳动制度，工人就像是农奴一样被半强制地要求工作，工资基本都被用来作为债务的担保，工人的收入甚至都是负数，他们没有办法逃跑。

四、危机及于劳动者阶级中报酬最优部分的影响

即使富足一些，最后也是一样的

简单来说，这就是危机对所谓的工人贵族的影响。19世

纪50年代后在英国逐渐出现了工人贵族阶层。这里要分析的是在经济危机爆发时这些工人贵族阶层将遭受到怎样的影响。

书中叙述的是1866年的经济危机。这一年5月，经济危机从伦敦的一家大型银行宣告破产开始。危机波及金融业之后很快就蔓延到整个工业领域。企业破产、倒闭，被解雇后的失业者满大街都是。进不了济贫院的人搭建了临时的木板房暂时栖身，到处弥漫着绝望的气息。

马克思只是引用了报纸和报告的内容。这也许是因为马克思认为读者对已经发生过的经济危机不会抱有多少兴趣。这里的分析对象是在银行、大企业里工作的工人贵族的悲惨状况。

1929年的经济危机之后，状况可谓惨烈，堪比战争造成的荒芜。我们认为现在的经济学克服了资本主义的所有矛盾，当年的危机和我们没有任何关系。但是事实是怎样的呢？破产、经济危机不止一次地发生，即使在近些年，泡沫经济结束后的重重困难中，这些精英阶层也没有幸免。而且如2008年美国金融泡沫的“做空”产品，让全世界重要的银行都为之买单，如果没有国家的注资（有些情况下即使有国家注资），恐怕也无法避免出现信用危机。

当然这只是假设，这些悲惨的状况有可能不知何时也会发生在这些所谓精英商务人士的身上。希望大家不要跳过这部分，请好好地研读。

五、英格兰的农业无产者

农业工人的没落

我们需要了解的是，农业无产者指的是从事农业的工人，这绝不是农业经营者。在 18 世纪后半期过着富足生活的农业工人为何没落了呢？这是我们要探讨的问题。1780 年是一个分水岭，这一年之后农业工人的工资降低，生活水平开始下降，结果是农业工人沦落为工业工人的过剩人口。

这里仍然要引用西门医生的调查报告，报告调查的是煤矿工人的恶劣生活状况。关于英国 12 个地区的详细报告，马克思的评论如下：

> 人口向都市的不断移住；由租地累积、耕地牧场化以及机械采用所造成的农村人口的不断过剩

化；与小屋农民因小屋折毁而不断驱逐的现象，相互携手并行。一定地方的人口愈空虚，在同地方的“相对过剩人口”就愈增大；而他们对雇用手段上的压迫，及农村人口比于房屋的绝对过剩，也益加大。由是，在农村方面，地方的过剩人口，与恶疫共同造就的极端拥挤现象，遂益臻显著。人口在小农村的分散居住和乡村市镇方面的密集居住，以及人口在农村地方一般的强制的驱逐，是相伴而行的。农村劳动者，人数尽管在减少，由他们所生产的生产物量尽管在增大，他们的人口，却在不断地趋于过剩化，这种事实，就是使他们陷入被救恤的贫困的摇篮。而此被救恤的贫困，结局又成为驱逐他们的一个动机，成为使他们居住条件变得恶劣的主要源泉。这种难堪状态，把他们最后的反抗力挫折了，使他们变成地主和租地农业者的单纯奴隶。这一来工资的最低限度，对于他们就成为自然律来推行了。在另一方面，农村地方尽管不断引起“相对过剩人口”，但同时却又感到人口不足。此种人口不足现象，不仅局部地见于那些人口急流般地向地方都市、

> 矿山、铁道建设方面的地点，并且，在春夏之交，在收获季节，在英国周到而集约的农业，需要临时劳动力的许多时期，随处都可见到人口不足的事实。这就是说，农业劳动者对于耕作上的经常需要，常显得过多，而于耕作上之例外的或暂时的需要，则又常显得过少。

这就是农业工人拿着最低工资被束缚在土地上的原因。农业工人已成为工厂工人的后备军，成为季节工人的后备军，所以他们中的成年男子劳动力的比例减少，逐渐由妇女和儿童代替他们成为农业工人。

帮伙制度——可以廉价使用妇女和儿童的制度

就这样产生了“帮伙制度”。农业帮伙把妇女和儿童集中起来进行农业劳动，作为帮伙首领的男性则监视其他人劳动。作为监工的男性往往肆意妄为地享受着公开淫乱，这个恶劣的制度就像是哈默伦的捕鼠者一样支配着帮伙里的成员。

迄今为止，从东欧各国来到欧盟的移民劳工们仍然从事这样残酷的农业劳动，被人肆意地抽头、胁迫和调戏。这绝不是已经过去的事实，这一点也应该被记录下来。

六、爱尔兰

农业国家里特有的农业后备军

最后我们来看看爱尔兰的情况。爱尔兰连续遭受了几次大饥荒，导致人口减少，这是发生在那个时代的真实境况。

但是，由于饥荒让爱尔兰保留了合适的人口规模，生产能力得到提高，生活变得富足了。贫困产生过剩人口，只要消灭了过剩人口就可以消灭贫穷。爱尔兰可谓是证明这两者关系的典型事例。事实果真是这样吗？

由于很多人饿死或移民到美国，爱尔兰人口大幅减少。那么爱尔兰工人的生活状况又是怎样的呢？实际上，相较于相对过剩人口的产生速度，人口的绝对减少速度要更快，因此工资仍然在下降。耕地变成牧场，以及不需要男性劳动力的亚麻加工业的发展，导致成年男子劳动力的雇用越来越少。

爱尔兰和英国不同的是，作为工业发达国家的英国，农民会成为工业后备军；而作为农业国家的爱尔兰，农业后备军却是来自城市里失业的工人。这是两种完全相反的发展模式。换言之，在爱尔兰，工业工人反而成为农业劳动的后备军。

第二十四章

所谓原始蓄积

揭露过去的事实

这一章和关于近代殖民理论的最后一章，从某种意义上可以说是和经济学本来的内容相脱离的。也就是说，如果经济学是以现代经济为对象，从中提出一个理论的话，获取原始蓄积的过程便可以说是一部经济发展史，而殖民地理论与其说属于经济学理论体系，不如说是属于经济学的相关领域，也就是专门研究资本主义的经济体系。

也许，这两个课题很难被称为理论，所有才会安排在第一卷的最后吧。但是《资本论》正因为有了这两章，才更加大放异彩。因为在这两章里出现了经济的外在力量——法律、国家、军事等。经济从表面上看是排除了这些因素的，但是实际上这些因素被经济利用，是为经济而服务的，这一章暴露了这个事实。

第一节　原始蓄积的秘密

原本从一开始就是不同的

首先，马克思对资本理论中存在的矛盾之处进行了说明。货币转化为资本，由资本创造剩余价值，剩余价值进而又转化为资本。到底是谁最开始能够积累下足以转化为资本的货币呢？这一发展阶段并没有出现在理论之中。

> 由是，这全列运动，就好像是在一个有缺陷的循环中回转了。要从这有缺陷的循环中脱出，我们只能假定在资本主义蓄积之前，有一种原始蓄积（亚当·斯密称此为先行的蓄积），换言之，要假定一种蓄积，它不是资本主义生产方法的结果，而宁为其出发点。

最初有勤劳的人也有懒惰的人

要参加资本主义这场游戏之前，必须要有一个非资本主义的规则。这个规则是什么呢？对此这里讲述的是一个神话。

> 这种原始蓄积在经济学上所扮演的角色，同原罪在神学上所演的角色一样。亚当吃了苹果，于是罪过落到人类身上了。对于这种原始蓄积，人们是把它当作一种过去的逸话来说明它的起源。在许久许久以前，世上有两种人，一是勤勉、智慧，特别

> 是节俭的中坚人物；一是浪费自己所有一切，并浪费到超过这一切以上的怠惰者。神学上的原罪的传说，使我们知道，人类如何被注定要在额上流着汗吃面包，但经济学上的原罪的历史，却指示我们，何以有那些无须这么做的人存在。

认真的人实际上是恶徒？

这是个耳熟能详的神话。自己穷是因为祖先是个懒惰的人，自己富裕是因为祖先认真而勤劳。也就是说命运取决于先祖。把资本主义所谓的“合法的规则”原样照搬到过去的话，就变成勤劳的人和懒惰的人的故事了。但是，真的是这样吗？

> 在现实历史上，是由征服、隶属、劫掠、杀戮，简言之，是由暴力演重大的角色，那是世所周知的。但在脆弱的经济学上，却最初是由牧歌所支配。自古以来，正义与“劳动”，就是唯一的致富手段，仅有“我们的时代”是例外。其实，原始蓄积的方法，绝不是牧歌式的！

昨天的小偷今天穿上了正装就变成了资本家。即使这种说法有些过分，但是资本主义制度的行径和这差不多。

要去哪里是自由，挨饿也是自由

还有一个历史问题，就是为什么货币会转化为资本主义生产关系的条件。也就是说，一方是只能出卖自己劳动力为生的自由工人，另一方是生产资料的所有者，他们之间为什么会产生这样的关系。

> 直接生产者即劳动者，到他已经不是土地的附属物，已经不是他人的农奴或隶农时，才能处分他自身。他要成为能随处找到市场，随处出卖其商品（即劳动力）的自由出卖者，他得进一步脱却基尔特（行会）的支配，脱却基尔特关于徒弟制度、职工制度及阻碍劳动进步的种种规定。

他们自身并不被土地束缚，也不属于生产资料。从这两方面来说，这就是工人的两种自由。工人的这两种自由得以成立的过程，也正是资本进行原始积累的过程。

资本主义社会的建立，是前一个社会体制也就是封建社会崩溃后的结果。离开土地的劳动者当然是赢得了“自由”。但是，赢得有尊严的自由的代价是他们从土地上被赶了出来，这些土地是至少能保证他们维持每天生活的生产资料。

当然，资本家自己必须要把佩剑骑士的封建诸侯驱逐出去。这个历史形象只能是英国，只有这个国家才是资本主义的典型代表：

> 这种剥夺的历史，在各不同的国度，有其不同的色彩；它是以不同的顺序，不同的历史时代，通过其不同的阶段。其典型形态，只见于英格兰。故我们以英格兰为例。

第二节　农民土地的剥夺

羊吃人?

这一节首先对 14 世纪末英国农民的生活状况进行了说明。在英国，农奴制已经消失了，农民的构成是以自耕农为中心的。

但是这种状况突然改变了。这种变化发生在 15 世纪后半叶至16世纪前半叶的近一个世纪。这个时代是宗教改革、大航海时代，是托马斯·莫尔《乌托邦》所讲述的“羊吃人”的时代。

这一时期，小的封建主解体，形成了大的封建领主，农民从土地上被赶了出来。更加具体地讲，就是企图通过羊毛赚取暴利的大地主，由于英吉利海峡对面的弗兰德斯的羊毛价格上涨，领主就把耕地变成畜养羊的牧场，因而造成农民失去耕种的土地。这个时代的法律当然是反对这种做法的，但反对无效。

16世纪，这种事态的发展因为宗教改革反而得到了进一步强化。天主教曾经统辖的领地全部被掠夺，那里的农民大多数都被驱逐了出去。

与国家的勾结

即使发展到这个地步，过程也还没有结束。加速这一进程的是政权的更迭。17世纪后半叶发生的光荣革命促使政权更迭。国有土地不断转为私有，王侯贵族把大量土地据为己有，进而加速了农民成为无产阶级。这一点对于正在兴起的资产阶级来说是非常有利的。王侯贵族和资产阶级因此建立起联合战线。

> 他们的目的，在把土地转化为纯粹的商品，在扩大大规模的农业经营范围，在增加被解放的农村无产者的供给。此外，新土地贵族和新的财阀、新孵化的高等财政家以及由当时保护税支持着的大制造家，是自然的盟友。

法律也站在资本的一边

以前还都是私下里的掠夺。法律一直保护着农民，但是进入 18 世纪下半叶以后，法律反而一下子成为把农民从土地上驱逐出去的工具。于是，合法的掠夺开始了。

> 这种盗掠的议会的形态，就是“共有地圈围法”。这种法律，使共有地化为地主私有，使人民被剥夺。

失去土地的农民为生活所迫，逐渐成为农业工人。

“所有地扫除”

这里要谈及的是对掠夺土地施加的最后一击——“所有

地扫除”（clearing of estates）。所谓的“所有地扫除”是指利用国家权力，有计划地将耕地转化为牧场。为了让读者进一步了解这块内容，马克思进行了说明。这个词在法语中的意思是“砍伐森林”，在英语中的表面含义是“除掉建筑物”，这里指的并不是农业经济的技术性问题。其意思是要把农耕居民从大规模农耕用地以及农耕用地向牧场转化的土地上建造的小屋赶出去的所有暴力行为。

“砍伐森林”是个极具讽刺意味的词，这个词是揭示通过暴力掠夺土地的最好例子。比如苏格兰的萨特伦德公爵夫人为了将土地变为牧羊场，1814—1820 年间，对 15000 人的村庄里的 3000 户居民有组织地进行了驱逐。为此还动用了军队，与不肯搬离的居民发生了冲突，之后竟还烧死了一名老妇人，事后把荒废的土地作为赔偿给了村民。

在美国南北战争爆发期间，萨特伦德公爵夫人在伦敦召开了一场欢迎《汤姆叔叔的小屋》作者斯托夫人及赞扬奴隶解放政策的宴会。而与此同时，马克思在《纽约论坛》上发表了关于苏格兰的这场奴隶悲剧的报道，这篇报道甚至在苏格兰也得到了广泛的传播。

现在为了建设由大公司承建的与他们利益密切相关的工

厂、水坝、道路等工程，有时也会派遣机动队来解决与当地居民的纠纷，诸如此类的手段可以说和苏格兰圈地运动没有什么区别。

一切都是梦

马克思最后不无讽刺地说了这样的话，这些话被作为田园诗般的事实世代相传。

> 夺取寺产，欺诈让渡国有地，盗掠共有地，掠夺封建所有地氏族所有地，把它在无所顾忌的恐怖主义下，转化为近代私有财产，这种种，都是原始蓄积的牧歌的方法。这些方法，给资本主义农业以活动的领域，使土地并合于资本，同时并为都市的产业，造出被追放的无产者的必要供给。

第三节　15 世纪末叶以来对于被剥夺者的残酷立法；降低工资的法律

血腥的法律

从土地上被驱逐的人们该如何生活呢？他们大量流入了城市，但是找工作并不是一件容易的事情，找不到工作的人不得已成为流浪汉、乞丐、盗贼。为了好好管束他们，新的法律出台了。

> 今日劳动者阶级的祖宗，都曾因迫不得已变为浮浪人，变为被救恤的贫民，而蒙受惩罚。他们继续工作的旧环境，尽管已经不存在了，但立法者却假定，他们是否继续工作，全看他们自己是否有工作的善意，由是，当他们变为浮浪者时，法律就把他们视为“自动的”犯罪者了。

1530 年，老人和没有劳动能力的人们在城市里，不仅成为乞丐，身上还带着允许乞讨的印记。身强力壮的流浪汉会被鞭打和监禁，之后等待他们的是强制返回原籍从事劳动。累计被捕三次就会被判处死刑。17 年后，这些人作为懒惰者被判为奴隶，如果逃亡三次就会被判为死刑。

这里还举了一个法国的例子。17 世纪中叶的巴黎处于遍地都是流浪汉的时期，据说这些流浪汉都被送到扁船上当桨手。根据法国的做法，其他国家对流浪汉也采取了严酷的处罚，让他们把劳动当作必须遵守的纪律。

> 于是，土地被强制剥夺，被强制离去家宅，被迫转化为浮浪者的农民，又依奇怪而极有威吓性的法律，被鞭打、烙印、苛责等方法，被迫去接受工资劳动制度的必要的训练。

通过教育对工人进行再生产

就这样出现了除劳动力商品外没有东西可出卖的人。只是这样还不够，最后一击就是必须通过教育、传统、习惯等浸染让工人阶级形成一种意识，承认这种生产方式的要求是理所当然的自然规律。

只是在资本主义勃兴时期，这种程度还未达到，因此仍然需要国家机关的强制性暴力手段。

> 资产阶级由它兴起之初，为要“调节”工资，

为要使工资不超越货殖的限界，并为要延长劳动日，为要使劳动者自身维持正常的隶属状态，它是需要用国家的权力的。这就是所谓原始蓄积的一个基本要素。

规定工资上限的法律

经济政策要和国家制度相互符合才能令社会发展。因此资本家们制定了一系列关于工资的法律。1349 年，英国国王爱德华三世颁布的劳工法；1350 年，法国以国王约翰的名义颁布的敕令，都是这一类的法律。这些法律规定了工资的上限，如果工资超过了这个上限，获得工资的人和支付工资的人都要受到惩罚。不过，对于最低工资却没有规定。近 400 年后，终于对最低工资作了规定，即 1813 年废除了这些关于工资规定的法律。

现在的法律规定的是最低工资标准。但即使限制了最低标准的工资，一个不小心还是会被不断压低，甚至连最低生活水准都难以保证了。很多工人在失去工作后申请生活保障，结果一定会有人站出来提议要降低生活保障费。关于这些争议，和 100 多年前英国议会上的争议内容都是差不多的，还真是讽刺。

接下来叙述的是阻止工人团结在一起的法律。根据1871年6月29日颁布的条例，这个法律已经被取消了，但是还有一部分内容保留了下来。马克思经常指出，在这个法律背后存在的这部分保留内容才是具有重要意义的。这部分内容中规定了与罢工相关的严酷刑罚，根据工厂主和法官的判断来进行管制。

稍微有一点疏忽就会导致恶果

即使在当今社会，与工人运动相关的法律和管制工人运动的法律之间的关系也还是很微妙的。即使无法管制运动本身，也会从侧面找出各种各样的法律法规干涉工人运动的实施。有罢工权却没有歇业权，一旦被认定为偷懒、怠工就会被逮捕，这些问题同样存在于日本现今的社会中。

这里还提及法国大革命时期禁止工人结社的问题。禁止结社的目的是禁止建立阻止资产阶级介入同行业的工会组织，可以说这是一项针对工人的法令（1791年6月14日颁布）。针对这种工人的团结，法令规定处以罚款及至剥夺公民权利。这就是马克思本人也曾被困扰的《勒沙普里安法》。

通过阻止工人的团结，可以管制社会运动，更不用说社会主义和共产主义运动了，这些都是被管制和取缔的对象。

在这项法令的影响下，巴黎的工人结社都转为地下秘密活动，劳动运动也无法自由进行。与马克思相关的正义者同盟、共产主义者同盟等组织在这个法令的限制下无法进行公开的活动。

第四节　资本主义的租地农业家的发生

资本家来自哪里？

工人中有脱离了农业的流浪汉、乞丐，那么资本家又来自哪里呢？马克思认为租地农业家的出现是资本家产生的前提之一。大土地拥有者增加的同时，产生了依靠租借土地经营获利的租地农业家。毫无疑问，他们作为资本家的一部分，的确积累了一些财富。

但这还只是资本形成的起点问题，和工业资本的形成没有关系。

未来的发展究竟会怎样，下面会告诉我们。引用的这段话有些长，由于是《资本论》第一卷的结论部分，也可以说是《资本论》最关键的高潮部分，所以在这里全部引用：

> 这种剥夺，是由资本主义生产的内在法则的作用，即由资本的集中，完成的。一个资本家往往使许多资本家倒毙。伴着这种集中现象（多数资本家为少数资本家所剥夺），劳动过程的合作形态，将日益发展为大规模的，科学之意识的技术的应用将发达，土地的计划的利用将发达，劳动手段将更转化为仅能共同利用的劳动手段，一切生产手段，当作结合的社会的劳动之生产手段使用，将更加经济，一切国民在世界市场网上将更加混乱，由这许多事实，资本主义的国际性质将发展。在转变过程中横夺独占一切利益的大资本家数，不断减少，同时，穷乏、压迫、隶属、颓堕、榨取等等之量，则日益增大。但同时，为资本主义生产过程自身机构所训练、所统合、所组

第五节 农业革命在工业上的反应作用；工业资本的国内市场的形成

农民被从自己的土地上赶出去，而农业生产力得到了提高，原因不外乎土地所有制的改变，大规模农业协作的实施，以及生产资料积聚的结果。与此同时，逐渐形成了用于购买劳动力的可变资本。

另外，农业的过剩人口被驱逐，随后成为租地农业家雇用的短工，或者成为当地亚麻纺织一类工厂的工人。这些工厂已经不是以前那样利用农闲时间进行小规模生产的手工业工场了，而是朝机器大工业生产发展的工厂。

这部分内容应该叙述得更详细一些，但是马克思似乎写得有些匆忙。关于资本蓄积以及由此产生的工业资本，有一部分内容需要特别注意，原始积累究竟是经过什么样的过程而产生了资本家，这是一个相当有争议的经济发展史问题。

农村直接成为市场

以上的问题暂且不谈，马克思的意图是要把国内市场的形成作为要点进行分析。从农业中被驱逐出来的农民成为工人，而为了给这些工人制造食品、服装等生活资料，就形成了国内市场。

> 一部分农民的剥夺和驱逐，却不仅为工业资本“游离”出劳动者及其生活资料和劳动材料来，且曾由此造出一个国内市场。

以往在农村社会进行的一系列作业被分离，成为大的租地农业家和工厂主的工作。于是，农村直接成为市场，这个市场破坏了农村原有的制造业。

> 在旧自耕农遭受剥夺而与生产手段分离时，还有农村副工业的破坏，还有制造业与农业的分离过程。而且，也只有这种农村家庭工业的破坏，能使国内市场，有资本主义生产方法所必要的范围与稳固程度。

第六节　工业资本家的发生

在没有预料到的领域产生出资本家

> 工业的资本家，不像租地农业者那样是徐徐发生的。无疑的，也有许多基尔特的老板，有更多的独立小手工业者，甚至有一些工资劳动者，转化为小资本家，然后再依工资劳动榨取的逐渐扩大，和蓄积的增进，转化为成熟的资本家。

资本家从何而来这个问题从来就不明确，只能说有一部分人敏锐地找准了时机并获得了机会。在工业资本家还未出现的中世纪，发达的商业资本和高利贷资本反而阻碍了工业资本的发展。原因是城市里有行会制度，农村有封建制度，而工业资本的发展需要先摧毁这些制度。工业资本家就是由于封建制度逐渐解体，在农村兴起工业后出现的。

迄今为止，人们都忽视了从全球角度来看工业资本家的形成。在美国发现的金矿和银矿、美国对当地土著的剥削和压榨、东印度公司的建立等外在因素，同样是促进工业资本家形成的原因。内在因素当然就是通过其他的掠夺方式补充了资本的原始积累。

国家暴利的必要性

在资本的形成过程中，国家起到的作用是在殖民地战争中取得胜利和制定重商主义的保护制度。

> 在这些方法中，一部分，得使用极凶暴的强力，如殖民制度就是如此。但它们全部都要利用国家的权力，利用累积着组织着的社会力量，像温室般的，助长封建生产方法向资本主义生产方法的转化过程，并缩短其过渡的推移。强力仍是一切孕育新社会的旧社会的产婆。它本身就是一种经济力。

殖民地战争之后，国家和教会在殖民地进行野蛮掠夺，在介绍这部分内容时主要列举了是荷兰在爪哇岛实施的野蛮行径。引用的文献是以前在《纽约每日论坛报》上论述印度问题时提到的莱佛士的《爪哇史》。

随着国家垄断商业的发展，东印度公司建立。关于东印度公司的作用，书中是这样叙述的：

殖民制度像温室般的使贸易与航海业成长。“独占公司”（路德语）是资本累积的强有力的杠杆。殖民地对于当时在萌长中的制造业，提供市场，更依市场的独占，引起加强的蓄积。在欧洲外部直接由劫掠、奴隶化、杀戮等手段所蓄积的财宝，都流到母国，转化为资本。

公共信用制度的出现

国家在海外殖民地进行的掠夺与国内市场的发展看上去是不相关的因素。实际上，国内以前发生的掠夺行为和在国外曾经进行的掠夺行为，毫无疑问都是影响国内市场发展的因素。国家和殖民地制度自身看起来并不是影响经济发展的因素，但是它们和经济发展的内在因素紧密结合，大大促进了经济的发展。

国家在经济方面的作用，不仅体现在通常所说的运用军队、警察等暴力机关，也体现在依靠公共信用等发行公债。

马克思指出，公债首先出现于中世纪的威尼斯和热那亚，制度的形成是在荷兰，以下这段文字是关于公债的叙述：

> 必然的归结，就导来一国负债愈多乃愈富的近世的教义。公共信用由是成为资本的信条。国债成立了，代卖圣灵为不赦罪的，是国家债务上的背信。
>
> 公债为原始蓄积之最强有力的杠杆之一。它如像挥动魔杖，使不孕的货币有生殖力，把它转化为资本。由是，产业投资甚或高利贷业所不可避免的困难与危险，货币都不用亲自负担了。国债的债权者，实际并不曾拿出什么，因为，他所贷与的金额，转化为容易移转的公债券了，这种公债券在他的手中，和同额硬币有相同的作用。

这种由国家制造的泡沫信用具有魔法般的力量，成为资本原始积累的手段，但是不要忘记这只不过是幻影，信用一旦崩溃，就可能出现难以控制的局面。

在泡沫信用的推动下，英国于1694年创立了英格兰银行。关于英格兰银行的详情在第一卷中并没有论及，不过马克思揭示了英格兰银行运作的基本原理，也就是用银行券来进行普通的贷款业务。这种业务的行使权意味着英格兰银行获得了和发行货币一样的特权，作为英国央行的英格兰银行随即成为商业信用的核心银行。

威尼斯购买了荷兰的国债，促进了荷兰原始资本的积累，荷兰用同样的方法促进了英国原始资本的积累，英国又促进了美国原始资本的积累。马克思指出，这就是信用的连锁反应。

通过发行公债进行掠夺

在英国，为了支付公债的利息，国民税收的负担加重，其实这是一种把公债利息转嫁给劳动者的税收体系。马克思指出，这个体系中剥削的主要对象从普通的工人阶级转向了中产阶级。

前几年发生的美国房地产泡沫导致美国国债贬值，投资美国国债的银行不仅遭受房地产价格暴涨带来的损失，还不得不为国债贬值带来的亏空买单。这些银行破产所导致的亏空，国家最终仍是用同样的手法通过税收转嫁给国民，从泡沫经济崩溃后日本对银行就是这样处理的。这种转嫁方式对中产阶级的冲击恐怕是最大的，同时也加剧了贫富两极分化。

国家保护的是什么？

接下来要论述的是保护制度。保护制度是指通过垄断某种特殊的行业，排挤其他中小资本家，进而根据贸易保护政策获得国家资助的产业奖励金，以此加大对其他资本的打击力度。

> 殖民制度、国债、过重的赋税、保护制度、商业战争等等都是真正的制造业时代的儿童，这些儿童，到大工业的幼年期，都有巨大的成长。大工业的诞生，是由大规模的儿童掠夺来庆贺的。英国的工厂，与英国的海军一样，是由强募手段召集新兵。

这里以犹太的大希律王杀害儿童的行径来比喻工业勃兴时期资本主义通过大量使用童工进行发展的实际境况。

每个毛孔都滴着血和肮脏的东西

> 在制造业时代，资本主义的生产是发达了，欧洲的舆论，也丧失了它的最后的廉耻心与良心。欧

> 洲诸国都把一切可为资本蓄积手段的丑恶行为，觍然引以自傲。

这段话描述了资本主义在资本原始积累的过程中，对所有的残忍行径引以为傲的样子。西欧资本主义至今尚存，对亚洲人、非洲人的蔑视可以说就是在那个丧失了应有道德和良知的时代形成的。放现在来说，可以用人权思想粗粗批判一番，但是站在这种立场对资本家掠夺的野蛮行径进行批判，只不过是为了保护资本主义自身的利益罢了。

马克思最后总结道：

> 要建立资本主义生产方法的“永远自然法则”；要完成劳动者与劳动条件的分离过程；要在一极，使社会的生产手段及生活资料转化为资本，在另一极，使民众转化为工资劳动者，转化为自由的劳动贫民（近世史上的人为的产物），必须有极大的辛苦。奥琪尔说，货币“出现世上，会在颊的一边，带有生成的血痕”，我们也可说，资本出现世上，是从头到脚，每个毛孔都渗透着血和污物。

要讲述资本主义产生以来的发展历史，最后这句格言恐怕是最好的形容了。

第七节　资本主义蓄积之历史的倾向

第一个否定——私有制度的解体

马上就要进入结论部分了。那么资本的原始积累究竟指的是什么呢？简言之，就是“直接生产者—基于自己劳动基础上的私有—私有制的解体”这样的一个发展过程。

直接生产者这个概念很重要，只有直接生产者才能和自由个性的发展相结合。这个私有的世界终会崩塌，也就是说资本主义发展过程中打破原有桎梏的发展趋势是不可避免的。因此，这种掠夺成为资本主义初期发展阶段资本蓄积的手段也是必然的。

> 以个人自己劳动为基础的分散的私有制，转化为资本主义的私有制，是一种转化。以事实上已以社会生产经营为基础的资本主义所有制，转化为社会所有制，又是一种转化。

如果这是资本主义社会形成之前的历史，那么是否有形成之后的历史呢？

> 当这种转变过程在其深度上和阔度上都够分解旧社会时，当劳动者转化为无产者，其劳动条件转化为资本时，当资本主义生产方法，用自己的脚站起来时，劳动的进一步的社会化，土地及其他生产手段进一步化为社会利用的共同的生产手段的转化，从而，私有者的进一步的剥夺，就要采取一个新的形态的。这时被剥夺的，不复是自己经营的劳动者，只是榨取多数劳动者的资本家。

第二个否定——那么就再一次否定由资本创造的世界吧

这部分的内容是马克思对未来的展望。也就是说，已经到了从历史发展的角度谈及结论的阶段，这部分内容的出现稍微有点突兀。因为还没有展开细致的分析，就要对未来进行展望，显得有些匆忙。单从理论上来说，资本主义的发展如果是一段掠夺的历史的话，那么资本主义社会未来的发展也应该会从掠夺中产生，这便是马克思对未来发展的预期。

> 织，而人数不绝膨大的劳动者阶级的反抗，也增长。资本的独占，成了伴随此独占，并在此独占下繁荣起来的生产方法的桎梏。生产手段的集中和劳动的社会化，一达到与资本主义外壳势难两立之点，这种外壳就要破裂。资本主义私有制的丧钟，就响起来了。剥夺者被剥夺了。

马克思指出，在未来社会发展中，资本主义会将魔爪伸向全球，那是因为资本主义形成的垄断是一种超越国家的垄断，这种垄断就像是引发了世界规模的工人运动一样，可以推翻一切从而得到实现。也可以说，这就是全球经济一体化在全世界范围势不可挡地扩展开来的状态。而且马克思还指出这种变化可能会比预想中来得更快。

个人所有制是否定之否定，它表面上看起来是自己劳动的所得，实际上却是建立在巨大的生产力共有的基础上的所得。换句话说，是个人所有制的升级版。可见，私有制产生于个人劳动所得，随后它又转变为资本主义生产方式下的所得，然后这种私有制度再一次被否定，在社会公有制中重新又复活成个人所有制。

在《共产党宣言》(1848 年)中对私有制和个人所有制进行了区分，很明显这个观点也一直贯穿于《资本论》的全部内容。

第二十五章

近世殖民学说

为什么殖民地理论是必不可少的？

终于进入最后一章。为什么高潮部分已经结束了，还要在最后添上这一章呢？从整体结构上来看稍微有些不协调，但是把这最后一章内容通读下来，才意识到，正因为这最后的一点内容，就有可能要对前面的结论重新进行解释。

这一章叙述了即使在殖民地，独立生产者也是处于危机四伏的状态中。资本主义不仅要在自己国家摧毁独立生产者，还要在殖民地摧毁这些独立生产者。

要做到在殖民地摧毁独立生产者，有两种方法：第一种方法就是使用军事力量将殖民地的现有制度全部摧毁；另一种方法是向殖民地输送大量的移民，以城市为中心逐渐把资本主义制度移植过去。

所谓的资本主义就是人与人之间的关系

这里要展开论述的当然是第二种方法，这其中的代表人物就是威克菲尔德。此人最大的发现就是，在殖民地，资本家无论拥有什么样的工人和生产资料，都需要一种机制去制造除了劳动力以外一无所有的工人。如果缺乏这样的机制，资本主义在这里就不会生根发芽。毕竟，所谓的资本主义从根本上来说就是人与人之间的关系。

> 资本并不是一个物件，那是以物为媒介而成立的人与人之间的一种社会关系。

这种说法还真是恰如其分。因为资本主义本质正是资本家和雇用工人之间的关系。

轻易就让劳动者失去土地

18 世纪的美国有很多自耕农民，而且他们还自己生产生活所需的资料。在这种情况下，资本就无法推进工人的再生产，那么就只能摧毁他们这种阻碍资本发展的生产关系了，这个过程也是资本主义原始积累的过程。摧毁独立生产者的行为并没有成为历史，只是从空间上转移了实施行为的地点而已。

美国的土地资源丰富，并不是非得进工厂当工人，这就妨碍了摧毁独立生产者的进程。这个时期正是进行资本原始积累的阶段，急需一种体制去推动这些独立生产者的毁灭。按照美国当时的情况，移民过去的工人自然会选择购买土地进行安家置业，不会轻易地选择去当工人。而且，对于他们来说，工作机会也很多，不会成为失业者。而对于资本来说，不仅需要劳动力商品的再生产，还需要相对过剩人口的再生产。

为了解决这个问题，国家就不能简单地只把土地卖给劳动者。通过建立“需要进行一定量的劳动之后才能获得土地”的制度，控制了劳动者获得土地的自由。由此制定了国家组织的移民政策，也就是由国家统一管理这些无法轻易获得土地的移民。

从美国南北战争时期开始，美国东部的主要城市里到处充斥着工人的身影，为制造相对过剩人口创造了条件。再加上这些劳动者无法回流到农业生产领域，只能作为雇用工人不断地进行再生产。美国已经不再是欧洲人的天堂了。

从此以后，美国不再是资本主义世界之外的乐土了。

独立生产者的掠夺和劳动的掠夺

这一章的最后谈及为什么要探讨这个问题的原因。

> 殖民地的状态，不是我们在这里要述及的。我们所关心的唯一事项，是旧世界经济学在新世界发现且高声宣扬的秘密。资本主义的生产方法与蓄积

方法，换言之，资本主义的私有制度，必须把以自身劳动为基础的私有财产破坏，必须把劳动者剥夺，并以此为条件。

资本主义之所以能够结束之前的生产关系，并发展到现在这种程度，就是因为殖民地。资本主义的世界不断扩张，直到把以前的私有制生产关系完全摧毁，因此无从得知由资本主义带来的掠夺到底会发展到什么程度。

但是正因为发展到了这个世界的尽头，接下来“掠夺者的掠夺”（从掠夺者那里掠夺）就要开始了，也就是说发现了下一个新的阶段。

《资本论》对资本主义必然规律的不断发展这个看法并不认同，通过对资本主义发展规律的解析，它明确了该如何构筑未来社会。

否定之否定，掠夺者的掠夺，当然这个过程如果没有经历过资本主义高度发展的过程是绝不会实现的。这就是马克思最终得出的结论。

后 记

本书是一套小型丛书。要说《〈资本论〉轻松读》第一卷最大的特点，应该是对《资本论》第一卷的后半部分析讲解得比较详细一点。对于经济学专业的学生来说，可能会更加关注前半部分的理论和原理，但是《资本论》的精彩之处应该是在后半部分——把理论与现实世界的真实状况进行对比。

马克思曾说，《资本论》从第八章开始看就可以。因此对于大家来说可能会觉得过于陈旧、过时的 19 世纪的一些纪实内容的章节，或者是关于一些过去历史的章节，本书都进行了认真解析。《资本论》的第一卷和恩格斯编辑的第二卷、第三卷的最大不同，就在于这一卷中有大量的关于现实中真实现状的描写。马克思自己似乎也意识到了这一点，所以尽管已经基本完成第二卷却没有出版，至于第三卷甚至都没有完成准备阶段的工作。

从这个意义上说，后半部分关于真实历史状况的分析才是马克思真正关注的内容。他在长期从事新闻工作的过程中培养出来的文笔，具有严厉抨击对手的犀利之势。引用普通的报告内容，却能得出完全不同的结论。对指责他、批判他的人果断迎头反击，是他作为记者的一贯做法。

后半部分的内容尽管很重要，但如果不具备前半部分关于商品概念的知识，也很难从理论的角度去理解这些现实的历史，最低限度也要理解“商品的二重性”这个词的含义。因为，这个概念是导出“劳动力商品的二重性”这一关键理论的基础。理解了劳动力商品的二重性，也就理解了使用价值和交换价值的区别，这样基本能够把握之后所展开的论述内容了。

工资低廉的原因是什么、工作日为什么这么长、劳动为何被强化、生活为什么无法变得富足等一切问题的答案，通过劳动力商品的二重性都能够得到解释。

为什么工人无论怎么努力也无法成为资本家呢？这是因为最初的条件就是不同的。了解了这一事实，这个问题也就不难理解了。资本主义初始发展需要具备各种各样的条件，它和国家、军队、警察、法律、宗教等这些经济之外的因素建立了密切联系，这些经济的外在因素创造条件，使劳动者成为除了可以出卖劳动力商品以外的一无所有的工人。

所以，不要抱有不知什么时候自己也能成为资本家这种无法实现的美梦了。当然这种美好的梦想的确让人难以舍弃，也正因为如此，就更需要好好读一读《资本论》了。

不知道读了这本书，是否让你有了要试着去读一读《资本论》原书的想法了呢？不能就到此为止，《资本论》的德文版原文更值得一读。而本书的使命则到此为止。

最后要提及的是，为了倾听读者的声音，本书的一部分曾在蜜秀（mixi）网站上刊载过一段很短的时间。在此要向对本书内容发表了评论的希流、原田伸郎、东希视、亚热带、笹井良太、水獭、高桥良介、龙泽主税、川岛祐一表示感谢！顺便说一下我在蜜秀的昵称是 marx。

第二版后记

《资本论》的反响

《资本论》刚出版时就遭遇出师不利，但随着理解它意义的读者逐渐增加，各种新的版本逐渐出现。1872 年，出版了法语版；1873 年，德语第二版也紧随其后、出版上市了。

马克思在第二版中除了增加对价值形式的论述外，还附加了第一版中没有的著作主旨，即介绍对这本书的评价并对顽固的德国经济学家进行了批判。

德国的无产者、英国人、俄国人都能理解《资本论》的时候，德国的经济学家却认为这本书晦涩难懂，马克思对此进行了毫不留情的批判。德国学者在做学问的时候总是极力关注英国、法国。英国人、法国人写的书，他们就喜滋滋地抱起来追根究底；德国人或是一些外行写的书，他们根本不屑一顾。对这样的德国经济学家们，马克思直言了他的愤怒。

如何理解辩证法?

对于马克思的辩证法，没有人能够充分理解。对此颇有挫败感的马克思不得不在后记中对自己的辩证法加以说明。世人皆无法理解他的辩证法，这种说法一点也不为过。法国哲学家阿尔都塞在书中也写道，马克思陷入的困境就是他用旧时代的语言写出了他看到的未来。用 19 世纪的概念描述了 20 世纪，这是非常困难的——这与其说是辩证法的问题，不如说是他的认知过于超前以至于陷入困境。

马克思在《资本论》第二版跋中关于辩证法是这样说的，当然这也是跋中最重要的部分。

> 叙述的方法，当然须在形式上与研究的方法分别。研究必须搜集丰富的材料，分析材料的种种发展形态，并探究这种种形态的内部关系。不先完成这种工作，则对于现实的运动，必不能有适当的叙述。不过，叙述一经成功，材料的生命经由观念反映出来，那就好像是一个先验的结构了。
>
> 我的辩证法，不仅在根本上与黑格尔的辩证法

> 不同，且正好相反。在黑格尔，思维过程——他给它以“观念”的名称，把它转化为一个独立的主体——是现实之创造主，现实仅为思维过程的外部现象。但在我，观念界却不外是移植在并翻译在人类头脑中的物质界。

研究同执笔的区别

马克思是在对自己的研究为何耗费了这么长的时间进行说明。从 19 世纪 40 年代起，他开始研究，内容涉及历史、文化、统计、经济学等多个领域，甚至有时一天 24 小时都在废寝忘食地研究。那为什么迟迟不能执笔著述呢？这是因为，他感到无论摆出多少事实，如果无法解开社会所蕴藏的秘密，那么收集的这些现实资料也仅仅是列举了一些事实而已。

这个事实的列举过程可以称为“下向法”，也就是说对现实具体事物的调查。拿做饭来说，就是准备食物和材料。这个准备过程是很重要的。不准备食物和材料就无法做饭，但仅仅把食物和材料准备好也无法做好饭菜。

这就是彰显实力的时候了。汇集所有知识，凝聚成一种理论。马克思探讨得出的概念就是商品，这是他研究的成果。但是，“看到商品能领悟什么”？的确如此，“探究商品的概念就花费了将近30年的时间，真是令人难以置信”，而这的确是事实。

请大家静心思考一下，第一次见到蒙娜丽莎和钻研了30年后再见蒙娜丽莎的差别有多大？30年的韬光养晦，终于了解了表象下暗藏的答案，但是这个答案无法展现给世人。犹如试图从世人皆知的蒙娜丽莎画像中剖析出美术史的所有秘密一样，其中隐藏的是需要深入钻研才能了解到的艺术家技艺的伟大。

马克思独到的方法

马克思的辩证思想承自黑格尔，一些有较高水平的读者都会这么认为，但是他们都忽视了哲学和经济学之间的巨大差异。马克思仅仅是把黑格尔的辩证法套用在经济学的概念上了？而且，这所谓的套用也不是件简单的事。阿尔都塞提出的这个问题，引发了众多讨论，估计关于这个问题的解释就能编写一册书了。的确，把黑格尔的辩证法用于经济学范畴并不是一件容易的事。假设哲学思想能够套用于现实领域，那现实世界几乎就成了没有意义的世界。现实是厚重而深远的，现实是超越思想的。然而，要使用一种思想来完全剖析现实，是不可能的。

反过来说，如果思想是从现实中产生的，那么只有反复深入地调查研究现实才能产生思想。只有长期艰苦卓绝地钻研学习，才能形成思想。思想一旦形成，恐怕你会发现原来这是如此简单的事。但是想一想产生这种思想所经历的苦难，就会觉得很了不起。马克思不断地批判黑格尔的思想，虽然他深知黑格尔思想的深刻内涵。黑格尔并非对现实一无所知，他对法国革命史以及宗教史都进行过深入学习，这样的黑格尔是受到马克思尊重的。但是黑格尔不是马克思，马克思所处的现实和黑格尔是完全不同的，通过研究完全不同于黑格尔所了解的现实，马克思形成了不同的思想。

如果说马克思的思想方法不是站在哲学的角度，而是站在经济现实的角度，那么马克思只是把黑格尔的辩证思想套用在经济学领域的这种说法，就完全站不住脚了。因为他们两人的思想在本质上就是完全不同的，而且两者的不同不随历史的变迁而有所改变。马克思在文中强调了他花费数十年时间进行钻研的经历。

“我所提出的观点不是趴在桌子上冥思苦想出来的，是经历了苦难的流亡生活和贫穷，与劳动人民交谈，在大英图书馆孤独地学习，作为记者进行的各种活动等数不清道不完的血的经历才得出的结果。”这是马克思的解释。

只有毅力坚强者才能分享登山的喜悦

基于以上的争论，几乎在同一时期完成的法语版序言中才有了这样的一句话：

> 在科学上面是没有平安的大路可走的，只有那在攀登上不畏劳苦、不畏险阻的人，有希望攀到光辉的顶点。

看似简单的事情却很难长期坚持。“那样的内容谁都能写得了”，似乎是预见了这类批判，马克思轻描淡写地写下这句话。这就是马克思一生成就的体现，他说这话，当之无愧。

最后，有一段几乎被众人忽视，却被马克思多次使用的话，本书在此引用。

为了马克思

> 但我著作《资本论》第一卷时，猖狂的、自负的、在今日德意志知识分子中颇为人所信任的庸人，却已像莱辛时代的摩塞·门德尔桑对待斯宾诺莎一样对待黑格尔，把他看做一条“死狗”了。因此，我倒公然承认我是这位大思想家的门人。

这里提到了斯宾诺莎，拯救斯宾诺莎的是他的弟子们。在他弟子们的努力下，斯宾诺莎的著作得以出版，从此也让他留在人们的记忆中。马克思也想为黑格尔做点什么。

法国哲学家阿尔都塞体会到了马克思这种悲壮的决心，为此执笔写下《为了马克思》（1965 年）这本书，其中一段话写道：

> ——斯宾诺莎的弟子们为了斯宾诺莎所做的事，马克思为黑格尔也做了。但是，谁又“为了马克思”积极地帮助他做了什么？没有人做，那就由我来做吧。

图书在版编目 (CIP) 数据

《资本论》轻松读 / (日) 的场昭弘著 ; 王琰 , 张琰龙 , 江涛译 . — 杭州 : 浙江人民出版社 , 2022.7

ISBN 978-7-213-10309-4

Ⅰ . ①资…　Ⅱ . ①的… ②王… ③张… ④江…　Ⅲ . ①《资本论》－马克思著作研究　Ⅳ . ① A811.23

中国版本图书馆 CIP 数据核字（2022）第 056662 号

浙江省版权局
著作权合同登记章
图字 : 11–2019–188 号

《资本论》

——— 轻松读 ———

第二卷　资本的流通过程

［日］的场昭弘◎著
王　琰　张琰龙　江　涛◎译

超訳『資本論』

浙江人民出版社

序言一

盛宴的终结与崩坏的开始

2007 年夏天，美国房地产泡沫破裂。最初，该泡沫只是小小的气泡，随后却一点点变大，终于发展到一发不可收拾，将诸多体量庞大的投资银行一举摧毁。

紧接着，这场银行危机导致货币需求量不断增加，继而造成现金不足，使一般企业运转资金陷入困境，美国实体经济陷入大混乱中。

2008 年世界国民生产总值约 60.5 万亿美元，而美国住宅市场独占 22.5 万亿美元。这一事实显然是反常的。

从 20 世纪 80 年代到 2008 年之前的人们早已被利益冲昏头脑，甚至一些公司开始不动产证券化，导致此后市场的价格变动剧烈。如果在此基础上考虑其他消费品价格的变动指数，我们会发现日本土地价值总和已超过全世界国民生产总值的10倍！

20世纪80年代末，拥有土地和房产的人们每天都在谈论着房价。他们看着房价不断攀升，心里打着如意算盘。那时，初出茅庐的我本打算买公寓，却被高昂的价格吓退。当时日本甚至还流传着一种说法，即“有房者与无房者会发生阶级斗争”，可见人们都在关注着日益攀升的房价。

不出所料，日本的泡沫经济在20世纪90年代开始破裂，此后十余年经济长期处于低迷状态。那时，欧美国家曾对日本说，土地泡沫是日本自身固有原因引起的。如果深究一下，2008年的状况恐怕应该要换一种说法，即“土地泡沫是资本主义固有原因引起的”。

有人说，2008年的日本已经是第二次面临这种情况了，因此不会比欧美受到的冲击更大。实际上，从最初日本经济泡沫破裂到2008年的将近20年里，那些坏账仍没有结清，早前的景象历历在目。从这一点上来看，只能说日本自身的问题真是太多了。

连国家也无力支付

回想1929年始于美国的全球经济大萧条。1929年10月24日周四纽约股市暴跌，这其实只是一个开始，随后萧条持续了4年之久。如果单纯将当时的经济与21世纪初的世界经济状况相比就会发现，2007年的情形与1931年非常类似。

20世纪30年代以前，英国在世界经济中心的宝座上稳坐了近百年，但从那之后便开始走下坡路。为了稳定本国经济，英国废除了金本位制度，并提高了关税。这样一来，那些没有提高关税的国家也开始为了保护本国利益而纷纷提高关税，结果美国的商品被迫压低价格，导致本国农业衰退，又波及工业和金融业，最终房地产业的崩盘也不可避免。

不过与2007—2008年的金融危机相比，当时的泡沫算不上有多大。而在那之后各国开始追逐利益，并引起混乱，才是危机扩大的决定性因素。

毫无疑问，作为2007—2008年金融危机的直接诱因，除了土地泡沫问题，还有证券化方面的问题。证券化后土地的杠杆作用迅速增强，很快便超过金融风险能够规避的最大限度。而这一切都是20世纪20年代那次危机发生时人们无法想象的。最终，一切问题只能由全球各国一起采取紧急措施来解决。无论从国际货币基金组织（IMF）2008 年 9 月的估算（1.45 亿美元），英格兰银行的估算（2.91 亿美元），还是瑞穗银行的估算结果（4.85 亿美元以上）来看，这个额度都已超过了全球各国所能承受的最高支付限额。

向一般企业波及

企业的资本在经济危机中也开始依赖于实时股价的涨跌。因诸多投资银行及相关企业的倒闭、合并造成的股价暴跌，导致企业资产锐减，企业变得越来越脆弱。原本，企业的运营资金源于股份资本和银行融资，但银行已因土地泡沫问题而变得迫切需要货币，因此开始拒绝企业融资。运营资金的紧缺，使得本就脆弱的中小企业纷纷倒闭。

上述情况的接连发生也使得优先级抵押贷款的偿还成为坏账。每个月都在不断上涨的失业者数量，更令本来不会变为坏账的贷款也“开始变质”。不良债权无论如何也处理不完，且还在不断增加，最终陷入恶性循环。不仅是住宅贷款，在汽车等长期消费贷款以及信用卡偿还上，这样的窘境也如熊熊烈火般四处蔓延。

经典经济学著作告诉我们，在大危机中需要两面作战：一面是对处于中心位置的银行进行支援作战，即用货币紧急对其“输血”；另一面是针对末端基层进行窗口作战，也就是支援负债的普通消费者们。当两面作战缓解火势蔓延后，再从其他方面来扑灭火源。但是2007—2008年的那次作战，没有采取任何针对末端消费者的融资，因此坏账越来越多。

会有世界大萧条吗?

2007—2008年的金融危机就是所谓的大萧条吗？马克思认为，经济危机是周期性的，差不多10年左右会发生一次。简单地说，经济危机算是对资本主义所特有的“无政府”生产的一次清算。它既是一次“清仓大处理”，也是一次强大资本对微小资本的吞并，更是一次强国对弱国的掠夺。因此，所谓的危机对于强大资本来讲，也许反而是一个绝佳生长时期。

不过，在马克思生活的年代，并未出现过像1929年那样的大萧条。1929年的经济危机是一次全方位的危机，也是一次长期的、难以愈合的、令人震惊的危机。不仅是银行，其他社会生产部门也被卷入其中。对于这样的情况，马克思想都没想过。倒是恩格斯在19世纪末发现，本应周期性出现的危机迟迟未来，他预感到可能会出现一次较大的危机。而 1929 年的大萧条正爆发于恩格斯逝世 30 年后。

从凯恩斯经济学到新自由主义——以及过剩生产

从原理上讲，资本主义经济本包含着危机。本来 10 年一次的周期性危机，就像一次清算、一次释放一样。后来，时间间隔越来越长。特别是在第二次世界大战后，资本主义世界经济政策在凯恩斯经济学的帮助下得到了完善，即创造有效需求，使生产过剩的问题被扼制。虽然每年还是会因通货膨胀产生负资产，但也都提前促进了消费。凯恩斯经济学因此被称为“拒绝危机的经济学”，与它对立的则是自由主义经济学。

在凯恩斯经济学的影响下，一些国家为了抑制通货膨胀，减少了财政赤字和有效需求。但讽刺的是，生产过剩有了抬头之势。为了让垄断资本吐出多余的资本，人们创造出泡沫，但泡沫总有破裂的一天。泡沫经济破灭造成的经济危机，可能会迸发出难以想象的巨大能量。从这个意义上说，2007—2008 年的经济危机就是一次世界性的大萧条。

信用犹如原子能

在《资本论》中，马克思把“空”的价值以及泡沫化形象地称为“虚拟资本”（fiktive）。的确，膨胀出的价值就是泡沫，泡沫就是虚拟的。实际上，这种虚拟资本可能早已藏身于信用交易之中，比如“这个月钱不够啦，下个月一有钱就马上还清”。无论是始于商业票据的信用，还是银行制度中的银行信用，抑或股份制中的虚拟信用，甚至是所谓的提前享受未来价值的金融派生商品，稍有不慎仍可能演变成巨大亏空。

虚拟资本或信用制度和原子能非常相似。如能控制得当，原子能就是一种无可匹敌的优质能源；一旦失误，则会造成无法挽回的损失。反对使用原子能的人一直强调其潜在的巨大风险，而希望使用原子能的人就会质问：就知道批评，你倒是提一个能代替它的东西出来呀。

虚拟资本或信用制度也是如此，如果要批判，就必须提出有效的替代品。要追求富足的生活，那就需要巨量的资产，同样也就需要虚拟资本或信用制度。总之，我们被所谓的“富足”制约着，创造富足的杠杆其实是危险的装置，但人们往往只在事故发生后才开始反省其危险性。只要不出事，人们心里就只有富足生活。

从某种意义上讲，基础的信用制度相对容易控制，所以一直沿用至今。然而，已经脱离了商业信用和银行信用等范畴的高度派生化的信用形式，早已成脱缰野马。而2007—2008年的危机甚至是有过之而无不及的。

从工厂到市场

马克思在《资本论》第一卷中曾论述过经济危机，但仅点到为止，因此在第二、三卷中继续解释。另外，第一卷讨论了工厂内的问题，第二卷则开始着重论述工厂外的市场问题，即商品的价值在市场上并没有被原模原样呈现的问题。

用“c+v+m”（不变资本＋可变资本＋剩余价值）来表述的价值，在进入市场后会受多重影响而变形。为了使商品进入市场，生产者一般会先卖给中间商，接着卖给零售商，最后商品到了消费者手里。然而在这些环节中，中间商是否给予商品新的附加价值、从业者的利润又从何而来，这些问题都需要深入讨论。而且，只有在卖给消费者的阶段，也就是在零售市场中，商品的价值才会按照实际价格进行出售。那么，表示在工厂中榨取价值的“v”和“m”，又将如何变化呢?

另外，从整体商品流转过程来看，作为工厂所有者的产业资本家是从银行和股市上筹集资金的。那么在银行和股市上向该企业投资的人们的利息与分红，又与工厂的利润和工人的薪资有着怎样的关系呢?而且租借给该企业土地的所有人，又在价值的构成中扮演着怎样的角色呢?

这样的问题层出不穷。马克思在《资本论》第一卷里仅仅将目光聚焦于工厂的生产，因此市场中（工厂外）价值的变形就成了悬而未决的问题。不过他并未停下，而是继续钻研此问题，于是便有了第二、三卷的内容。

资本家与工人的阶级对立是根本问题

实际上，第二、三卷归根究底还是在讨论与第一卷相同的问题。即“资本主义社会是阶级社会，它的阶级性体现在价值关系中”。由此可推论出，在工厂中无法看清的榨取关系，在市场中也不易被看透。

利润与土地所有者的地价、股东的分红、银行的利息、中间商的利润以及零售商的利润均有关联。同时，还存在着生产力较高的企业或部门对生产力较低的企业或部门进行的掠夺。这样一来，连最初生产商品的工厂资本家（就是小工厂厂主），都成为和工人一样被掠夺的牺牲品。如果不分析这种情况产生的原因，那么在第一卷里关于榨取关系的论述就毫无意义。如果不读《资本论》第二、三卷，就不能明白榨取关系的内涵和本质。

《资本论》的一项重要任务就是分析阶级对立，因此，彻底剖析资本主义社会有助于准确理解《资本论》。无须多言，克服阶级对立就是克服资本主义社会的根本矛盾。

进入 21 世纪后，大型经济危机不断出现，但仅凭这点就武断地认为资本主义行将灭亡还有些草率。不过，我们明白了资本主义会引起生产过剩，就已经收获巨大了。

不打算投资的工人会吃亏

读了第二、三卷会看清一个事实：从工人那里榨取的东西在市场上是无法看清的。在市场上，我们往往只能看到利润来源于低买高卖，而非针对工人的榨取。如果仅从事实出发，可能会忽略一些问题。

况且在市场上，资本家与股东、地主等竞争对手一起争夺利润。虽然看起来像“黑吃黑”，但只看到这层，恐怕还会泛起类似“资本家日子也很难过啊”的同情心，以至于多付给对方钱。实际上，处于平均利润率以下的中小企业，正被大企业通过股权分红和土地租金等方式榨取、掠夺着大量的利润。

同时，人们还有可能被卷入股票、债券等虚拟资本收益的争夺战中，最终出现巨大资金亏空。如房产和车辆这样的大型消费品最近几年已开始证券化，人们往往一不小心就会被资本信用市场所操纵，不得不用仅有的一点储蓄买入不良债权，还自以为是绩优股。虽然作为个人投资者，可能会认为自己与股份和商业交易没什么关系，但银行储蓄、退休金和保险等，很可能再也不由自己控制。因此，不仅是资本家的闲置资本会在虚拟资本信用市场上面临亏损，灾难也随时有可能降临到那些投资在虚拟资本上的工人身上。

另外，使用这样危险的证券套期保值，连国家税务机关也会在市场上蒙受损失。

从某种意义上说，虚拟资本信用的世界是资本主义的最高形态。它无所不用其极地将任何事物都证券化，围绕分红为其估价并卖光所有。也就是说“G–G'”（G 是货币资本，这里不包括产业资本的生产过程）这种赤裸裸的高利贷资本形态仍在独自前行。为了更深入理解以上问题，马克思在第二卷第一章即提出了“货币资本的循环”。

这时，资本主义的形态在“G–G'”模式中得到了更加经典的体现。

资本市场充满着魑魅魍魉，遍布着围绕利润再分配的赌博游戏。在第三卷第五篇信用论中，马克思便直接称其为赌博。对资本主义生产过程中产生的利润进行再分配，不知何时竟变成了危险的赌博游戏，或者说存有这种演变的可能。面对21世纪以来不断发生的世界性经济危机，如果读了《资本论》的第二卷和第三卷的话，或许会更加透彻地理解这个问题。

序言二

关于本书

本册是《〈资本论〉轻松读》第二卷，紧接着第一卷未讨论完的问题展开阐述。《资本论》第一卷是马克思完成并出版的书籍，第二、三卷则是恩格斯在马克思未完成的草稿基础上编辑出版的。不过，第二、三卷并不像第一卷那样完成度很高，全书的文字和论点读起来还有些晦涩难懂。因此马克思研究者对这两卷的内容是否是马克思的本意一直争论不休。

无论如何，本质问题在于这两卷其实是基于草稿完成的。马克思在出版第一卷时，虽然已经完成了第二、三卷的框架，但文稿依然处于草稿阶段。出于不破坏马克思文字连续性的考虑，恩格斯对这些稿件没有进行过多整理就出版了。

第二、三卷分别是在马克思去世2年后的1885年，以及去世11年后的1894年出版的。接着，还有与经济学学说批判相关的、被称为《资本论》第四卷的笔记，即由考茨基出版的《剩余价值理论》。很难说这些出版物是完全反映了马克思思想的笔记。但在一个多世纪后的今天，它们已经很自然地被誉为马克思的经典著作。因此，作为《〈资本论〉轻松读》的续篇，我们将继续讲述《资本论》第二、三卷。

《资本论》成书史

查考已出版的《资本论》，可得出如下出版时间表：

《资本论》第一卷——资本的生产过程，1867年；

《资本论》第二卷——资本的流通过程，1885年；

《资本论》第三卷——资本主义生产的总过程，1894年；

《资本论》第四卷（即《剩余价值理论》），1908年。

马克思开始对经济学感兴趣，源于1842年《莱茵报》上关于德国摩泽尔河流域贫困问题的一则报道。这则报道中的事件发生于马克思故乡普鲁士的特里尔附近。那里农民砍伐枯枝的权利被普鲁士政府掠夺，农民们为了生存，而誓死捍卫该权利。作为《莱茵报》主编的马克思自然对此非常重视。随着采访的深入，马克思发现当时最流行的西斯蒙第经济学说虽然能揭露普鲁士政府与农民之间的矛盾，但无法揭示其原因。由此，马克思开始关心经济学。希望能在批判地继承古典经济学的基础上，创立一种新的经济学说。

1844 年，马克思和卢格在巴黎共同编辑《德法年鉴》，其中刊载了一篇恩格斯的论文《经济学批判大纲》。马克思大受启发，并开始正式学习经济学。他开始读亚当·斯密和李嘉图等古典经济学泰斗的法语著作，随后写出了最初的经济学作品《1844 年经济学哲学手稿》。

1845 年，马克思与德国某家出版社签订了出版《政治经济学批判》的合同，但最后无疾而终。在那以后，他出版了《哲学的贫困》，批判了法国社会主义者普鲁东的《贫困的哲学》，其中也穿插有经济学内容。1848 年他开始执笔《共产党宣言》。1849 年他在《新莱茵报》上发表了《雇佣劳动与资本》，对资本主义社会的运行机制进行了解构。这些论文都是马克思早期研究成果。

《资本论》成书史——计划问题

在《1848年至1850年的法兰西阶级斗争》一书中，了解到经济危机与革命之间关系的马克思，已真正地认识到学习经济学的必要性。自1850年起，他开始在大英图书馆阅读各式各样的文献，积累了大量的经济学读书笔记，这为《资本论》的面世奠定了基础。

在马克思1857年至1858年完成的《政治经济学批判》中，记载着《资本论》的写作计划将会有两种：

第一种是该书导言中的计划：即前半部分（抽象的规定、中产阶级的构成、国家形态中中产阶级的总结）与后半部分（生产的国际性特征、世界市场的经济危机）。

第二种是该书内文中所列的计划：按照资本、土地所有制、雇佣劳动、国家、对外贸易、世界市场的顺序来写作。而且资本将分为以下项目：广义上的资本、资本家之间的竞争、信用、股份公司。

假设《资本论》是按照第二种计划写成的，那么最终出版的三卷《资本论》中到底涵盖了多少该计划所列出的内容呢？这在经济学学者中曾引发了一系列“关于《资本论》的计划完成情况”的讨论。

现在大家基本达成共识，即如果按照第二种计划写成，那么《资本论》一定包含了第二种计划中的全部内容。

而即便马克思真的在执笔时修改了计划，那么《资本论》也必定是由第二种计划归纳提炼而成的。

对于《资本论》第二卷与第三卷的疑问

对《资本论》第二卷和第三卷的内容应该如何解析呢？马克思在第一卷中已经表明，将在第二、三卷中对平均利润率进行阐述，那么我们可以认为第二、三卷中一定会出现相关内容。然而，具体编撰者却不是马克思，而是恩格斯。

暂且不说第二卷、第三卷超出了计划的部分。因为我们发现，在第三卷里其实又列出了更多的写作计划。

《资本论》的草稿

被视为《资本论》草稿的第一部分，是以《政治经济学批判》为名出版的。该书主要是马克思于 1857 年 10 月至 1858 年 5 月完成的草稿，共 7 册。在加入商品论和货币论的部分之后，于 1859 年正式出版。

《资本论》草稿的第二部分，是马克思在 1861 年 8 月至

1863年7月完成的，这部分由两三本笔记构成，是在《政治经济学批判》出版之后以先出大纲后填入内容的形式完成的。在这之后，马克思又中途决定进行一次全面的改稿。

随后在1863年至1865年写成的草稿，应当就是《资本论》第二、三卷的内容。在这一部分，马克思决定将经济学说史的内容放至第四卷进行阐述。1864年夏，马克思开始着手编写第三卷，随后一度中断，直到1865年才完成了第二卷的全部3篇草稿。之后，马克思又继续启动了第三卷的编写工作，并于1865年底完成了全部7篇草稿。

在这一时期，第一卷尚未发表。不久以后，马克思与汉堡的奥托·迈斯纳出版社签约，于1866年开始着手完成第一卷的成稿。

在1867年第一卷发行后直到去世之前的两年，马克思一直在对第二、三卷的草稿进行完善。

虽然后世对于恩格斯编撰的内容有很多疑问，但第二、三卷已出版了一个多世纪，其本身也具有极大的历史意义。因此，不去阅读这两卷而只认为第一卷才是马克思的著作的做法也是片面的。想要理解《资本论》的全貌，就必须认真理解第二、三卷的内容。

变得不可见的榨取

在《资本论》的第二、三卷中，马克思告诉我们榨取的利润变得近乎不可见的原因是什么。商品在生产过程完成后，无法真正地体现出榨取的真实状况。我们看到的利润是在商品流通中产生的，即以低价买进高价卖出的方式创造的。但事实并非如此，第二卷的任务就是将此谜团解开。实际上，资本的不断增殖特性才是在商品流通的过程中逐渐积累出的，当之后资本的增殖部分再投资给了产业资本，实际上只是作为货币的出借而进行的投资。这样一来，利息就产生了。

与此相同，土地所有者通过出借土地而产生地租。利息和地租都是在利润的抢夺重点——即都属于从产业资本家的利润中抢夺的部分。我们虽然知晓，无论是利息还是地租都是在利润中产生的，但无法看见利润从劳动中产生的过程。并且，产业资本家也可以通过相互间的竞争来骗取其他资本家的利润。如此一来，资本家也在被其他资本家剥削，那么利润本身到底是在哪里产生的，就变得越来越模糊不清。

为了厘清这一系列问题，了解流通过程以及在其中产生的闲置资本的再投资全过程就显得十分有必要了。《资本论》

第三卷的结尾部分最终将其指向阶级斗争的问题。

因此，建议读者先阅读第三卷的最后一篇，这一篇揭示了阶级斗争到底是如何产生的。当阅读遇到困惑时，这一篇总会成为你的指路明灯。

个别资本与社会总资本

在第二、三卷中各类资本之间竞争的问题已出现，希望大家在阅读时一定要注意以下两个变动：个别资本的变动和社会资本的变动。其中，个别资本属于某一企业的范畴，而社会资本则属于一个国家的范畴。在书中将包含所有企业的社会资本当作一个问题来探讨。

价值一词则是在探讨社会资本时产生的。个别企业虽然获得了特别利润，但这并不意味着这个企业产生了价值，它仅仅是夺取了其他企业的价值。一个企业在生产中引入机械也好，提高了产品品牌的价值也罢，都不能称为创造了价值，而只能被看作是抢夺了其他企业的价值从而获取利润。无论用多么华丽的辞藻来宣传商品、多么精美的包装来吸引顾客，都无法解释价值在流通过程中究竟是如何产生的，这样的利益对于全社会来说毫无意义，也并不能使社会变得富裕。长此以往，就会变成仅仅依靠宣传便可以创造价值。在社会资本的立场上而言，对于价值的产生是毫无裨益的。

如何阅读本书

对金融危机与经济危机感兴趣的读者可能更希望从第三卷开始阅读。但我还是建议，从第二卷开始阅读为好。因为第二卷首先完整地描述了资本主义是如何在商品流通中形成闲置资本的。正是由于闲置资本的形成，信用制度才得以发展，最终货币资本的活动才得以全面展开。

虽然围绕社会资本再生产过程的相关讨论让人很难理解，但理解生产过剩是如何产生经济危机的，还是非常重要的。

第三卷一开始便是经济危机（恐慌）。而谈到经济危机，就一定会面临“平均利润率趋向下降的规律”的问题。资本为了追求超额的利润，在生产中引入机械。也正是引入机械，反而造成了利润率的下降，并最终导致投资过剩以及消费量下降。毫无疑问，这一切离不开竞争。资本之间的竞争产生了平均利润，资本家为获得更多而拼命追求更高的利润，如果未考虑到这一情形，那么将很难理解有关竞争与利润的内容（第三卷第一篇至第三篇）。

有关金融的问题，我们放在第三卷第五篇进行探讨。这一部分指出了货币资本是如何凌驾于产业资本之上的。当货币资本进入商业信用、银行信用、伪造资本信用等方面，导致当今世界发生金融泡沫已毋庸置疑。实际上，这也是产生利息的资本掠夺产业资本利润的过程。

接下来，就是被称作地租的地主阶级利润问题。这一部分阐明了产生利息的资本原型正是地租理论。马克思并没有过多地着墨农业问题，而是主要以利息的原型为出发点探讨了地租问题。

第三卷的第五篇，不仅是高度概括的一篇，更是包含了《资本论》绝大部分重点内容的一篇，即阶级问题。虽然存在各种各样的阶级，但在资本主义社会中，可以说实际上只有无产阶级和资产阶级。地主阶级逐渐变为资产阶级，而农民阶级则逐渐变为无产阶级，最终整个社会形成了两个阶级。

这样的资本主义制度中的阶级对立，最终是一定会激化阶级斗争的，各位可以参考马克思《共产党宣言》的结尾部分这句话。

全世界无产者，联合起来！

目 录

第一篇
资本的形态变化及其循环

第一章 货币资本的循环 003
第一节 第一阶段 G–W 004
第二节 第二阶段 生产资本的机能 009
第三节 第三阶段 W'–G' 010
第四节 总循环 012
第二章 生产资本的循环 017
第一节 单纯再生产 018
第二节 蓄积及扩大的再生产 021
第三节 货币蓄积 022
第四节 准备金 023
第三章 商品资本的循环 025
第四章 循环过程的三个公式 029
第五章 流通时间 035
第六章 流通上的诸种费用 039
第一节 纯粹的流通费用 040

第二节　保管费用　044
第三节　运输费用　047

第二篇
资本之周转

第七章　周转期间与周转次数　051
第八章　固定资本与流动资本　055
第一节　形态上的区别　056
第二节　固定资本的成分、其代置、其修理及其蓄积　058
第九章　垫支资本的总周转：周转的循环　061
第十章　关于固定资本和流动资本的学说
——重农主义派与亚当·斯密　069
第十一章　关于固定资本和流动资本的学说
——李嘉图　079
第十二章　劳动期间　085
第十三章　生产时间　093
第十四章　流通时间　097
第十五章　周转时间在资本垫支量上的影响　101
第一节　劳动期间与流通时间相等　105
第二节　劳动期间较大于流通期间　107

第三节　劳动期间较小于流通期间　110
第四节　结　论　113
第五节　价格变动的影响　115
第十六章　可变资本的周转　117
第一节　年剩余价值率　118
第二节　个别可变资本的周转　121
第三节　从社会方面考察可变资本的周转　122
第十七章　剩余价值的流通　125
第一节　单纯再生产　127
第二节　蓄积及扩大的再生产　130

第三篇
社会总资本的再生产与流通

第十八章　绪　论　137
第一节　研究的对象　138
第二节　货币资本的任务　141
第十九章　前人对于这个问题的说明　145
第一节　重农主义派　146
第二节　亚当·斯密　148
第三节　以后的经济学家　157

第二十章　单纯再生产 159
第一节　问题的提出 160
第二节　社会生产的二部类 162
第三节　二部类间的交易Ⅰ（v+m）对Ⅱc 163
第四节　第二部类之内的交易：即必要生活资料与奢侈品的交易 165
第五节　交易之媒介：货币流通 169
第六节　第一部类的不变资本 172
第七节　二部类的可变资本与剩余价值 173
第八节　二部类的不变资本 174
第九节　对于亚当·斯密、斯托齐、兰塞等人之回顾 176
第十节　资本与所得：可变资本与工资 177
第十一节　固定资本的代置 181
第十二节　货币材料的再生产 187
第十三节　特斯杜·德·托拉西的再生产学说 191
第二十一章　蓄积与扩大的再生产 195
第一节　第一部类的蓄积 196
第二节　第二部类的蓄积 200
第三节　以表式说明蓄积 201
第四节　补　论 205
后　记　第二、三卷的概述与衔接 207

第一篇

资本的形态变化及其循环

第一章

货币资本的循环

第一节　第一阶段 G–W

资本存在货币资本、生产资本和商品资本三种形态

第二卷第一章刚开始，就详细分析了资本的循环过程。马克思发现，资本在生产和流通过程中不断地变换形态。看待的角度不同，形态也不尽相同。

资本循环的三种职能形式是：以货币形式出现的货币资本，以生产资料形式出现的生产资本以及以商品形式出现的商品资本。

第一种循环，即货币资本的循环。

从货币资本的角度来看，资本主义制度是必须追求利润的社会制度；从生产资本的角度来看，资本主义制度是再生产商品的社会制度；从商品资本的角度来看，资本主义制度是消费各种商品的社会制度。

毫无疑问，马克思的着眼点在于如何从货币资本的角度来看资本主义制度。但若不多加注意，就极容易忽视不同循环方式所具有的本质。借此，我们可以挖掘出资本循环的特点。

借助马克思在资本循环中所使用的公式：

G–W（Pm+ A）…P…W'–G'

我们可以看出资本在此过程中具有不同形态。最初，它作为货币“G”的形式出现，尔后则以被货币购入的生产资料“Pm”以及劳动力“A”的形式出现，最终经过生产过程“P”，成为商品“W”的形态。

第一章是从资本家投入货币开始生产的阶段开始的。此阶段就是上面提到的：

G–W（Pm+A）… P…W'–G'

即首先用货币购入生产资料和劳动力，接着以此生产商品，最后再卖掉商品换回货币。

这个过程可以分为三个阶段。首先是“G–W”阶段，然后是所谓生产消费的“W（Pm+A）”阶段，最后则是“W'–G'”阶段。

《资本论》第一卷正是就此循环过程中的第二阶段进行了详细说明。对于第一和第三阶段，则仅在需要的地方稍做提及而已。

从货币资本到生产资本

先来看第一阶段，也就是资本家投入货币开始生产的阶段。此时，被购买的商品是以作为生产资料的机械和原料，以及劳动力的形式存在的。前者是“G–Pm”，后者则是“G–A”。二者在完全不同的市场上进行交易：前者在商品市场，后者在劳动力市场。而且，二者的区别并不局限于市场的差异。如前者可以在商品市场通过等价交换进行交易，而后者在劳动力市场上其实从没有被等价交换过。

也就是说，工资并不与劳动时间的价值对等，它只不过支付了工人在再生产过程中所需要的劳动而已。

所谓劳动力的商品特征

从货币到生产资料和劳动力的变化，即从货币资本到生产资本的变化，劳动力商品的购买方式更为明显了。问题不单单在于创造剩余价值这一劳动力商品的特殊性上。它的特点还在于，报酬常常以货币的形式出现。从某种程度上说，这便意味着工人对资本的从属。

> “G–A”被视为资本主义生产方法的一般特征，这并非因为劳动力的购买。有一种购买契约规定，应供给的劳动量须大于劳动力价格或工资收回所必要的程度。并非因为那种购买契约，规定应供给剩余劳动，虽然这种剩余劳动是垫支价值资本化或剩余价值生产的根本条件。那宁可说是由于它的形态，因为劳动就是在工资形态上用货币购买的。这正是货币经济的显著特征。

换句话说，正是由于出现了报酬的形态，“劳动可以用货币购买”才得以存在。而这，也正是货币经济的具体表现。

在工人看来，“G–A”等同于“A–G”，即出卖劳动力产品后获得工资报酬的过程。卖出的过程并不像其他商品一样，而是包含了某种特殊的生产关系。工人出卖劳动力作为商品的前提是存在无产阶级与资产阶级这种阶级关系。因为工人只有被生产资料约束时才能付出自己的劳动力。这种商品附加着对资本的从属。也就是说，劳动力作为商品，体现出了资本主义的阶级关系。

> 生产过程中的资本关系之所以发生，仅因为它已经在不同的经济根本条件下，已经在流通过程内（在流通过程内，买者与卖者互相对立），换言之，即他们的阶级关系内存在着。这种关系，不是由货币的性质所造成，而宁可说是有了这种关系存在，所以单纯的货币机能得以转化为资本机能。

为什么资本以货币的形式呈现

货币并不天然是资本，在资本主义生产关系中，货币才会成为资本，而且还经历了很长的历史变迁过程。该过程正是第一卷里所叙述的积累过程。如果不给出卖劳动力的工人以工资报酬，以上所说的都不会成立。

从资本家的立场来讲，为了使这种形态得以存续，就意味着要一直以货币形态支付报酬。同时，还要形成劳动力市场，能随时找到合适的工人。生产资料和原材料能赊账购买，并不意味着劳动力商品也可以。以货币形态存在的资本，正是出现购入劳动力商品时才得以体现。同时，也意味着工人对资本的从属关系。

第二节　第二阶段 生产资本的机能

不变资本与可变资本的购入

第二阶段是凭借“W”，即不变资本和劳动力，来生产商品的阶段。在这个阶段，货币资本首先被投入不变资本（生产资料）“Pm”以及可变资本（劳动力价值）“A”中。可见第二阶段的关键问题并不在于货币资本，而在于不变资本与可变资本之和的生产资本。也就是说，资本家必须准备好货币以便每周、每月支付工人的报酬。同时，还要在市场上准备好供工人购买的商品。这样看来，所有的生产都成了商品生产。

工人一旦被安排进工厂，资本家就需要为他们准备劳动生产资料。生产资料与消费品还必须在不同的部门生产，这些部门被通称为生产资料部门。工人必须与生产资料相结合，才能进行商品生产。为此必须先创造出工人，即被剥夺生产资料、将劳动力作为商品进行出卖的人。完成后，就出现了除了劳动力以外一无所有的工人。他们不得不与生产资料相结合，任由资本榨取。

> 商品生产的每一种经营，同时皆成为劳动力的榨取过程。但只有资本主义的商品生产，会变成一个划时代的榨取方法。只有资本主义的商品生产，会在这种商品生产的历史发展中，依劳动过程的组织与技术的惊人进展，使社会的整个经济结构发生变革，并以不可比拟的程度，凌驾在一切时代之上。

劳动力商品与生产资料的结合，创造出史无前例的榨取方式。机器作为生产资料“Pm”由资本家购入后，便可被放置在工厂，夜以继日地作为资本运行。然而工人需要休息，资本家能够买入的，无非是工人的劳动时间而已，因此他们必须在有限时间内尽可能地榨取。劳动力只有在工厂里的时间才能算作生产资料。就连机械也是如此，放置在工厂里的机械只有在工人开动它时才能体现出生产资料的功能。

第三节　第三阶段 W'–G'

贩卖商品，再变为货币资本

第三个阶段，也是最后的阶段，即将工厂制造好的商品在市场上售卖，重新变为货币的过程。也可以说是被生产资本制作出的商品，变为商品资本，通过流通和买卖，重新回归货币资本的过程。

“W'”只要在市场上卖不出去，就不会成为货币资本。售卖是实现剩余价值的过程，是最难以实现形态变化的过程。

第三阶段虽然是货币资本的还原，但在量上存在差异。也就是说，商品资本的价值在量上有所增加“W–W'”，但复原的货币资本并没有相应增加。货币资本的循环形态就应当是：

$$G–G'（G+\Delta G）$$

它表示量的变化。

剩余价值从哪里产生变得不再清晰

可是，在这里问题也出现了。在商品资本“W'”里，或是在货币资本“G'”里，我们都无法找到表示“ΔG”增长的指标。也就是说，虽然知道产出了货币“ΔG”，但并不知道为什么会这样。

在这里，马克思设想了一种奇怪的、不会出现的情况，并考虑这是否与生产黄金的部门有关。什么意思呢？生产黄金的部门（采矿业）应当是：

G–W（Pm+A）…P–G'

也就是说，该部门发掘出了比投资的货币数量更多的黄金，即货币资本从数量上体现出增加的剩余价值。这仿佛是一种货币生产货币的形式。在原始产业资本里，货币资本通过生产资本来实现剩余价值是很明确的，但在黄金生产部门，则出现了例外。尽管如此，如果我们只看“G–G'”的两端，可以发现依然是货币在“实现”剩余价值。

第四节　总循环

当运输资料有价值时

在这里，我们总结一下货币资本循环。产业资本，是通过货币形式出现的货币资本、以生产资料形式出现的生产资本、以商品形式出现的商品资本进行循环的，并在生产过程中产出商品。

一般来说，产业资本循环都遵循以下公式：

$$G-W(Pm+A)\cdots W'-G'$$

然而像黄金生产部门一样不生产商品的部门还有运输部门。运输部门在生产过程中，负责将未完成的商品从一个地方运输到另一个地方。从广义上讲，它确实也属于产业资本的范畴，但它并不生产商品，只不过是移动了人或物资而已。

> 但运输业，这一种产业所售卖的，就是这种场所变更。由此发生的效用，与运输过程（即运输业的生产过程）相结合。人与商品随着运输手段的变化而变化；这种场所变动，就是运输手段所引起的生产过程；唯有在这种生产过程的持续中，运输的效用能被消费。这种效用，不是被当作一种离开这种过程的使用物存在的。别样的使用物，必须在生产之后，方能当作商品来发生机能、来流通，但

> 它并非如此。这种效用的交换价值的决定，却是和任何其他商品的交换价值的决定相同，也是取决于所消费的诸生产要素（劳动力与生产手段）的价值，加运输业劳动者的剩余劳动所造成的剩余价值。

也就是说，运输过程只要被纳入产业资本，就会像产业资本的生产过程一样，可以作为追加价值来创造新的价值。由此，我们也能得出运输业产业资本循环的公式：

G–W（Pm+A）…P–G'

即，虽然不是商品，但生产过程本身和商品一样创造出了新价值。这与黄金生产部门的生产非常类似。

轻松赚钱的设想

货币资本的循环不仅是资本主义社会的特点，也是产业生产社会的典型变动规律。为什么这么说呢？因为前面公式中体现了资本主义社会所有的价值增殖模式。

价值以货币来计量，令其清晰可见、独立显现。因此，“G-G'”作为现实货币的起点和终点，清晰地体现了获利这一过程，正是这一过程推进资本主义的生产。生产过程是获利过程中必须要有的，也是不得已而为之的一环。正因如此，所有在资本主义国家生活的人民，都被类似没有生产过程而获利的投机冲动所侵袭和左右。

如果从上述的循环式中去掉生产过程，那么货币的循环过程就会成为高利贷资本。正因如此，才会常常出现想要投机赚钱的群体。这是典型的重商主义想法，会使盲目无知的人为了一点点价值增殖一个劲儿地只顾赚钱却不消费。当然，这只限于把循环式只完成一次循环的情况。实际上，这个过程是永无止境地循环着的。人们一般不会有像重商主义这样将差额据为己有的想法，因为所获得的货币资本会被再次投资。

第二章

生产资本的循环

第一节　单纯再生产

奇妙的循环

接下来我们谈谈第二种循环，即生产资本的循环，生产资料与劳动力的循环。这种循环从最初货币被投入生产资本时，就已经开始了。

与货币资本循环不同，生产资本的循环公式为：

P（Pm+A）…W'-G'-W…P

循环的特征在于，剩余价值的形成过程是不明确的。

作为最初节点，生产资本“P”的阶段就相当于价值增殖的过程。以此为起点，直到终点生产资本，在这一过程内我们都无从知晓剩余价值是如何产生的。同时，这个生产资本的过程很难被当作独立运动形态，即始于生产资本又终于生产资本。它仅仅是一个中间形态，是一个即使存在像货币循环一样，以货币资本为目标的可能，也不会存在以生产资本为目标的形态。从这个意义上讲，这一循环并未结束，它仅是整个过程的一环而已。也就是说，这个生产资本的循环是以不断重复生产为基础而出现的。

剩余价值看不见的循环

谈到进行生产的资本，我们会发现存在一个问题：是将获得的剩余价值用于再生产还是消费。前者称为扩大再生产，后者称为简单再生产。从理论上讲，只要我们先探讨后者，前者就迎刃而解了。我们假定资本家将获取的利润全部用于消费，完全不投入再生产，问题就变得简单了。这样一来，这个过程的出发点“P”的量不论何时都是相同的。

不过，在始于生产资本的循环里，如果最初的生产资本“P”的量不变的话，那么剩余价值的生成过程就一目了然。

古典经济学派的亚当·斯密和李嘉图等人执着于生产资本循环，并单独进行研究。从古典经济学派的理论出发，原来在生产过程中，剩余价值的掠夺过程其实就是另一种继续简单再生产的过程。

在货币资本的循环中，货币往往以自身为终点。但在生产资本的循环中，货币只是单纯作为生产媒介的一种流通手段。即便如此，在货币资本的循环中，由于最终出现的还是货币，因此只要货币的自我增殖依然是货币，那么这个过程就可以认定为结束。而在生产资本的循环中，最后呈现的是生产资本，因此总会不断地在生产新产品，并有价值增殖的可能——当然，这种情况实际上并不存在。

因卖不出商品才看清危机

反过来讲，当生产资料和劳动力都面临不足时，这个过程就会被迫中断。如果生产的商品卖不出去，就会导致商品积压，进而无法回笼资金。而如果是货币的话，就不存在这样的风险，因为可以马上进行下一轮投资。可见，生产资料的流动性和变通性是非常差的。

如果企业不景气，可以通过缩短生产时间甚至停止生产来减少库存。现金的流动性更高。

“W'-G'”，即商品向货币进行形态转化的过程，具有重要意义。谁想要购买，都必须使用货币。如果一切都顺利的话当然没有任何问题。一旦在某一环节卖不出去，商品就会像洪水一样涌入市场。最终如果依然卖不掉，就只能低价处理。

在这一场合中，商品的所有者，不得不表示他

> 无力支付，不然，如要履行义务，就只好随便什么价格都卖了。这种售卖，绝对与现实的需要状态无关；与它相关的，只是支付的需要。换言之，只是把商品转化为货币的绝对必要。接着恐慌袭来了。这种恐慌，显然不是起因于消费需要（即个人消费需要）的直接减退，而是由于资本对资本交换的减少，即资本再生产过程的减退。

正由于商品卖不出去，支付减少，才会造成资本再生产的停滞。所以说，经济危机的产生并不是单纯因为卖不出去，而是因为卖不出去所引起的再生产过程的中止。

第二节　蓄积及扩大的再生产

是累积资本，还是再投资

本节我们来讨论剩余价值不用于消费，而是原封不动地累积起来的情况。从生产中获得的剩余价值以原始形态被用于生产资本的情况是很少的。也就是说，生产规模不扩张、投资不增加，商品的生产就毫无意义。此时，所获得的剩余价值就会以债权等证券的形式累积起来。

如果将剩余价值用于直接生产，则生产过程的规模会扩张。循环会变成下面的样子：

P… W'–G'–W（Pm+A）… P'

即处于终点的生产资本不表示具体获得的剩余价值，它仅表示扩大了的再生产过程。

第三节　货币蓄积

具有特殊功能的资本

用于扩大再生产的货币必须要经过一段时间的慢慢积累。这时，囤积起来的货币也可以称为闲置资本。在产业资本以外的地方，它还具有其他特殊功能。

> 这种机能，属于产业资本的循环圈外；第一，它与产业资本循环自身无关，第二，它所代表的，是与产业资本机能有别的资本机能，这种资本机

能，在这里还不曾予以说明。

关于该功能的详细论述将在第三卷第五篇具体展开，我们在这里先不赘述。

第四节　准备金

准备金，顾名思义就是在产业资本生产中做准备购买生产资料用途的资金，类似于活期存款。特别是在商品卖不出去或是生产资料价格上涨时，如果资金不足就必须用到准备金。当然，在支付期限较长，或是商品立马卖光，抑或是所谓的不需要购买原材料的情况下，手头的现金也会出现暂时结余。这就成了另一种形式的准备金，它并非源于剩余价值。

第三章

商品资本的循环

通过商品循环理解社会的总生产

最后一种循环模式是商品资本的循环：

$$W'-G'-W(Pm+A)\cdots P\cdots W'$$

商品资本循环是指工厂生产商品的循环，其起点与终点均为商品。也就是说，这是一种从商品到商品的循环。那么，这与货币资本循环模式和生产资本循环模式有何区别?

由于货币资本的循环目的就是货币本身，因此它是一个完整的运动。这种运动是以资本主义价值增殖中的货币增殖为目的的。

另外，生产资本循环模式是一种难以理解的价值增殖模式。这种模式仅仅强调，无论是资本主义生产方式，还是在其他生产方式中，生产总是反复进行的。而至于价值增殖到底是如何实现的，却无从得知。

商品资本循环同生产资本循环一样，可以无限循环下去。姑且不管消费者如何，对于资本家来说，只要还拥有商品，那么该循环过程就不算结束。也就是说，随后必须要再一次以贩卖商品来开始新一轮循环过程。马克思指出，无论如何社会都必然会以某种方式来消费出产的商品。

因此，我们可以得出结论，由于循环是以商品为终点的，所以它可以完整地表示社会中所有的产品，也就是社会的总产品。这一内容将会在之后的第三篇中再次进行分析。

> G…G' 仅指示价值方面，仅指示当作全过程目的而进行的垫支资本价值的增殖。而 P…P（P'），则仅指示当作再生产过程（那或是用同样大的生产资本，或是用圈套的生产资本即蓄积）的资本生产过程。W'…W' 在其起点上，已经显示了资本主义商品生产的情况，它自始就包含生产的消费与个人的消费；生产的消费，和包含于其中的价值增殖，不过表现为这种运动的分支。

对重农主义者魁奈的评价

换言之，商品资本正体现了一个社会的实体经济状态。18 世纪法国的重农主义者魁奈则准确解读了表示实体经济的商品资本循环。马克思对魁奈有着高度的评价：

> W'…W' 为魁奈《经济表》的基础。他选定这

个形态，而不用 P—P 形态，当作 G…G'（重商主义者树立的个别隔离的形态）的反对形态，正好表示了他的才识与正确判断。

第四章

循环过程的三个公式

资本循环总过程

我们认为第四章中并没有增加新的观点。不过对于理解闲置资本产生的过程还是有用的。

从前文详细阐述的三种循环方式，即货币资本循环、生产资本循环以及商品资本循环来说，某一产业资本并非只呈现出其最终形态，它们往往停留在货币资本、生产资本或者商品资本的某一形态。

产业资本经常停留在某种形态，说明生产资本运动永无停息。如某一资本作为货币资本存在，但它是生产资本的同时也是商品资本。

在这个过程中，因为某种原因产生新问题，价格便会随之上涨或下跌。如果原材料价格在生产开始之前下跌，那么商品价格也会下跌；如果原材料价格在生产开始之前上涨，那么商品价格也会上涨。实际上，由于产业资本对于偶尔的循环停止有所畏惧，他们会提前寻找批发商，并将商品全部卖给他们。因此对于资本主义生产而言，购买（批发）商品的商人资本是不可或缺的。同时，商人资本对于缩短流通时间的追逐也十分必要。

自然经济、货币经济与信用经济

这一章中后半部分的内容更加重要。马克思首先将过去的历史归为三种经济类型——自然经济、货币经济和信用经济。

首先，他将欧洲的旧式小农与苏格兰的现代农业进行了对比。前者尽可能地使用现有物资消费产品，仅有一小部分产品用于交易。而后者则从种子到劳动力都不得不从市场上购入。同时，也不得不卖掉所有的产品。将此两种形式相比较来看，前者是自然经济，后者是货币经济，且两者还存在相当大的区别。

自然经济与货币经济的区分很容易，而如何区分货币经济与信用经济则稍显困难。

> 所谓信用经济，不过是货币经济的一种形态。在发达的资本主义生产之下，货币经济仅是信用经济的基础。因此，货币经济与信用经济，不过适应于资本主义生产的各不同的发展阶段，绝非两种不同的独立的与自然经济相对立的交易形态。如此，我们也可以把自然经济极不相同的诸形态，看作对等的，使它们和那二者对立。

更明确一些，这两种经济的不同点在于，在进行交换时，货币经济中“货币”被当作流通手段，而在信用经济中，“货币”则被当作支付手段。自然经济与以上两种经济相比，区别在于几乎没有发生交换活动。

从这里看出，自然经济、货币经济、信用经济无疑都离不开商品生产。而完全独立于商品经济之外的经济形式也必须依靠商品生产。我们会发现，资本主义的经济基础绝对不是什么商品经济，而应当是货币经济。那么，货币经济的基础又是什么呢？

这个基础便是劳动力的商品化。也就是说，用货币可以购买劳动力商品。

> 在资本家对工资劳动者的关系上，货币关系即买者对卖者的关系成为一种内在于生产本身的关系。这种内在关系，是以生产之社会的性质为基础的，而非以交易方法之社会的性质为基础。后面这种社会性质，其实是由前面一种社会性质产生出来的。

由此可以得出结论，商品经济下的资本主义社会根本的特征是：劳动力的商品化和生产中的商品化。

为什么一定要累积资本

本章的最后，探讨了资本主义生产的特征。资本主义生产的基础是少投资、高收益，剩余价值便产生于生产过程之中。在前文所述的循环模式下，除将剩余价值继续用于投资（扩大再生产）外，资本家们历来都是先消费剩余价值的。然而马克思却指出，这样的理解并不准确。资本主义若是为了享受和奢华而进行生产活动的话，这样尚且说得通。但其目的，其实是无休止地追求价值增殖，因此上面的理解难免有失偏颇。

> 资本家为对付价格的变动，为等待买卖上最有利的市况，都有形成准备资本的必要；不但如此，为扩大生产，为把技术上的进步，合并在他自己的生产组织体中，也有蓄积资本的必要。

为了应付资本无法销售和技术革新，资本家必须时常准备充足的准备金。因此在这种意义上剩余价值是不可以消费的。

第五章

流通时间

资本主义试图缩短毫无意义的流通时间

在本章中，出现了生产过程和劳动过程这两个词。其中，生产过程是商品生产的全过程，而工人参与其中的劳动过程自然也包含其内。由于每天工人都只有在固定时间才能劳动，因此在没有工人的时候，虽然生产中断了（在没有倒班的前提下），但生产资料、原材料以及相关辅料等还留在生产场所内。从时间上来看，生产过程是生产时间，劳动过程是劳动时间。生产时间同时包含了生产的中断时间和劳动时间。

当然，在一定的劳动加入之后，劳动对象不得不遵循化学运动、物理运动对它发生作用，例如红酒的发酵和果皮的腐化之类，因此生产时间是远远长于劳动时间的。

生产时间和劳动时间，与价值的形成也密切相关。既然劳动产生价值，那么不包含劳动时间的时间段就不产生价值。然而，类似于棉花这样的原料，由于放任不管就会受损，因此仍然需要通过投入劳动来使其合理保存。在这种情况下，即便闲置资本只是处于存货状态，它依然产生了价值。

尽管如此，我们通常还是将其理解为：

> 但全生产过程在正常的中断期间，即在生产资本不尽机能的期间，既不产生价值，也不产生剩余价值。

因此，资本家经常每天24小时都在工厂里安排工人，也就是说采用不分昼夜的倒班制，使其不间断地劳动。因为没有工人进行生产，机械和原材料也变得毫无意义。在这期间，价值同时也流失了。所以资本家便会连这样的空余时间也总想充分利用。

> 生产时间与劳动时间越近于一致，则一定生产资本在一定期间内的生产力与价值增殖，就越增大，这是很明白的。因此，资本主义生产的倾向，就是要尽可能缩小生产时间对劳动期间的超过分。

流通期限越短越好

商品从生产场所进入市场，直至被销售的这段时间，称为流通时间。这段时间完全不产生剩余价值。因此，应尽早将商品卖出。商品在静止状态时自身状态虽已发生变化，却未产生新的价值。继而造成资本家的闲置资金不足，不得不贩卖商品，并将获得的收入投入到下一次生产中去。如此一来，在商品未出售之前，新的生产便无法开展。

> 限制的程度，与流通时间的长短成比例。因为资本的流通时间，在不同程度上伸缩，故生产时间也得在种种不同程度上受限制。

理想状态下，商品一上市便能销售一空。销售市场距离生产场所越近、商品的运输时间越短，销量就越好。由于商品一经出厂，其品质就会逐渐下降，因此商品从出厂到售出之间的时间与空间损耗相当大。如果进行远洋贸易，那么生产保质期短的商品绝不是良策。马克思认为，对于啤酒、牛奶这类保质期短的商品，为了避免产品质量下降，可以将其生产场所置于大城市附近。当然，与之配套的诸如杀菌系统，冷冻、冷藏、储存系统，配送系统等也应备齐。

第六章

流通上的诸种费用

第一节　纯粹的流通费用

1. 买卖时间

流通中不形成价值

接下来我们便要面对可以将商品成功售出的商业资本世界了。虽在现实中，商业资本只能实现价值，但也产生了利润。也就是说，剩余价值可以在商业资本中产生。然而，马克思却明确指出，流通中既不产生价值，也不产生剩余价值。

显然，只要商品销售速度够快，即便闲置资本不多也可以正常完成生产，并且一年内的生产周期数也会增加，最后资本家们的利润也会更高。但是作为流通过程本身，它并不会增加任何价值。因为商品在流通过程中并未转变为其他物品，所以也并未增加新的价值。

如此一来，产生于商品买卖期间的商业资本并没有产生价值。

他和其他劳动者一样劳动。不过他的劳动内

容，既不产生价值，也不产生生产物。他自身是生产上的一种虚费，那是不生产的但是必要的费用。

由于第三卷第一篇才会分析流通使利润在商品生产过程中增大，所以在第二卷第六章并未探讨这个问题。当然，商业资本会产生剩余价值，只不过这个剩余价值并不是由商品资本的创造者工人产生的。

那么这个剩余价值到底是从何处产生的呢？其实，它是通过侵占生产资本的剩余价值而得到的。

2. 簿记

服务性劳动并不是生产性的

那么，流通时间中消耗的劳动到底都包含哪些内容呢？首先，除了管理商品买卖之类的簿记外，还有簿记消耗的墨水、纸张、书桌等一系列实施事务性工作的费用。这样的工作按照马克思时代的要求，是由中等教育出身的中产阶级来做的。而现在，是由有大学学历的公司职员来完成的。

诸如此类的劳动，只是从一部分被生产消费的劳动中提取价值，而其本身并不产生价值。在此，马克思在“注”的部分引用了印度社会的例子进行说明。

> 共同体的劳动力的一部分，在薄记员身上的，要由生产方面撤出来。他在机能上的诸种费用，不是由他自身的劳动代置，而是由共同体生产物的一个扣除额来代置。只要加以必要的修正，我们对于资本家手下活动的簿记员和对于印度共同体的簿记员，是可以同样考察的。

简单来说，即不进行直接生产劳动的人员花费，是由进行生产劳动的人员来支付的。

簿记在任何社会中都是必不可缺的

在这一部分，马克思遗留下一个问题。

虽说用于买卖的费用是商品社会所特有的，但用在簿记上的那些用于买卖的费用明显超过了商品社会的范畴。然而，正如通过观察印度社会所得出的结论一样，在头脑中计算财富的动向这一能力在任何社会中都不可或缺。因此，包括资本主义社会在内的所有社会形态生产中，簿记都是十分必要的。如在苏联，普列奥布拉任斯基便认为社会主义社会中经济学的职责就是簿记，经营工学也是从这个词而来的。

在资本主义社会中，簿记的费用巨大。其中，银行等会计事务部门的规模看上去也较庞大，而且似乎还产生了新的价值。然而，无论这类工作的业务量如何巨大，也不会产生任何新价值。

3. 货币

流通浪费的金银

接下来是一系列与货币相关的费用问题。在马克思执笔的年代，人们使用金币和银币。那时，为了买入资产，很有必要准备货币。即必须储蓄足够的金银用作流通、支付以及准备金。

由于金银并不是商品，因此使用它们并不会创造出任何新财富，它们仅仅是货币。同时，由于金银会逐渐磨损，所以也会产生保管费用。虽然这笔费用完全是一种浪费，但不可或缺。就如同现在的会计业务一样。原本是由国家、国有银行主导将金银变为货币，而现在往往将金银作为准备金储存起来。

因此，尚未供给生产的金银就始终存放于金库了。

> 当作货币商品的金银，从社会的立场看来，也是代表源于生产的社会形态的流通费用。它是商品生产一般的虚费（不生产的但必要的费用）。这种虚费，是随着商品生产特别是资本主义生产的发展而增大的。它是必须在流通过程内牺牲的社会财富的一部分。

第二节　保管费用

1. 库存品一般的构成

为了不减少商品价值需要追加劳动

虽然流通费用没为商品增加任何新的价值，或者说完全没有形成价值。但有些情况下为使商品价值不下跌，就必须用其他价值附加上去。而保管费用便是这多余的价值。从社会角度来说，那些必须被消费者消费的部分，一旦将其调整为库存状态，就会亏损；但对于生产该商品的企业家来说，的确产生了附加价值。

储备（存货）既可指已制造完成的储存商品，也可指尚未用于生产的原材料。无论是储存商品还是原材料，为使其发挥应有的作用，都必须增加新的劳动支出。由于商品会毁损，也易受自然环境影响，因此为保持其原有品质不得不加以保管。

诸如此类的情况下，不可认为完全没有附加价值。

> 这种流通费用，与第一节所述的流通费用有别，其原因，是由于前者在某程度上会加入商品价值内，因而使商品价格上涨。

第一节所提到的流通费用，是指单纯的流通费用。但第二节中，为保持商品品质为其附加了劳动。从这种意义上讲，它是产生了价值的。

三种库存

储存的形态有三种：第一种是个人消费基金形态，第二种是生产资本形态，第三种是商品库存或商品资本形态。第一种形态是指人们为了自身消费而准备的库存，就好比农业部门的储藏，在这里并没有什么讨论的意义。

问题集中于第二、第三种储存形态。在生产资本的储存形态中，商品的原材料、相关辅助材料和初步加工过的材料都包含在内。资本家为保证生产活动能够顺利运行，必须进行生产资本的储存。

如丰田公司的生产方式的零库存，也是在储存形态上发展而来的，目的是减少附加劳动。它是随着运输方式、信用制度等的发展才出现的。

2. 严格的商品库存

商品储备所必需的内容

第三种储存形态，即商品库存或商品资本形态。资本主义生产方式将数量巨大，且超出购买力的商品以商品储存的形态呈现出来。围绕这些商品储存的价值形成，有很多问题。

资本家预付了生产资料和劳动力，将其转化为生产内容，也就是商品。商品在未售出时，资本家的资本价值增殖过程看似处于停滞，实际上并不是这样。为了储存这些商品而建的库房，以及附加劳动的相关支出，都是一笔很大的费用。

当然，虽然未售出时商品没有增加任何价值，但为了维持价值而附加的劳动产生了价值。

第三节　运输费用

服务业不产生价值吗

诚然，在运输中虽说商品移动了位置，但没有追加任何新价值。可是如果商品不移动的话，那价值就彻底无法实现了。

> 但是一物的使用价值，只是由物的消费而实现：物的消费，则会使位置发生变化，从而，使运输业之追加的生产过程，成为必要。于是，投在运输业上的生产资本，一部分由运输手段的价值移转，一部分由运输劳动的价值追加，而附加在被运输的生产物上。这种价值追加，像资本主义生产的其他一切场合一样，被分割为工资的代置和剩余价值。

可见，马克思认为在运输过程中产生的价值应分为工资和剩余价值两个方面。我们生活在运输业多样化的今天，对此可能会有些难以理解。服务业是否产生价值了呢？在服务业中，既然也有租金和剩余价值，那么当然也会被分配到一些价值。然而，这些价值是由于侵占了产生于生产资本内部的剩余价值而存在的。只要商品本身没有发生任何改变，就没有在这过程中追加产生了价值。这是马克思关于此部分内容的基本思想。这一思想意义深远。

如果地球上的人都只从事运输业的话，那么就完全不会创造价值。创造价值的人，因为价值的流通，才会获得薪金和利润。也就是说，是在消耗生产资本的利润。所以在《资本论》第二、三卷中，有关于生产资本以外的部门如何夺取生产资本创造的剩余价值的分析。

所有的人类，都是在生产资本（农业、工业、渔业等）进行生产的基础上生存的。所以从事除此以外其他工作的人，必然会从生产资本中抽取利益。马克思的观点并没有什么不妥。只有生产，人类才能生存。当然，即便生产很重要，服务业也不应该被否定。

第二篇

资本之周转

第七章

周转期间与周转次数

资本在一年以内周转多少是问题

这一章叙述的是，随着资本周转时间的变动，闲置资本是怎样出现的。商品如果上市后马上销售一空，且第一时间回笼资金，那么被生产资本所束缚的流动资金即便很少，也能够应付周转。因此，资本的周转时间应尽可能缩短。商品的周转时间，包含生产时间和流通时间。

在这里，有必要再次确认之前提及的货币资本的循环、生产资本的循环以及商品资本的循环。

无论是货币资本的循环“G…G'”，还是生产资本的循环“P…P'”，都可以表现为预付资本的价值增殖形式。在货币资本循环中，由于循环的终点就是获取剩余价值，并且资本的价值增殖意图十分明确，因此就此结束也并无不妥。但是，生产资本的循环不能够以此为终点。由于该循环在终点并未获得剩余价值，因此不得不经常进行再生产。从这个意义上讲，价值增殖就是一个不断重复的循环过程。

商品资本的循环“W…W'”通过已获得价值增殖的商品为出发点，明确地表示出社会的财富是如何被再生产的。因此，这种循环形式在第三篇关于再生产过程的叙述中占据了重要地位。

在此，我们重新复习一下本篇。在这一篇中，预付（资本家为了商品生产最初投资的）资本有货币资本、生产资本和商品资本三种形态，会经历一连串的循环，也就是一次周转。结束之后，又开始了新一轮的周转。这样一连串的过程，被称为资本的周转。以年为单位，一连串的过程在一年之中能重复的次数，被称为周转次数。一年中资本能够周转的次数对于资本家来说有着重要意义。周转次数越多，就越能节约手头的资金，将其作为闲置资本储存起来。

第八章

固定资本与流动资本

第一节　形态上的区别

不变资本的价值转移

本章描述的是生产资本如何向商品进行价值转移的。为何要谈到这个问题呢？这是因为单单通过观察已完成的商品，无法简单地解释固定于生产过程中的劳动资料是如何向商品进行价值转移的。实际上，生产资料的价值的确是一点点向生产出的商品转移的，直至最终固定资产的折旧完成。

从这个意义上看，即便是作为固定资本的劳动资料，在商品完成时也会作为流动资本体现。马克思在此表示，“从这种意义上讲，所有的资本都是流动资本”。

容易混同的固定资本和流动资本的区别

一般情况下，我们将固定的不变资本称为“固定资本”，与之相反的资本称为“流动资本”。商品的流动资本包括原材料和辅助材料。

然而，依据生产资料的内容来区分固定资本与流动资本，实际上存在一些问题。例如，普通消费者有时也会消费固定资本，即作为生产资料的铁路以及巴士等。

此外，原材料以及辅助材料这些流动资本，在化工业中，经常处于两者互相融合的状态，想要明确区分并非易事。对于畜牧业来说，耕种使用的牛虽说是固定资本，但当其成为食品的原料时，又变成了流动资本。

> 劳动手段的一部分，包括一般的劳动条件。这部分在加入生产过程时，或准备担任生产机能时，即已固着在一定的地点，例如机械；或自始即在固定的地点被生产，例如土地改良物、工厂建筑物、熔矿炉、运河、铁道，等等。这一类劳动手段必须继续约束在它发生机能的生产过程内。这种约束，同时也为其感性的存在方法所必要。从别的方面来说，就有一些劳动手段，可以在物体上不断变更位置，可以自行运动，但却不断在生产过程中，例如机车、船舶、代劳家畜，等等。
>
> 将劳动手段固定在一个地点，把根稳稳扎在大地上这个事实，曾使这部分固定资本，在国民经济上被赋予特别的使命。它们不能被送出国，不能被

当作商品而在世界市场上流通。但这种固定资本的所有权证是可以变换，可以买卖，并在该限度内，发生观念上的流通的。这种所有权证，甚至可以变为股票形态，在外国市场上流通。

第二节　固定资本的成分、其代置、其修理及其蓄积

固定资本的修缮与剩余资金的必要性

本节主要讨论为固定资本的修理、补偿和折旧而产生的蓄积问题。首先以铁路为例：铁轨、枕木、车站、大桥以及车辆本身等，虽然它们都是固定资本，但周转时间不尽相同。其中，铁轨和车辆需要频繁更换。为了它们的折旧，货币必须作为准备金被蓄积起来。

另外，还有维持每天都在磨损消耗的固定资本——机械的清扫和检修。这些工作都是工人无偿进行的，而这些额外的工作正是可能发生事故的根源。清扫机械的过程非常辛苦，而且对于机械的损伤还需要追加资本和劳动。可见，这种资本不是固定资本，更像是一种补助手段，即流

动资本。

除了固定资本折旧、清扫、维修等，机械设备还需要保险来保证它们免受火灾、洪水等自然灾害侵袭而造成的巨大损失。如此一来，保险也成了剩余价值的一部分。

为了应付上面提到的问题，资本家必须握有一部分剩余资金。当然，如果再导入第三卷才会出现的信用制度，估计大家就更是一头雾水了。因此，这里只讨论，没有信用制度的情况。当没有信用制度，就需要手头上有闲置资本。与作为流通手段的货币不同，为了固定资产折旧、清扫和维修的准备金，就作为贮藏货币被蓄积起来了。毋庸置疑，如果信用制度够发达，该准备金也可以作为资本从其他的资本家手中获得，它自身也可以创造价值。对此，马克思如是说：

> 随着信用制度的发展，货币虽不被当作贮藏货币，却在个别资本家（不是货币的所有者，只是货币的利用者）手里，被当作资本。我们以后会知道，信用制度的发展，必与大工业及资本主义的发展相平行。

第九章

垫支资本的总周转：周转的循环

为什么古典经济学中看不到价值的转移

本章讲述的是预付资本整体上的周转方式。我们已知，固定资本、流动资本、货币资本都具有各不相同的周转方式，以此为基础，马克思试图从整体为我们讲述，它是如何周转的。

在这儿讨论这些，其实是马克思想告诉大家，本章要探讨的是将固定资本、流动资本、货币资本等作为整体而言的平均周转期间问题。为了说明因周转程度变化而产生的闲置资本是如何形成的，需要预先知晓总资本平均周转期间（这将在第十三章以后作为问题进行说明）。

首先，马克思谈到了生产资本循环“P…P'”和货币资本循环“G…G'”的本质差异。在以生产资本为源头的循环中，既有像固定资本那样无法马上变现的东西，也有像流动资本那样通常可以变现的东西。固定资本在生产过程中即便转化为商品，也依然无法仅从观察固定资本，来得出它究竟消耗了多少。

如果是流动资本，也就是源自货币资本的循环情况下，由固定资本转化的价值是非常明确的。例如，假设有一件价值 10000 英镑的机器，寿命为 10 年，则每年将有 1/10，也就是1000英镑的价值会因转化而失去。同时它也作为货币的形式，在循环的最后，被明确地体现出来。可是，从生产资本来看，是看不到该变化的。由于古典经济学派过于重视生产资本，导致他们无法注意到固定资本每年都在消耗，即发生价值转移。对此，马克思在第十章更加详细地批判了古典经济学派的观点。

固定资本的使用年限

当然，如果一年中周转次数增加，则被使用的流动资本就有可能比预付的总资本具有更大价值。例如，流动资本有20000英镑，一年周转5次，则流动资本一年就会有100000英镑。

同时，周转次数的增加也不会令固定资本折价损耗，它还是像之前一样，即作为预付资本在流通的时候，具有预付的20000英镑流动资本，和每年的损耗额度8000英镑固定资本。

从这里可以看出，固定资本的使用年限是无法改变的。

伴随着资本主义生产方法的发展，所用固定资本的价值量与寿命期间也得到发展。比例用固定资本的价值量与寿命期间的发展，产业及产业资本在各特殊投资领域内的生涯，也发展为多年性的生涯，比如平均为十年。但固定资本的发展，一方面使产业的生涯扩延；另一方面，又由生产手段的不断的变革（在资本主义生产方法发展时，这种变革也是不断增进的），把产业的生涯缩短。

固定资本的耐用年数与危机

这样一来，固定资本的使用年限就成为一个定值，正是它决定了资本主义的周期性循环。

我们已经知道，这个包括若干年而由相互关联的诸次周转所合成的循环（资本因有固定资本成分，是必须通过这个循环的），曾为周期的恐慌，提供物质的基础。在这种周期的恐慌中，营业要依次通过沉滞时期，相当活跃时期，过度活动时期，恐慌时期。诚然，资本投下的时期，是极相异的，并且是继起的。但恐慌往往是大规模新投资的起始

点。所以，从全社会考察，又有多少是下一个周转
循环的新的物质基础。

虽说这里在讲经济危机与固定资本折旧周期的关系，但也可以说，这 10 年一次的危机是生产过剩的结果。

总资本的周转

这里我们引用美国经济学者的数据来具体看看预付资本的周转。

假设某人投资某行业，其总资产为 50000 美元。其中，用于机器和建筑物等固定资本的部分为 1/2，也就是 25000 美元；用于工具等固定资本的部分为 1/4，也就是 12500 美元；用于工资和原料等部分也为 1/4，即 12500 美元。

然后，假设机器和建筑物每 10 年更新一次，则每年的损耗支出为 2500 美元；工具每两年更新一次，则每年损耗支出为 6250 美元；工资和原材料一年周转两次，则这部分的损耗支出为每年 25000 美元。由此，一年的支出便为 33750 美元，最初投资的总资本周转一次，需要的时间为 50000 美元除以 33750 美元，大约为 1.48 年，也就是约 18 个月周转

一次。

我们再假设一种其他情况。同样设总资本为 50000 美元，固定资本占 1/4，10 年损耗流通一次，则每年支出为 1250 美元。工具等固定资本也为 1/4，1 年损耗流通一次，则每年支出为 1250 美元。最后，工资和原料为 1/2，即 25000 美元，一年流通两次，则每年支出为 50000 美元。

在这种情况下，每年的支出为 63750 美元，总资本周转所需要的时间就变成了 50000 除以 63750，大约为 0.78 年，也就是 9 个多月周转一次。

这样的计算在后面的内容里具有重要的意义。在这里，我们只要能够理解固定资本、流动资本、可变资本等是如何进行一次周转的即可。

劳动力的管理不起作用

接下来的问题在于，为保证资本正常周转而花费的工资和流动资本，应如何使用。工资到底是采取周薪、月薪还是 3 个月发一次等，这些不同的形式具有微妙的差异。虽然流动资本需要常常储备，但只要多买一点妥善储存就没有问题。而工资，则不能像这样储存。

投在劳动上面的资本部分，与投在原料和补助材料上面的资本部分，相并而复转化为货币。但货币一方面复转化为劳动力，另一方面复转化为原料时，这两方面，却可因购买期限和支付期限的不同，分别进行。这两种成分之一，可以当作生产库存品，隔长时期购买一次；劳动力，却必须依较短的期间购买，例如一星期一次。再者，资本家还须在生产二库存品之外，保存一个完成品库存。且不说贩卖困难了；比方说，他总须为定货者，生产一定量的商品。在此量商品最后一部分生产时，那已经造成的部分，自须在货栈内，等所定的货物全部造成。

基于以上措施，再结合信用制度，究竟会产生什么问题呢？这一问题我们会在第三卷作具体阐述，在此只略提一句：

信用制度（斯考洛伯在这里也提到了它）和商业资本，会变更个别资本家的资本的周转。但此二者，在加速生产，用加速消费的限度内，会以社会一样大的规模，将资本的周转变更。

第十章

关于固定资本和流动资本的学说

——重农主义派与亚当·斯密

魁奈先进在何处

本章主要论述为什么亚当·斯密没有理解固定资本与流动资本。本章与第十一章，其实都是马克思确认自己的理论并对他人进行批判的章节，而且这些也应该归入《剩余价值理论》。恩格斯整理时将该问题放在第二卷，在内容上会有些跳跃，当然也无伤大雅。马克思指出，从某种意义上讲，崇尚重商主义的亚当·斯密比重农主义者魁奈更加落后，这是为什么呢？

魁奈主张，只有农业上使用的资本才是唯一的实际生产资本。马克思指出，虽然用多年预付资本和年预付资本的区别来理解固定资本和流动资本的区别是正确的，但租地农业者所租用的土地其实就相当于多年预付资本，这与每年生产作物的年预付资本是不同的。因为前者是固定资本，后者是流动资本。魁奈能够正确理解价值作为商品资本发生转移的情况，是值得肯定的。

没有考虑资本变化的亚当·斯密

亚当·斯密却把魁奈提出的区别运用到农业以外的地方。他一股脑儿地将一年周转一次的东西统称为流动资本，把多年周转一次的东西统称为固定资本。这在农业上尚可以讲得通，但在工业和商业上就不行了。在工业上，根据投入生产资料的内容差异，这样的区别显然会变得非常复杂。更何况，在商人眼中，资本只有商品资本。

也就是说，在亚当·斯密的理论里，本就不存在所谓货币资本、生产资本、商品资本在循环中的资本变化过程。因此，他的认知只停留在生产过程，而未谈及后面所有变化过程。在马克思的理论中，生产资本中的劳动资料被称为固定资本，生产过程到流通过程的商品资本被称为流动资本。也就是说，流动资本即商品资本，在此过程中固定资本的价值已经发生转移。因此，商品资本包含一部分的固定资本。当然，它也包括附加于商品的原材料和补充材料等要素的价值。

为什么亚当·斯密错了？

亚当·斯密之所以没有办法理解上述事实，是因为他将商业资本和产业资本混为一谈。马克思和重农主义者一样，认为应该将作为生产部门的产业资本当作主要问题。

> 但货币与商品的形态变化，价值单纯由一个形态转到另一个形态，怎样能发生利润呢，这是绝对不可想象的。并且，在亚当·斯密，这种说明也是绝对不可能的；因为在这里，他是由商人资本开始；商人资本只可能在流通范围之内运动的。

亚当·斯密的理解太过拘泥于形式。即使是机械，只要它是被生产资料部门制造出来的，那它就是商品。不能说这个机械坏了，它就是固定资本。亚当·斯密还说，这些机械是产生利润的源泉，作为流通中商品的流动资本而产生利润云云，可见他的观点完全讲不通。

马克思举了采矿业的例子。在采矿业中，作为最终商品的铜并不是原料。而用于发掘它的机器、各种辅助材料等，其价值都转移到了所谓的“铜”这一商品中。也就是说，相当于使用原料来生产商品一样，原料中作为流动资本部分的价值不会原封不动地合并到商品中。但如果按照亚当·斯密的分类方式，矿山就仅有固定资本而已。

让我们再来看从棉花到棉纱的例子。这里需要使用煤作为燃料来纺织棉花，但棉花和煤都不会自动合成棉纱，因此它们都停留在生产过程中。如果按照亚当·斯密的观点，那么棉花和煤就是固定资本。为什么呢？因为商品资本不会成为在外售卖的流动资本。

劳动力的问题就更加微妙了。同样，劳动力如果转化为商品资本，那就是流动资本。但按照亚当·斯密理解，如果劳动力一直待在工厂里，就成了固定资本。总之，亚当·斯密的错误在于，将在一个过程中的东西强行分成生产资本中的固定资本和流通资本。

固定资本和流动资本一样，价值只是转移而不会附加

我们把问题再深入研究。所谓固定资本，并不是因为它堆积在工厂里，而是因为它仅发生部分价值转移。换句话说，它的部分价值转化到商品中，部分价值停留于生产中。况且，在此过程中不可能产生价值。

很幸运，由于魁奈研究过农业部门，所以他懂得以上的区别。而亚当·斯密，则一边说着在商品的价格里折旧价值的一部分发生了转移，一边却在附加于实际生产的外表上看不到这一点。

另外，虽然流动资本也是随着周转的过程，不得不全部

被补偿，但我们看不到它转移为产品的价值。甚至可以说，正因为把作为商品资本流动到市场上的东西叫作流动资本，商品价值才会看来全都像是流动资本。

由此，亚当·斯密的独特学说便得以构建——固定资本因能停留于生产过程中而创造利润，流动资本因能流动而创造利润。即固定资本凭借转化为流动资本来获得利润。真是无稽之谈。

但是，从表面来看好像这又是极其合理的。我们以家禽、家畜为例。如果把它们作为工作用的畜类，那么它们就是固定资本；如果把它们作为商品，那么它们就是流动资本。看起来确实有道理，但实际上我们应把它们作为生产体系来看。如前者可以进行农耕劳动和产出牛奶等，后者则是产出肉食等。它们都既属于固定资本又属于流动资本。因此，我们不应只看表象，而应该看看它们在生产中到底是转移了部分价值还是转移了所有价值，并据此划分。

只把劳动力作为生活手段来考虑

同时，亚当·斯密在生产资本中也忽略了劳动力。由于他拘泥于流动资本的商品形态，而劳动力从表面看又不能构成资本的商品形态，因此劳动力便被当作一种商品形态来被工资购买。

这里就有很大问题了：虽然劳动力的使用价值不是工资，但劳动力的价值是工资。而到了亚当·斯密的理论中，劳动力本身就是工资。

不过，从某种意义上讲，重农主义与亚当·斯密学说的相似之处也有很多。如农业工人的工资就是通过生活资料给予的。但重农主义者说剩余价值只产生于农业。如果真是这样，劳动力产出剩余价值，便与农业工人的工资产生了矛盾。尽管，重农主义者认为农业产生剩余价值，但并不认为劳动力会产生剩余价值，他们认为是自然的富足产生着剩余价值。因此，重农主义者终究无法考虑可变资本与不变资本的区别。

> 在市场上流通的劳动力，不是资本，不是商品资本的形态。它一般不是资本；劳动者虽也把商品拿到市场去，那就是把自己的皮拿到市场去，但劳动者绝不是资本家。劳动力必须待出卖而合在生产过程，不再当作商品流通之后，方才是生产资本

> 的成分，是可变资本，是剩余价值的源泉；而在所论为资本价值的周转时，它才是生产资本的流动部分。

劳动力商品自身没有商品形态，也没有资本形态。它最多只是“有可能成为商品之商品”。只有在生产过程中被使用，才会成为商品。此时，劳动力商品绝不是跟工资相当价值的商品，它是能够让价值增殖的商品。

于是，我们给亚当·斯密的理论下个结论：

> 若像斯密那样，不把投在劳动力上面的价值，却把投在劳动者生活资料上面的价值，当作生产资本的流动部分，我们就无从了解可变资本和不变资本的区别，更无从了解资本主义的生产过程了。

亚当·斯密之罪

最终，拜亚当·斯密所赐，在那之后的所有经济学家都没法认清剩余价值的源头到底在哪里。马克思认为，这是亚当·斯密最致命的误导。带偏了自己，更带偏了他人。也正因此，此后很多学者都将工资视为流动资本，也就是作为生活资料所给予的资本。

因此，流动资本与固定资本分类方法的真实性存在着疑问。

亚当·斯密的问题在于，他过度拘泥于流动资本和固定资本的形态区分，而现实形态并不像他想象那样容易区分。有趣的是，马克思还提到某些国家作为固定资本的铁路，在海外被证券化和不停转卖的事实。这恰恰印证了拘泥于资本形态是没有意义的。

第十一章

关于固定资本和流动资本的学说

——李嘉图

让我们再来谈谈继亚当·斯密之后的伟大古典派经济学家——李嘉图。虽然他也继承了亚当·斯密的谬见，即认为工资是一种流动资本。

如果单纯来看固定资本与流动资本的划分方式，那么这种划分类似于不变资本和可变资本的关系。所以从李嘉图的理论出发，仍然无法理解资本主义社会的价值增殖问题。

他之所以认为工资是流动资本，是基于流通的角度来说的。这其实就是亚当·斯密的论点之一，即停留于生产过程中的是固定资本，流通于外部的是流动资本。不变资本和可变资本的概念，最多也只是生产过程内部的概念，即将价值增殖纳入考量的概念。它维持着转移原料和劳动资料等价值的不变资本和劳动力价值，也孕育着可以使其增殖的可变资本。李嘉图与亚当·斯密不同，他缺乏对于原材料和辅助材料等流动资本的概念。

换句话说，工资和原材料及辅助材料也是如此。工资是资本家预付的流动资本，它主要包括作为固定资本形态时的劳动资料，以及作为流动资本形态时的工资。而且，虽然固定资本与流动资本的出现是相对的，但最终的价值增殖完全没有踪影。也就是说，由于固定资本部分以原始形态体现在作为商品流通的流动资本上，因此剩余价值便看不见了。

这样，我们很容易了解，为什么资产阶级的经济学者，都本能地，认同斯密的混同（把“不变资本和可变资本”的范畴，和“固定资本和流动资本”的范畴相混同），且不加批判地，一代一代继承下去。投在工资上面的资本部分，在他们手里，完全不和投在原料上面的资本部分相区别，却仅在形式上，——看它是部分的还是全部的借生产物来流通——与不变资本相区别。因此，资本主义生产的现实的运动，从而，资本主义榨取的现实的运动，便成为根本不可理解的了。这样，唯一的问题，就是垫支价值的再现了。

无批判地采用斯密的混同，对于以后的辩护论者，不是一件什么烦恼的事。反之，概念的混同，对于他们，正是一件快意的事。这种混同，对于亚当·斯密自己，也不是十分烦恼的事；但在李嘉图看来，这种无批判的采用，却是极烦恼的；因为，李嘉图在价值和剩余价值的分析上，不仅比斯密更一贯，更锐利，且在实际上，还是支持内教的亚当·斯密，来对抗外教的亚当·斯密。

李嘉图的价值论作为劳动价值学说的一种，比亚当·斯密的理论显得更自圆其说。也正因其更加完备，在剩余价值的析出上，他反而没有亚当·斯密的理论先进。

现象与本质——不要被所见蒙蔽了双眼

在此，马克思再三强调，不要被表面现象蒙蔽双眼。如果只看形态，则固定资本就是如铁一样的不可移动物。但作为原材料，铁并不是固定资本。固定资本之所以成为固定资本，其原因在于其在生产过程中发挥的功能。劳动力也相同。在劳动过程中取得工资，只不过是呈现于表面的形态。劳动力是与生产资料与其功能对立的，绝不能说因为在形态上与流动资本相似，就说它是流动资本。价值的创造也因为被其形态所迷惑而无法明确表现出来。

以生产手段和生活资料的形态垫支在生产上的资本价值，在这里，是同样再现在生产物的价值内。但就因此，所以，资本主义生产方法，很幸运

> 地实行转化为完全的秘密；生产物内包含的剩余价值的起源，完全被隐蔽了。

劳动力的工资与固定资本逐渐将价值转移到商品中时，我们便看不到任何地方存在榨取。可以说，李嘉图的理论隐藏了资本主义的生产过程。

> 资产阶级经济学所特有的拜物教——把一物在社会生产过程中取得的社会的经济的性质，变为该物由其物质本性发生的自然的性质——也由此完成了。

资产阶级经济学，即古典经济学，喜欢关注能看到的现象。它认为这就是本质，继而再竭力去解释它。这就是所谓的拜物教。

最后，马克思这样总结了以上两章内容中涉及的经济学谬误：

（1）固定资本和流动资本的区别，被混淆为生产资本和商品资本的区别。例如，同一台机械，作为商品出现在市场时，是流动资本；进入生产过程时，则是固定资本。在这里人们无法理解固定资本和流动资本是如何被界定的。

（2）一切流动资本，都和投在工资上的或要投在工资上的资本等同起来。如约翰·斯·穆勒等人就是这样。

（3）可变资本和不变资本的区别被混淆。在巴顿和李嘉图等人那里，流动资本同固定资本的区别被混淆起来，继而得出错误结论，例如在拉姆塞那里就是这样。在拉姆塞看来，一切生产资料和原材料等，都和劳动资料一样是固定资本。只有投在工资上的资本才是流动资本。正因为这种错误观点的存在，所以无法理解不变资本和可变资本的真正区别。

（4）一些18—19世纪的英国经济学家，特别是苏格兰经济学家，例如麦克劳德和帕特森等人，用银行思维来看待一切事物，把固定资本和流动资本的区别变成“随时可以提取的存款”和“预先通知才可以提取的存款”的区别。

总结起来，这些学说都没有抓住资本主义生产过程的本质。第一，拘泥于资本形态；第二，认为作为生活资料或货币资本被投入的就是工资；第三，无法区分不变资本和可变资本的区别；第四，从银行的概念出发，将资本分为长期和短期。这些都是仅看表面的浅薄见解。

第十二章

劳动期间

闲置资本的形成机制

从第十二章开始，马克思终于从货币资本、生产资本、商品资本等所谓的辗转流动资本形态变化过程，进入资本游离以及作为空闲资本的货币资本是如何形成这一问题上来。他之所以如此细致地记载了前面的诸多错误论点，正是为了分析接下来的问题。

前文中我们已知，用货币资本购买生产手段的生产资本，可以分为不变资本和可变资本，由此发生价值的转移和新价值的形成，并最终成为商品。然后，商品会最终在市场上销售，并再次回归货币资本之上。而接下来章节的课题，则是对资本的生产过程和流通过程进行分析。

马克思为什么要分析生产过程和流通过程呢？这是因为产业资本使用货币投资，最终仍旧会变为货币被回笼。为了投入的货币资本能够有效流转，生产过程和流通过程的时长就成了问题。商品如果没有被卖出，在生产过程中投入的货币资本就会减少，只能追加资本。在这种情况下，没有被卖出的商品越多，追加投入的资本也就越多。这正是为什么需要闲置资本的理由。

由此可见，因为滞销商品的存在从循环中会产生闲置资本。这种闲置资本的积累在第三卷中会作为平均利率和信用制度的问题进行展开，在此不再赘述。

劳动过程的差异

在这里，生产期限是一个最重要的问题。所以马克思就先从生产期限的概念开始叙述。他以两个工作内容较大差异的部门为例，比如纺纱业部门和机械制造业部门。前者每天生产棉纱，后者 3 个月仅生产一台机器。在这里，产品的生产过程会由生产部门不同而产生差异，同时投入的货币资本在回笼时也会完全不同。前者可以立即收回，而后者则需要在机械被卖出后才能收回。马克思把一件产品的生产过程命名为生产期限。

> 若干互相联系而依次继起的劳动日，形成了一种劳动日集合；我称此种劳动日集合为劳动期间（Arbeitsperiode）。当我们说劳动日时，指的是劳动时间（Arbeitszeit）的长度；劳动者必须每日在这时段内，支出他的劳动力，那就是在这时间内劳动。

当生产时间增加，完成时收回的货币总额也会相应增加。但完成它所花费的费用以及后续补充的原材料和辅助材料的量也会变得庞大。因庞大的费用消耗而产生的危机，往往会使人有放弃生产的念头，继而停止生产。

从这种情况来看，与短期内即可完成任务的生产部门不同，包含长期生产任务的生产部门，需要预支巨额资金。因此，在社会不发达的阶段进行大规模生产，需要国家强制力才能完成。对此，马克思举了建筑的例子，即古代时国家在修路或者修筑运河时，会强迫某些部门进行生产工作。

“投机建筑”——住宅的建设和贩卖变多的理由

以前穷苦的时候，人们只有在建新房时，才会攒一些钱。工人盖好房后，便将这笔钱付给他。19 世纪后，这一切完全改变了。

> 反之，在发展的资本主义时代（在这个时代，已有大量资本掌握在个别资本家手中，同时，除个别资本家外，又有联合的资本家即股份公司，以及信用制度），则资本家建造业者为私人定制而进行

> 建造的情形，只是例外。他的职业是以市场为导向的，建造房子或市区。并且，个别资本家还成为包工营造者，从事铁道敷设。

没错，这里说的都是新建为出售用于投机的住宅。马克思借助在1856年伦敦北的哈弗斯托克山搭建的两层公寓来阐述论点，在当时该公寓还是中产阶级专用的房子。从预定、建屋到买卖的转变，以交易为目的的不动产行业逐渐兴起。我们正好可以引用在1857年，一位银行委员的一段话。

> 他说，在他青年时期，房屋通例是定造的，建筑费通例在每个阶段完成时，交付给营造业者。在那时，投机的建筑物，是极少极少的；营造业者通例依此给其劳动者以规则性的职业，并使他们联结在一起。自过去四十年以来，这一切都改变了。定造房屋的事情也极少了。没有人需用一个新房屋，他可在那已造成或尚未造成的投机的许多建筑物中，随意选择一个。营造业者不复为顾客的目的，只为市场的目的，而进行工作。像别的产业家

一样，他必须在市场上有完成的生产物，以前，营造业者也许同时只为投机建造三所或四所房屋；现在，他却购买一大块地皮，在其上，建立一百座至二百座房屋，并由此加入一种营业，其所需资财，竟二十倍乃至五十倍于他自己所有的资财。这个基金，是由抵押得来的；这种押款，依照房屋进行的程度，付到营造家手上来。假使恐慌发生，以致分期的垫支停止支付，全部企业通例是会停顿的。即说最好，也须把工程停止下来，等市况好转后再进行；若不好，那就须以半价拍卖了。在现在，没有一个营造家不大规模从事投机的建筑。建筑本身的利润，是极小极小的；他的主要利润，是由于地租的提高，是建筑地点之巧妙地选择和利用。

这不由得让人想起美国的房价经济泡沫。实行信用制度，看见市场需求就盖房，接着就是等待房价上涨。虽然19世纪的英国没有美国经济泡沫那么严重，但当时已经有一些苗头了。那就是，如此势利的房地产业发展必然将令资本主义国家陷入经济危机，由于危机，资金周转已经停滞。或者说，只要土地价格下调，就能让这种投机行为瞬间崩塌。

马克思认为，生产期限如果要具有资本主义性质，就需要资本积累，并通过发展信用制度来约束资本的预支。如果要缩短生产期限，则需要更巨额的固定资本投入，这会导致更巨额资本预支。但是，像农业这类更偏向受到自然影响的产业，最好能不受影响。这也是理所当然的，因为无论怎么投入资本，也不可能缩短一年农作物收成基本固定这一生产期限。比如家畜的养殖也是如此。家畜养到规定年数后才能出货，一般来讲，这也需要长时间的生产期限。但有时候，也会有没到规定期限就出货的情况。在这种情况下，长的生产期限就对出货造成了影响。这时就还不如生产些芝士或者黄油，因为它们随时能当成品卖，换成钱。而在家畜的饲养上，农民必须随时备有饲料，否则家畜就会饿死，最终血本无归。因此生产期限如果很长的话，如饲料这样的流动成本就不可或缺了。

如果马克思写《资本论》时发生一场养殖业革命的话，事情会怎么样呢？这就不得不提起白克威尔的小骨骼改良羊。如果从今天的角度思考，大概是遗传基因的重新编排吧。这种羊生长 2 年能抵普通羊生长 4 年。这是基于尽量将羊的骨骼最低程度地减小的成果。当然，马克思并没有意识到这类实验在未来会产生的危险性有多大。

第十三章

生产时间

劳动时间与生产时间的差异

生产时间在劳动时间结束后还会继续计算下去，即劳动时间包含在生产时间内，资本家为多获取利益可能会将生产时间延长更久。

我们以红酒为例。在最终酿造完成前，需要将所有酿制用的材料放入酒桶，静静放置等待它发酵。等待发酵完成的过程尽管并非劳动过程，但却是不可或缺的生产过程。另一个生产期限更长的例子便是植树。从植树到成品出货则大概需要 100 年的时间。

由于人类的技术创新，这些自然的生产过程时间正在不断被缩短。例如皮革染色、制铁方法等。而生产时间很长，又该做些什么呢？对于这种情况，基本上会鼓励从事家庭手工业。再举一个俄罗斯的例子：俄罗斯天气寒冷，因此劳动时间普遍很短，在劳动时间结束后人们会在其他时间做工匠的工作。在日本的越中富士地区，药品销售行业也有类似的情形：在寒冷的冬天，那些卖药的人们就在从事着农业以外的工作。

但是，如果做不了类似的工作，就不得不从商人那里购买衣服鞋子。于是，贷款额也会增加。正因如此，在没有收入的时候，只能靠贷款买东西，这也就使得高利贷行业应运而生。

怎样减少浪费

正因如此，人们尝试栽种各种各样的农作物，以期能经常获得收入。本来是像以前一样依据三圃制开发被闲置下来的农地，现在也因此转变成轮作制农业。在第三卷，我将以日本人对粪便的节约使用为例来谈这个问题。在这里，马克思则举了中间耕作方法的例子。对于佛兰德斯地区的农民来说，他们会先种植油菜，在成熟后，种下喂家畜的菜。

如果用资本主义的眼光来看林业部门，它一定是个回笼资金相当困难的部门。不管怎么说，都得花很长的时间才能回收货币成本。因此，该行业只能对现成的森林进行自始至终的砍伐。马克思是这样总结的：

> 如上所述，生产时间与劳动时间之差，可以有极不相同的各种情形。有时，流动资本在加入真正的劳动过程之前，已在生产时间内（鞋型的制造）；有时，流动资本在加入真正的劳动过程之后，仍在

生产时间内（葡萄酒谷物）；有时，生产时间会为劳动时间所截断（农业，造林业）；有时，适于流通的生产物，大部分尚在能动的生产过程中，更小得多的部分则加入逐年的流通（造林业，饲畜业）；有时，流动资本留在可能生产资本形态上的时间，从而，必须一次投下的流动资本量，一部分依存于生产过程的种类（农业），一部分依存于市场的远近那种种属于流通范围内的事情。

第十四章

流通时间

流通时间的缩短

所谓流通时间，就是资本逐渐演变为商品资本的时间。商品是否能立刻售出，并非一件简单的事。马克思在《资本论》第一卷第一编的商品论里，在讲述作为流通手段货币的同时，也谈到金融危机出现的可能性。他将销售的困难程度用“真实的恋爱总不尽如人意”来类比。马克思发现，如果某商品流通时间特别长，一个原因就在于，生产和销售之间的地点距离很远。为了实现远距离的商品运输，且需要一定交通工具的情况下，售卖一定会延期。不过，买和卖之间的交通距离问题正随着交通工具不断发展而解决，再加上城镇人口集中，运输量急剧增加。相反，在那些发展落后的地区，运输量也赶不上发展，市场就会落后并逐渐衰退。以上即大物流论的观点。

根据立地论，在与人口集中区域接壤的地区经营酿造业，在离城镇近的区域从事类似的行业，可以促进行业进步。

> 就一方面说，伴随资本主义生产进步而起的运输机关交通关的发展，虽会减少一定商品量的流通

时间，就其他方面来说，这种进步，和运输机关交通机关发展所给予的可能性，又引起一种必要性。这种必要性就是，原来能为远距离市场（即世界市场）生产的，变为必须为远距离的市场生产。

随着运输方式的进步，商品市场逐渐向海外扩张。这样就拉大了出产地和销售地之间的买卖距离。马克思又举了英国往印度运送机器的例子。机器从英国运送至印度需要 4 个月，资金再从印度回到英国又要 4 个月。这样一来，商品从卖出到回笼资金一共需要 8 个月。因此，为了周转资金，外汇汇票就应运而生了。

这样发生的周转上的不等，便是各种信用期限彼此不相等的物质基础之一；同时，海上贸易（例如威尼斯和热内亚二市的海上贸易），又成为真正的信用制度的源泉之一。

如此看来，支付期限会随着运输行业的进步而不断被缩短。今天，为了更快实现资金回笼，往往会对提前支付货款给予优惠。

投机的要素

紧接着，在销售完商品，即商品资本转变为货币资本后，就可以探讨买进生产资本的问题了。在资本家预支的货币资本中，有一部分不得不被当作闲置资本。当资本家购买原料的输入地点在很远的地方时，就必须动用预存的用于生产的存货部分，同时还必须提前进行期货交易。因此，就会出现一个要素——投机。投机的结果就是：期货价格、生产量和价格未必相对应，即它们之间会出现差异。双方围绕着原料价格会产生不同的看法。据说英国在圣马丁节（2 月 2 日）前后，还有从圣诞节到复活节的那几个月，谷物会变得很便宜。

马克思一边总结劳动时间、生产时间和流通时间，以及货币资本、生产资本、商品资本的流动；另一边强调在上文所述的情况下，在手边经常备上一定的货币资本的重要性。如果没有这些资本，那么这些流转都是无法成立的。

第十五章

周转时间在资本垫支量上的影响

追加资本使生产继续

接着，我们将深入探讨一个话题：闲置资本是如何产生的？关于周转的问题后文会继续讨论，这里暂时先不提。

在这里，马克思设想的是商品生产的周转时间未结束时，就追加资本，即为了维系生产而追加的资本。在投入资本，到第一批商品被卖出，货币被回收为止，手头的现金就变成了游离资本。由于这是中心问题，为了分析这个问题，就需要细分很多种场合。而恩格斯认为分场合讨论根本不必要，且事实也确实如此。不过，为了保持原貌，恩格斯还是将马克思所写的原封不动地誊写了，其中甚至还有许多相当复杂的计算也被保留。既然如此，那我们就也一样参照马克思的公式来计算。

先以劳动时间为 9 周，流动时间为 3 周的生产为例。在这里，马克思将作为劳动资本的不变资本价值转移和剩余价值先排除。如果没办法进行短期折旧，那只要解决劳动期限内所使用的原材料与辅助材料问题以及工资的问题就行了。因为此时剩余价值不需要计算在内。

总体来说，在劳动过程中，眼下所必要的资本，仅为工资和流动的不变资本而已。

首先，每周投入 100 英镑，那么在最开始的 9 周一共要投入 900 英镑。在商品出货的 3 周后，开始回收资金。但由于在等待资金回收的同时已经进行了后续商品的生产，劳动过程就成了其间的休息过程。然而现实并非如此。

追加资本一旦闲置化

商品应当是连续生产的。

如此说来，最初的 900 英镑就不够了。首先不难想到，生产会缩减。不补充资本而仅靠这 900 英镑维持，即用 900 英镑周转 12 周，平均每周消费就是 75 英镑，并且其中还会伴随着企业规模的缩减。然而，这种缩减是无法满足竞争需求的。

因此我们可以再补充 300 英镑，即用 1200 英镑来进行生产，在第 10 周的劳动过程中补充 300 英镑的资金如何？这样，12 周之后回笼资金的时候，便能得到 900 英镑；再追加 300 英镑的话，也会在那时持有 1200 英镑。对于剩下的 6 周时间生产，则需要 600 英镑，最少也能余下 300 英镑。

当然，这 300 英镑虽然目前仅为闲置资本，但一定也会投入接下来的劳动过程中。于是马克思举了第二个例子，是劳动期限为 5 周，流通期限也是 5 周的例子。在这种情况下，若把最开始的 500 英镑都投入生产，则每周需要投入 100 英镑。最初的商品在流通时间内，5 周内需要再补充 500 英镑。

马克思的想法是将这些情况分类讨论，证明在什么情况下才会产生闲置资本，并将其作为结论。因此，在这里就讨论流通期限更长的例子。

接下来先说明结论部分。

> 由流通时间转化为生产时间所必要的追加资本的加入，不仅增加垫支资本的量，增加总资本必须垫支的时间，并且会增加垫支资本的这一部分，这一部分是当作货币准备，从而在货币资本的状态，有可能是处于货币资本形态的那部分垫支资本。

总之，为了生产能够持续不断进行就需要追加资本，这也造就了闲置资本的产生。

第一节　劳动期间与流通时间相等

不产生闲置资本的情况

在这里，马克思接着之前的情况讨论，也就是对劳动时间和流通时间都是 5 周的情况进行分析。马克思纠结的是，在这种情况下会不会产生闲置资本。

马克思稍微改变了一下前面的例子，将时间缩短了 1 周，即劳动时间和流通时间都变成了 4 周半，总共加起来也就是 9 周的资金流转时间的情况。用 4 周半就完成劳动过程的商品将在接下来的 4 周半在市场流通，并最终演变成货币资本。于是在第 10 周，又可以开始新一轮的商品生产。当然，在第一批商品进入市场后，劳动过程也在持续，也将追加资本以满足生产。接下来马克思用表格来表示接下来一年的生产。

在这里用资本Ⅰ和资本Ⅱ来区分两种不同的资本，最开始预支的资本（最初投资的资本）是资本Ⅰ，额外补充追加的预支资本则是资本Ⅱ。

资本 I

	周转时间（周）	劳动时间（周）	预付量（英镑）	流通时间（周）
1	1—9	1—4.5	450	4.5—9
2	10—18	10—13.5	450	13.5—18
3	19—27	19—22.5	450	22.5—27
4	28—36	28—31.5	450	31.5—36
5	37—45	37—40.5	450	40.5—45
6	46—（54）	46—49.5	450	49.5—（54）

资本 II

	周转时间（周）	劳动时间（周）	预付量（英镑）	流通时间（周）
1	4.5—13.5	4.5—9	450	10—13.5
2	13.5—22.5	13.5—18	450	19—22.5
3	22.5—31.5	22.5—27	450	28—31.5
4	31.5—40.5	31.5—36	450	37—40.5
5	40.5—49.5	40.5—45	450	46—49.5
6	49.5—58.5	49.5—（54）	450	（55—58.5）

把一年分成 52 周，则资本 I 和资本 II 都要跨年才能完成周转 6 次的任务。资本 I 生产了 450 英镑乘以 6 的价值的商品，资本 II 生产了 450 英镑乘以 5 的价值的商品，剩下的仍然在劳动过程中。非要按价值说的话，资本 I 和资本 II 都是在一周半生产了 150 英镑的商品。

从这个例子我们可以看出，补充的450英镑在补充前就已经相当于预备补充资本了。资本Ⅰ中，所投入的货币资金在回流之际，也就是第9周时，资本Ⅱ正开始出售商品；在第13周半，资本Ⅱ的货币资金回流之际，资本Ⅰ的商品正准备出售。货币资金宛如各个资本都成双成对一样，追加的资本则没有被闲置。重要的一点在于，在这种情况下资本是不会被闲置的。

第二节　劳动期间较大于流通期间

追加资本开始游离

接下来我们来讨论劳动期限长于流通期限的情况。在这种情况下，就像上一节的内容一样，资本Ⅰ和资本Ⅱ是无法彻底一分为二的。原因在于这种情况是从最开始投入资本到还未完成流通的时候开始的。所以没法图示。因此我们只能看到接下来的样子。

第一周转期间：第一周至第九周。

第一劳动期间：第一周至第六周。资本Ⅰ，

600 镑发生机能。

第一流通期间第七周至第九周。在第九周之末，有 600 镑流回。

第二周转期间：第七周至第十五周。

第二劳动期间：第七周至第十二周。

前半段：第七周至第九周。资本Ⅱ 300 镑发生机能。在第九周之末，有 600 镑在货币形态上流回（资本Ⅰ）。

后半段：第十周至第十二周。资本Ⅰ的 300 镑发生机能。资本Ⅰ其余的 300 镑游离出来。

第二流通期间：第十三周至第十五周。

在第十五周之末，有 600 镑（资本Ⅰ的半数和资本Ⅱ），在货币形态上流回。

第三周转期间：第十三周至第二十一周。

第三劳动期间：第十三周至第十八周。

前半段：第十三周至第十五周。游离出来的 300 镑加入发生机能。在第十五周之末，有 600 镑在货币形态上流回。

> 后半段：第十六周至第十八周。在流回的600镑中，有300镑再发生机能，其余300镑再游离出来。
>
> 第三流通期间：第十九周至第二十一周。
>
> 在第二十一周之末，有600镑在货币形态上流回；在这600镑中，资本Ⅰ和资本Ⅱ现在是融合的，不能分别了。

接下来会不断变化。但马克思指出，这样一定会造成资本闲置的问题。

> 在我们这样假设时，无论情形如何，在每个劳动期间之末，都会有一个货币资本游离出来；这个货币资本，与资本Ⅱ之量相等，而资本Ⅱ是为流通期间而垫支的。

第三节　劳动期间较小于流通期间

分若干种情况

接下来马克思又举了一例，即在9周的流通时间过去后，3周劳动期限内投资了300英镑，6周流动期限内追加的资本是600英镑的情况。马克思将其分成了三部分而非两部分来进行分析。

资本Ⅰ

	周转时间（周）	劳动时间（周）	流通时间（周）
1	1—9	1—3	4—9
2	10—18	10—12	13—18
3	19—27	19—21	22—27
4	28—36	28—30	31—36
5	37—45	37—39	40—45
6	46—（54）	46—48	49—（54）

资本Ⅱ

	周转时间（周）	劳动时间（周）	流通时间（周）
1	4—12	4—6	7—12
2	13—21	13—15	16—21
3	22—30	22—24	25—30

续表

	周转时间（周）	劳动时间（周）	流通时间（周）
4	31—39	31—33	34—39
5	40—48	40—42	43—48
6	49—（57）	49—51	（52—57）

资本Ⅲ

	周转时间（周）	劳动时间（周）	流通时间（周）
1	7—15	7—9	10—15
2	16—24	16—18	19—24
3	25—33	25—27	28—33
4	34—42	34—36	37—42
5	43—51	43—45	46—51

相信大家已发现，这个例子刚好与第一节的问题，也就是劳动时间和流通时间相同的情况很相似，因此可以合并讨论这两种情况。由此，货币资本就不可能处于闲置状态。但由于这是个特殊情况，并且流通期限都是劳动期限的 2.5 倍，因此不得不加以考虑。

下一个例子是劳动时间 4 周，流通时间 5 周的例子。整理的结果如下：

在这里，在资本Ⅲ——它没有独立的劳动期

间，因它只经过一周——的劳动期间，与资本Ⅰ的劳动期间连在一起时，也有资本错综的现象。但在资本Ⅰ的劳动期间之末和资本Ⅱ的劳动期间之末，都有一个与资本Ⅲ相等的量100镑游离出来。因为，资本Ⅲ会填充资本Ⅰ的第二劳动期间（及以后各劳动期间）最初一周，资本Ⅰ全部400镑则会在这最初一周之末流回来，因而，资本Ⅰ的劳动期间所余的部分，就只有三周，并相应地，只需有300镑的资本支出了。那会有100镑游离出来，使直接随起的资本Ⅱ的劳动期间的第一周，得有所取用；在这周之末，资本Ⅱ全部400镑又流回来；但因新劳动期间也只吸收300镑，所以在这个劳动期间之末，又会有100镑游离出来；以下可以类推。所以，在流通期间不为劳动期间的单纯的倍数时，每一个劳动期间之末，总会有资本游离出来。这个游离的资本，恰好可以把流通期间超过劳动期间（或其倍数）的超过额，填补起来。

我们由此可以引出下节的结论。

第四节　结　论

如果使货币资本游离，则会产生闲置资本

在分别讨论了3种情况后，马克思针对产生闲置资本的情况作了以下结论。

首先，在特殊的资金流转的情况，（1）两资本无关联，互相独立存在的场合，也就是劳动期限和流通期限相等的情况；

其次，（2）流通期限比劳动期限还长，货币资本不存在闲置情况时，这时这两个的比例是单纯的倍数关系；

再次，一般的情况下，（3）流通期限比劳动期限长，但并非单纯的倍数关系；

最后，是（4）劳动期限长于流通期限时，货币资本就会成为闲置资本。

如此一来，就可以将一般的资本闲置的所有情况全部推导出来。

所以，在一年间周转几次的社会流动资本，有极大一部分，是周期地，在全年的周转循环中，在

> 游离资本的形态上存在。
>
> 这又是很明白的，在其他一切情形相等的限度内，游离资本的量，与劳动过程的范围或生产的规模一同增大；从而，一般来说，与资本主义生产的发展一同进步。

被闲置的资本会如何变化呢，这将是之后章节讨论的重点之一。而且，闲置资本随着信用制度的发展，将会承载非常重要的意义。比如，流通期限被缩短，就会有更多资本被闲置，继而形成资本过剩现象。货币资本过于膨胀，也就是过剩，可能就会造成经济危机。

从资本家的立场来看

反过来看，资本流通时间越久，预支的资本就越可能不足，生产也会缩减。因此，就需要补充追加资本，继而引发货币资本紧缺。如果我们再结合恩格斯在这章最后详细分析的问题就能看出，马克思虽然分开讨论了各种情况，但从经营的角度考虑，无论什么情况下都是需要有闲置资本的。如此说来，这样分开情况讨论便没有太大意义了。

第五节　价格变动的影响

与周转时间无关而形成闲置资本的情况

本节分析了关于与周转时间没有直接关联的闲置资本的形成，涉及原材料、辅助材料、工薪变动等问题。工薪、原材料价格、辅助材料的价格仅仅下跌 1/2 的话会如何呢？假设那些部门每周本需要 100 英镑，现在只需要 50 英镑就可以解决问题。那么最开始预支 900 英镑，也仅需 450 英镑就足够了，剩余的 450 英镑，则可以一直作为货币资本保留下来。

反观如果价格上调，又将怎样呢？在这种情况下，每周需要的将不是 100 英镑，而是 150 英镑了。于是预支的资本，也就不得不从 900 英镑飙升至 1350 英镑了。如此一来，必然会造成货币资本紧缺状况的发生。

成品的价格会下跌，或者说就得考虑涨价的情况。价格下跌的话，货币资本的回流量也会减少。如此一来，就需要加入更多的追加资本。而价格上涨呢？价格如果上涨，资金流动量就会增加，还是只有剩余的 450 英镑会成为闲置资金。

接下来再回到原来的话题，探讨一下流动期限变短的情况。针对前一章节已经说过的部分，我们更深入一步地“复述”一下。原料随着交通方式的改良，能够非常快速地筹措资金。这是非常重要的，因为这样可以减少生产用的库存。而劳动期限的缩短可以说是与之相同的道理。

第十六章

可变资本的周转

第一节　年剩余价值率

回收时间因资本差异而不同

本章的主要内容是讨论预支资本的回收时长，我们将分长时间和短时间两种情况进行比较。虽然不知应从哪里讲起，但读完前三节后，我们也会知道其实可以用铁路行业的例子来理解，将其分成流动资本的可变部分和不变部分，然后再围绕这两者的差异进行讲述。

在第一节中，马克思并未考虑资金周转率的计算公式，而且理应把剩余价值的计算也带入其中。

因此，马克思举了 A 和 B 两种资本的例子。前提仍旧是每周投入 100 英镑的可变资本。而资本 A 最初可预支的可变资本为 500 英镑，资本 B 则是 5000 英镑。附加条件是 5 周的劳动时间，流通无要求，资本也能立即回收。

首先，资本 A 在最初的 5 周内生产商品，立即回笼 500 英镑的货币资金。也就是说，因为资本 A 最开始可变资本是预支的 500 英镑，因此能够立刻回笼。这样一来，剩余价值率应为 100%，即 500 英镑的可变资本会在最开始的 5 周后，获得 500 英镑的剩余价值。

另一方面，资本B由于一年一次货也不出，回笼不到任何资金。也就是说，即使投入5000英镑的可变资本，50周内一次也没有出货。因此，资本回笼就需要等到一年后。若认为这个也有100%的剩余价值率，则一年后再出售，资本回流后，能够获得5000英镑的剩余价值。

两个资本的剩余价值率差异

若把时间延长至一年，资本B就变为了一般情况，而资本A的情况却能产生十分有趣的现象。也就是预支的可变资本能够立刻回收，在接下来的第5周投入生产的500英镑，并没有成为新一轮预支用的资本，而是已经成为售出商品后的货币资本。也就是说，给资本A预支的资本只需要500英镑。

资本A在第二次资金周转时，将已经回收的货币资金，作为可变资本再投入生产，然后再追加100%的剩余价值。由此将产生500英镑的剩余价值。如此经过50周，也就是接连周转10次后，剩余价值也会变成5000英镑。因为预支的可变资本依旧为500英镑，那么一年的价值剩余率也就成了1000%。

然而，对于资本 B，一年只会流转一次，预支的资本无法立即回收。因此 5000 英镑的巨额可变资本将会在一年的时间内无法流通。由此，一年所产生的剩余价值率若按 100% 来考虑的话，它将自始至终都是 100%。

通过这一年的时间来观察，我们会发现，剩余价值率方面，资金流转更快的资本 A 是资金流转慢的资本 B 的 10 倍。

如果用公式表达，一年的剩余价值率用 M' 来表示，一次流转后实际的剩余价值率用 m' 表示，一年的流转数用 n 表示，那么公式就是

$$M'=m'n$$

也就是说，一年的剩余价值率即为一次资金周转后的剩余价值率与流转次数的乘积。也就是说，资金流转得越快，剩余价值率就涨得越快。换言之，资金流转越慢的部门，剩余价值率也就越低。

第二节　个别可变资本的周转

两个资本差异带来的现象

在本节，马克思对资本 A 和 B 的其他方面进行比较。也就是说，资本 A 预支的 500 英镑的资金，在 5 周后就已经不是预支资本了，而是变成商品资本。如果将其进一步出售，将变成货币资本。在进入新一轮生产前，它便以商品的形式实现了价值。

另一方面，资本 B 在连续预支 5000 英镑资金后，并不以某种具体的商品形式具现。随着一个又一个 5 周过去，500 英镑又 500 英镑地不断预支。也就是说，结果没有具体的商品，就谈不上什么作为预支货币的回报。

从个别资本来看，这也不是什么大问题。虽然什么也没有，但只要在各种各样的市场中有与之相符的报酬就能买到的生活用品，而且资本 B 的工人们也不存在生活资料不足的情况。然而，从社会角度来看则完全不同。

第三节　从社会方面考察可变资本的周转

过剩生产与越来越贫穷的工人

我们正在逐步逼近马克思所关注的问题焦点，即可变资本的流转问题，1847 年发生的危机恐怕也正因如此。铁道业大热，资本集中于此，结果导致了资本需求长期膨胀，可膨胀却没有任何回报。因此，应当关注工人和生产资料在什么回报都没有的时候应怎样提高消费水平。当然，这样不仅会导致英国国内消费水平提高，还会令从中国和印度的进口增加。进口增加必然使资金需求量大增，令印度的农业危机，即棉花危机迎刃而解了。如此一来，资本一定会从被铁道业的束缚中挣脱了出来。但这一切，都可以说是一种泡沫。在完成铁道修建后，发挥出与其相应的生产效果，若非如此，就容易导致投资打水漂。

当然，马克思认为，类似投资家的泡沫，比如土地投资或者亚洲殖民地国家的开发事业等也是好事。那些部门如果长期吸纳资金，就会导致泡沫产生，并可能引起恐慌。

资本主义生产方法的矛盾：当作商品买者，劳

> 动者在市场上是重要的；但当作商品（劳动力）的卖者，资本主义社会却有一种趋势，要把它限制在价格的最低限上。——还有一个矛盾：资本主义生产以其全力伸张的时期，屡被证实是生产过剩的时期。因为，生产能力决不能利用到这种程度，以致更多的价值不仅生产出来，且能实现出来。商品的售卖，商品资本的实现，从而剩余价值的实现，不仅由社会一般的消费需要所限制，且由这样一个社会的消费需要所限制。这个社会的大多数人，是常常贫困且必然是常常贫困的。

也就是说，资本主义社会的基本矛盾在于仅凭工人的工资，无论其有多高也无法将商品全部买下。也就是说，资本主义社会不得不陷入慢性的生产过剩中。生产过多一方面会导致剩余价值实现的可能性增加，另一方面也导致了穷人的出现，他们不得不遏制自己的消费欲望。

当然，如同福特主义那样，即使用高工资换来高消费，矛盾也不会改变。巨额的消费在追求有效需求的过程中，也难免会造成更多问题。

第十七章

剩余价值的流通

实现剩余价值的货币从哪里来

本章所讨论的问题是，实现剩余价值的货币是从哪来的。如前文所述，在最开始预支的500英镑产生可变资本后，500英镑剩余价值就已经以商品的形式体现了。但购买这些价值增加商品的货币是从哪里来的呢？如果把它当作个别资本家之间的问题来看待，那这种小事根本不值一提。因为价值的增加由某人用货币购买便可获得。然而，从社会价值的角度来看，理应提前为这预付的500英镑再补充500英镑。实际上，如果没有货币投入，那么物价就会下跌，剩余价值也就无法体现出来。

现代经济学家西蒙也曾对这个问题进行过研究。他发现如果每年都要扩大生产，并且又要用前一年的资金来进行购买的话，就一定会导致货币不足。同时，还会造成过少消费，引发危机。这种说法如果正确，就应该经常会发生过少消费才对。

意外的是，这却是个难题。从理论上讲，只要从信用制度中诞生的纸币不出问题，就无论如何都不会发生货币不足的情况。正因如此，本节所讨论的主要问题，就在于对实现剩余价值的货币的分析。

全社会都过上利息生活是不可能的

剩余价值的实现如果产生问题，剩余价值就会以囤积货币的形式而存在。随后，二次投资的问题就出来了，并由此产生出利息这种资本。在这里，马克思大段引用了经济学家汤普森的观点。他首先讲述了这种靠投资为生的方式是否有存在的可能。马克思指出，在这种情况下，就算是在英国，用存下来的薪水生活，也只能坚持两个月；如果连工作也不做了，继续维持之前的生活水准，且把拥有的一切都变卖掉的话，也最多只能坚持3年。不管积累的资本有多么庞大，如果没有了现实中的工作，也就什么都做不了。

在现实中，投资是一种产业资本。我们将在第一节论述从产业资本中萌发出的剩余价值的实现。

第一节　单纯再生产

货币量的供给

首先，剩余价值被消费时，也就是说获得剩余价值的资本家在消费的时候，就不得不将剩余价值提前换成货币。

> 即在单纯再生产上，剩余价值也必定有一部分不断在货币形态上，而不在生产物的形态上。

马克思认为，为了避免现存货币量的亏损，就要定期制造金币，来进行补充（在马克思的时代是用金币作为货币的）。因此马克思在此对金币的制造进行了说明。为了让货币供给维持稳定，国家就必须拿出一部分社会资本用于金币制造。这样一来，预支的货币将会以一定数目一直存在，且不转化成其他形式。

然而如果以这种形式补充货币量，每年商品中以剩余价值的形式的量就会增加，因此一定会产生不足。也就是说，不得不根据量的增加，相对应地增加货币量。

在这里，马克思又提出了下一个问题。

> 但商品资本，在再转化为生产资本之前，在其中所含剩余价值能被支出之前，必须先化为货币。以此为目的的货币，从哪里来呢？这个问题，最初一看，好像是很难的，杜克没有回答，一直到现在，也还没有别的人曾予以回答答复。

当代经济学家米尔顿·弗里德曼也认为，一定量的货币供给需要符合货币供给量的经济增长，如此就会产生为稳定物价而供给货币的问题。

那么，在流通中预支的货币以外的货币，又是从哪来的?

贮藏货币

由于题干已限定为资本家的资本预支，因此解释起来比较困难。

首先，资本家也是消费者，他们持有用于消费的500镑货币。注意这并非返还给资本家的货币，返还的应该是消费后的剩余价值。马克思的假设是以简单再生产为前提的，也就是资本家没有用于投资而全部消费的话，那么被消费的货币回到剩余价值中的说法就没错了。

因此，完全没有必要考虑生产者的货币供给问题。资产阶级在那之前已经持有面向非生产消费的货币了。因此，要实现剩余价值，就不能单单靠金的制造和供给量。资本家事先被已有货币所限制，终究还是靠从工人那里榨来的剩余价值。然而，这倒确实对实现剩余价值有所帮助。对此，马克思是这么说的：

> 资本主义生产与其条件，是同时发展的，其条件之一，便是贵金属有一个充足的供给。自十六世纪以来，贵金属的供给增加了，这种增加，在资本主义生产的发展史上，是一个本质的因素。

然后，马克思在这章以及后面各章中，对再生产过程开展了叙述，并揭示了国家是如何进行再生产的。

第二节　蓄积及扩大的再生产

信用制度是理想制度吗

接下来，我们开始进入资本家在获得剩余价值后，向生产中追加投资的情况。在这里也是相同的问题，即实现剩余价值的货币是从哪来的。答案大致相同，要么是靠着资本家提前准备的闲置资本来实现，要么是随着流通手段的流转次数的增加来实现。如果两种方式创造出的货币还不够，就不得不根据金币生产需求再进行补充。

金币产量不足的情况，会随着信用制度的不断发展而逐渐得到解决。而借助金币生产这一方法，会使许多资本被金币制造业夺去，从而导致剩余价值减少。因此，就必须尽量避免这种局面发生。

在资本主义生产方法（总而言之，是以商品生产为基础的生产方法）的各种非生产费用，是重要的一项。这种非生产费用，把一定量本来可以用作生产手段和消费手段的东西，换言之，把一定量现实的富，夺取过来，使不能供社会利用。所以，在生产规模一定不变，或其扩张程度一定不变时，如果这个昂贵的流通机械的费用可以减少，社会劳动的生产力，即依相同的程度增加。所以，当信用制度发展，各种辅助工具也发展，以致发生这种影响时，这种辅助工具必定会直接增加资本主义的富。

在现在这样大的规模上没有信用制度，也可能么？换言之，单金属货币流通，也可能么？如果单从这个观点来看，没有信用制度，而进行的单金属货币流通是不存在的。在贵金属生产的范围上，可以见出种种的限制来。不过，就货币资本的供给与流通来说，我们对于信用制度的生产能力，也不能稍存神秘的观念。但关于这个问题的进一步的说明，是不在这个范围之内的。

既然贵金属的生产让资本主义看到了自己的极限，那资本主义就需要利用信用制度来突破它。而现实中也正是如此，同时不兑换纸币的出现也使其成为可能。马克思最后总结说，对信用制度的生产能力，不能稍存神秘的观念。

累积起来的闲置资本

接下来，马克思考虑的并非直接在剩余价值生产中追加投资的情况，反倒是为以后的使用而积累的货币资本情况，即闲置资本在积累的资本中形成。

这种潜在的货币资本有如下分类：

（1）银行存款。真正在银行手里的，是一个比较小的货币额。货币资本仅名义上存在那里。实际蓄积在那里的是货币要求权，它可以货币化（在果真货币化的限度内）的原因，只是付出货币与付入货币之间，有一个平衡罢了。在货币形态上存在银行手里的货币，比较起来是一个很小的金额。

（2）公债。一般来说这不是资本，只是对于国民年产物的债务请求权。

（3）股票。在不存欺诈的限度内，这是某公司所有的实在资本的所有权证，是每年提取剩余价值的证明书。

在第三卷中，用信用论引申的内容还会提到这些条目。不过，这里的认知还停留在根据周转而产生闲置资本，信用制度从中出现，并且作为潜在货币资本被积蓄起来的程度。

第三篇

社会总资本的再生产与流通

第十八章

绪　论

第一节　研究的对象

个别资本与社会资本

本章的讨论对象，直接点说就是社会总资本的再生产过程。在《资本论》第二卷第一篇和第二篇里所讨论过的货币资本的循环、商品资本的循环、生产资本的循环等，虽然都被称为社会总资本，却是对象互相独立的单个资本。在这章，我们脱离单个资本，从社会整体出发，看看资本是如何生产，以及如何消费的。

> 单个的资本，相合即为社会的资本。若从这个见地，考察个个资本的循环，换言之，若就其总体考察，则个个资本的循环，不仅包含资本的流通，且包含一般的商品流通。后者，本来是由两个部分构成的。(1) 是资本自身的循环；(2) 是加入个人消费的各种商品的循环。劳动者支出其工资，资本家支出其剩余价值（或其一部分）所购买的商品，都包括在这各种商品之内的。当然，资本的循环，在剩余价值构成商品资本一部分的限度内，也包括剩

余价值的流通，并包括可变资本到劳动力的转化，即包括工资的支付。但剩余价值和工资为购买商品而起的支出，却不是资本流通的关节，虽然工资的支出，至少是资本流通的条件。

超过单个资本的，且具有整体性的货币资本循环和商品资本循环，在消费后就会消失，然后作为资本通过再生产而再次形成。

在本书第一卷，我们把资本主义的生产过程，当作个别的过程和再生产过程来分析。即分析剩余价值的生产和资本自身的生产。我们只假定资本在流通领域内所经过的形态变化和物质变化，但未进一步考究它们。我们只是假定，资本家依照生产物的价值售卖生产物；又假定其过程更新或继续所必要的各种物质的生产手段，已经可以在流通领域内发现。在那里，我们仅详细考究了流通领域内一种行为，那就是劳动力的买卖。这种买卖，乃是资本主义生产的基本条件。

第一篇、第二篇的对象

《资本论》第一卷中，专门以生产作为探讨的问题。但是，它仅仅将劳动力的交易当成流通层面的问题。下面马克思特意提出社会总资本问题来进行研究。被当成问题来对待了。此前，第二卷的第一篇和第二篇都是以考察循环为对象进行相关说明的。

> 在第二卷第一篇，我们考察资本在其循环中所采取的各种形态，和这种循环本身的各种形态。在第一卷，我们只考察了劳动时间；在这一篇，我们又把流通时间加进考察了。
>
> 在第二篇，我们把循环当作周期的过程，当作周转，来考察。由此，我们一方面指示了，资本的各个构成部分（固定资本及流动资本），是在不同的时间内，依不同的方法，完成形态的循环；另一方面我们又研究了劳动期间和流通期间的不同的长度，是受怎样种种事情的规定。我们指示了，循环期间及其构成部分的不同的比例，对于生产过程的范围和年剩余价值率，有怎样的影响。实际上，我

们在第一篇，主要是研究资本在其循环中不断取弃的种种连续的形态；在第二篇，我们研究，在这种种形态的流动和连续中，一定量的资本，在同一时间，是怎样依照变化无定的范围，将它自身分成各种形态，即生产资本，货币资本，和商品资本，然后，这各种资本才可以互相交替，总资本价值的各部分，才可以在各种不同的状态下不断并存着，并不断发挥它们的机能。

话虽如此，到第二卷第二篇为止，我们始终考察的都是单个资本。在第三篇，我们将单个资本作为整体看待，即社会资本，考察它是如何进行再生产的。

第二节　货币资本的任务

社会资本的立场，即在社会主义经济下

首先，我们来谈一谈令商品资本运转起来的货币资金，也就是用货币消费掉的商品。货币资本在最初以预支形态出现，它的量随劳动时间和流通时间的比值而有所不同。而且，货币的持有量也会随情况而变。因此，随着股份公司的发展，手头的货币状态会发生变化，进而影响信用制度。

在这里，马克思并没有考虑资本主义生产的问题，而是考虑社会生产的问题。从整体去看社会生产的话，一切也就容易解释了。从整体看来，我们将超越个别企业的国家生产称作社会生产。

由此看来，即使是长期资本投资企业，也没有立刻能运作生产的部门与立刻能回收资本的部门之间的区别。但是，社会生产时，货币资金就不复存在了。

> 在社会化的生产下，货币资本不复存在。社会将分配劳动力与生产手段在不同的营业部门间。生产者将收得一种支票凭此在社会的消费品库存中，支取与其劳动时间相符的数量。这种支票，不是货币。它是不流通的。

尽管用了非常短的篇幅，马克思却将共产主义社会的资源分配所涉及的相关地方都叙述了一遍。为了生产手段的计划分配，而接受能够表明劳动时间的支票。虽然我们不能明确说这是不是所谓的劳动时间纸币，但可以确信的是，它的作用可以取代货币。然而，马克思在这么短的篇幅中叙述该问题到底有什么深意，依然尚存讨论余地。

第十九章

前人对于这个问题的说明

第一节　重农主义派

纯生产物

在这章将继续讨论一些稍有难度的问题。从下方叙述中可以看出，这章有点跳跃，但为了了解何谓价值，还是应该仔细阅读。马克思站在再生产的角度，对法国的重农主义派有很高的评价。他虽然指出了重农主义派只重视发展农业的这一弊端，但也指出，将农业作为所有生产的基础，正好能够准确把握住再生产的结构体系。

特别是魁奈的《经济表》大受马克思的好评。它将一国的经济分成了生产支出和非生产支出，并详细记录了再生产是如何进行的。这便是第二十章中推导出的再生产表示出的重要来源之一。

魁奈从一年的农业生产中，将填补以前投入的不变资本的部分分离出来，并正确理解了所谓一年间纯产品的概念。

> 固然，魁奈还在年生产物的不变资本部分内，包括若干不属于此的要素；他的眼界也有限，他以为，只有农业上的人类劳动会生产剩余价值，从

而，从资本主义的立场看，只有农业是现实的生产投资范围，但正因他的眼界有限，故仅把握主要问题。

劳动产生工资，自然产生地租？

魁奈在这里提出的问题虽与农业相关，但也并非纯农业。租用土地后的农业经营，完全就是以资本主义地租形式来进行的农业经营，而绝非什么封建地主的农奴经营。有人称魁奈为封建社会经济学者，其实是说错了。首先，由于农业中能产生价值，所以剩余价值得以被完全理解。同时我们也能理解，为什么这些是从工人那里剥削来的结果。

与魁奈相比，亚当·斯密是倒退的。因为在他的观点里，首先生产物的形成过程的解释就非常含糊不清。一边从事农业，一边从农业中产出价值，是非常正常且自然的。工资通过劳动产生，地租则由自然垄断产生。亚当·斯密将这两项都表述为收入的来源。但类似于劳动产生的剩余价值能分成利润和地租之类的观点，其实最初的他并没有想这么多。倒不如说亚当·斯密这样认为：正如劳动产生工资一样，自然垄断导致了地租产生。本来想从生产角度来理解价值的形成，但在不知不觉中就跟着亚当·斯密的想法走，开始从收入角度理解价值的形成，也因此越来越搞不懂价值形成的结构了。

第二节　亚当·斯密

1. 斯密的一般见地

什么产生价值

马克思对亚当·斯密的批判观点在《资本论》的第三卷的最后一篇中表述得非常清楚，他批判了亚当·斯密所说的“三位一体”，以及三个收入来源。马克思花费一生研究，终于得出劳动—工资；资本—利润；土地—地租，才是真正的收入来源。

《1844年经济学哲学手稿》从一开始就在批判亚当·斯密。如果问为什么一定得批判，在《资本论》第三卷也有说明。虽然亚当·斯密以收入来源为出发点和前提，毕生追寻价值是如何形成的，然而追寻到最后他的答案还是错了。

亚当·斯密分析了工人、地主、资本家这三者的收入来源，并且将作为补充用的资金收入也纳入其中。因为一年的所得量中已包含补充资金，所以在计算总收入时，应当将这部分减掉。因为他原本没有设想到这种不变资本“c”的价值转移混乱情况。如同劳动、土地、资本各自获得收入一样，即使是固定资本也可以获得收入。这种说法很奇怪，因为既要探讨收入是从哪产生的，又要讨论会产生多少收入。也就是说，前者讨论的是价值，而后者讨论的是价格。准确来说，其实就是讨论到底会有多少转化成价格。关于这块的内容，会在第三卷的第十章讨论。

马克思在第一卷第七章中叙述了西尼耳的最后一小时理论。因为不变资产是无法产出价值的，因此在讨论时，他将关于价值的形成和增殖的部分先排除在外。当然，能够产出价格的不变资本会随着劳动不断转移价值。劳动中随着劳动同时会发生价值的转移，例如价值的形成和增殖。

混乱的争论

马克思是这样批判亚当·斯密的：

斯密这样把一切个别商品的价格和“一国土地

> 劳动年生产物……的全部价格或交换价值”，分解为工资劳动者，资本家和土地所有者的三个所得源泉，即劳动工资，利润和地租之后，他自然只有经由迂路，将第四个要素秘密输入，即资本的要素。

从前面魁奈的部分我们可知，补充固定资本是必不可少的。而且这部分资本在历经数年的价值转移中，逐渐被完全补偿。虽然价值转移的部分会被当作补偿，但这与价值的形成无关。这并非新产生的价值，而只是从已经形成的价值中转移过来的而已。

亚当·斯密的矛盾并非在于不知道这些问题，而是在于将它们混为一谈。尽管他准确地描述了价值构成的三个来源（工薪—地租—利润），也就是“c+m”，但由于用于资本补充的收入，使他对二次收入的来源分析产生了偏差。

亚当·斯密将生产资料的生产部门和消费品的生产部门区分开来。前者即生产资料，在没有产生消费品时成为固定资本，并不属于社会收入的组成部分。消费品的生产部门则将固定资本和流动资本的部分直接转化为固定资产和流动资产这种直接消费品，并构成社会的收入。因此，后者就成为社会收入的组成部分。类似于这种混乱的价值形成说明，在不知不觉中，就会导致在探讨一年形成的价值时，会有很多年的价值混杂其中。

2. 斯密将交换价值分解为“v+m”

亚当·斯密的核心观点

信条“v+m”——马克思探讨了自古以来就被人称作亚当·斯密的信条。在该信条中，将所有产品价值分解为“v”和“m”两部分，甚至组成产物价值的不变资本都是由“v”和“m”形成的。回顾过去，随着劳动资料不断退化，所有的“v”和“m”就成为一个集合体。然而，在亚当·斯密看来，不变资本与马克思所理解的完全不同。马克思觉得存在问题的“c”，也只有各个商品在一点点价值转移过程中的折旧部分而已。不变资本的价值也不会一下子全部转移。并且，价值转移并不是资本收入，说到底不过是劳动在形成价值的同时进行的具体人类劳动。工人把价值保存、转移，同时也在另一方面使价值形成。据此马克思认为，“m”的部分是工人所制造的部分，资本家是绝对造不出来的。马克思是这样描述信条的：

商品价值等于 v+m，即等于垫支可变资本加剩余价值。

不是劳动而是阶级在创造价值

所有的商品所产生的价值都是由这两部分组成的。虽然我们知道价值是由“v”和“m”组成，但价值并非仅由劳动产生，也包括土地、资本。“m”并不是因为榨取而产生，而从最开始就是以“m”的形式出现的。因此“m”应当是时常存在的。即使是无法直接参加生产的阶级，最开始也被确保了收入之存在。

一切不直接从事再生产的社会分子（无论劳动与否）所以能在年商品生产物中取得一份，换言之，所以能取得他们的消费资料，本来都须通过生产物所直接归属的诸阶级之手，即生产劳动者，产业资本家，及土地所有者之手。在这限度内，他们的所得，在实质上，是由工资（生产劳动者的工资），利润，与地租派生的，与原生的所得相对而

> 言，好像是派生的所得。但从他方面说，这种派生所得的受领人，都是以某种社会的机能（例如国王、牧师、大学教授、娼妇、兵士，等等）为媒介，他们也未尝不可认这种社会的机能，为他们的所得的本源。

并非劳动产生价值，而是阶级产生价值。这里简直像发生了关系反转一样，令“m”的来源仍旧不清晰，因此常常会产生误解。通过讨论可以发现，亚当·斯密为庸俗经济学打开了一扇门。所谓庸俗经济学，就是一味拥护资本主义，如同走狗一般的经济学，不存在阶级，以及由阶级之分产生出的剩余价值理论。

3. 不变资本部分

不变资本的价值并不是全新创造的

接下来，我们聊一聊根据“v+m”信条而组成的不变资本。以这个为例，亚当·斯密开始思考农业方面的问题。农业当然是由工资、利润和地租构成，并且也不需要考虑使用牲畜。那为什么又要饲养家畜呢？因为购买家畜的费用分别可以算在“v”和“m”中。话虽如此，但分成“v”和“m”的不变资本的部分，又为什么要作为“c”来填补价值呢？工人的工资与劳动量成正比，地租多少则与拥有权利的多少成正比，赋税与利润成正比。如果这样，那“c”是从哪里来的呢？应该是从与工人、地主、资本家无关的部分中得来的。

当然，这种错误应该是由于不知道“c”的部分是在那以前就已经形成的价值而造成的。若把“c”当作前一年生产的机器，那么“c”就与本年的价值形成无关，只是单纯进行了价值转移而已。并且，这也只是在价值形成时，价值转移恰巧同时发生了而已。作为结果，亚当·斯密应该会将不变资本的价值部分从理论中剔除。尽管如此，这样也把“v”和“m”分解出来了。真可谓是矛盾的操作。

4. 亚当·斯密观念中的资本与所得

劳动力两重性的缺失

接下来，关于亚当·斯密所说的工资问题，马克思又提出了疑问，即劳动力的购入发生在流通和生产过程中。

资本家购买劳动力，其实是在购买其使用价值。当然，对于他们来说，只能付款购买劳动力。劳动力在流通过程中被购买时的价格，也就是工资，到底能不能保障工作后的使用价值呢？这时应该是存在剩余价值的。劳动力的使用价值和交换价值之差就是剩余价值，但这与亚当·斯密的理论完全不对应。因为最开始他就规定，剩余价值是在劳动外所产生的东西。

> 剩余价值（亚当·斯密把它分为二形态，即利润与地租）是怎样决定的呢？关于这点，斯密的话止于空谈。他把工资和剩余价值（或工资与利润）视为商品价值或价格的构成部分，但又在同一语境之下，把它们视为商品价格“分解”的部分。后一种说法，正好表示一种与他本意相反的意思，它是认商品价值为最初所与的事物，其不同诸部分则成为不同的诸种所得，归于各种参加生产过程的人。这个说法，与价值由三构成部分构成的说法，绝不是相同的。分别决定三不同直线的长短，然后将这

> 三直线当作第四直线的“构成部分”，而画成第四线的手续，决不与取一长短已定的直线，为某种目的，将其分为三不同部分的手续相同。在前一场合，线的长短，视合成此线的三线的长短而变化；在后一场合，线的三部分的长短，自始即为这个事实所限制：即，它们是一个定量的线的诸部分。

亚当·斯密的矛盾不过是使用了双重标准。既有最开始资本家和地主产出的剩余价值，又有工资。因此，无论怎么对生产过程进行分析，对商品的价值组成进行调查，都与地租、利润和劳动没有关系。当然，这是利用土地和资本而产生的利益。

5. 摘要

请参照赋税劳动

上文中亚当·斯密的误解看起来很合理，因此我们再说几点需要注意的。马克思是这么认为的：

> 资本主义生产过程的社会形态与技术形态全部。

> 价值（不变资本价值）的单纯的保存，垫支价值（劳动力的等价）的现实的再生产，与剩余价值（资本家不须在事前也不须在事后垫支任何代价的价值）的生产三者间的区别，即实现在这种过程之内。

在此，我们以赋税劳动为例。工厂劳动比较难理解，但赋税劳动就比较清晰易懂了。如，一个农奴自己劳动6天所创造的价值或有用产品，与在地主的地里劳动3天，然后在自己的地里劳动3天所创造的价值，虽然一下子看不出它们什么区别，其实是完全不同的。他的劳动力在一半时间内的耗费和在另一半时间内的耗费是在不同条件下完成的。假设地主非常强势，则无论怎么争辩，想多赚些工资也是不可能的。被榨取是显而易见的事情。我们已经在第一卷举出了瓦拉几亚赋税劳动的例子，这里只是重现了当时的情形。

第三节　以后的经济学家

应当批判古典权威

首先，我们必须从结论开始看。

斯密的错乱思想，一直存续到这个时候。他的教义成了经济学的正统的信条。

亚当·斯密的理论影响很大。因此，对亚当·斯密的信条提出批判，也并非简单的事情。首先是李嘉图。李嘉图几乎沿用了亚当·斯密的理论。不同点只有，价值并非在之后被给予的，而是最开始就被赋予了的，并且地租也变得不再重要。除李嘉图外，继承并发展亚当·斯密理论的还有兰塞、麦克洛克、萨伊、蒲鲁东、斯托齐、约翰·穆勒等人，这里就不再赘述了。

第二十章

单纯再生产

第一节　问题的提出

在商品资本的循环中看再生产的观点

本章起将介绍社会全体再生产的部分，并从宏观角度进行分析。在这部分中，实体经济和货币经济的关系就表述得很明确了。马克思讨论的是关于一个国家无论如何都一定要保持经济平衡的问题，然而这个问题已经不再停留于单纯的产物再生产，而是深入工人的再生产，即资本主义世界的再生产之中。对此问题《资本论》第二卷里讲述的篇幅相对更长，也可以说更重要。

> 年生产物包含社会生产物中那代置资本的部分（即社会的再生产），也包括社会生产物中成为消费基金的部分（资本家和劳动者所消费的部分）。换言之，年生产物包含生产的消费，也包含个人的消费。它包含资本家阶级和劳动者的再生产（维持），从而包含总生产过程的资本主义性质的再生产。

在这样对再生产的分析中，存在三种循环模式，即货币资本、生产资本和商品资本。

其中，最容易看出的是商品资本的循环模式。

货币资本的循环模式为：

G–W… P… W'–G'

生产资本的循环模式为：

P… W'–G'–W… P

这些都是自己下的定义。货币价值增殖姑且到此为止。商品则在贩卖后也无须再投入社会再生产中了。

然而，在商品资本的循环模式 W–P…W'…G'–W' 中，商品还未被售卖。如果可以被贩售，就不得不进入社会的再生产中。

生产物价值一部分复化为资本的再转化，另一部分归资本家阶级及劳动者阶级个人消费的情形，在总资本结果所得的生产物价值内部，形成了一种运动。这个运动，不仅是价值代置，并且是物质代置，故不仅受制约于社会生产物诸价值成分间的相互比例，且同样受制约于它们的使用价值，受制约于它们的物质姿态。

第二节　社会生产的二部类

生产资料部类与消费资料部类

社会生产可大致分为两个部类，即：生产资料的生产手段部类以及消费品生产的消费资料部类。前者是具有生产性的商品，后者则是资本家和工人个人消费的商品。

马克思将前者称为第一部门，后者为第二部门，各种各样的产品由不变资本、可变资本以及剩余价值构成。并据此推出，各种价值构成均为“c+v+m”。“c”所表示的终究并非所有的生产中固定的不变资产，而是那年所使用的不变资本。

接下来将展开的再生产表式的基本表示如下。

Ⅰ.生产手段的生产

资本 =4000c+1000v=5000

商品生产物 =4000c+1000v+1000m=6000

这个生产物，是存在生产手段中。

Ⅱ. 消费资料的生产

资本 =2000c+500v=2500

商品生产物 =2000c+500v+500m=3000

这个生产物，是存在消费资料中。

每年的产品总价值，就是第一部类和第二部类的总和，即 9000。第二部类的“500v+500m”代表的就是第二部类的消费资料。第一部类的“1000v+1000m”则用来与第二部类的不变资本价值“2000c”的消费资料作交换。然后，“4000c”则是第一部类的不变资本所有的生产资料。因为这仅在第一部类中使用，因此被用于第一部类企业间的互相交换。如此一来，所有的产品都可以被交换。这也就成了下述的基本再生产的图示。

第三节 二部类间的交易Ⅰ（v+m）对Ⅱc

“1v+1m=2c”公式

接下来马克思开始讨论个别交换问题。最开始，用第一部类的工资和剩余价值与第二部类的不变资本进行交换。在跨越两部类交换的情况下，消费资料和生产资料之间的交换就成了问题。

用刚刚举的例子来说，第一部类的“1000（v）”和“1000（m）”与第二部类的“2000（c）”交换。第一部类的生产资料卖给第二部类，第二部类的工人和资本家从第二部类购买消费资料。当然，这种流通方式的前提是必须有货币流通。

第一部类的工资“1000（v）”是预支的货币资本。然后从第二部类的“2000（c）”中购买“1000（c）”。另一方面，再用这些货币去购买第一部类中的生产资料。如此一来，最初预支的“1000（v）”就一定能回流。

接下来，就剩下讨论第一部类的“1000（m）”和第二部类的“1000（c）”之间的关系。这种情况下，若将各种手中已持有货币作为前提进行考虑的话，各种“1000（c）”和“1000（m）”之间的交易就成立了。

这样，就能得出对于简单再生产来说的一个重要等式，即“Ⅰ 1000（v）+ Ⅰ 1000（m）= Ⅱ 2000（c）”，也就是“Ⅰ v+ Ⅰ m= Ⅱ c”。

第四节　第二部类之内的交易：即必要生活资料与奢侈品的交易

生活必需品与奢侈品

接下来讨论第二部类里消费资料交换的问题，这里交换的是“500（v）”和“500（m）”。首先，第二部类的工人用“500（v）”的工资来购买消费资料，资本家则用手头的货币购买“500（m）”的消费资料。

马克思还将消费资料部类中的生活必需品 a 和奢侈品 b 分开了。这样的分类方式成为日后金融危机时大家议论的焦点。生活必需品基本是工人和资本家购买的东西，奢侈品则被看作是资本家购买的东西。这样一来，消费资料生产的第二部类中就又产生了两个新的分部类。

> 副类 a（必要生活资料）：v=400，m=400；从而，必要消费资料的商品总量的价值 400v+400m=800。那就是Ⅱ a(400v+400m)。
>
> 副类 b（奢侈品价值）：100v+100m=200。那就是Ⅱ b(100v+100m)。

以上是个复杂的关系式。生产奢侈品的工人获得“100（v）”的工资，然后他们购买100的生活必需品。生产生活必需品的工人则用“400（v）”来购买生活必需品。从事生产的资本家从“400（m）”中抽出3/5，即“240（m）”来购买生活必需品，用2/5，也就是“160（m）”来购买奢侈品。生产奢侈品的资本家也用同样的比例，则“60（m）”用于生活必需品，“40（m）”用于奢侈品。这样一来，生活必需品就被交易了“800（m）”，奢侈品则被交易了“200（m）”。

当然，奢侈品是被第一部类，也就是生产生产资料的资本家所购买。比如在“2000（c）”中，就有“1600（c）”用于生活必需品，而另有“400（c）”用于奢侈品。如果要更细分的话，如下所示。

$$(a):\frac{v}{400v(a)}+\frac{m}{240m(a)+100v(b)+60m(b)}=800$$

$$(b):\frac{v}{100m(a)}+\frac{m}{60m(a)+40m(b)}=\frac{200}{1000}$$

从上面的等式可以看出，第一部类和第二部类的表达式非常类似，生活必需品和奢侈品也同样符合这种关系。也就是说，奢侈品生产部类的工人工资“v”，不会超过生产生活必需品的资本家的剩余价值。

奢侈品生产增加的情况

如果不是这样会如何呢？那么就会造成金融危机和与之相关的问题。

换句话说，如果奢侈品产量逐渐增加，生活必需品的生产被拖延，生产奢侈品的工人工资就很难拿到手。

> 每一次恐慌，都会暂时减少奢侈品的消费。(Ⅱb)v复转化为货币资本的过程，将因此延缓迟滞。这种复转化过程将只能部分进行。奢侈品劳动者一部分，将因此失业，以致必要消费资料的售卖，也停滞并且减少。同时，为资本家所使役而得其奢侈支出一部分的不生产劳动者，(在这限度内，这种劳动者本身就是奢侈品)，也被解雇。实则，这种劳动者在必要生活资料等的消费上，本来也是占着很大的部分的。而在营业振兴时期，尤其是在欺诈的开花时期，情形却正好相反。在这时期，由商品表现的货币的相对价值，会在价值不发生变动

时，由其他的理由，往下跌落，以此，商品价格会不问其自身价值如何，腾贵起来。不仅必要消费资料的消费会增加。在平时，劳动阶级是不用奢侈品的。奢侈品在平时大抵只能成为资本家阶级“必要的”消费资料。但在这时候，劳动者阶级（预备军也全成为现役军了），也可暂时享用奢侈品了。这种情形，唤起了物价的腾贵。

说恐慌起因于有支付能力的消费或消费者的缺乏，那完全是一个重复语。资本主义制度，除知乞食者或盗贼的消费外，是只知有支付能力的消费。设有任何商品不能卖出，那就是这种商品不曾见得有支付能力的购买者，或消费者（无论商品购买结局是为生产的消费，还是为个人的消费）。但若有人说，这是因为劳动阶级在他们自身的生产物中所受的部分过小，其弊害，只要在生产物中给他们以较大的部分，或将他们的工资提高，想由此给这种重复语以更深的论据；我们就应答说，在恐慌之前，通例有一个时期，在这个时期，工资通例会提高，年生产物中决定充消费用的部分，实际也有较

> 大的一份，归劳动阶级。这种人，自以为是在维护健全的“单纯”的常识。从这种人的见地看，这个时期，岂不宁可说会将恐慌远离，包含有诸种与善意或恶意无关的条件，使劳动阶级得以暂时享受相对的繁荣，但结局，这种相对的繁荣，常常变作恐慌来袭的警报。

重点转向奢侈品的生产，弱化了生活必需品的生产的地位。然而，这反倒让工人的工资都提高了，也提高了需求量。结果是，价格飞涨，产品更卖不出去了。工人的工资如果很高的话，就能避开金融危机的说法纯属天方夜谭。与其说这是消费的问题，倒不如说这是生产平衡的问题。

第五节　交易之媒介：货币流通

商品流通中需要货币

说到总结部分，其实也包含数个重复的部分。问题只是在于产品流通后的货币流通。我们将做如下说明。

> 商品流通，通常有两个要件：投入流通中的商

品和投入流通中的货币。

首先，确定第一部类和第二部类之前的关系，即前文提及的表达式“Ⅰ 1000（v）+ Ⅰ 1000（m）= Ⅱ 2000（c）”。然后，确认在上节针对第二部类所说的生活必需品和奢侈品间确立的表达式，也就是“500（v）+500（m）=a［400（v）+400（m）］+b［100（v）+100（m）］”。

在这里说明一下与货币的关系。

首先，来说第一部类和第二部类。开始，第一部类的工人以工资为“1000（v）”，从第二部类购买了“1000（m）”的生活资料。接着，第二部类的资本家从第一部类购买了“1000（m）”的生产资料。这样下来，第一部类预支的“1000（c）”就会再次回流。

其次，第二部类的资本家为了再从第一部类获得生产资料，向其中投入500英镑的货币，而第一部类的资本家接着再买进“500（m）”的第二部类的消费资料。这样两次重复后，Ⅱ的“1000m”和Ⅰ的“1000c”之间的交换就成立了。

目前还有“1500（c）”的货币。但是为了实现剩余价值，需要用其中的“500（c）”去投资。这“500（c）”才是实现剩余价值重要的货币。马克思称这“500（c）”的货币为“下金蛋的鸡”。

实现剩余价值的货币

至于这些货币从哪来，也已经在第二篇中作为问题讨论过了。即资本家为了实现剩余价值，就会将这“500（c）”预支。

> 因预料未来剩余价值而支出的货币之预料性质，当极明显。如果资本家失败，其债权人及法庭，必调查其私人预料的支出，是否与其营业的范围，以及与其通常的通例的剩余价值收入，保持恰当的比例。
>
> 就资产阶级全体说，资本家实现其剩余价值所必要的货币，及流通不变资本和可变资本所必要的货币，系由资本家自己投在流通中的说法，是全部机构的必要条件；故在此，只有两个阶级存在：即只能支配自己的劳动力的劳动者阶级，和独占社会

生产手段与货币的资本家阶级。

如果这“500（c）”是从货币资本家或者商业资本家之处来的，那么为了实现剩余价值，就需要有方式启动它。很大的可能是，用存在银行里的固定资本来启动。只要不失信，无论如何，为了实现这500的剩余价值都是绝对必要的。

第六节　第一部类的不变资本

第一部类内部的不变资本在它的内部进行交换

接下来，我们来分析一下第一部类的不变资本问题。这部分价值不是新生产出的价值，而是从之前就存在的不变资本价值转移得来的。然而，问题也就出现了。第一部类的可变资本、剩余价值已经同第二部类的不变资本作了交换，而第二部类的可变资本和剩余价值之间也已经相互交换，那么这里的第一部类的不变资本不是已经没有可交换对象了吗？

其实，这部分只能像第二部类的可变资本和剩余价值一样，在部类内部的不同生产场所之间发生了交换。即第一部类中的原材料和机械之间发生了交换。

第七节　二部类的可变资本与剩余价值

一年内被生产的价值

由此，我们再讨论一下一年间生产出的价值总额。本来没有把第一部类的不变资本当作问题，是因为这并不是它一年内增加的价值，而只是价值的转移。本年增加的价值是第一部类和第二部类的可变资本和剩余价值而已。

> 年生产的消费资料的总价值，等于该年生产的可变资本价值Ⅱ，加新生产的剩余价值Ⅱ（也就是第Ⅱ部类在该年生产的价值），加该年生产的可变资本价值Ⅰ，加新生产的剩余价值Ⅰ（也就是第一部类在该年生产的价值）。

一年内的纯生产物等于消费资料部门的生产

也就是说，在简单再生产的前提下，第二部类中生产的消费资料总额即为年价值产品，也是社会劳动在当年产生的价值。在这里马克思举例，“1500（v）+1500（m）=3000（c）”是今年产出的总价值，也就是说第一部类的“1000v+1000m”等于第二部类的不变资本的价值。我们再看看亚当·斯密的信条。信条认为，所有的不变资本都能分成“v+m”。第二部类的不变资本确实能分成“v+m”，但前提是在单说第二部类资本不变的情况，要是第一部类的话就行不通了。在之前的年份中，第一部类当然可以被认为能够分成“v+m”，但在当年不能这么分。第二部类的不变资本也只是能分解，在之前的年份仅仅是价值转移罢了。

这里必须注意到，价值形成和价值形成且转移的区别。价值形成归根到底仅仅是劳动力，也就是“v”和“m”而已；而价值形成和价值转移由于包含在那之前的年生产资料，所以应该理解为“c+v+m”。

第八节　二部类的不变资本

今年的生产物价值不包含之前的价值

在这里马克思假定：包含不变资本的总价值为“9000（c）”（即第一部类的4000c+1000v+1000m，加上第二部类的

2000c+500v+500m），为生产这些价值需耗费 3 年。那么在第一年，也就是占总年数的 1/3 时可以生产出来的是：第一部类的“4000c”，第二年即年数的 2/3 时生产出第二部类的“2000c”；第三年，设定附加给两个部类的价值为 3000（即第一部类 1000v+1000m，第二部类 500v+500m）。如此，则总生产价值为“9000（c）”。

但如果按这个思路来计算，最后一年被附加的 3000（m）就等同于第二生产部类的全部价值了，那么最后一年所生产的看起来全耗费在了消费资料上。然而，实际上第一部类“1000v”与“1000m”的价值是最后一年才生产的。

从社会再生产的角度看，源于不变资本的社会问题，不会被认为是作为不变资本全体 2/3 的部分在第二年和第一年形成价值的转移，它只会被看作是被生产的全新的价值。

作为原材料被新生产的，其实是消费资料和生产资料。尽管消费资料可以被认为是新生产的部分，但生产资料并非如此。如果仅看第三年实际制造的机器，会觉得它确实是新生产的。

但是，在制造了生产资料的资本家看来，那些作为产品的生产资料，是由过去劳动的转移、新的劳动支出以及剩余劳动的附加而形成的，因此并没有转移什么事。但从社会全体角度来看，新的机器尽管没有任何价值，但却依然存在，这不得不说是一件奇怪的事。

第九节　对于亚当·斯密、斯托齐、兰塞等人之回顾

不产生价值的东西产生价值

从社会的角度看会是这样：总产品的价值是“9000（c）=6000（c）+1500（v）+1500（m）”。其中“6000（c）”是生产资料，“3000（c）”是消费资料的价值。“6000（c）”被补偿为实物，工人和资本家则把“3000（c）”作为商品进行消费。马克思非常赞赏斯托齐，认为他已经看穿了生产资料被作为实物补偿的这一事实。

但是，亚当·斯密不这样认为。他认为产品的所有价值，也就是“6000c”的全部，也应被分解为“v+m”，即所有都应该被消费者支付才对。这并不只是亚当·斯密的观点，“v+m”信条已被经济学奉为真理。的确，作为消费资料来考虑的话确实如此。但是放置于其他所有的商品，这样的

说法未免言过其实。其原因在于，消费资料的不变资本“c”与生产资料的“v+m”一起被资本家买入了。

问题在于第一部类的不变资本。正如前文所述，这只能通过第一部类资本之间的补偿关系来补偿。

而兰塞在亚当·斯密的基础上更进一步，他已经到了认为只有不变资本才是资本的地步了。兰塞误以为，本来不生产价值的不变资本是最有用的。在他看来，不生产价值的东西生产价值，那么工资便是社会的消极收入，是最好能够消失的收入。从社会角度来说，必要的是作为生产资料和原料的固定资本，这才是真正的资本。带给国民财富的只有这些固定资本，而作为流动资本的劳动不会带来任何东西。因此，剩余价值在任何地方都不会产生，只会自然地作为资本家的权力而产生。

第十节　资本与所得：可变资本与工资

生产过去劳动的社会

在书中，马克思这样描述国民生产总值（GNP）的概念：

> 总生产物的价值，比这个总生产物的由年劳动（即在当年支出的劳动力）体化成的价值部分更大。一年的价值生产物，一年间在商品形态上新创造的价值，比生产物价值（即全年所形成的商品额的总价值），更小。当从年生产物的总价值中，减去当年劳动在其上所加的价值，所得的差额，不是实际再生产的价值，而不过是在新存在形态上再现的价值。这个价值，是由以前存在的价值，移转到年生产物去的。

在一年中，所生产的价值只不过是劳动力创造的东西而已，但实际上还存在附加了以前价值的商品。如今的劳动将最后一年以前生产的生产资料的价值转移到了最后一年，即当年的产品中去。再生产公式明确表达了这一点：在“第一部类 4000c+1000v+1000m”与“第二部类 2000c+500v+500m”之中，除掉不变资本，新价值只有“3000（c）”。这“3000（c）”是一年生产的价值。虽然如此，在第一部类的生产资料中，“1000v+1000m”是新生产的东西，因此会作为生产资料将价值转移到下一年，而且这个数额是所创造的新价值的

2/3。因此可以说，资本主义社会是不断生产不变资本，也就是过去劳动原材料的社会。

在此，马克思概括资本主义社会的特征为：

> 资本主义社会，以其所能利用的年劳动的较大部分，生产手段，（即生产不变资本），不能在工资或剩余价值的形态上，转化为所得，只能当作资本用。

在这里，马克思分两种情况，更加详细地展开了阐释。这是为了批判“资本对一方来说是收入，收入对一方来说是资本”的传统观念。他告诉我们，这种观念既是对的，又是错的。

也就是说，问题在于投资于工人的货币。实际上，这些货币虽然是资本家作为资本投资的东西，但工人在获得它们以前，就已经补偿了同等价值，甚至还附加了剩余价值。因此，资本家所支付的货币，尽管确实是资本家投入的资本，实际上早已变成作为劳动力价值增殖而成的商品，需由工人自己来补偿。

因此，资本并不是收入，只是工人自己创造的东西。

这是第一种情况，即可变资本在资本家的手中作为资本发挥功能，而在工人手中就是收入的问题。

虽说资本家用可变资本购买工人的劳动力价值，但同时工人也在出卖它。所以换个角度，它其实也是资本这一方的收入。资本家转交给劳动的可变资本，其实是工人自己创造的。只要是在创造等价物，那么这种收入就不是资本。工人的收入不仅是自己劳动的变体，同时也产生了剩余价值。但剩余价值并不属于自己，因此我们说，剩余价值并不是资本。

而第二种情况，就是长久以来我们所说的“第一部类1000v+1000m＝第二部类2000c”的问题。对于一方来说的不变资本，在另一方就是可变资本与剩余价值，也就是收入。同时，对于一方来说的收入，在另一方则就是不变资本。

接下来就是第二部类间相互买卖的“500v”的情况。资本家通过预支付的资本“500v”来购买劳动力，这对于工人来说就是收入。这个收入在另一方面也是资本。对这种情况也可以用相同的方式理解。这个可变资本，并不是工人的收入。工人自己补偿了可变资本部分，那么就不能说工人的收入是资本。

第十一节　固定资本的代置

货币的闲置化

在这里我们来谈谈，在“第一部类 4000（c）+ 第二部类 2000（c）+ 第一部类 1000（v）+ 第二部类 500（v）+ 第一部类 1000（m）+ 第二部类 500（m）”之中，最初第一部类 + 第二部类的“6000（c）”的补偿是如何进行的。本来，固定资本会随着年数一点点折损，但它并不需要马上被新的机器所代替。因此，需要补偿的东西分两种情况：要么是实物，要么是作为货币然后累积起来。

> 货币贮藏，乃是资本主义再生产过程的一个要素。当固定资本或其个别要素的价值，在它未磨灭的期间内，尚未将其全部价值移转到所生产的商品内，从而不必要在自然形态上代置以前，这种贮藏货币不过是这种价值在货币形态上的再生产与储藏。

简言之，在本节我们要讨论的是在再生产表达式里的部类间不均衡问题，即产生于固定资本折旧的分歧偏差所引起的第一部类和第二部类的部类间不均衡问题。

1. 磨损价值部分在货币形态上的代置

不均衡的可能性

这里的问题在于第一部类的“1000（v）+1000（m）”与第二部类的“2000（c）”之间的关系。第一部类的可变资本与剩余价值，也就是该部类的工人与资本家，用于购买必需的属于第二部类的那部分消费资料。但第二部类并不一定要马上购入生产资料。这样一来，卖给第一部类所得到的“2000（c）”货币，就不一定会用于购买第一部类的生产资料。

以上讲述的就是货币的贮藏。一直以来我们都把这些关系当作等式来看待，但这里的问题在于时间差。尽管最终它会是一个等式，但短期内并不均衡。

这个式子如下：

第一部类 1000（v）+ 第一部类 1000（m）＝

第二部类 1800（c）+ 第二部类 200（c）

即：有可能在 2000 的销售额里，会有 200 并不能马上使用。

2. 固定资本在自然形态上的代置

不均衡与危机

这里马克思又研究了上述货币资本的贮藏部分，即“200（c）”，用实物补偿的情况。马克思进行了更加详细的计算，我们不在此赘述。总之：如果用实物补偿，等式可能会在一定时间内不成立。不论是货币还是实物，生产资料部类和消费资料部类之间都会存在不协调。这种不协调就意味着部类间的不均衡。

由此，马克思在结论部分引出了重大问题。

3. 结论

过剩资产与危机

因部类间的生产不均衡而产生的危机，会有一种表现，即第二部类如果不补偿生产资料，第二部类的生产资料便会出现过剩资产。

> 在这场合，哪怕再生产以不变的规模进行，结

果也是恐慌，是生产恐慌。

一言以蔽之，在单纯再生产和各种条件（尤其是生产力，以及劳动的总量和强度）不变的情形下，我们必须假设，在已经消磨而待更新的固定资本，和继续在旧自然形态上发生作用而仅以磨损价值移转到生产物去的固定资本之间，有一个不变的比例；否则，在一个场合，再生产的流动成分量将保持不变，再生产的固定成分量则将增大。结果，第Ⅰ部类的总生产必须增加，不然，就会引起再生产的不足。（且把货币问题存而不论。）

在其他场合，如果必须在自然形态上再生产的第Ⅱ部类的固定资本之比例量减少，从而，第Ⅱ部类固定资本仍只在货币形态上代置的成分同比例增加，则第Ⅱ部类不变资本须由第Ⅰ部类再生产的流动成分之量不变，其固定成分之量则减少。结果，第Ⅰ部类的总生产必然减少，不然，就会引起一个过剩额（在前场合是不足），不能转化为货币。

不错，在前一场合，同一的劳动得凭增大的生产力，凭延长的时间或增大的强度而提供较大的生

> 产物，从而，弥补不足；但这样的变化，非使劳动和资本，由第Ⅰ部类某生产部门转移到别的生产部门，是不能发生的；这种转移，也不免引起暂时的扰乱。又，在劳动时间和劳动强度增加的限度内，第Ⅰ部类将不得不以更大的价值，交换第Ⅱ部类的更少的价值，以致第Ⅰ部类生产物发生价值减少的现象。
>
> 第二场合的情形，正好相反：在这场合，第Ⅰ部类须缩小其生产（这对该部类从事的劳动者和资本家，是一种恐慌），或提供一种过剩（这也是恐慌）。这种过剩，就其自体说，并不是什么弊害，宁可说是一种利益，但在资本主义生产下，那确实是一种弊害。

如果第二部类的固定资本由实物补偿较多，那么就会引起第一部类的生产增加；如果不是这种情况，则会引起第一部类的过剩资产。而出现问题的就在这后一种情况。

也就是说，这既是生产资料生产部门的投资过剩问题，也是生产资料过剩而引起的生产过剩问题。因为危机，生产资料过剩已成为问题，生产过剩引起了再生产的不均衡。当然，不论如何，与外国进行贸易是解决这种生产过剩的好方法，正好可以暂时缓解生产过剩或生产不足。

为什么在社会主义社会不会产生危机

在社会主义社会又会是什么样的情况呢？我们认为不会产生这样的问题。其原因在于，在社会主义社会里，生产是有计划进行的，可作为库存进行供给。有计划地进行生产调整，过剩资产就不会导致危机。生产增加本身没有问题，但在资本主义社会，生产是在无政府状态下进行的。这样一来，就会出现无法预期的生产过剩，抑或是生产不足。这会导致经济陷入困境，直至破产凋敝。

> 资本主义的再生产形态一旦废止，我们当前的命题，就会归着到下述这点：即，死灭掉的从而必须在自然形态上代置的固定资本部分（在这里，是指在消费资料生产上所使用的固定资本），是逐年不等的。如果在某年很大（拿人来作类比，就是超过平均死亡率），则在如下诸年会依比例较小。消

费资料年生产所必要的原料量，半成品量，和补助材料量——在其他诸条件不变的场合——并不会因此减少，所以，生产手段的总生产，在一个场合必须增加，在其他场合必须减少。这个情形，只能由不断的相对的过剩生产来救治；那就是，一方面必须有一定量的固定资本，比现下需要的固定资本更多；另一方面，尤其须有原料等等物品的库存，比直接的常年的需要更大。这一点，在生活资料方面，尤其适合。这种过剩生产，等于是社会对于社会再生产诸物质手段的制动器。但在资本主义社会内，这种过剩，不过是一个无政府的要素。

第十二节 货币材料的再生产

金钱的生产与囤积货币

本节我们将谈谈货币，也就是金的生产。为什么把金的生产作为问题来讨论呢？其实这是跟第二篇第十七章的“剩余价值源泉”有关联的。作为支撑再生产的闲置资本的形成，金的生产就成为问题。

我们可以把生产金当作生产资料来同等看待，因此归入第一部类，预设基本模型为“20（c）+5（v）+5（m）= 30（c）”。

与之前的例子相同，在所谓第一部类的黄金生产中，“5（v）+5（m）”也是从第二部类购入消费品。换句话说，就是与第二部类中“c”的部分进行交换。金可以分为两类，一是用于工业生产，二是铸造后作为货币使用。那么作为工资支出的“5（v）”就被用于从第二部类购买消费资料。与此相对应，如果作为产品的“2（v）”的金被消费材料的工厂作为原料卖掉，那么货币“2（v）”就会回流至金生产部门。假设金不能卖出更多，那么剩下的“3（v）”黄金会原封不动地留在金生产部门。但是，因为金具有购买任何东西的功能，也就是有货币的价值，因此从这个意义上讲，就是货币的回流。但即使如此，由于第二部类并没有购买“3（v）”的金，因此最初的货币就会余出“3（v）”，资本家要做的就是将其囤积到第二部类。

接下来是“5（m）”的问题，其实也是一个道理。金在生产部门残留了一部分，在第二部类，它们将作为货币留下。这种情况下也会产生货币的囤积。

以上，就是货币囤积的证明原理。

> 这个过程是逐年反复的，故可以说明我们最初考察资本主义生产时所作的假定。即，在再生产开始时，已有一个与商品交换相应的货币资料量，在第Ⅰ部类和第Ⅱ部类资本家手中。固然，流通货币的磨损，虽不免会引起金的损失，在这种损失扣除之后，我们依然可以发现这种蓄积。

就这样，在资本主义社会中，货币不断累积。依靠金的生产，货币被持续追加。马克思指出，这与第二篇第十七章是有关联的，并由此解释了若干问题。

如果以流通所必需的货币量来看，最大的问题在于产生剩余价值的货币从何而来。其实，这些货币是由资本家预先持有的囤积货币而产生的。在这里，他对囤积货币如何产生进行了部分解释。

> 每个开始一种新营业的资本家，当他的营业走上轨道时，就能把他当初为维持生活购买消费资料

> 所支出的货币，当作剩余价值所依以货币化的货币，再收回。

产生于投资的固定资本偏差中的闲置货币

然后，马克思谈了一年总生产中的不变资本问题。

问题在于，所投入的资本（即投资与流动资本中的货币），与为了补偿之前已投入而又从生产中抽出的货币，所以资本只能补偿这一年折旧的部分，而这比起投资额还是更少。于是，会有大量货币投入不变资本，有时又只有很少。

> 每一个产业资本在开始的时候，都把用来购买全部固定资本组成部分的货币依次投入流通，但只能通过出售其年产品，在若干年内逐渐把它收回。

在探讨一年总生产问题时，难点在于存在并非当年生产的东西，比如红酒或者家畜就是如此。当然，一年中不仅有直接必需的货币量，还包括潜在的累积起来的货币。同时，并不是所有的交易都以货币流通为媒介来完成，有时还需注意实物支付的情况。

第十三节　特斯杜·德·托拉西的再生产学说

托拉西的奇妙学说

马克思在本节中批判了得到李嘉图认可的法国学者特斯杜·德·托拉西的观点。为什么要批判他呢？马克思实际上在批判他找到了利润源泉的说法，即利润是从比消耗在生产上的金额更高的卖价中产生的。

在本节中，马克思从以下三点批判了托拉西。

第一点，是关于利润的。

托拉西认为，假设最初投资于商品价值的部分是 400 英镑，那么只要每个分享这 400 英镑的人把自己那一部分卖给别人时贵 25%，就可以获得利润了。难道这就是转让利润吗？这样一来人们在卖的时候得利，在买的时候亏损，到头来挣的同时也在亏，是不可能增长利益的。

第二点，是关于工资的。

托拉西认为，预支 100 英镑的工资给工人，会生产相当于 100 英镑的商品。这仅仅是与工资相等额度的回流，不会产生任何利润。但该学者还说，如果能以比花费的价格卖得更多，比如卖 120 英镑，那么就会有 20 英镑的利益。但实际上，因为仅支付了 100 英镑，那就只能有 100 英镑的购买力，是不可能产生所谓的那 20 英镑利益的。托拉西认为还有一个方法，是把原价值 80 英镑的商品卖到 100 英镑，就可以获得 20 英镑的利润等。不论怎样，这都是从工人那里预先扣除 20% 后产生的行为。总之，这样会降低工资，也就是以低于价值的价格购入劳动力来获得利润。

讽刺的是，这位学者的观点恰恰证明了“利润的源泉是劳动”的说法。如果这是正确的，那么他的以高价卖出得到的利润才是利润的源泉的说法，岂不是正好被证明在胡说八道。

第三点，是关于利润的一部分，即地息等利息相关的东西。

托拉西假设，所得的 200 英镑利润里，有 100 英镑得用于这样的利息。但最终，这些有闲资本家用这 100 英镑的利息从其他资本家处购买消费品，这样一来，资本家就实现了利润。情况真的是这样吗？其实只不过是最初的 100 英镑回流到了资本家这里而已。由此，他引出了自己独特的“高价卖出”的想法，即把消费品涨价 20%，即 120 英镑，再卖给有闲资本家。但实际上，有闲阶级只收入了 100 英镑，那 20 英镑又从何而来呢？

创造价值是资本家的着力创意吗

马克思在这里给出了结论。他认为，托拉西的劳动价值学说直接继承了亚当·斯密的思想，而又认为是因为资本家的高价强卖产生了利润。他在不知不觉间，将创造价值归结为资本家头脑智慧的创意结果。马克思引用了这位“当代最好”的学者的话，进行了总结。

> “我希望，大家留意，这样考察我们财富的完成，是怎样和我们关于财富生产与分配所说过的话相一致。这种考察，对于社会的整个运动，曾投下怎样的光明。这种一致，这种光明，是从哪里来的呢？因为我们以坦直的态度看待真理呀！这个事实，让我们想起镜子的作用；我们必须站在正确的焦点上，物品才会明晰地，匀称地，反射出来。或我们站得过近或过远，每一物都会像似混乱的，歪曲的了。”

资产阶级的痴呆，在这里，有了它的至乐之境！

第二十一章

蓄积与扩大的再生产

最终被投资的贮藏货币

这里要讨论的是资本积累问题，也可以说是资本主义如何扩大生产的问题。这是理所应当的。取消对以简单再生产为前提的剩余价值的消费，将这部分再投资，就可以解决问题。当然，即使这样也不能立刻投资，而应该将每年囤积的货币积累起来，然后再决定在何时投资。囤积的货币不过是潜在的资本。

第一节　第一部类的蓄积

1. 货币贮藏

所谓货币贮藏，就是在卖掉商品后蓄积货币，而并不是说囤积的货币本身就能产生价值。单指货币积蓄本身是不具有任何生产性的，也不会被赋予任何价值。随着信用制度的发展，在银行中可以囤积货币，然后又可以作为货币资本再次被取出。

那么第二十章第十一节的问题，也就是第一部类“v+m”和第二部类“c”之间的问题又出现了。毕竟是囤积货币，那么只要稍微积累一下补偿的费用，就会造成各部门的不均衡。在此，我们再次分析一下该问题发生后出现金融危机的可能性。

2. 追加的不变资本

生产手段的过剩能力

首先考虑制造生产资料的部类。这时我们考虑的是以非货币资本形式积累的情况。由于此时产生了隐藏生产能力的生产资料，因此也酝酿出了新的力量。而这些新的生产资料则用于补充不变资本。当然，这是生产资料生产部门间为相互交易而出现的货币形态。就算没有这种相互买卖，生产资料部门也完全有获得追加能力的可能。

因此，一国的生产力依赖于不变资本的生产能力，也就是积累的资本。如此，过剩的资本能力才成为导致资本过剩的原因。所谓资本过剩，并不是单指货币过量，还有资本能力的膨胀。

直接由资本家AA'A''（第Ⅰ部类）生产并由他们占有的剩余生产物，虽是资本蓄积（扩大的再生产）的真正基础——不过，要到 B B'B'' 等（第Ⅰ部类）手中，它才实际发生这种机能——但当它犹在金蛹形态上，当作贮藏货币，当作渐次形成中的可能货币资本时，它是绝对不生产的。它在这个形态上，与生产过程并步而进，但其进行，是在生产过程之外的。这是资本主义生产一个致命的重负。利用这种在可能货币资本形态上蓄积的剩余价值，冀从此造出利润和所得来的欲望，是以信用制度及有价证券为努力的目标。

货币积累与信用制度

过剩的生产能力屡次转变成货币，作为过剩的货币又回到投资中。单看这一点，我们一定会认为过剩的是货币而不是生产资本。但真实情况是，在金融市场上发生金钱过剩、出现金融泡沫时，才会发生资本的过剩。这样，对于新出现的企业来说就不得不投资货币。

为了应对这样的过剩生产力，就必须预先积累过剩的货币。积累的货币量比流通的货币量都多，商品就会变得货币化。为了与不断扩大的生产相适应，商品和货币的量也得随之增长。

如果此时发生问题，货币就没法按照商品生产的增加而增加。如果是贵重金属货币，若没法满足生产中的货币供给要求，就会阻碍生产。

> 另一方面，全信用机构会不断通过各种操作、方法与技术计划，将现实的金属流通，限制到相对日益缩小的最小限。——但全机构的人为性及其顺常进行的搅乱机会，也会依比例增加。

虽然出现了像这样用信用制度来调整货币供给的尝试，但毫无疑问其也是伴随着极大风险的。比如黄金和美元之间的联结消失，就来源于美元的发行过剩。

3. 追加的可变资本

这是劳动力在面对生产扩大而经常准备的，也就是作为过剩人口而存在的。因为已经在第一卷说过了，马克思也指出过，这里不再作过多的讨论。

第二节　第二部类的蓄积

消费资料的库存

接下来我们来说说第二部类的积蓄资产。在此讨论第一部类的“v”和“m”，与第二部类的“c”之间发生的交换关系。首先假定一种情况，即第一部类的资本家A向第二部类贩卖生产资料，反过来却不会从第二部类的资本家B那里购买消费资料。这样一来，第二部类的消费资料就剩在那里，没有出售，可以说是消费资料的过剩生产。这样，资本家B也就不需要再生产新的了。

在现实中，这种商品被库存的形式会产生不少问题。没有卖出的部分从某年到下一年被作为库存保留下来，自然会有资本家B需要一些追加资本。而这些追加资本，就是第二部类积蓄资产的意义所在。

第三节　以表式说明蓄积

1. 第一例与第二例

再生产模型“1v+1m>2c”的情况

在这里为了说明第一部类“v”和“m”和第二部类“c”的不均衡情况，可以举两个表达式来说明。第二部类“c”与第一部类“v”，“m”不交换的情况则作为特殊情况，也就是第一部类的剩余的“m”作为货币资本，不购买第二部类“c”的特殊情况。我们试图将其归类为一般情况讨论，即表达式（a）与表达式（b）。

表达式（a）

$$\left.\begin{array}{l} \text{I}.\ 4000c+1000v+1000m=6000 \\ \text{II}.\ 1500c+376v+376m=2252 \end{array}\right\}\text{合计 }8252$$

表达式（b）

$$\left.\begin{array}{l} \text{I}.\ 4000c+875v+875m=5750 \\ \text{II}.\ 1750c+376v+376m=2502 \end{array}\right\}\text{合计 }8252$$

表达式（a）与前面所有的表达式不同，与第二部类的不变资本相比较，第一部类的剩余价值和可变资本之和更大“（Ⅱc＜Ⅰv+Ⅰm）”。另一方面，表达式（b）与以往的简单再生产是同一个模型，也就是说，表达式（a）才是扩大再生产的模型。

表达式（b）中，第二部类的“c”与第一部类的“v”和“m”之间进行彻底交换。表达式（a）中，第一部类还会剩下“500（m）”，这就是积累的部分。接着，再将第二部类的“376（m）”也当作一半的积累的量，也就是说，第一部类和第二部类一起扩大生产。第二部类的积累是个特别的问题。

把第二部类的剩余价值的一半作为积累，也就是“188（c）”。其中，有“48（c）”将转化为可变资本，“140（c）”转化为不变资本。然而这就产生了矛盾，为什么呢？因为即使把第二部类内部发生交换作为前提，也会与从第一部类购买“140（c）”的不变资本这一前提相违背。因此，从理论上说，购买不变资本终究是强制使用积累的货币进行购买。这样的话，这些积累的货币又是从哪来的呢？

但在这里，不能涉及类似第二部类工人工资下降，或者用实物支付等偶然情况。毕竟《资本论》并不会讨论这些特殊情况的。

2. 蓄积下的Ⅱ c 的交换

逐年扩大的生产

以扩展后的表达式再举两例。扩展时基本模型，也就是以“Ⅱ c＜Ⅰ v+ Ⅰ m”为前提，再次试图考虑新表达式。

Ⅰ 4000（c）+1000（v）+1000（m）

Ⅱ 1500（c）+750（v）+750（m）

用之前提过的方法来说的话，第一部类会积累“500（m）”。这是将可变资本“v”作 100，不变资本“c”作 400 来考虑的。于是，第二部类的追加资本也从剩余价值“750（m）”中得到了追加。详细条目为不变资本“100（c）”，可变资本“50（v）”。这样的话，表达式又可以有如下展开：

Ⅰ 4400（c）+1100（v）+500（m）

Ⅱ 1600（c）+800（v）+600（m）

这样进行生产，一年后表达式又变成下面这样：

Ⅰ 4400（c）+1100（v）+1100（m）

Ⅱ 1600（c）+800（v）+800（m）

把剩余价值率也同样作为前提考虑，由此得出，利润扩大为第一部类“100（c）”，第二部类“50（c）”。

接下来一年，这样扩大后的表达式又继续扩大下去。

扩大再生产的理想结果

关于数字的讨论可能有些重复，但这样就只剩下一个问题：这会对扩大的资本主义工人的状态产生怎样的影响？我们引用某篇报告来说明。这篇报告对工人不消费表达了惋惜，工人拒绝了他们缔造的资本主义文明的进步。与其说希望得到许多产品，他们更希望减少劳动时间并为之努力工作。这点应该被狠狠批判。话虽如此，正是这样的扩大再生产，才导致工人劳动时间延长，它是让工人疲惫不堪的真正原因。

“即在价格上，我们也要打倒英国；品质较优，在现在，已成为公认的事实；但我们还须有较低的价格；若我们的钢可以更便宜，我们的劳动可以更低廉，我们就可以达到目的。”

劳动工资降低与劳动时间延长，便是这种合理的、卫生的，使劳动者位置提高，并成为合理消费者的方法的核心。必须这样做，劳动者方能成为文化及发明进步所提供许多新产品的消费市场。

最后，正是凭借文化和发明对工人有益这一借口，工人才会被不断榨取。

第四节　补　论

第二部类的扩大与第一部类正在同比例地进行着，为此需要追加资本。表达式（b）中的问题，即第二部类的追加资本是从金属生产部门来的这一问题，成了最后的问题。金属生产部门的“v”和“m”是用来与第二部类的“c”作交换的。金属生产部类和第二部类的关系，与常规的第一部类一样，在这里也成立。

在这里，“Ⅱc＜Ⅰv+ Ⅰm”这个关系成立——但在这种情况下，金钱会被积累。

后　记

第二、三卷的概述与衔接

《资本论》第二卷在这里就结束了。虽然它的本质是草稿，结束的地方也并不是那么地合适。但在第二卷中要说的主题就是，在流通过程中产生的闲置资本，以及关于会使资本扩大的论述。这样一来，紧随着闲置资本问题，就会出现地租、利息之类的新的获利手段。这些是《资本论》第三卷围绕从利润和工资这两个对立事物而出现的新的榨取者而进行的讨论。榨取者其实最初并非凭借利润或地租进行榨取，反倒是产业资本的对手企业通过竞争获得了一部分利润。由此，平均利润的问题也就出现了。

第三卷将要讨论现实中能看得见的资本主义社会。现实中看得见的世界，也就是三位一体的世界，劳动—工资，资本—利润，土地—地租，然后是产生利息的资本—利息，有竞争力的企业—从其他企业获得利润。假设这些都是正确的，那么《资本论》第一卷中所说的内容就全都不成立了。也就是说，我们不得不推翻这些论点。

从第三卷的角度来看，它描述了围绕利润展开的各种斗争。然而为了在其中不迷失方向，我们先将结论放在这里。这场斗争的关键，都在“资本对工资劳动”中体现出来了。资本家和地主间的斗争、产生利息的资本（股东之类的）和资本家间的斗争、有竞争力和没有竞争力资本家间的斗争——无论哪个斗争，创造利润的根本都是工人。我们说这场斗争围绕着已经被榨取价值的工人的剩余价值，或者称他们是胜利者之间的斗争，也不为过。

读者们，在读《资本论》第三卷前，请先记住以上这些话。

图书在版编目 (CIP) 数据

《资本论》轻松读 / (日) 的场昭弘著；王琰，张琰龙，江涛译. — 杭州：浙江人民出版社，2022.7

ISBN 978-7-213-10309-4

Ⅰ. ①资… Ⅱ. ①的… ②王… ③张… ④江… Ⅲ. ①《资本论》- 马克思著作研究 Ⅳ. ① A811.23

中国版本图书馆 CIP 数据核字（2022）第 056662 号

浙江省版权局
著作权合同登记章
图字：11-2019-188 号

《资本论》

——轻松读——

第三卷　资本主义为何会使人们不幸?

［日］的场昭弘◎著
工　琰　张琰龙　江　涛◎译

超訳『資本論』

浙江人民出版社

前　言

恩格斯的序文

恩格斯在序文中提到，编辑《资本论》第二卷时的不易，这是了解本卷所写内容的重要文章。的确，读《资本论》第三卷的困难程度，无论是谁都能感受得到。因此，这本书并不是为了出版而书写的原稿，其只不过是著者的笔记而已。

对此，恩格斯这样写道：

> 如下所述，读者当可知，第三卷的编辑工作，本质上，是与第二卷的编辑工作不同的。第三卷除一个草稿外就没有别的可以利用，并且，这个草稿，也是极不完整的。照例，各篇的开端，都曾细心修撰，即在文体上也有推敲。但越下去，研究工

> 作，就越是概况，越是有遗漏，越是牵涉那在研究进行中其位置尚未最后决定的支点，越是把句子弄得冗长复杂，以致其内孕育的思想，不能一目了然。许多地方，书法与说明方法，明白表示在工作过程中著者的疾病的开始与加重。这种疾病，使著者的独立工作，日益觉得困难，最后，还使著者的工作，不得不暂时停止。这并不是不可思议。在1863年至1867年，马克思不仅已将《资本论》后两卷的初稿完成，将第一卷整理好预备付印，且曾努力于国际劳动者协会的设立和扩张，这是一种惊人的工作量。结果，他的健康的破坏，在1864年、1865年，就已露出最初的症候，以致不能亲手将第二卷和第三卷做好。

由此可以看出，造成草稿不完整的，首先是由于马克思的病越来越重。疾病的困扰，让马克思的叙述条理变得越来越不清晰。因此，恩格斯整理出的第三卷只不过是笔记的集合而已。所以，恩格斯不得不对本卷进行补充并且添加了新的章节内容。

对于书稿的整体完成情况，恩格斯是这样说明的：在编辑《资本论》第三卷第一篇时就出现问题，即第三章的计算公式不完整，最后由担任原文德译英工作的数学家塞米尔·穆尔进行了校对。第四章则仅有一个标题，其内容全部由恩格斯执笔完成。第二篇到第四篇按照马克思的原稿完成编辑工作，没有什么变化。

第三卷的主要困难在于第五篇，这篇主要涉及信用问题的叙述和理解。马克思在执笔时又一次卧床不起，所以这篇仅开一个头。恩格斯试图以自己的语言理出一个大致脉络，但考虑到这样可能会歪曲马克思的原意，最后并没有付诸实行。恩格斯只尽量在不替换原稿内容的前提下，对马克思原稿进行了简单的排列。

因此，第五篇里不可避免地出现很多重复的语句。其中最为困难的是第三十章以后的几章内容，这部分有较多的改动和删节。这里有很多的摘录，但这些摘录未能清楚地表达出马克思要表达的内容。我们看得出，一味地加入摘录的原因是马克思在去世之前并未涉及这些领域，因此如何去解释这些内容也变得极为困难。特别是第三十三章至第三十五章的相关内容，更有很多不明不白之处。

不过后两篇还是比较完整的，如第六篇的地租论，尽管也没有写完，但相对来说要完整一些。在这篇中，马克思要对19世纪70年代俄国的土地所有权进行集中研究，以便为他书写地租论提供根据，但最终因身体原因没能完成这个计划。

作为草稿的第七篇算是比较完整的。在这篇中，马克思计划将论述重点放在“劳动者、地主、资本家”三大阶级以及阶级斗争上。但是，直到马克思去世，他也没有写出这一篇的整体性概括。不过从另一个意义上来说，其实这也算是整体性概括，只是不完整而已。

那么，就请带着以上恩格斯在编辑过程中发现的问题，阅读《资本论》第三卷吧。

目　录

第一篇
剩余价值之化为利润及剩余价值率之化为利润率

第一章　成本价格与利润　003

第二章　利润率　011

第三章　利润率与剩余价值率的比例　017

第四章　周转速度对于利润率的影响　027

第五章　不变资本使用上的节约　033

第一节　概　说　034

第二节　以劳动者为牺牲的劳动条件的节省　038

第三节　动力制出，动力分配，及建筑物上的经济　040

第四节　生产上的排泄物的利用　041

第五节　发明的节约　042

第六章　价格变动的影响　045

第一节　原料价格变动及其对于利润率的直接影响　046

第二节　资本的价值增加与价值减少；资本的游离与拘束　047

第三节　一般的例解——1861 年至 1865 年的棉业危机　052

第七章　补　论　057

第二篇
利润之平均利润化

第八章　不同的生产部门之不同的资本构成及由此引起的利润率上的差异　063

第九章　一般利润率（平均利润率）的形成及商品价值之生产价格化　069

第十章　竞争及一般利润率的均衡化。市场价格及市场价值。剩余利润　079

第十一章　工资的一般变动所及于生产价格的影响　089

第十二章　补　论　093

第一节　生产价格发生变动的诸种原因　094

第二节　中位构成的商品的生产价格　094

第三节　资本家的补价理由　095

第三篇
利润率下降倾向的法则

第十三章　其法则　099

第十四章　抵消的原因　107

第一节　劳动榨取程度的增进　108

第二节　工资被压在劳动力的价值之下　109

第三节　不变资本要素的低廉化　110

第四节　相对的过剩人口　110

第五节　国外贸易　111

第六节　股份资本的增加　112

第十五章　这个法则的内部矛盾的展开　115

第一节　概　说　116

第二节　生产扩大与价值增值之间的冲突　119

第三节　人口过剩时的资本过剩　123

第四节　补充说明　128

第四篇
商品资本和货币资本
转化为商品经营资本和货币经营资本（商人资本）

第十六章　商品经营资本　133

第十七章 商业利润 139
第十八章 商人资本的周转：价格 151
第十九章 货币经营资本 157
第二十章 商人资本的历史考察 161

第五篇
利润之分为利息与企业利益。生息资本

第二十一章 生息资本 173
第二十二章 利润的分割。利息率。“自然的利息率” 183
第二十三章 利息与企业利益 187
第二十四章 资本关系在生息资本形态上的外表化 195
第二十五章 信用和虚拟资本 201
第二十六章 货币资本之蓄积及其对于利息率的影响 205
第二十七章 信用在资本主义生产中的作用 211
第二十八章 流通手段与资本：杜克和富拉吞的见解 217

第五篇
利润之分为利息与企业利益。生息资本（续）

第二十九章　银行资本的构成部分　223

第三十章　货币资本与现实资本 I　229

第三十一章　货币资本与现实资本 II（续）　239

　第一节　由货币转化为贷放资本　240

　第二节　资本或所得转化为货币，货币再转化为贷放资本　241

第二十二章　货币资本与现实资本 III（完）　243

第三十三章　信用制度下的流通手段　255

第三十四章　通货原理及英格兰 1844 年以来的银行立法　261

第三十五章　贵金属与汇兑行市　265

　第一节　金贮藏额的运动　266

　第二节　汇兑行市　271

第三十六章　前资本主义的状态　277

第六篇
剩余利润之地租化

第三十七章　绪　论　287
第三十八章　对差地租——总论　293
第三十九章　对差地租的第一形态（对差地租 I ）　297
第四十章　对差地租的第二形态（对差地租 II ）　303
第四十一章　对差地租 II（第一场合：生产价格不变）　305
第四十二章　对差地租 II（第二场合：生产价格下落）　307
第四十三章　对差地租 II（第三场合：生产价格增高）　309
第四十四章　最劣等耕地的对差地租　313
第四十五章　绝对地租　315
第四十六章　建筑地的地租。矿山地租。土地价格　317
第四十七章　资本主义地租的发生　321
第一节　导　论　322
第二节　劳动地租　323
第三节　实物地租　324
第四节　货币地租　325
第五节　分益农制和自耕农的小土地所有制　327

第七篇
所得及其源泉

第四十八章　三位一体公式　331
第四十九章　生产过程的分析　343
第五十章　竞争的外观　347
第五十一章　分配关系与生产关系　351
第五十二章　诸阶级　355

后　记　360
译者后记　363

第一篇

剩余价值之化为利润及剩余价值率之化为利润率

第一章

成本价格与利润

看不到价值的世界

在《资本论》第三卷第一章里，关于资本主义生产，马克思对《资本论》第一卷所讨论过的价值是如何被资本家掩盖而变得不可见的继续进行论述。他认为，劳动力价值这一可变资本，在现实社会中以劳动报酬的形式出现，而剩余价值则以利润的形式出现。尽管看起来只有可变资本与剩余价值之间的转化，实际上这并非单纯的变化，而是一种形式上的大转变。换言之，这是一种向完全看不到原本形态的某种神秘形态的转化。这一篇讲述的便是这种转化，即关于剩余价值转化为利润的问题。在现实社会中，人们根本无法发现，但马克思发现了。因为对于普通人来说只知道利润的概念，所以剩余价值是无法看到。

本卷一开头，马克思便对第一卷的内容进行了论述。

> 我们在第一卷，曾就资本主义生产过程的本身加以考察，认定其为直接的生产过程，而把外部各种事情所生的间接影响存而不论，这个生产过程所呈现的种种现象，便是第一卷研究的对象。但这个直接的生产过程，还未完结资本的生涯。在现实世

界中，它还须由流通过程来补足。流通过程便是第二卷研究的对象。但在第二卷，尤其是第二卷的第三篇，我们是把流通过程视为社会再生产过程的媒介，认定资本主义生产过程，大体不外是生产过程与流通过程的合一。在第三卷，我们不再泛泛讨论这个合一了。我们在这一卷发现并说明，资本一般运动过程所生的诸种具体形态。各种资本，在现实的运动上，便是在这诸种具体形态上对立着的。资本在直接生产过程中的形式及其在流通过程中的形式，都不过是这诸种具体形态的特别的要素而已。所以，这第三卷所指示的诸种资本形态，对于各种资本在社会表面上，在相互的行动及竞争中，在生产当事人习以为常的意识中，所由而表现的形态，是一步一步更加接近了。

从各类资本的对立中来看

在第三卷中，马克思舍弃了前两卷提出的总资本之想法，开始对资本间相互对立的问题进行讨论。在现实市场中，剩余价值不仅是自己工厂的工人创造的剩余价值，也包含竞争对手工厂的工人被剥削的部分。除此之外，还包含货币资本家出借的利息和地主出借的地租等。尽管这些归根结底都是由企业剥削获得的利润构成，但绝不是一眼就能看到的。在《资本论》第三卷中所讨论的是现实世界，因此，马克思在这里始终以其原本的样子为前提进行批判。

“成本价格”的概念

首先会出现“成本价格”这个概念。

> 在资本经济上，成本价格错误地表现为价值生产上的范畴。

成本价格是什么？它是劳动力以所有生产方式创造出的剩余价值之价格。从资本家角度来说，他们关心的只有剩余价值，为了能够产生出剩余价值而花费的成本都会被当作成本价格。这是很正常的事情，因为从多少投资能够得到多少利益的角度来说，自然会出现成本价格这个概念。

从这个概念来思考，至少可以得出在生产部分所产生的价值是成本价格，在流通过程中剩余价值看起来可以顺利获得。在资本家眼中，由什么产生出价值这个问题不重要，重要的是能产生剩余价值就行。这样一来，从卖出去的价格中减去成本价格后的部分，似乎是从流通过程中产生的。

> 在此，我们只看见完成的既存价值，以及参加到生产价值形成过程中的垫支资本的诸价值部分，但不见新价值的创造要素。因此，不变资本与可变资本的区别被消灭了。

资本主义以表面现象将所有分类

价值（或者说劳动力所产生的价值）从哪里产生是看不到的，这是因为能产生价值的劳动力作为可变资本和价值被转移的不变资本并没有区别。为什么没有区别？因为在资本家眼中这是无用的，他们对什么能产生价值并不关心，只要能赚钱就可以了。

所以在资本主义社会构成成本价格的资本，并非以价值而是以形态被分类。与其说是可变资本与不变资本的区别，倒不如说是固定资本与流动资本的区别——即原有形态消失，也就是说被转变成生产物劳动和作为原料或燃料的流动资本消失了。同时，维持原有形态的机器等固定资本也出现了损耗。

如果从价值形成来说，在流动资本这个项目下，劳动力支出的可变资本部分显然与不变资本等同起来。这样，资本增值过程的神秘化也就完成了。

资本家认为，利润是从投资总额中所产生的

还有就是，资本家会混淆用于生产而准备的垫付资金和实际用于生产的资本。严格来讲，利润是从后者产生的。但作为出资者的资本家，他们认为利润是从垫付资金中产生的（在第二章会就此详细展开说明）。

> 如果它也形成剩余价值，它当然不是以支出资本的特殊性质，来形成剩余价值，乃是以垫支资本，从而以所用资本一般的资格，形成剩余价值。总之，剩余价值不仅由垫支资本中那些参加商品成本价格的部分发生，也由垫支资本中那不参加商品成本价格的部分发生。一句话，剩余价值是由所用资本的固定部分和流动部分发生的。

剩余价值和利润的不同

换句话说，被认为由垫付资本所产生的剩余价值，叫作

利润。虽说两者的量最终是相同的，但概念完全不同。利润用 P（Profit）来表示，在资本家的脑海里，产品的价格是由成本价格 K（Kostenpreis）和 P（Profit）相加得来的。这两样东西，是马克思称之为剩余价值神秘化的精髓。

这样看来，从工厂出货时只有成本价格，看起来利润是在流通环节产生的。认为成本价格就是售卖时的价格，这就是利润是在流通中产生的说法的来源。

资本主义的意识形态是什么

在《资本论》第三卷中，马克思认为资本家的思考方式，就是意识形态的具体人格化表现。这是在日本、美国、德国等生活在资本主义社会里的人从出生就习以为常的，他们要想从这中间脱离相当困难。对此，马克思从他喜欢的书巴尔扎克的《农民》中引用了下面的内容进行说明：

> 小农民为保全高利贷业者的善意，不接受酬劳为他做种种活动；他们认为这种劳动的供给不能要求任何的给予，因为自己的劳动，对于自己是不要任何现金支出的。由此，高利贷业者是一箭双雕

> 了。他既可以节俭劳动工资的支出，又使那不能以劳动耕作自己田地，因而渐渐趋于破产的农人，日益堕入高利贷的蜘蛛网内。

或许没有任何必要说明，现金就是一切，没有现金支出、收入就不会产生任何价值。其实劳动力更为珍贵，但人们希望选择不用花费现金就可以解决问题的方法，真是欲速而不达。

第二章

利润率

剩余价值的消灭

从资本家角度来说，最重要的莫过于如何从投资的资本中获取利润，所以资本家不认为从劳动者那里获得了剩余价值。也就是说，他们认为自己是从投入的资本中得到了利益而已。

因此，利润就成为超出预付总资本而得到的那部分，其可以用下面的公式来表示。

$$p'=\frac{m}{C}$$

在这里 p' 是利润率，m 是剩余价值即利润，C 是不变资本与可变资本之和，也就是总资本。

这样一来，剩余价值率 m'（$m'=\frac{m}{v}$，其中 m 是剩余价值，v 是可变资本）在这个概念中完全看不到了。剩余价值率是表示如何从劳动者那里剥削价值的比率，眼睛是看不到的。因此，这也成为现实经营中不存在剩余价值率的表象。这是因为售价超出成本价格的部分，在现实中看起来是在市场中产生，也就是在流通过程中实现的。

> 他不关心这个超出额与资本某部分的确定比例及内部关系；他所关心的，应该说是掩蔽这种确定比例和内部关系的朦胧的烟幕。

当然资本家的这种思考方法也并非完全错误。剩余价值是在市场中实现的这一点没有错，但更重要的是在市场上还存在夺取竞争对手剩余价值的可能性。在市场上，价格被当作价值，就是通过巧妙的销售方式来形成利润。由此可推论出，不管是生产中的剩余价值，还是从竞争对手掠夺来的剩余价值，其实都与市场的偶然性有关。

由此可见，从偶然中产生的利润源泉，更像是制造出商品的总体：即预付的所有资本，而并非其真正的劳动。

> 实现的超过价值额，是由这一种运动引起的，这种运动，是与生产过程相独立的，由流通产生出来的，从而是属于和劳动完全没有关系的资本的。流通上的这种现象，以证明资本在其单纯的物质存在上，不与劳动发生社会关系（实则，使资本成为资本的，就是这种社会关系），也是剩余价值的源泉。

没有剥削吗？

今天的资本主义社会，仍旧被这种没有劳动剥削的幻想所支配。人们都认为，利润不是通过剥削，而是通过市场来实现，因此利润就成了投入资本者应得的回报。

> 因资本各部同样表现为超过价值（利润）的源泉，资本关系便神秘化了。

重新认识剩余价值的含义

在这里，马克思用利润和剩余价值的对比来说明表象与本质之关系。在《资本论》第一卷的序文中曾提到的方法论在这里再次被提到，即将现实抽象化价值的演变过程开始之时，价值就是价格，从价值的概念中产生出的剩余价值，在这里作为表象变成利润。当然，在现实中我们只能看到利润。不理解马克思的方法论，就无法理解其本质，这正是马克思经济学最难的部分。

> 但在现实世界中，事情正好反过来。剩余价值是已知的，被视为是商品售卖价格超过其成本价格的超过额。于是，这个超过额何由发生的问题，依

然是神秘的。因生产过程中的劳动被榨取呢？因买者在流通过程中受骗呢？抑或兼从二者呢？

利润率的秘密就在这里——资本家完全抹杀利润也就是剩余价值的存在。利润和剩余价值虽然看起来像一件事物的表和里，但实际上是完全不同的概念。当我们抛弃剩余价值这个名字的时候，也就相当于不承认所有的剥削关系。

利润率虽在数量上与剩余价值率不同，但剩余价值与利润，却实际是同一的，且在数量上也相等。但利润是剩余价值之转型的形态。剩余价值的起源及其存在的秘密，就是在这个形态上隐蔽的，消灭的。

第三章

利润率与剩余价值率的比例

剩余价值率必然高于利润率

第二章叙述了剩余价值和利润率的差别，本章开始进一步说明利润率是如何被剩余价值率所束缚的。所以在这一章里会出现比较复杂的公式。由于从某种意义上来说本章的计算只不过是马克思为展开理论作的示例，所以我们将对复杂的计算只进行一个概略的叙述，这部分大家只需简单阅读即可。实际上这部分并没有多少内容，只是马克思考虑到几乎所有可能存在的情况，然后又想深入研究一下，所以才造成本章内容过于冗长。

首先，我们要设“利润 = 剩余价值”这样一个基本条件，然后才能进入下一步的计算：

构成商品 W 的有不变资本 c、可变资本 v 及剩余价值 m，其中总资本用 C 来表示，即 $C=c+v$。

这里剩余价值率$\frac{m}{v}$用 m' 来表示，因此公式可变形为 $m=m'v$。

如果定利润是 p，利润率是 p'，那么表示利润率的公式就是 $p'=\frac{m}{C}$。如果将这里的 m 替换为 m'v，我们就可以得到 $p'=\frac{m'v}{C}$，继而还能得到 $p'=\frac{m'v}{(c+v)}$这样的公式。然后，再将 $p'=\frac{m'v}{C}$进行整理，公式可变形为 $p'C=m'v$，这就表示

了 $p' : m'=v : C$ 的比例关系。

也就是说，利润率和剩余价值率的比等于可变资本和总资本的比。由此，我们自然可以推导出利润率必然低于剩余价值率的结论（因为可变资本必然少于总资本）。

马克思从这里开始，对不同情况下出现利润率问题的计算，前提是劳动的长度、劳动的强度、劳动报酬不变，“劳动的生产率”不变。

马克思为了弄清利润率 p' 的真实面目，在这里开始对不同情况下的 $\frac{m'v}{C}$ 的各个因数，也就是剩余价值率 m' 和 $\frac{v}{C}$ 进行研究。在这里，$\frac{v}{C}$ 是重要的资本的有机构成概念，表示总资本中可变资本所占的比例。

1.m' 不变，$\frac{v}{C}$ 可变

利润率依存于可变资本

首先考虑两种资本的利润率，先是 p'，其次是 p_1'，各自的剩余价值率都表示为 m'，就变成：

$$p'=\frac{m'v}{C};$$

$$p_1'=\frac{m'v1}{C1}.$$

然后对比 C 和 C_1，v 和 v_1，将 C_1/C（总资本的比率）替换成 E，v_1/v（可变资本的比率）替换成 e，然后公式可变形为 $C_1=EC$，$v_1=ev$。接着，将两个公式带入前面的公式可得：

$$p_1'=\frac{m'ev}{EC}.$$

接着，马克思又将此公式变换成比例式：

$$P':p_1'=\frac{m'v}{C}:\frac{m'v_1}{C_1}=\frac{v}{C}:\frac{v_1}{C_1}.$$

如果用百分率来表示分数的话，这里可以将总资本 C 和 C_1 都设为 100，这样一来，这个比例式就变成了 $P':p_1'=v/100:v_1/100=v:v_1$。

任意两个资本，如其以相同的剩余价值率发生机能，则其利润率相互的比，与其可变资本部分相互的比相等。唯有所谓可变资本部分，系以各自对总资本的百分比计算。

也就是说，决定利润率高低（赚钱或不赚钱）的是可变资本——资本中使用的劳动报酬之高低。

（1）m' 与 C 不变，v 可变

利润率提高、降低的情况

马克思在这里为我们提出了第一种情况，即可变资本变动，剩余价值和总资本不变的情况。也可以说是剩余价值根据可变资本的变化进行方向相同的变动，造成总资本也随之变动的情形。比如：

Ⅰ　15000C=12000c+3000v（3000m），

Ⅱ　15000C=13000c+2000v（2000m）.

以上两个公式的总资本都是 15000C，剩余价值率都是 100%。利润率Ⅰ为 20%（3000m/15000C），利润率Ⅱ约为 13%（2000m/15000C）。

那么，我们来思考可变资本增加的情况，也就是由Ⅱ变成Ⅰ的情况。简单说，这种情况就是可变资本增加 1000v 的同时不变资本减少 1000v。如果想完成这一目标，最简单的方法是，在劳动报酬不变的情况下增加劳动者数量，但这种情况不大可能出现，因为增加劳动者数量势必会造成生产率的提高。

所以，我们只能以不增加劳动者数量而是增加劳动报酬的这种模式来考虑。由于剩余价值率是不变的，所以为了提高剩余价值，要么增加劳动长度，要么提高劳动强度。

接下来，思考可变资本减少的情况，也就是Ⅰ变成Ⅱ的情况。实际上这种情况很多，如生产力的提升带来不变资本的增加，造成劳动者数量的相应减少。换句话说，这与不变资本增加的同时利润率会减少的问题（第三篇将讲述的问题）存在一定关系。

（2）m' 不变，v 可变，C 因 v 变而变

农业里较多的例子

当剩余价值率为 100% 时，让我们来思考下面两个公式：

Ⅰ 12000C=10000c+2000v（2000m），

Ⅱ 13000C=10000c+3000v（3000m）.

当Ⅰ转化为Ⅱ，就意味着在劳动生产率降低的同时可变资本并未增加。对此，马克思写道：这情形，是可以在农业里发生的。看得出他打算将之与第六篇的地租论关联讨论。

（3）m' 与 v 不变，c 可变，从而 C 也可变

为了不降低利润率，只有节约

在第三种情况下，上文中提到的利润率就成了 $P'=\frac{m'v}{C}$

和“$p_1'=\frac{m'v}{C_1}$”，由此可以推导出 $m'v=P'C=P_1'C_1$，接着，还可以得出 $P_1':P'=C_1:C$ 的公式。

也就是说利润率的差与总资本的大小，特别依赖于不变资本的大小。换而言之，总资本越大利润率就越小，即总资本与利润率的大小成反比。下面的例子中我们可以看到：

Ⅰ 80c+20v+20m,

Ⅱ 100c+20v+20m.

不变资本是从价值变化中产生的，随着机器进入生产领域带来的生产率上升而产生。因为不变资本增大的同时利润率会下降，所以要提高利润率，就必须减少不变资本。因此，从资本家角度来说，提高利润率，尽量将资本从中解放出来就成为十分重要的事。同样地，在不变资本中能源和原材料价格降低也变得格外重要了。以上这些具体会在第六篇继续进行讨论，作为脉络整体，其意义十分重要。到这里，我们已能推论出只要资本努力维持利润率，就能从中创造出闲置资本。这就是《资本论》第二、第三卷中最重要的问题，它与生息资本的生成息息相关。

（4）m' 不变，v，c，C 皆可变

为了不使利润率下降，只有减少不变资本或者提高可变资本

我们假设某资本构成从 80c+20v+20m 变成 170c+30v+ 30m，即使剩余价值率相同，利润率从 20%（20/100）也变成了 15%（30/200）。

这里如果要使利润率相同，后者就必须变成 160c+ 40v+40m 才行。当然，如果要提高利润率也可以考虑 140c+40v+40m 的情况。

在剩余价值率不变、资本有机构成改变的情况下，作为分情况研究的结论，马克思推导出利润率根据总资本和可变资本的变化而变化。进而又将其归结为：一定范围内，可变资本变化导致剩余价值率必然变化；一定范围内，不变资本变化导致可变资本必然变化。

2.m' 不变

最终，只有强化劳动和延长劳动日

马克思在这里将一个利润率 $p'=\frac{m'v}{C}$ 和另一个利润率 $p_1'=\frac{m_1'v_1}{C_1}$ 合并成一个公式，即：

$p':p_1'=\frac{m'v}{C}:\frac{m_1'v_1}{C_1}$.

此式可转化为 $\frac{p'm_1'v_1}{C_1}=\frac{p_1'm'v}{C}$，

继而导出为：$p_1'=p'\times\frac{m_1'}{m'}\times\frac{v_1}{v}\times\frac{C}{C_1}$.

（1） m' 可变，$\frac{V}{C}$不变

这种情况下，如果资本的构成相同，就能推导出下面的公式：

$p':p_1'=m':m_1'$.

即利润率依存于剩余价值率的差。由此可见，剩余价值率的差异取决于劳动报酬。接下来，我们将对劳动报酬、劳动日长度以及劳动强度的不同的情况再作一下分析。

（2） m' 与 v 可变，C 不变

在这种情况下公式又变成了：

$p':p_1'=\frac{m'v}{C}:\frac{m_1'v_1}{C_1}=\frac{m'v}{p_1'v_1}=m:m_1$.

可见，在这种情况下，利润率和剩余价值率相等。然后，在计算过程中又会出现三种情况：剩余价值率和可变资本成反比的情况；在剩余价值率和可变资本成反比的基础上，哪一方的变动更多的情况；剩余价值率和可变资本向同一方向移动的情况。

3.m'、v 与 C 皆可变

关于这种情况，马克思没有提出新的要点，没有深入研究。

这里马克思的草稿是中断的，但接下来又有 5 种新情况成为其叙述重点。

分别是$\frac{v}{C}$不变，利润率和剩余价值率以同样比例增减的情况；$\frac{v}{C}$和剩余价值率 m' 向同一方向移动的情况；$\frac{v}{C}$和 m' 向相反方向少量移动的情况；$\frac{v}{C}$和 m' 向相反方向大量移动的情况；$\frac{v}{C}$和 m' 向相反方向以同样比例移动的情况。

对这些复杂的情况分类后，马克思最终得出了结论：

> 利润率是由两个主要因素决定的，其一是剩余价值率，其二是资本的价值构成。

结论非常简单。

第四章

周转速度对于利润率的影响

加速周转可以使利润率增加

这一章应该全部由恩格斯写，马克思在第三章里曾提到，资本周转带来的影响会挪到第四章，但他并没有写。由于第四章与第五章“不变资本使用上的经济”关系紧密，恩格斯勉强进行了补充。此外，还为了导出利润率和剩余价值率在各种情况下，最终剩余资本是如何被节约的问题。

另外，在《资本论》第二卷中，马克思其实已经提出了资本的周转是如何影响利润的问题，也就是资本在周转中有一部分作为闲置资本而蓄积下来的问题。它们以原材料、货币资本、商品资本、债权等形式出现，但因为周转时间缩短剩余价值就会增加，所以生产时间和流通时间的缩短对于剩余价值的实现有重大意义。

对于提高剩余价值即提高利润率，以及缩短生产时间也能提高利润率的原因，恩格斯引用了贝塞尔、西门子等改进炼铁方法提高生产率的例子进行了解释。当然在此事例当中，交通方式的改善也起了很大的作用，公路、铁路、运河等基础设施的完善也大幅缩短了周转时间。

计算方法

接下来进入计算。

首先来考虑一年内周转两次的资本 A，A 的总资产为 80c+20v，一年周转两次，生产的产品便是 160c+40v+40m。因为 80c+20v 的资本已经回收了一次，预付资本为 100，从而利润率相对为 40m，也就是 40%。

下面再来考虑每年周转一次的资本 B。同样是 160c+40v+40m 的算式，利润率在这种情况下是对于预付资本 200 的 40m，也就是 20%。

也就是说，周转的次数越多，利润率也就越高。

以上面的简单假设为例，我们来讨论一下每年周转 10 次的资本的问题。恩格斯假设每年周转 10 次的资本为资本 Ⅰ，c 部分的固定资本 1000 的价值损耗设为每年 10%，再设不变资本为 1000c，这样就可以得到下面的公式：

100c+500c+500v+500m=1600.

第一个 c 表示固定资本（这里是价值的损耗部分），第二个 c 表示流动不变资本。

将资本Ⅰ周转 10 次可得：

1000c+5000c+5000v+5000m=16000.

（利润率约为 45.5%）

接下来考虑资本Ⅱ，其固定资本设为 9000，每年的损耗设为 1000，假定每年周转 5 次。

一次周转的情况为：

200c（磨损）+1000c+1000v+1000m=3200,

一年的产品（周转 5 次的情况）为：

1000c（磨损）+5000c+5000v+5000m=16000.

（利润率约为 45.5%）

最后来考虑资本Ⅲ，假设不存在固定资本，流动不变资本为 6000c，可变资本为 5000v，那么一年的产品就变成下面这样：

6000c+5000v+5000m=16000.

（利润率约为 45.5%）

以上 3 种情况剩余价值皆为 5000m，总资本皆为 11000C，因此利润率都同样约为 45.5%。

如果这里的资本Ⅰ一年不是周转 10 次而是周转 5 次

的话会变成怎样呢？首先，一次周转的损耗将变为成倍的200c：

200c（磨损）+500c+500v+500m=1700,

一年的产品就是：

1000c（磨损）+2500c+2500v+2500m=8500.

因为这里最初准备的总资本也是11000C，所以利润率是$\frac{2500}{11000}$，大约22.7%。也就是利润率减半了。因此，可以得出结论，要提高利润率，就只能加快周转的速度。

周转快的话，可以支付较少的劳动报酬

接下来，恩格斯又开始了一些复杂的考量，他认为作为总资本所准备的可变资本在周转次数少的情况下，实际上没有被充分使用。

恩格斯通过在实际生产中的经验进行了阐述：资本家不知道该准备多少工资，所以资本家虽然会笼统地将劳动报酬金额作为总资本的前提来准备，但这与实际上所使用的可变资本的量是不同的。

如果产品每年周转8.5次，工资每周为52英镑，一年支付52周的工资的话，工资总额就是2704英镑。但是我们

假设的前提是可变资本周转 8.5 次，所以实际上大约只准备 318 英镑（2704/8.5）就够了。

这样考虑的话，可变资本为 318 英镑，一年内就可以使用它 8.5 倍的可变资本，利润也就是这样快速上升的，周转次数越多，资本家可以获得的利润就越多。

“在欧洲，我们是不能期望我们的大产业家也这样暴露事实的，”恩格斯说。

第五章

不变资本使用上的节约

第一节 概 说

资本的努力

从这里开始展开《资本论》第三卷第一篇最重要的问题，即阐述为了提高利润率如何节约资本。通过这种节约，利润率会上升，同时也会出现为合理剥削劳动者而产生的组织和规定。另外由于提高生产力而降低了产品的价值，造成在剥削自己雇用的劳动者的同时，也实现了对其他资本家的劳动者进行剥削的目的。而后者是与第二篇平均利润率的问题相关的。

首先，资本家为了获得利润，就要增加劳动时间，实行劳动强化，增加劳动者数量……但这些只会降低利润率。但有时也会与提高的情况相关联，那么如何提高利润率？在这里我们可以发现资本的努力。

其实，生产条件的节约(这是大规模生产的特征)本质上是这样产生的：这些条件是作为社会劳动、社会结合的劳动而存在的，因而作为劳动的社会条件才会在此基础上产生作用。

节约由劳动者与大型工厂相结合（安排部署）带来的合

理化而产生。

不变资本的节约

此外，还有不变资本的细微节约，即将生产中产生的废料再利用，通过压低原料费而起到降低价值构成部分的作用。

也就是：

> （一）是机械材料的改良，例如以铁代木材；（二）是机械因机械建造法一般改良而便宜，因此，不变资本虽将与大规模劳动的发展一同增加，但不依等比例增加；（三）是使现存机械更有效或更便宜的特殊改良（例如油罐的改良），这是我们以后要讲的；（四）是废屑因机械改良而减少。

其他生产部门的生产力发展，如煤炭的生产、机器的生产、建筑的生产所带来的生产力提升，不仅能够压低价格，还能提高该生产部门的生产力。

> 不变资本的这样的节约，也由于产业的累进的

发展。这一类经济的特色是，一个产业部门的利润率的提高，起因于另一个产业部门劳动生产力的发展。不过在此，资本家所得的好处，是社会劳动的结果，不是他自己直接榨取的劳动者的结果。生产力的这种发展与结局，仍是得力于活的劳动之社会性质，得力于社会内部的分工，得力于精神劳动特别是自然科学的发展，在此，资本家所利用的诸利益，即是全社会分工制度的利益。

利润看起来不是从劳动者那里剥削的，而是从节约中产生的

但是，从直接不变资本得到的节约，也可以提高利润率。优质原料减少了机器磨损，带来了原料资源的高效率化，再加上生产方式的相对低廉化，这些都会让资本家觉得并没有剥削劳动者，利益看起来就是从自己资本的节约中产生的。

在资本家心中，不变资本使用上的节约，被认为与劳动者毫无关系，是与劳动者绝对不发生关系的条件。

毫无疑问，机器及原料的节约是最能引起劳动者过度劳动的。因为劳动力节约了，就会变成不再简单地使用劳动者，而是粗暴地对待他们。

> 使许多劳动者挤住在一个狭窄的不卫生房间内（也即资本家节省建筑物），使许多危险的机械安置在一个房间内，对于危险丝毫没有保护设备，或对于有害的危险的生产过程，例如开矿，不采取任何预防方法。使生产过程人道化，使生产过程为劳动者感到舒适或不讨厌的种种设备，更是谈不到。从资本家的见地说，这是全然没有目的、没有意义的浪费。资本主义生产方法，虽在其他各点尽量吝啬，但对于人身物质，则不惜尽量浪费——不过，从别的方面说，资本主义生产方法，其生产物分配须以商业为媒介，且以竞争为立足点，故对于物质资料，也极为浪费：从一方面说，个别资本家是获利了，从另一方面说，社会则受损失。

资本为了使商品里的价值尽量地小，就要对劳动者尽量地进行剥削。

第二节　以劳动者为牺牲的劳动条件的节省

“吸人鲜血”的资本家

这一节里叙述了资本家对劳动者的节约，换句话说也就是如何不保护劳动者的问题。马克思先谈到了煤矿的话题，说到为什么工资和农民们按日结算的工资相同，但还有人会去做这种有着极度危险性的工作？这是因为，他们被能够照顾他们的孩子就业所诱惑。煤矿的工作环境十分恶劣，据说1860年前后共有8466人在煤矿遇难，相信实际人数远大于这个数字。虽说日本以前也因为煤矿的恶劣环境而臭名昭著，但引起产业革命的基础部门的剥削更严重，达到了极度白热化的程度。

> 对于实现的劳动，即已对象化在商品内的劳动，资本主义生产是极节省的。反之，对于人，对于活的劳动，资本主义生产却比任何别的生产方法，都更为浪费。

那时，即便工人想告发工厂环境之恶劣，法官也都是资本家的同伙，所以这样的案件永远得不到受理。在《资本论》第一卷也同样谈到了这些情况，所以马克思这样说道：

> 他们的目的在于证明：为利润而杀人，不以杀人认罪。

马克思自始至终都在引用工厂视察员霍纳的报告，后来霍纳却被资本家诽谤遭到了迫害。

即使劳动者想死……

关于被密集地塞在狭窄工厂里的劳动者呼吸器官损害问题，马克思运用统计数字进行了详细分析，这被称为换气设备的节约。从中可以得知，15 岁至 25 岁的男女劳动者因为肺病而导致的死亡率非常高。

与农业劳动者相比，其他产业的统计如下：

表 5–1

产业部门所在地	每 10 万人中的死亡率		
	25—35 岁	35—45 岁	45—55 岁
英格兰和威尔士的农业	7.8‰	8.4 ‰	12.8‰
伦敦的裁缝工人	2.8%	3.6%	6%
伦敦的排字工人和印刷工人	6.4%	12.7%	17.1%

从表中可以得知，其他产业的死亡率远超出农业的死亡率。

第三节　动力制出，动力分配，及建筑物上的经济

机器的节约、劳动的节约

接下来提到的节约，是第一节中提到的蒸汽机与内燃机的节约。马克思在这里讲到蒸汽机可以推动输出功率提升，也就是提高输出功率。

我们知道，为提高速度，必须使用更多的煤炭，生产力才会提高。但如果将原本裸露在空气中的蒸汽机用厚厚的毡条、砖、泥灰覆盖起来，热量不释放到外部，煤炭就得到了显著的节约。

关于这种机器，马克思所引用的工厂视察员的报告书是这样叙述的：

> 近数年来机械改良之急速的发展，使工厂主无须增加动力，已可将生产推广。劳动利用上的经济，是因劳动日缩短，而成为必要了。大多数经营得当的工厂，都讲求减少支出增加生产的方法。我应感谢本区一个明哲绅士的好意，赖由他，关于他工厂内所雇用的工人的数目和年龄，关于他工厂内

使用的机械，关于他自1840年迄今所付的工资额，我得到了一个数据。1840年10月，他工厂内雇用六百名工人，其中有二百名是未满十三岁的。1852年10月，他只雇用三百五十名工人，其中只有六十名是未满十三岁的。但除少数例外的工场，和他在这二年所使用的机械数却相等。在这二年所支付的工资额也相等。”（勒特格莱夫语：1852年10月《工厂监督专员报告》第58页）

第四节　生产上的排泄物的利用

使用所有可使用的东西

生产排泄物与消费排泄物的利用，随着资本主义生产方法的发展，也发展了。所谓生产排泄物，是指农工业的废物；所谓消费排泄物，一方面是指人身自然代谢机能的排泄物，另一方面是指消费品在消费后遗留下来的形态。化学工业的副生产物（这种副生产物，在小规模生产下，是浪费掉的），

> 机械建造业排泄出来再在铁生产上当作原料用的铁屑等等，都是生产排泄物。人身的自然排泄物及破烂的衣服等等，都是消费排泄物。消费排泄物，在农业上最重要。就这种排泄物的利用来说，资本主义的经济组织，是再浪费没有的。例如，在伦敦就有四百五十万人的粪便，因没有更好地利用方法，只好出异常大的费用，倾倒入泰晤士河中去了。

在这里，谈到了什么是生产排泄物，简单来说就是作为废料所排出的东西，之前资本主义是将其浪费掉的，但是原料一涨价就又开始节约了。这里说到了日本、中国南部、意大利的伦巴第大区使用人的粪便种田，但也指出这样做浪费了劳动时间，同时造成开支的浪费。

第五节　发明的节约

让劳动者率先节约

除以上提到的节约外，最重要的节约就是劳动的组织化，即劳动通过机器的节约有效被利用而使机器的节约变为可能。换句话说，劳动者自身要知道如何做才可能实现节约。如劳动者率先提高自身效率上的丰田样板生产方式，就包含了这种意思。在这里马克思也谈到了与之相关的内容，即结合劳动。

在这里，马克思将劳动分为一般性劳动和协同性劳动，前者意味着科学性发明等劳动，后者则意味着如何合理地使用它的劳动。无论发明怎么进步，使用它的方法，也就是应用技术如果不发展也是不会进步的。因此，马克思就此做了下面的叙述：

> 最初企业者往往破产，而后来用低价购买这种建筑物这种机械的人，却能发达。人类精神的一般劳动的新发展，及其结合劳动而在社会上的应用，通例是只能使最无价值最可怜的拜金资本家，赚取最大的利润。

第六章

价格变动的影响

第一节　原料价格变动及其对于利润率的直接影响

原料价格便宜有赚头

本章主要讨论的是构成利润率的不变资本中的流动资本。在这里，我们先考虑剩余价值率不变，原料价格变动的情况，当然原料里要包含辅助材料。如果将原料价格下跌的部分以 d 来表示，那么利润率 $\frac{m}{c+v}$ 就变成 $\frac{m}{(c-d)+v}$，只有 c 的价格减少部分利润率会上涨。

> 如其他条件不变，利润率的提高或落下，是与原料价格成反比例。这个情形说明了，原料价格低廉，哪怕不伴着生产物售卖范围上的变化，换言之，哪怕完全不顾到供给予需要的关系，也对于工业国非常重要。

要维持高利润率，原料价格是否便宜起着决定性意义。正因为如此，才会有将原料供应地占为殖民地，以及压低劳动报酬的事情发生。很显然，与不变资本中的固定资本，即机器所占的比例相比，原料所占的比例更大。这是因为机器在一件商品的价值转移中所占的比例较低，而与之相对的原料所占的比例较高所导致的。

> 在生产上消费的原料与补助材料的价值，会全部一次移转到生产物的价值中去，固定资本诸要素的价值，按照其磨损程度，渐渐移转到生产物中去。因此，利润率虽需定于所用资本的价值总额，不问其在生产物中所消费的数额，但生产物的价格，却受影响于原料价格者为多，受影响于固定资本价格者远为少。

正因为如此，在第五章论述过的由原料中浪费产生的废料就具有了重要的意义，节约废料就等同于原料价格下降。特别是19世纪60年代，因为美国南北战争的影响棉花价格飞涨，据说废棉的利用价值也一时大涨。

第二节　资本的价值增加与价值减少；资本的游离与拘束

原料购入的困难

这里马克思将资本的游离与拘束作为讨论的重点，那么资本的游离与拘束到底是什么？资本的拘束，就是将产品的总价值按照一定比例，转化为新的不变资本与可变资本。资本的游离则是，不变资本及可变资本的一部分反过来从生产中撤出。

我们发现，在第一节提到的原料价格上涨或者下跌，对生产现场的影响并非那么简单。的确，如果完全没有库存的话，原料价格的下跌很快会转化为上涨。但如果原料原封不动，或者以半成品或库存产品的形式而存在，那么原料价格的变化产生的影响就不会那么简单了。

比如棉花的价格上涨，那么使用棉花的商品价格也会跟着上涨，而且已经制造出来的商品的价格也会上涨。可见，未上涨之前购买的半成品和库存同样会受到影响，也就是说因为上涨的好处，使用低价买入的原材料照样可以获得高利润。当然库存用完的话，上涨的利润率可能又会下降，但目前看起来是这样的，直接一点说就是顺带升值。

与此相反，假设棉花的价格下跌，事情就会产生完全相反的影响。由于商品库存、半成品、原料库存都是高价购入的，所以这一部分的利润率相应会减少。

马克思用下面的话来表达了这种情况：

因利润率等于生产物价值超过额对垫支总资本价值的比例，所以，由垫支资本价值下落而生的利润率的提高，将伴以资本价值的损失，由垫支资本价格提高而生的利润率的下落，也许也会伴以资本价值的增益。

机器设备对利润率带来的影响

接下来，马克思谈到了不变资本中的固定资本部分，而且特别论述了工厂设备及机器价值的磨损折旧。而且，马克思发现如果突然购入先进的机器，那原来机器的价值就会马上趋于零，因此资本家在购入机器时为了回本就会延长劳动时间。

与此相反，这种不变资本价值的下跌，与从濒临破产的工厂以低廉价格购买机器，从而降低利润率的竞争对手有关。

这也会引起可变资本部分的价值下降，原因是生产方式造成价值的上升或者下降，可变资本部分会相应增减。v价值下降的话，当然利润率也会变化，特别是用比以前便宜的工资能够雇用到与以前相同的劳动者，到那时资金就会从生产过程中游离出来，从而进行新的投资，也就是说会变成闲置资本。

接下来会出现生产力提升，即用比以前更少的劳动者来进行生产的情况。这种情况下，剩余价值率相同的话利润减少，如果不提高剩余价值率，就必须从其他的资本来掠夺利润（下一篇会继续提到）。

围绕资源的战争

马克思在这里写了一些有意思的事，那就是原料价格急剧变动的问题。如果举一例来说，就类似于2008年4月发生的粮食暴动、原料和石油价格飞涨的问题，也正是这些问题招致了世界的大混乱。马克思是如何看待这个问题的呢？

> 激烈的价格变动，每每促使再生产过程的中断，促使再生产过程的大危机乃至崩溃。在此，若把信用制度存而不论，则最易发生这种价值变动——因收获变动或其他原因——的是农产物及由有机自然产出的原料。

不可思议的是，2008年的原料、石油等价格飞涨虽说也是信用制度变化，但更可能是投机资本引发的问题。另外，气候异常造成的饥荒、生产中断也会由此产生。

出现这种状态，资本会理所当然地采取紧急避难措施。即从远处输入原料，也就是使原料增产的手段，如果不这样便要用其他产品来代替。无论怎样，这种原料价格的上涨和生产的中断对于生产过剩的资本主义来说是必然会发生的，它以一种经济周期的形式出现的。

危机的可能性

对于原料价格上涨的处理结果，最终往往会变成供给过剩，价格会迅速下降。这样，反而会令远方的原料产地再次陷入困境。马克思在这里引用了美国南北战争时期美国与印度的棉花问题来证明。

接着，马克思又将用英国作为具体的例子。

> 1857 年危机后，信用虽暂时恢复，危机的本身也几乎被人忘记，唯有这种良好状态能否持久，有极大部分要看原料价格而定。有种种症候，说明最高限已经达到，超过此限，工业的利润是会渐次减少，直到完全没有利润。

第三节　一般的例解——1861 年至 1865 年的棉业危机

危机的种种

在这里所举的例子是美国南北战争中棉花价格上涨所带来的危机。

前史 1845 年至 1860 年

马克思从 1845 年棉花生产的顶峰时期开始撰写报告。就在第二年，即 1846 年由于过剩生产和原料不足令利润率开始下降，1847 年出现了货币危机，货币开始短缺。尽管到了 1849 年经济再次好转，可 1853 年萧条再次到来。1859 年时棉花价格上涨，但利润率大幅跌落。

1861 年至 1864 年——美国南北战争——棉花饥荒——由原料稀少而昂贵引起的生产过程的中断

1860 年纤维产业状况良好，但因为供给不足，原料价格昂贵。因此，1861 年由于棉花价格昂贵导致作业时间缩短。

棉屑——东印度棉（苏拉棉）——劳动者工资所受的影响——机械的改良——以淀粉及矿物补充棉花——淀粉渗入所及于劳动者的影响——细纱的纺纱业者——工厂主的欺诈

悬空底和减薪

终于，棉花不足成了大问题：由于原料价格高，资本家们开始往棉花里掺入淀粉，用重量来赚钱。这种弄虚作假的行为不仅会损害劳动者的健康，还会加大工作的强度。

然后是降低工资，即采取减薪和缩短作业时间的措施。马克思列举了当时的失业率，事实上棉花产业劳动者有 53.5% 完全失业，38% 是临时工，正常就业者只有 8.5%。即使进行作业，印度棉花低下的质量也造成了收获量降低的恶果，令计件付酬制的工资下降。而且，这种质量下降又因为在印度棉花里加入了大量的废棉而恶化。

即在做全时间的地方，工资也是极可怜的。棉业劳动者都自愿从事排水、筑路、碎石、铺路等工作，希冀由此得地方政府的扶助（这其实等于扶助工厂主，参看第一卷第二十一章）。资产阶

> 级全体对劳动者提出警告。当提出最低的狗工资（Hundellohn）时，如劳动者拒绝不接受，则扶助委员会立刻会将其名从扶助表中勾去。从一点说，这个时候，简直是工厂主人的黄金时代，因为，劳动者如不要饿死，便得依从资产阶级的命令，以对资产阶级最有利的价格来劳动。由此，扶助委员简直成了工厂主人的守门狗。同时，工厂主与政府的默契，又曾尽可能阻止劳动者迁往外国，一方面使那种存在于劳动者血和肉中的资本，得以不断准备，一方面又使他们从劳动者那里强取的房租，得以保持不失。

这就是在公共工程和剥削上的两手准备，作为贫困对策的公共工程和工厂的低工资相互协作，只用低工资就能雇用劳动者成为可能。而工厂劳动者只能在低工资的工厂劳动或者土木工程中选择其一。

在无价值体上做实验

就像绵羊一样……就这样资本家将萧条期对劳动者进行

彻底剥削的方式延续下来，但劳动者却出人意料地顺从了。马克思用以下辛辣的语言论述了这种现象：

> 奥斯博恩在一篇议会选举演说（1864年10月22日）中曾说：“兰克夏的劳动者，很像古代斯多亚派的哲学家。”这不是说他们是像绵羊一样吗？

第七章

补　论

资本家始终不认为利润的源泉是劳动

这一章就像是对第一篇的总结，但从内容上来看，也是不完整的一章。

第七章一开始便叙述了为什么资本家不理解剩余价值，即剥削劳动的原因。剥削劳动意味着利润，但将利润分解时他们并没有从劳动者那里榨取而产生利润的概念，看起来利润好像是从流通中产生的。

作为资本家，眼里是没有生产的，他们认为利润是在流通过程中以高价销售产生的。看起来利润像是由如何降低原料价格、如何让机器更有效率的运转来决定，也有可能是通过监督劳动者的经营手段而产生的。

文中说到资本家是这样思索的：

> 此事实，使资本家确信，他的利润，非由于劳动的榨取，至少有一部分是与劳动榨取毫无关系的事情，应算是他个人的活动。

接下来，马克思还批判了洛贝尔图斯的理论，即资本的总额发生变化利润率也不会改变。他认为，由于利润与资本有着相同的增额，所以利润率是相同的。然而，这种理论与前面叙述过的情况是相悖的，他忽视了资本家为了不让利润率降低而是如何在原料、机器以及劳动报酬上处心积虑降低成本的问题。

第二篇

利润之平均利润化

第八章

不同的生产部门之不同的资本构成及由此引起的利润率上的差异

不同的企业，利润率不同

第二篇就一国之内的一般利润率（平均利润率）是如何产生的进行论述。在第一篇中，曾针对利润率产生变化的因素进行了详细的分析，但那只不过是个别资本中的利润率变动的问题。这一篇论述的不是单个的资本，而是有诸多生产部门的总体利润率变动的问题。

不过，本章是前一篇的延续，只会谈到决定利润率的是可变资本和周转次数，与第二篇利润率的均等化问题没有直接联系，因而这里只论述其结论。

> 于是，我们论证了，不同产业部门会因资本有机构成的不等，在一定限度内，还由于周转时间的不等，致有不等的利润率；又论证了，利润与资本的大小成比例，或等量资本会在等时间内提供等额利润的法则（一般的倾向），只适用于有机构成相等、剩余价值率相等、周转时间相等的诸资本。

结论虽简单，马克思却为此花费了不少工夫。他列举了诸多生产部门，就是为展示出可变资本是如何带来巨大影响的。

资本的有机构成

在这一章中，马克思首先谈到的是资本的技术构成和价值的有机构成。

资本的技术构成是顺应生产能力的发展而命名的。它表示以一定量的生产方式、机器装置运转需要多少劳动者，它也是资本的有机构成的基础。

价值的有机构成是从价值中引申出来的。但我们要注意，即使技术构成相同，也有可能造成价值构成的不同，这就是前一章提到的不变资本部分上的价值变化。接下来，让我们先把每天都在变化的不变资本价值构成放在一边，然后将反映技术构成的东西命名为“资本的有机构成”，并以此为基准进行议论。

这里马克思举了具体的例子进行讨论。

首先是两个生产部门的例子。生产部门 A，总资本为 700 镑，其中 600 镑为不变资本，100 镑为可变资本；生产部门 B，总资本同样为 700 镑，但不变资本为 100 镑，可变资本为 600 镑。

那么先看 A 的利润率，如果剩余价值率为 100%，即

100镑，利润率就是$\frac{100}{700}$，也就是14.3%；如果B的剩余价值率也为100%，利润率就是$\frac{600}{700}$，也就是85.7%。再来看A的情况，如果将总资本变为7000镑，分配相同的话，利润会增加到1000镑，但利润率依然相同。所以，只要可变资本不变，利润率是不会变的。

这种情况下，因为资本的技术构成不同，所以要使两个生产部门的利润率相同的话，就只能去改变不变资本和可变资本的技术构成比率。

第二个是技术构成相同，但原料和不变资本的价值变化，转化为商品的比例发生变化的例子。在这里A的情况从开始时的不变资本为600镑，下降为200镑，这样利润率就变为100/300，也就是33.3%；如果不变资本为400镑，可变资本为100镑，剩余价值率是100%的话，那么利润率就是20%。

这种情况下，问题只存在于不变资本价值的变动所引起的利润率变化。我们可以发现，技术的构成是相同的，利润相同的话的量也就相同。也就是说，在研究不变资本的变化时，技术的构成本身并没有什么意义，倒不如将技术的构成放在与资本的有机构成、不变资本和可变资本的比例不同的部门里作为问题讨论更好一些。

这里马克思得出以下结论：

> 不问所产生的价值和剩余价值如何不等，在不同的各生产部门投下等量的资本，总会有相等的成本价格。成本价格的等同，便是各种投资互相竞争的基础。平均利润就是由这种竞争成立的。

第九章

一般利润率（平均利润率）的形成及商品价值之生产价格化

从各种资本的竞争中产生的平均利润率

第九章展开说明的平均利润率问题，基本上就是两点，这两点从某种意义上来说还是共通的。

第一点，平均利润率的问题是各生产部门内、生产部门间、国家或者世界范围内的价值掠夺问题。一般来说，个别企业制造出的剩余价值无法实现，只能实现平均利润，也就是制造出较高价值商品的企业被生产出低价值商品的企业掠夺了剩余价值。这是国家整体，乃至整个世界的问题。

第二点，价值与价格的背离。这是一个相对重要的论点，正是因为价值与价格的背离产生了制造出价值的不是劳动者而是不变资本的错觉，因而资本主义社会的剥削看起来不存在，即是说在第一卷作为问题讨论的明确形态就看不到了。

商品的价值是怎么决定的

商品的价值和实际的价格很少有相同的。这是由于价值是某社会整体产生出的东西，价格则是价值在市场的供给与需求中产生的。通过各种资本之间的比较，可以明确价值与价格的偏离。由此，具有较高价值的商品不一定具有较高的价格就成了问题。

马克思将五个生产部门投下的资本放到交易中：

表 9–1

	资　本	剩余价值率（%）	剩余价值	产品价值	利润率（%）
Ⅰ	80c+20v	100	20	120	20
Ⅱ	70c+30v	100	30	130	30
Ⅲ	60c+40v	100	40	140	40
Ⅳ	85c+15v	100	15	115	15
Ⅴ	95c+5v	100	5	105	5
合计	390c+110v	—	110	—	—
平均	78c+22v	—	22	—	22

这一表格表述的是总资本额相同（100），剩余价值、产品价值（商品的价值）、利润率都不变的东西。

马克思首先将五个生产部门投下的资本合并起来考虑全体资本，这样全体资本就是 390c+110v，各资本平均为 78c+22v，平均的剩余价值是 22，这样平均利润率就可以确定为 22%，平均价值也就是 122。

但是，这里总资本和实际损耗的资本价值是不同的，所以将消费掉的资本从中减去，重新将五个部门的构成用下表来表示，这里表示损耗 c 的数值，是马克思假定的数字。

表 9-2

	资　本	剩余价值率（%）	剩余价值	利润率（%）	损耗掉的 c	商品价值	成本价格
Ⅰ	80c+20v	100	20m	20	50	50+20+20	50+20
Ⅱ	70c+30v	100	30m	30	51	51+30+30	51+30
Ⅲ	60c+40v	100	40m	40	51	51+40+40	51+40
Ⅳ	85c+15v	100	15m	15	40	40+15+15	40+15
Ⅴ	95c+ 5v	100	5m	5	10	10+5+5	10+5

原本商品的价值由不变资本（c）+ 可变资本（v）+ 剩余价值（m）来表示。但在资本家眼里却不是这样的，资本家眼里只能看到产生利益的商品。实际上，生产商品所花的费用就是第一章论述过的成本价格。上表中，包含实际损耗的固定资本的不变资本和可变资本的和就是成本价格。从资本家的角度来看，商品的价值就是成本价格加上利润而得来的。

下一张表将各种资本中所产生的各种利润用全部资本的平均利润来替换，这样就能得出实际销售的商品价格。

表 9-3

	资　本	剩余价值	商品价值	成本价格	商品价格	利润率（%）	价格同价值的偏离
Ⅰ	80c+20v	20	90	70	70+22	22	+2
Ⅱ	70c+30v	30	111	81	81+22	22	–8
Ⅲ	60c+40v	40	131	91	91+22	22	–18
Ⅳ	85c+15v	15	70	55	55+22	22	+7
Ⅴ	95c+ 5v	5	20	15	15+22	22	+17

在这里，平均利润和成本价格之和得来的商品价格与被动化的价值之间的差额成为我们要重点讨论的问题，即生产出来的商品价值与实际上销售价格是不同的。换言之，由于市场竞争，各个企业的商品价值只能以市场平均价格来销售，这时就能看出各个企业的商品价值到底是高于市场价值还是低于市场价值。也就是说各企业的商品并不是按其原有价值销售，而是按照生产价格（成本价格和平均利润的合计）来销售的。这样一来，商品就会出现价值与价格的偏离，换句话说就意味着企业之间争夺利润。

如果将从Ⅰ到Ⅴ这五个部门作为一个社会的所有生产部门，那任一部门相对于总资本 100 的利润率都应该是 22%，所有部门的总价值也与总价格相等。当然，个别部门的商品价格会有不同，但从总体来看一定是相同的。

> 社会本身，当作一切生产部门的总和，也是这样，把所生产的商品的生产价格总和，等于其价值总和。

平均利润率的含义

接下来，马克思开始研究平均利润率是如何被决定的。马克思发现，平均利润率是将资本的有机构成，即各个企业具有的不同利润率平均化后，再通过向各个企业分配社会总资本而产生的。

这个结论打破了第一、第二卷中马克思所认为价值与价格相等的前提设定。这是由于成本价格加上作为平均利润的生产价格与各个企业创造出的商品价值是不同的。于是，平均利润率就被人们作为一般利润率来看待了。

接着，马克思描述了可变资本与不变资本的比例，即有机构成差别：

> 所以，与社会平均资本比较，不变资本百分率较大或可变资本百分率较小的资本，我们称其为“高位构成”资本。反之，与社会平均资本比较，不变资本百分率较小，可变资本百分率较大的资

本，我们称其为“低位构成”资本，最后，恰好与社会平均资本有同样构成的资本，我们称其为“平均构成”资本。

接下来的问题，是一个企业的剩余价值和利润明明很高，但由于在市场中只显现平均利润，这个企业对工人的剥削就会被掩盖起来。既然企业的有机构成不同，那就必然会出现创造出高于平均利润的剩余价值的企业，当然也会出现低于平均利润的剩余价值的企业，所以各个企业的利润必然会平均化。如此，一个企业里对工人的剥削就完全看不到了。

为什么高于一般利润率的剥削会被掩盖?

剩余价值也就是在它的变形（利润）时掩盖了它的起源，掩盖了它的性质，而成为不能认识的了。不过，在此以前，我们提到利润和剩余价值的差别，我们总是指一种质的变化，一种形态变化；在变化的第一阶段上，利润率和剩余价值率虽已有量的差别，但这种量的差别，在利润和剩余价值之间，还是不存在的。

现在不同了。自一般利润率成立，从而，平均利润——与各生产部门所用资本总量相比例的平均利润——成立以来，情形就不同了。

由此可见，某些部门的剩余价值与平均利润一致只不过是一种偶然，因为两者通常应该是完全不同的。

利润和剩余价值间——不仅是利润率和剩余价值率间——的现实的量差，遂在各特殊生产部门，完全把利润的性质和起源隐蔽了。不仅在此存心要隐蔽的资本家，看不见它的性质和起源；即劳动者也是如此。在价值化为生产价格时，价值本身的决定基础是被掩蔽了。

这样，对资本家来说，价值这一概念本身已经丧失其意义，也就是完全否定了劳动创造价值这一问题，因为看起来利润不是由劳动形成的，而是通过与其他资本竞争而产生的。

那么利润真的不是从劳动产生出来的吗？

当人们从特殊生产部门考察，说加在成本价格内的利润的决定非由于该部门内部的价值形成的限界而由于外部的事情时，这种意见便被承认了，证明了，确定了。

这样一来，资本家就会认为利润并不只是由劳动者创造出来的，所以才会出现提高资本的有机构成，也就是在不断购买机器的同时减少劳动量。这样，就不会有人认为劳动是利润的源泉了，而且还会产生机器生产价值这种错误的认知。换句话说，虽然同时也在剥削其他企业劳动者的利润，但被掩盖了。这样一来，利润是机器创造出来的这种认识也就自然形成了。

第十章

竞争及一般利润率的均衡化。市场价格及市场价值。剩余利润

从生产价格到市场价格

在第九章中，我们已知道成本价格加上平均价格就是生产价格。

在本章中，我们会继续论述生产价格和市场价格的分离问题，研究这个问题的意义在于展示价值从投入到脱离过程的真实情况。

从某种意义上来说，生产价格依据市场价格变化而变化是理所当然的。如果说市场的供需最终决定价格，那么决定市场价格的就是供给方和需求方双方。各个企业的产品都有其固有的价值，但存在高于或者低于平均利润的现象，从而最终会出现低于或高于市场价格的问题。

> 因中位构成的资本，与社会平均资本相等或趋于相等，故一切资本，不问其所生产的剩余价值怎样，皆有一种趋势，要在其商品价格中，实现平均利润，而不实现它所生产的剩余价值。也即实现生产价格。

生产高价值商品时，如果市场价格低于它的价值，那当然就无法实现被具体化的剩余价值；如果商品的价值比较低，就会以超额利润的形式获得更多利润，这里写到的正是这个问题。

然而还是由劳动来决定价值

即使市场价值能够像这样自由地变动，但它仍未脱离基本的价值法则。既然生产所需要的劳动时间可以决定价值，那必然就不会出现商品价格大幅度与之脱离的情况（危机等特殊情况除外）。如果市场价格下跌，就可以通过调整库存、调整生产以及提高资本投入来控制发货。如果市场价值过高，且有较多的资本加入的话，供给量会增加，价格自然会回落到其应在的位置。

> 竞争在一个生产部门内，先由各种不同商品的个别价值，综合成一个相等的市场价值和市场价格。次之，各不同生产部门的资本的竞争，又引起生产价格，使各不同部门的利润率趋于均等。后一个过程比前一个过程，还需有更高的资本主义生产方法的发展。

因为竞争加剧，必然造成某个部门的价格会跌落到平均市场价格以下，平均价格会下降。然后全体的利润率再平均化，从而创造出新的生产力。不过，这种资本主义的发展需要市场更加开放，这一点会在本章的最后进行论述。

社会需要等于拥有支付能力的需要

马克思使用社会需要这个词来表示决定市场价值的需要，可以说是需求方的问题。但社会需要的不是简单的需要，而是能够用货币购入商品，即拥有支付能力的需要。

> 虽然商品和货币二者，皆为使用价值和交换价值的合一，但我们已在第一卷第一章第三节讲过，在买和卖上，这两个要素是分布在两个极端点上的，商品（卖者）代表使用价值，货币（买者）代表交换价值。商品售卖的一个前提是，商品必须有使用价值，必须能满足某种社会需要。另一个前提是，商品内含的劳动量，代表社会必要的劳动，商品个别价值（在现在的假定下，那便是售卖价格）与其社会价值一致。

社会需要的实际形态绝不是固定的，这是因为生产方式变化会造成价格下跌，当然工资提高会带来社会需要的增加。社会需要和供给量一致就可以决定市场价格，但这种一致十分罕见。因为如果资本主义社会里供需一致，将不会引起危机，但这种情况几乎不可能发生。

于是市场价值在市场中不能顺利实现，最终偏离了市场价格，因此市场价格只能由偶然因素决定。

由于量的变化而掩盖的资本主义的本质

马克思认为，这种从价值到生产价格，从生产价格到市场价值，从市场价值再到市场价格的偏奇（逐渐偏离），并不重要，真正重要的是量的变化。正是量不断地被掩盖，资本主义经济的实际发展状态才会逐渐被掩盖，这才是最大的问题所在。

在资本主义社会里，个别企业的商品通过利润率的平均化而挺过难关。这里说的是价值与生产价格严重脱离的个别企业，只要不断增加资本，就能很快地接近平均价格。资本从利润率较低的范围流向利润率较高的地方，这样就形成了资本主义社会畸形的市场模式。

不断的不等性与不断的均衡，在下述二条件下，会进行得更迅速：(1) 资本更有能动性，也即，资本更容易由一个部门一个地点，移到另一个部门另个地点。(2) 劳动力能更迅速地，由一个部门移到另一个部门，由一个生产地点移到另一个生产地点。第一个条件，假定社会内部的完全的商业自由，假定除自然的独占（即由资本主义生产方法本身引起的独占）外，一切的独占皆被排除，它还假定信用制度的发展，那会把可用的社会资本之非有机的数量累积起来，不让它仍留在各个资本家手中；还假定不同生产部门是隶属在资本家之下。这最后一个假定，已经包括在这个假定里面了：即，就一切归资本家经营的生产部门考察，价值会自行转化为生产价格。但这种均衡，也会碰到大的阻碍，如果有许多非由资本家经营的生产部门（例如由小农经营的农业），介于资本主义的经营之间，和它错综复杂，不能分开。同时，大的人口密度，也是必要条件。第二个条件，假定一切禁止劳动者由一生产部门移到另一生产部门，由一生产地点移到另一生产地点的法律，皆废止；假定劳动者可以无须关心他的劳动的内容；各生产部门的劳动得尽量还原为单纯劳动；劳动者间的职业偏见，得完全抛弃；最后，劳动者皆隶属在资本主义生产方法之下。关于这个问题的进一步说明，属于专门研究竞争的范围。

自由竞争背后的暴力体系

资本主义的社会模式是所谓的自由市场模式，这是以资本自由流动以及劳动者自由流动为前提的。然而从第一卷中我们已经知道，为了实现自由市场这种模式，国家暴力是如何发挥作用的。即在历史上必须有一个充斥着暴力的过程。这一边是国家暴力，另一边则是“自由”，这种绝妙的搭配，就是所谓自由主义幻想的真实。

相对来看，生产价格、市场价格的价值偏离问题，其结果就是两个阶级，即劳动者阶级和资本家阶级围绕利润的对立问题。可以看到的利润貌似是掠夺了其他资本家的利润，但真实情况是剩余价值是由劳动者创造出的。这个问题不只适合超额利润，在后面的利息、地租问题上也是同样道理。所以马克思这样说道：

> 在论地租的那一篇，我们会考虑剩余利润这两种形态的更进一步的形成。

今天，我们惊奇地发现，这个世界上已有了不拥有任何劳动者的资本家、用机器人来生产商品的资本家以及不剥削自己的劳动者。换句话就是，他们不包含价值而形成了劳动。但值得注意的是，这些资本家能获取利润的原因是他们夺走了其他资本家的剩余价值，也就是获得了超额利润。

> 不说此，则在生产部门内完全不使用可变资本，不雇用劳动者的资本家（这是一个夸张的假定），会和只使用可变资本而将全部资本都变为工资的资本家（这是另一个夸张的假定），同样关心资本对于劳动阶级的榨取，且同样由无给的剩余劳动取得利润。

这里就有了总资本与总劳动的对决，马克思巧妙地解释：

所以，在这里，我们有了一个有数学正确性的证据，证明资本家在相互竞争上，虽然彼此以假弟兄相待，但对于劳动阶级全体，却仍形成一个真的秘密共济团体。

第十一章

工资的一般变动所及于生产价格的影响

没有比工资下降更高兴的事了

第十一章讨论的是工资上涨带来的各种问题。这些问题的要点在于，工资上涨会为资本家的资本有机构成带来什么样的影响。通过比较拥有高度有机构成的资本家，拥有平均有机构成的资本家以及拥有低度有机构成的资本家这三种情况来确认这种影响到底如何。

在关于工资上涨的部分里，马克思改变一直以来所说的100%剩余价值率来详细计算，最终得出工资上涨时获得的剩余价值会减少，工资下降获得的剩余价值会增多，并以此为前提来构成讨论。

马克思进行了详细的计算，但我们在这里只看结论部分，即：资本的有机构成较低的资本，会因工资上涨而引起价格上升，因工资下降引起价格降低；另一方面，资本的有机构成较高的资本，会出现完全相反的情况，工资的上涨引起价格降低，工资的下降会引起价格上升。

换而言之，对于资本的有机构成较高的资本工资上涨会非常有利，工资上涨对可变资本较少的部分不会产生利润的压迫，这就使得从可变资本较多、资本的有机构成较低的资本那里夺取利润成为可能。

相反工资如果下降，资本有机构成较高的资本便会产生损失，虽然只是将说法换成比起使用机器、雇用工人更便宜而已，但资本的有机构成较低的资本生产价格就会下降，从而能获得更多的利润。资本的有机构成较高的资本生产价格则上涨，获得的利润反而会减少。

从利润率角度来看的话，工资上升则相应的利润率自然会降低。工资上涨会带来利润降低，对于资本来说不是件好事，降低工资，利润率上升，利润也会增大，从资本家角度来说就是值得高兴的事了。

作为结果，比起工资上涨，还是降低比较好一些，这是因为即使不有意去提高资本的有机构成，利润也会滚滚而来。但在工资飞涨的现实中，还是提高资本的有机构成好一些。

第十二章

补　论

第一节　生产价格发生变动的诸种原因

第十二章接着第十章与第十一章来分析生产价格会在什么情况下变化，不过说明仍然不是很充分。在这里，我们看到生产价格的变化会有两种情况：第一种是一般利润率发生变化的情况；第二种是一般利润率依然不变，仅仅价值变化的情况。

引起第一种情况的原因之一是劳动力的价值下落或提高，这在前一章进行了详细的论述；另一种是所占剩余价值额和垫支社会总资本的比例，发生变化，这与折旧期及原料价格问题有关，可以考虑为劳动强化的场合。

第二种情况，即使各个价值构成的比例不变，由于商品中包含的价值整体变化，生产价格也会上升。比如原料价格变化、机器改良等，随之引起的是可变资本也会变化。

第二节　中位构成的商品的生产价格

这一节从某种意义上来说，像是论述例外情况而记的笔记，所以章节前后关联并不好。在内容上，也会产生拥有中等构成的资本甚至有时从中等的生产价格中偏离的疑问。

马克思在这里举出了这样两个例子：构成中等资本的不变资本，比如机器这种商品已经从价值中偏离的情况；以工资购买的生产资料的价值产生偏离的情况。

但是马克思接着又写道，这些情况并没有必要作为问题讨论，因为问题不在于价值本身，而在于价值的比例，也就是引出利润率的是不变资本和可变资本的比例，只要这个比例没有问题，那利润率就不会变。也就是说，价值构成相同的话，从中产生的利润也相同，所以利润率是不变的。

第三节 资本家的补价理由

作为总资本来看价值规定是存在的

竞争会带来利润率的平均化，资本便会流入利润率较高的生产部门，因此每种商品都会向由成本价格和平均利润得来的生产价格变化。资本虽然有时会发生移动，但从整体上来说还是相互补偿的，最后甚至会停留在一个共同的水准上，这样出现的概念，叫作一般利润率。

但是在这个阶段，整体是由各个资本构成的价值所规定的，这一点则毫无疑问。

接下来就是我们已经看到的生产价格向市场价格的偏离了，但实际上这也是因为资本的价值构成而发生的。这样一来，好像一切都是竞争的结果，其实它们都是受到了价值规律的影响。

> 竞争所不能说明的，是支配生产运动的价值规定，是站在生产价格后面且最后决定生产价格的价值。

从总资本角度来看，将各个差异相互补偿，价值规定的确是存在的。

但在现实中，看上去却与之相反。资本家用获得股票分红一样的立场来看待各个资本的量对应的利润。他们深信，利润是通过自己资本的有机构成在流通中实现的，认为这些利润就是后来追加到价格上的；但这只不过是他们在相互夺取整体所创造出的总利润而已。资本家无视从劳动力的剥削中产生的剩余价值之存在，凭借这种从价值偏离的市场价格，认为超出成本价格的所有部分，也就是利润，是从自己的努力中得来的。

第三篇

利润率下降倾向的法则

第十三章

其法则

为什么利润率会下降？

在第二篇中我们已经看到，利润率$\frac{p}{c+v}$在竞争激烈的资本主义社会里，有逐渐下降的趋向，而这便被称为利润率趋向下降的规律。

为什么会下降？这就如同之前关于平均利润率的章节所讲的一样，由于资本以低于平均价值的价值去生产会获利更多，如果可变资本比例高的话，剩余价值自然就高。也就是说，资本已不需要用在机器和原料上，只要有劳动者就能获利。而新的资本会以更大的剩余价值为目标加入进来。假如剩余价值率不变，可变资本部分多的话，可获得的利润就高。但是由于新的资本逐渐加入，剩余价值自然会向低于平均价格的资本转移，商品的价格也会出现下降的趋势。由此，为了制造出价格低廉的商品，不变资本的增加是必不可少的，这样的结果就只能是利润率的趋势下降。

资本构成的这种逐渐变化，不仅发生在若干个生产部门，也可能发生在一切的生产部门，或发生在有决定性的生产部门，以致所有的社会总资本，在有机的平均构成上发生变化。在这个假设下，与可变资本相对而言，不变资本会渐渐增加，而不变资本渐渐增加的结果，必然是：在剩余价值率不变，资本对劳动的榨取程度不变时，一般利润率会渐渐下落。

马克思在这里的阐述与以前论述过的内容没有区别，只不过又用下面另一种表达来重新说明：

那不过是劳动社会生产力渐次发展的别一个表现：当劳动社会生产力增进时，因机械与固定资本一般的应用增加之故，同等数量的劳动者会在同时间内，把更多的原料和补助材料转化为生产物，也即，用更少的劳动，已可将同等数量的原料和补助材料转化为生产物。

为什么大的企业、发达国家在竞争中更有利？

总体来说，当利润率趋向下降时，通过增加机器、增大生产量、使用比以往更多的原料和辅助材料，如果同时生产工人人数不变的情况下，就能生产更多商品，也就意味着商品的价值会变低。一个产品的价值中可变资本所占的比例越来越小，不变资本的比例越来越大，这样结果自然就是，各种可变资本占总生产资本比较多的商品，产品价值会变高，当到达一定程度时，就无法撼动其地位了。

发达国家和不发达国家的利润率有极大的差别。不发达国家的利润率很低，也就是说不发达国家给产品投入了较多的价值。在这种国家中，可用在再生产的费用会更多，剩余价值率也会较低。

> 所以，一般利润率渐渐向下跌落的倾向，不过是劳动社会生产力渐渐发展这一个事实，在资本主义生产方法下特有的表现。当然，我们并非说，利润率不会暂时由别的理由以至于下降。

利润率的下降、雇佣的增加和过剩人口的创出

利润率的下降意味着可变资本部分的相对下降以及由此带来的剩余价值的相对下降，但如果与不变资本相关联的劳动者数量增加，剩余价值的量本身会增加。不过，利润率的下降并不意味着利润量的下降。

这正与资本主义社会的人口增减情况相吻合，利润率下降但利润量增加，那么对劳动者的雇用也会增加，资本主义进行的庞大资本积累和因此产生的价值再生产，就是以此方式实现的。

> 资本主义的生产过程，本质上是蓄积过程。我们曾经说明，在资本主义生产进步时，那只要再生产和保存的价值量，会在所用劳动力保持不变的时候，随劳动生产力的增进而增进。

当然雇用的劳动者多未必就能增加产量，还必须进行劳动强化（使劳动者做更多的工作）。但积累下来的资本再生产是必须的，也就是无论怎样劳动者都要进行资本的价值转移。这样一来，依然只有劳动强化还是不行的，增加劳动者的数量就成为必需，自然而然便会产生出与资本不能对应的过剩人口；但如果资本过剩，劳动者不足的话，便会出现工资上涨。如果生活水平下降的话，反而会使结婚增多和人口增加。当然这里面有时间上的偏差，往往当劳动者的孩子变成劳动者时，他们会变成相对过剩人口，工资有可能会很低，但是这又使资本开始下一轮生产成为可能。

资本主义社会通过增强生产力，也就是增加不变资本来降低利润率的同时，还用其他方法，如雇用劳动者或者劳动强化、延长劳动日等来提高利润量，然后这些又会带来更多资本的增加，如此利润率就会变得越来越低。

各种资本的竞争

以上这些会产生一个矛盾。

> 资本主义的生产越是发展，则劳动人口相对过剩的可能性也越是发展，这不是因为社会劳动的生产力减小，而是因为社会劳动的生产力增加。也即，不是因为劳动与生活资料（或这种生活资料的生产手段）之间有绝对的不均衡，乃是因为有这种不均衡；这种不均衡，是由资本主义的劳动榨取发生，因为在资本累进的增加时，对增加人口的需要会相对地减少。
>
> 利润率下落 50%，也即下落一半。如果，利润量要保持不变，资本是必须倍加的。因要使利润量在利润率减少时保持不变，则指示总资本增加的乘数，必须与指示利润率下落的除数相等。如果利润率由 40 减为 20，则总资本必须依 20 ： 40 的比例

增加，方能使结果保持不变。如果利润率由 40 减为 8，资本便须依 8 ：40 的比例增加，也即必须增加五倍。

从资本的立场来看，这是资本和劳动的无休止拉扯。大资本家们可以通过减少产品价值从小资本家那里掠夺来利润以解决问题。简单来说，为了弄垮小资本家，大资本家会进一步降低利润率，使用价格竞争的招数，令对手一招毙命。降低利润率，如果解读为减少利润的意思，就好似是资本家的善意之举，但真实情况是一些资本家为了从其他资本家那里的掠夺而做的恶意之举。

不要以为薄利多销利润就低

下面我们开始进入商品所占利润量的问题。我们知道，产量越高，一个商品的单价就越低，但从总量上来看利润会更大。可是问题并不在于这种价格低廉造成单个商品利润量减少，而整体的利润量却一直在增加。

马克思认为，构成单个商品的价值比例一点儿都不会变，即从根本上否定了因为大量制造所以造成的便宜，因为便宜所以利润低。这种说法虽然说明了事实，但没有说明本质。诚然，成本便宜的话流通过程中销售的值就便宜，但这样的话，利润就变成了从销售中产生的转让利润。

也就是说资本家虽然想卖高价，但便宜出售将利润最小化，再用整体的销售数量来弥补。这种看法并不贴切，在生产过程中由于可变资本和剩余价值部分的比例已经变小，利润也被迫减少，而这些只是资本的理论。因为资本家可以雇用庞大数量的劳动者，增加总利润，同时通过降低商品价值获得超额利润，这才是问题的最终结果。

所以重要之处在于，不能忽视有酬劳动和无酬劳动的存在。

我们在《资本论》第一卷第四篇和第七篇中已经看到，同劳动生产力一起增加的商品量和单个商品本身价值变得便宜（只要这些商品对劳动力的价格不发生决定性的影响），尽管价格下降，也不会影响单个商品内有酬劳动和无酬劳动的比例。

第十四章

抵消的原因

六个要因

如果资本主义想要正常发展，就应当贯彻价值规律，像利润率一样趋向下降。实际上未必是这样。所有的规律，既然都是由各种要因组合而成的，那当然就会有以各种形态出现的阻碍因素。

接下来的六节中，马克思举出了3种反作用因素并加以说明，即构成利润率的应当是利润、不变资本、可变资本，但这些要因如果有任何形态变化的话，趋向下降就不会有所变化。

第一节　劳动榨取程度的增进

结果是对劳动者更大的剥削

首先利润的比例如果提高到超过可变资本和不变资本的话，利润率便不会下降，也就是利润可以通过《资本论》第一卷论述过的劳动强化和劳动日延长来提高。

劳动强化就是强化一定劳动时间内的劳动，可以通过提高机器的速度来进行，或者提高单位时间中劳动力的支出也可以，但这样做会增大剩余价值率。另外在今天资本主义国家里通过减少劳动者的数量也可以增加剩余价值，因此这已不是一个单纯的问题。

从这个意义上来看，可以说劳动日的延长本身就是阻止资本主义剥削、利润率趋向下降的典型手段。延长劳动时长的话，不变资本部分会增大，剩余价值率也会增加，当然这是与劳动强化同时进行的。

另外还存在通过使用妇女和儿童以低工资榨取劳动的情况。另外，劳动方法的“改良”带来的更高效劳动力强化，也会令剩余价值率增加。除此外，还有在平均化之前就尝试性地购买了新机器而获得超额利润的情况。

当然这些阻碍的因素反过来也会是促进的因素，为了提高利润率强化劳动，延长劳动日反过来又会造成不变资本的增大，促进和阻止微妙的相互交错正是其特征之一。

第二节　工资被压在劳动力的价值之下

强行压低工资，这是根据竞争的不同情况，在讨论竞争时会作为问题来研究。因此，在这里我们只稍微提及一下，虽然很重要，但在这里不做详细论述。

第三节　不变资本要素的低廉化

购买便宜原料和机器

这就是在《资本论》第三卷第一篇已经论述过的不变资本价值下降问题。大量购买原料价值会下降，机器平均化价值会下降，通过劳动而转移的价值也会出现不断下降的情况，这些下降都会促成利润率不断上升。

第四节　相对的过剩人口

为了抑制工资而制造过剩人口

相对过剩人口指没有得到劳动机会的剩余人口，它与便宜工资及对资本顺从的劳动者形成有关。由于他们的存在，即使资本家不购入机器，也能形成自愿以低廉的工资来工作的劳动者。如果不购入机器只剥削劳动者就能提高利润的话，那就没有人愿去购买机器。这就是把人当作奴隶一样去使用，从而提高剩余价值的方式。

第五节　国外贸易

用进口商品降低生活手段的价值

从外国进口生活用品，劳动者的工资会相对下降。因为进口原料不变，但资本的价值相对下降，所以国外贸易的结果就是，如果工资和原料价格都很低，资本家就会购入机器进行大量生产，所以进口商品具有促进和阻止的双重效果。

接下来马克思继续思考到外国低价销售商品也会有降低利润率的效果。向生产效率低的国家销售商品，与使用谁都不用的机器去获得超额利润相似，以比生产效率低的国家高得多的效率去生产，高出价值的那一部分便可作为超额利润而占有。

由于 19 世纪时可以将殖民地的劳动者当作奴隶劳动一般去剥削，并获得更便宜的商品，故而在殖民地所投入的资本，可以对本国的不变资本价值的减少做出贡献。当然这就像第三节所论述过的，它与大量生产相关联，具有降低利润率的效果。

但这是把双刃剑

利润率的下降趋势和阻止它的因素，可以说是一把双刃剑。对于阻止的原因马克思是这样总结的：

> 概括来说，我们认为引起一般利润率下落的诸种原因，会唤起相反的作用以阻碍其下落，缓和其下落，并局部地将其下落倾向麻痹。不过，这种种相反的作用，不会把这法则抵消，只不过使它的作用减弱。如若不然，不能理解的事情将不是一般利润率的下落，却是这种下落的进行何故会相对地迟缓。这个法则只有倾向的作用；其作用，须在一定的情势下，经过长期后才会明白显示出来。

第六节　股份资本的增加

像铁路这种降低利润率的资本怎么办?

这个问题会在第五篇里谈及，简单来说就是生息资本的问题。从产业资本中产生的游离资本，会变成追求利息的生息资本，利息和地租一样，是构成利润的一部分。

比如在马克思的时代，由股份资本组成的公司——铁路中，那些资本没有参与到一般利润率的平均化里，如果让这些资本参与进去就会被扣除从利润中得到的分配，从而进一步拉低利润率，也就是说是否把股份资本从利润率的计算中去除是问题的关键所在。

第十五章

这个法则的内部矛盾的展开

第一节　概　说

利润率的下降趋势会引起危机

利润率的下降趋势究竟是什么意思？这个重要的问题本身就是本章所要讲的。这种趋势是生产扩大和过剩生产之间资本主义社会的内部矛盾产生的，它是引起危机的诱因。

> 利润率的下降与加速的蓄积，在二者均仅代表生产力发展的限度内，不过是同一个过程的不同的表现。蓄积，在包含劳动的大规模累积和资本的高位构成时，会促进利润率的下降。从另一方面说，利润率的下落，又会由小资本家被剥夺，直接生产者（尚有任何财产可以剥夺的残余的直接生产者）被剥夺，而加速资本的累积和资本的集中。所以.在利润率下落时，蓄积率固然会跟着下降，但若就量而言，蓄积却会由此加速的。
>
> 从另一方面说，总资本的价值增殖率，利润率，既为资本主义生产的刺激（资本的价值增值，则为资本主义生产的唯一的目的），所以利润率的

> 下降，会阻碍新的独立资本的形成，好像对于资本主义生产过程的发展是一种威胁。那还会在过剩人口之外，引起过剩生产、投机、危机、过剩资本等等事情。

由上面这段话可见，利润率下降的同时，积蓄增加，其实就是不断吸收小资本家的积蓄的过程。积蓄的比例会随着整体增大而减小，但只要作为分母的资本量足够大，它的量依然会增大。资本就是这种利润的量的问题，这种变动是不会停止的，但作为结果来看，会加速独占的产生，继而削弱活力，而且还会制造出相对的过剩生产和剩余人口，对经济发展产生消极作用。

有机构成的高度化和劳动者失业

在这里，马克思将资本主义生产分为两个阶段，第一阶段是生产过程，即制造商品产生剩余价值的过程；第二阶段则是实现第一阶段的过程，即卖出商品，这两者之间有着很大的差别。

> 所榨取的剩余价值，将完全不能实现或仅实

现一部分，甚至使资本蒙受一部分或全部的丧失。直接榨取的条件和实现的条件并不是相同的。它们不仅在时间和空间上分开，并且在概念上互相分开。前者仅受限制于社会的生产力，后者则受限制于不同的生产部门的均衡性与社会的消费力（Konsumtionskraft)。但后者并不是由绝对的生产力也非由绝对的消费力决定，却是由以对立分配关系 (Distributionsverhaltnisse) 为基础的消费力决定的。这种对立的分配关系，会使社会大多数人的消费，缩减到一个只能在狭隘界限内变动的最小值。此外，消费力还会由蓄积动机——也即使资本增大，并使剩余价值的生产依照累进扩大的规模来进行的动机——受到限制。这是资本主义生产的法则：这个法则，是由生产方法的不断的革命，由现有资本的不断的价值减少，由一般的竞争战，由改良生产和扩大生产规模（如保存自身和畏惧灭亡而行的）的必要性引起的。所以，市场必须不断地扩大，以致它的关联及其规制条件，日益采取自然法则的形态，日益采取与生产当事人相独立而不能由人制约

> 的形态。这个内部的矛盾，由生产之外部范围的扩大得到均衡。但生产力越是发展，越是与消费关系 (Konsumtionsverhaltnisse) 所依照其建立的狭隘基础相冲突。在这个充满矛盾的基础上，过剩的资本会与日益过剩的人口相结合，是一点矛盾也没有的。因为，这二者的结合，固然会增加所生产的剩余价值之量，但同时也会把剩余价值生产的条件和剩余价值实现的条件之间的矛盾加强。

这里出现了可以被称为资本主义基本矛盾的东西：即过度追求利润扩大生产，不断改良生产方式，降低利润率，其结果就是劳动力过剩，市场闭塞，同时也会导致资本过剩。

第二节　生产扩大与价值增值之间的冲突

周期性危机的出现

马克思认为劳动生产力会以双重形式表现：第一种形式是积蓄下来的资本越来越多；第二种形式是被其使用的劳动者数量越来越少。其中，后者所说劳动者数量减少，是以劳动者的再生产所需劳动时间的减少和进行资本的价值转移造成劳动者数量减少来体现的。

总而言之，资本主义积累一方面是生产方式的积累，另一方面是产出过剩劳动者。生产力的提升，即购入新机器会淘汰旧机器，但另一方面也会促进雇用劳动者的增加。这是因为旧机器的价值下降造成价格也下降，必然会出现使用旧机器来大量雇用劳动者的情况。但这又是矛盾的，在其他地方会有失业，也会有劳动者低工资被雇用。旧体制的企业和新体制的企业并存，而打破这种并存的，就是周期性出现的危机，它是破坏旧体制企业的巨浪。

> 这种种不同的影响，或在空间上发生相并的作用，或在时间上发生继起的作用。这种种互相矛盾的动因，会定期地以危机为出口。危机常常只是既有矛盾之暂时的强烈的解决，只是已破坏的均衡暂时赖以恢复的强烈的喷火口。
>
> 一般说来，矛盾是由这一点成立的：即，资本主义生产方法，包含一种使生产力绝对发展的倾向而不问价值如何，不问其中所包含的剩余价值如

何，也不问资本主义生产的社会关系如何。但在另一方面，资本主义生产方法，又以保存既有资本价值及其最高度价值增值（也即以不断加速的速度，把它的价值增加）为目标。资本主义生产方法的特殊性质，是以既有的资本价值为手段，而使其价值为尽可能最大的增值。它实行这个目的的方法，包含着如下数点：即，利润率的下降，既有资本的价值减少，也有劳动生产力以既有生产力为牺牲的发展。

既有资本之周期的价值减少——这是资本主义生产方法一个内在的手段，有赖于此，利润率的下降得以停止，资本价值由新资本形成而起的蓄积，得以促进——会扰乱资本流通过程和再生产过程所依以遂行的既存的关系，所以，当此之时，每每会发生生产过程突然停滞和危机的现象。

基本矛盾——限制资本主义生产的正是资本本身

资本主义的生产，不断要克服这种种内在的限制，但它用来克服的手段，只是使这种限制用一种新的更强的程度来和它对抗。

资本主义生产之真正的限制，是资本自身，换言之，是以下事实：即，资本及其价值增值，表现为这种生产的始点和终点，表现为这种生产的动机和目的；生产只是为资本的生产，而从相反的方面说，生产手段并不是为了生产者社会使生活过程形态不断扩大的目的。以大多数生产者被剥夺而陷于贫困这一个事实为基础的资本价值的保存和增值，是只能在限制之内运动的。这种限制，会不断与生产的方法——资本为其自身目的，须使用各种方法，那会使生产无限制地增加，使生产以生产为自身目的，并使劳动社会生产力无条件的发展——相矛盾。这当中的手段（社会生产力的无条件的发展），会不断与有限的目的（既有资本的价值增值）相冲突。所以，资本主义生产方法，一方面，是发展物质生产力并创造世界市场（与物质生产力相适应的世界市场）的历史的手段，另一方面，又是一个不断的矛盾，这个矛盾，是在它这个历史的使命和适应于它的社会生产关系之间存在的。

第三节 人口过剩时的资本过剩

因战利品而聚集的资本

利润率的降低产生资本的过剩，由于最终到达一个即使追加资本也无法提高利润的程度，作为生产资本就会被剩余下来。这种剩余资本已经不是单纯的资本追加，它要么替代以往旧的不变资本变成追加资本，要么为了不降低现有不变资本的价值而被闲置下来。

一般来说，利润率的下降与不景气同时发生，剩余的资本会引起资本家相互之间的竞争，以本就很少的利润为目标而进入新的竞争，它呈现出与利润率平均化时的竞争所不同的样貌，可以说是一种为了不让自己蒙受损失而去牺牲对方的悲惨竞争。前者是获胜后战利品的共同分配，也就是资本家的友爱世界；后者是战败后的利益争夺，换句话说就是看谁更狡猾。

> 在一切都圆滑进行的限度内，我们曾在说明一般利润率的均衡过程时，论证竞争的作用将像是资本家阶级的实际的友爱行为。因有这种竞争，他们

会比例于各自的投资股份，共同分配共同的赃物。但在所论已经不是利润的分配而是损失的分。分配时，他们每一个人却都会尽可能减少自己所受的损失，而以损失尽量转嫁给别人负担。不过，就这个阶级说，损失总是不能避免的。各个资本家须在这个损失中分担多大的部分，他须在何种程度内分担这种损失，那完全是能力和狡猾的问题。竞争遂转化为翻脸的兄弟间的斗争了。个别资本家的利害关系和资本家阶级全体的利害关系之一致，在以前是由竞争而得以实际贯彻，但在现在，二者的对立也是由竞争而得以实现。

利用危机顽强地生存

度过了恶战后，社会怎么才能恢复到从前呢？竞争对手被消灭时才会看到对手的真实资本价值情况，固定资本价值的减价、利润量的下降会带来作为生息资本的金融资本的利益受损，也就是经济的规模急剧缩小。结果信用收缩，支付手段的机能会出现混乱，最终造成危机状态。

所以，当价格一般下降时，再生产过程势必会

> 陷于停滞和混乱中。这种停滞和混乱会影响货币之支付手段的机能，因为货币的这种机能，是以那种当作前提的价格关系为基础，而与资本的发展同时发生的。必须依一定期限偿付的支付义务的连锁，也会在许多点上被打断。而与资本同时发展的信用制度之崩坏，更使扰乱和停滞呈尖锐化状态。这样，激烈的危机发生了。突然的强烈的价值减少现象发生了。再生产过程之现实的扰乱和停滞发生了，再生产现实地减少。

危机下的劳动者们

下面，我们把话题转回劳动者一方。当因劳动者过剩而造成工资下降时，事实上绝对剩余价值便得到了提高。

其实，资本的过剩、劳动者人口的过剩并不是绝对意义上的过剩，它只不过是作为资本不能获得利润这个意义上的过剩而已。在这里，马克思说道：

> 资本的过剩生产，不外是指那种种能够当作资本用即能够依照一定榨取程度来榨取劳动的生产手段（劳动手段与生活资料）的过剩生产。

提高劳动生产力必然会造成商品的供给过剩，导致积累和利润率的降低，然后这些会令劳动者人口过剩。为了逃避这种状况，资本会向海外移动，且是以外国的高利润率为目标的，但在国内仍是产品过剩状态，无从改变。

过剩生产的实际状态

尽管资本的生产过剩往往伴随着商品的生产过剩，其实它也是因消费的限制而发生的。反过来说，即劳动者人口的过剩会限制消费。这是因为，如果资本主义不是以满足需求的经济为主而是以满足利润的经济为主，就会造成生产的不平衡。虽说生产过剩时，需要商品的人依然很多，却往往因价格过高而买不起。这种事态才是资本主义所引起的生产过剩的实际状态。该怎么去应对这种消费的不足呢？可以考虑国家有效供给创造需求的方法，但讽刺的是这并没有效果，反而还会引起慢性通货膨胀，它被无通货膨胀成长的新自由主义的理论所替代。但是从另一角度来看，无法掩饰的现状难道不是通货膨胀结束而危机再度复活吗？

马克思在这里说道，从结果上来看资本主义的生产，实现人类的需求实际上是一种不充分地过少生产，说到底只是为了实现利润的过剩生产。当然在马克思的时代，还不存在现在的资源枯竭、环境破坏等问题，所以这些问题未得到阐述。

对于资本主义生产的限度，马克思是这样论述的：

> （1）劳动生产力的发展，会在利润率的下降中，造出这样一个法则来，那会在一定点和它自身的发展相对抗，从而必须不断由危机来克服。
>
> （2）决定生产的扩大或收缩的，是无酬劳动的占有，是无酬劳动对对象化劳动一般的比例　　用资本主义的话来说，是利润和这个利润对所用资本的比例，即利润率的一定的水准，却不是生产对社会需要（社会发展了的人类之需要）的比例。所以，生产一经扩大到相当的程度便会遇到限制，虽然这种扩大程度，在别的前提下还会十分感到不足。它的停止点不是欲望的满足点，却是由利润的生产和实现限定的。

第四节 补充说明

对机器的购买并不感兴趣

这一节谈到的是因部门不同，而导致利润率差别很大的问题。农业和工业，与拥有最新型工业设备的部门有着显著的差别，由于平均利润率是最先进设备的部门和老旧设备的部门的平均值，因而社会具有相当的多样性。这一章非常简短，恩格斯仅进行了少量的文字补充。

> 所以，对于资本，劳动生产力增进的法则并不是无条件适用的。对资本而言，这种生产力，是在这时候增进的：即，活劳动的有给部分（不是活劳动一般）的节省，比过去劳动的增加为大。这一层，我们已经在第一卷第十三章第二节约略讲过了。在这里，资本主义生产方法，陷入了一个新的矛盾中了。它的历史的任务，是毫无顾虑的，以几何级数的速度，发展人类劳动的生产力。而在这里，它却从事于生产力发展的妨碍，这样，它对于它的这个任务，是不忠实了。那不过再度证明，它

是越过越衰老，越过越变成无用的了。

他是这样论述的。资本主义社会只要减少对劳动者进行的工资支付，就可以不断地购入新机器；但若不是这种情况，就会是“到衰老而死为止，绝对不会用机器去替代”的状况。

马克思认为，在这个意义上，购入新机器的同时不能马上抛开生产效率低的机器，而是某个时段内先进的机器和落后的机器会持续并存。比如铁路部门等不变资本异常高的部门不产生利润，这就意味着利润不会留在铁路经营者的手里，而只会转化成为利息。说到不变资本巨大的产业——半公共性质的企业，以将利润的分红分发给出资者的方式来收集资本。

但是，旧的生产资料为什么会更换为新的生产资料呢？原因在于新生产资料会降低商品的价格。正因为如此，固执于旧的生产资料的资本家最终还是不得不购入新的生产资料。

这样资本主义最终会造成不变资本的增加，结果就会造成资本过剩和劳动过剩。马克思最后总结了资本主义生产具有的以下几个特征：

（1）生产手段累积在少数人手中，不复成为直接劳动者的所有财产，却把它自身变成生产之于社会的能力，当然，它最初是当作资本家的私有财产。这种资本家是资产阶级社会的受托人，但由这种委托所生的果实，是全部由这种资本家卷去的。

（2）因有合作、分工和劳动与自然科学相结合，所以劳动已组织成为社会的劳动。

在这两方面，资本主义生产方法，都会在对立诸形态上扬弃私有财产和私人劳动。

（3）世界市场的创造。

在资本主义生产方法之内，与人口相对而言，而自行发展的惊人的生产力，和资本价值（不仅指其物质基础）的增加（虽不以同比例增加，但总比人口的增加快速得多），会和这个惊人的生产力所依照发生作用的不断变得狭小（与增加的财富相对而言）的基础，会和这个膨胀的资本的价值增值关系，相矛盾的。也就因此，危机就发生了。

第四篇

商品资本和货币资本转化为商品经营资本和货币经营资本（商人资本）

第十六章

商品经营资本

商业资本的作用（或商人资本）

前面已经论述了产业资本，那么接下来开始说明产业资本之外的商业资本、金融资本、土地资本等资本。因为马克思在《资本论》第二卷阐述过与流通相关的内容，所以在这里只概括地谈了一下商业资本对产业资本的利润率的影响（其中出现了商人资本这个词，它和商业资本是同样的意思）。

第一点影响是信用制度，商品经营资本会马上购买产业资本的产品，从而产业资本便能节约剩余的闲置资本；第二点影响是产业资本所造出的商品资本迅速销售由此而加速商品的周转。这两点便是本章的重点。

因为这两点的作用，产业资本的利润率自然会上涨。从这个意义上来说，本章与前几章联系非常紧密。闲置资本的节约会使预付资本减少，从而降低总资本，提高利润率。一年内的生产周转数增加，便可以用较少的资本生产出较多的商品，利润率也会上涨。

首先马克思定义了商人资本（商业资本）的概念，即分为经营商品的商品经营资本和经营货币的货币经营资本。这一篇会主要论述前者，到第五篇才会讨论货币经营资本的问题。

商品经营资本就是销售由产业资本生产的商品的资本，一般是指流通产业、批发、商店等。商业经营资本绝对不会以生产资本的形态出现，但在市场中，商品资本在销售之后会以货币资本的形态出现。不管怎样，商品资本都是从生产资本中分离出来的。在这一阶段支付已经以某种形态进行，因此闲置资本作为商品经营资本而存在，它进行着从生产中分离后独自的工作，也就是商品的销售。

商业资本不产生价值

在这里，马克思重新提及了一点，即在流通过程中没有任何价值的附加。因为价值的职能是深入产业资本的利润里，而商业资本也同样是以利息的形态深入产业资本的利润里的资本。

> 商品经营资本，不外是不断在市场上，不断在变形过程中，不断在流通范围内的流通资本一部分的转化形态。我们说流通资本一部分是因为商品买卖的一部分，会不断在产业资本家自己的中间直接

> 进行。在这种研究上，我们完全把这一部分撇开，即对于商人资本的概念规定，对于商人资本的特性的理解，这一部分是丝毫没有贡献。加之，为我们的目的，我们还曾在第二卷详细说明了流通资本的这一部分。

商业资本能减轻手头资本

市场上的生产停滞会阻碍剩余价值的实现，而商人资本正起着让这种阻碍尽量变短的作用。所以如果能快速卖掉商品的话，商品的周转速度会加快，利润率会上涨；即使卖不掉，只要商人资本以信用或者其他形式完成支付，生产资本上的手头资本量照样会减少。

因此，市场上实现剩余价值的商品经营资本的作用很大。从这个意义上来说，他们拥有着夺取剩余价值的权利。马克思这样说道：

> 所以，商人资本是不创造任何价值和剩余价值的，也即，不直接创造任何价值和剩余价值。但在它帮助着将流通时间缩短的限度内，它能间接地帮助着使产业资本家所生产的剩余价值增加。而在它

> 帮助着把市场推广，促成资本家的分工，使资本能以更大的规模从事的限度内，它的机能又足以促进产业资本的生产力及其蓄积。在它把流通时间缩短的限度内，它会把剩余价值对垫支资本的比例（即利润率）提高。在它使资本仅须以较小的部分当作货币资本，而被拘留在流通范围的限度内，它又会增加直接被使用在生产上的资本部分。

可见，商人资本如同产业资本的助手一样，当然截至现在，马克思还没有告诉我们为什么这么说。在只有商人资本，而没有产业生产的地区，无法想象商人资本与产业生产之间不可或缺的关系，因此目前产业生产仍然发挥重要的作用这一点是无法否定的。

如果将明确身为利润争夺者中一分子的商业资本当作问题来考虑的话，商业资本对于产业资本当然会产生反作用，也就是说会出现一个巨大抗力，使其颠倒过来。可以说，马克思正是为了表明这种颠倒的可能性，才在这里展开讨论这个问题。

第十七章

商业利润

商业利润是从哪里产生的？

这一章的主要问题是，虽然在流通过程中不产生价值，但为什么在商业资本中能产生商业利润的问题。商业利润一般会被置于和产业利润一样的竞争中，而不会出现只有商业利润较高的状况时。假如出现了这种状况，产业资本就会向商业资本移动，其结果便是利润平均化。总而言之，这也可以看作是产业和商业存在着共通的利润。

那么商业利润是怎么决定的呢？只看表面现象的话，利润看起来像是通过提高商品名义上的价格，以高于价值的价格来销售商品而产生的。

> 在严密的考察下，我们会立即知道，这不过是一种外在表现。我们也会立即知道，在资本主义生产方法为支配的生产方法的前提下，商业利润并不是依照这个方法实现的。

正因如此，从产业资本中以生产价格购买商品的话，获得的利润就一定比生产价格高，除此之外是没有可能的。但实际上商人资本并不是从产业资本中以生产价格购买，而是低于它的价格购买的。

商业利润从产业利润中产生

到这里，我们能看到商业利润已经潜入产业资本的利润率的形成过程中，即平均利润的形成之中。这里马克思举了一个例子。

如果产业资本的总资本为 720c+180v=900C，剩余价值率为 100% 的话，会产生 180m 的剩余价值，利润率是总资本 900C 的 180m，即 20%，即平均利润率。

在这里，如果将拥有 100C 总资本的商人资本加入利润中的话，两者合并的总资本便是 1000C，商业资本的比例是 1/10。如果在利润分配之前得到这个比例的话，就会获得 180m 中的 18（新的利润率为 18%）。产业利润的收入便为 162m，商业利润的收入为 18m，也就是说商业资本并不是以 1080C 购买的，而是因为加入了商人资本的 100C，以 1062C 购买的，接着再将它以 1080C 销售。所以，这样获得的商业利润 18m 并不是从市场中产生的，而是已经存在于平均利润当中。

商业利润是存在于产业利润里的

这里出现的不单是数字上的问题，也是商业利润存在于产业利润中的问题，也可以说是商业利润是从产业利润中先行扣除的。

> 商人资本虽然不参加剩余价值的生产，但会参加剩余价值到平均利润的均衡化过程。所以，一般利润率，已经包含剩余价值中扣留下来归属商人资本的部分，已经包含产业资本利润一部分的扣除。
>
> 由以上所说，我们可得如下结论：
>
> (1) 与产业资本相比例而言，商人资本越大，产业资本的利润率就越是小。反之，产业资本的利润率就越是大。
>
> (2) 我们已经在第一篇说明，利润率常表现为比现实剩余价值率更小的比率，也即，把劳动的榨取程度表现得过小。

大的商业资本向产业资本施加压力，小的商业资本被产业资本施加压力

商业资本存在于产业利润之中并且会发挥作用，造成大

的商人资本越来越强大。比如越是大型商场或者超市这样的量贩店，产业利润越会有大的招牌效应，深入到利润中的比例也就越大。当然，如果碰到更大的制造商企业，那商场或超市就会处于弱势，就不得不让步了。

产业资本家没有在剥削劳动者吗?

当商业利润加入利润率中，就使得产业资本的利润率看上去比以前更少了。以前是利润率好像比作为剥削率的剩余价值率更小，但商业利润加入利润率后看起来就更少了。这样不断推演的话，感觉好像并不是产业资本家在剥削劳动者，而是产业资本家在被其他的资本家所剥削。

马克思在这里将现象和本质进行了明确的区分。首先从现象上看，好像是商人资本决定销售价格，从而决定产业利润。这是不正确的。这里应该是生产中的平均利润确定下来后，商业资本才能加入，最终获得商业利润。

这里会出现在商业资本下工作的劳动者的价值形成问题。他们的劳动会不会形成价值，如我们在《资本论》第二卷已经论述过一样，他们完全没有参加到价值形成之中。比如某一个商人完全没有雇用劳动者而能够自己进行商业活动，因为没有附加任何东西，所以这是有可能的。

在商业资本下工作的劳动者也叫工资劳动者，这一点没有改变，他们被作为商业资本的可变资本而购买，他们的工资取决于他们自身的再生产费用。

商业资本的劳动者与产业资本的劳动者的不同

商业资本的劳动者与产业资本的劳动者之间最大的不同在于：前者不生产剩余价值，而后者生产剩余价值。

> 从另一方而说，如果商人所垫支的资本量甚小，他所实现的利润，和一个待遇比较好的熟练劳动者所得的工资比较，也许并不更大甚至会更小。实际，在商人之旁，尚有产业资本家的直接商业代理人，如买办、跑街之类，他们会在工资形态上，或在分红（分取交易所赚到的利润）的形态（如手续费、佣钱、分成之类）上，得到同样大的或更大的收入。在前一场合，商人会以独立资本家的资格把商业利润卷去；在后一场合，产业资本家的工资劳动者即事务员，将会在工资形态上或在分红（即

在他所代理的产业资本家的利润中，分取一个比例的部分）形态上，分得利润的一部分，他的主人，则在这场合，不仅收取产业利润还收取商业利润。但在这一切场合，流通当事人自己的收入，虽好像只是工资，只是他的劳动的给付，也不比待遇良好的劳动者的工资更高，但总归是由商业利润发生的。之所以会如此，是因为他的劳动不是创造价值的劳动。

商业资本说到底只能以存在于产业资本的形态中获得利润，即商业资本是产业资本的利润依靠。

商人资本对剩余价值的关系，和产业资本对剩余价值的关系不同，产业资本生产剩余价值的方法是直接把别人的无给劳动占有。商人资本占有这个剩余价值的一部分，却是因为其中一部分会由产业资本移转到商人资本上来。

对于商业资本家来说，劳动者的工资也是越低越好

商人资本下的劳动者虽然不直接形成剩余价值，但投资到他们身上的可变资本越少——工资越低，商人资本得到的剩余价值就越多。要得到同样的剩余价值，只要少付劳动者的工资，总资本便会相应地减少。

正如工人的无酬劳动为生产资本直接创造剩余价值一样，商业雇用工人的无酬劳动，也为商业资本在那个剩余价值中创造出一个份额。

马克思在这个部分的说明也不充分，但他说明了商业资本在商品购入上的资金比起工资使用的资金来占有较大的比例。用大规模的资本采购、销售商品，从这个意义上来说，与其说是劳动，不如说是资本在实现剩余价值，所以从增大这个资本的层面来说，降低工资也有它的现实意义。

工薪阶层工资下降的原因

不管怎么说，马克思还是对于商业资本中劳动的内容进行了深刻的反思。在这里，不单是纯粹的商业资本劳动，他还列举了产业资本中的经理等例子来论述某些劳动者虽不生产剩余价值，但也有需求。这些劳动者为什么会增加呢？明明会拉低利润率但为什么还不得不增加呢？

的确，生产规模越大就越要雇用更多创造利润的生产劳动者。但另一方面，事务费用增加，就不得不增加担任经理等职务的劳动者数量。

这些劳动者，也就是构成当时的下级中产阶级，用现在的话说就是白领阶层。他们虽然最终没有加入价值的形成之中，但在帮助资本这一点上为商业资本的利润形成做出了贡献，而且他们在事务能力上能拿到与劳动者相当的薪水。但随着分工的不断细化，即便工作非常熟练，价值也会下降。另外由于本阶层的教育方法改善，劳动者受教育的机会不断增加，另外还能从其他阶层中补充人员，造成最终工资越来越低。

用现在的话说，就是大学毕业的工薪阶层的价值问题。由于教育的不断普遍化，下层的孩子也能进入大学，因为他们的大量就业，大学毕业的工薪阶层的价值开始整体下降，其结果就是工薪阶层的工资也开始下降。

> 商业劳动者不直接生产剩余价值。但他的劳动的价格是由他的劳动力的价值决定的，是由他的劳动力的生产费决定的，而这个劳动力的应用，它的发挥，它的消耗，却和任何另一种工资劳动者的情

形一样，不为他的劳动力的价值所限制。所以，他虽帮助资本家实现利润，但他的工资和他帮助实现的利润量，没有任何必然的关系。他所耗费于资本家的和他所益于资本家的，是两种不同的量。他有所益于资本家，不是因为他创造了直接的剩余价值，不过因为他帮助了资本家，使他实现剩余价值的费用可以减少。这是因为他所实行的劳动，有一部分是无给的。真正的商业劳动者乃属于给付较优的那一类工资劳动者，是属于熟练劳动者那一类，是在平均劳动之上的。不过在资本主义生产方法进步时，这种劳动的工资会有下落的倾向，甚至与平均劳动相比较，有下落的倾向。一部分是由于事务所内的分工；这就是，使劳动能力生出片面的发展；这种生产的费用，有一部分是毫无所费于资本家的；劳动者的熟练，将由运用而自行发展，并且，分工越是精密，其发展也会越是迅速。其次是因为跟着科学和民众教育的发达，各种必要的准备，例如商业知识、语言知识等等，将更快速、更容易、更普遍、更不花钱地，就可以取得，因为资本主义生产方法会在实际上调整教学的方法等等。又，国民教育的普及，还使这种劳动者可由从前不能受到任何教育而习惯较低生活方法的阶级那里得到补充。因此，国民教育的普及增加了这种劳动者的供给，并增进他们中间的竞争。除少数例外，这种人的劳动力，会在资本主义生产的进步中变为更不值钱。他们的劳动能力增进了，但他们的工资却下落。

第十八章

商人资本的周转：价格

商人资本的特征和危机

第十八章是涉及商品销售的周转与利润率之间关系的一章。如前文所述，商人资本表现出与产业资本相当不同的形态，首先它不形成价值，所以商业资本即便拼命激励劳动者提高生产力也不会增加商品价值的内容，即不会改变买到的商品内容本身。这也正体现了流通中不形成价值的意思。但是这里有不变资本和可变资本以及利润的存在，就会出现一种恰似产业资本一般的生产价值的误解。既然存在利润，那就必然是从某处产生的，认为是从流通过程中产生的也很正常，但实际上这已经是存在产业利润之中，并不是在流通过程中产生的。

商人资本因产业资本而加速周转，便会起到制造出闲置资本的作用。因此，商人资本必须重新通过信用制度从产业资本处购入商品，只要流通没有问题，什么时候用现金支付都是可能的。

但是，会出现购入太多卖不出去的情况。这样一来，向产业资本的现金支付就会停滞，就会产生大量购买商品的批发资本与信用中介的银行之间的交易危机，而这就是商人资本的危机。

对此，马克思这样写道：

> 所以，危机的现象，不是首先表露也不是首先爆发在处理直接的消费的零售业上。这种现象，首先发生在大商业和以社会的货币资本全部归大商人利用的银行业的范围。

由于应当已经卖掉的商品无法售出，汇票就无法结算，银行只能向商业资本施加支付压力，最后若无法收回，银行就会破产。所以银行为了汇票的结算，就会强制销售作为担保的商品。

商人资本的周转和利润率

这里的利润率是指从产业资本购入商品而投入的预付资本利润比例。本来利润就是按照前期投入的资本，相对于平均利润决定的，所以说不管是迅速销售还是慢慢销售，只要各个费用相同，相对于投入的资本，利润都是提前决定好的。当然，如果慢慢销售所花费的各项费用会增大，但如果这在前期投入的预付资本范围内，利润率和商品的周转是没有关系的。

就产业资本说，资本的周转，一方面，表示再生产的周期性，而在一定时间内得投于市场的商品量，也就取决于这种周转。另一方面，又一个不能确定的界限是流通时间，它对于价值和剩余价值的形成是一种限制，因为它会影响生产过程的范围。所以，就产业资本说，资本周转对于年生产的剩余价值量，从而对于一般利润率的形成虽有决定的作用，但它的作用不是积极的乃是限制的。但就商人资本说，平均利润率，乃是一个已知量。商人资本，对于利润或剩余价值的创造没有直接的影响；它在一般利润率的形成上虽也有决定的作用，但这只因为它会比例于它在总资本中所占的部分，而从产业资本所生产的利润量中取去它应得的部分。

当然，如果产业资本所生产的商品周转率高的话，产业资本的利润量便会增加，利润率也会在此范围内增多。但商人资本好像并与此完全相同。

就商人资本而言，利润率是一个定量，它的决定，一方面是由产业资本所生产的利润量，另一方面是

> 由总商业资本的相对量，也即，取决于总商业资本对垫支在生产过程、流通过程上的资本总额的分量比例。

虽然马克思认为这样说已经很清晰了，但对于我们普通人仍有些不容易理解。这是因为我们会觉得不断兜售的商业资本利润在不断地增多；而且还会出现这样一个疑问：那些只有卖掉才能获得利润的销售委托，根据销售量不同，用在购入时的总资本难道不是不同的吗？但如果我们以一年期作为整体总量的前提的话，从中得到的利润率是不变的。实际上，如果不是特殊商品，一年内的销售量大致是确定的，商人资本一般以此为前提采购，所以有时候会因销售过多而断货，有时候即使卖不出去，延长至一年时间来销售也没问题（当然也取决于销售的东西）。

如果将商品资本总采购额的总资本作为已知条件，各个部门中的周转差异对总利润的大小，或者说对利润率是没有影响的。商人的利润与周转的商品总量无关，而是与使商品周转的货币资本的大小有关。

假如有100英镑的总资本，一年周转一次，一年的利润率为15%的话，总共可以销售掉115英镑。但如果一年周转5次的话，将100英镑周转5次，总资本500英镑，每次销售掉103英镑，其结果就是以515英镑的价格销售掉，其利润率还是对于100英镑的15%，即利润率是相同的。

反过来说，周转次数多的话，各种商品的价格便会下降，也就能够便宜销售。

对此马克思写道，由于这种证明是科学性的说明，所以与现实生活中的现象是完全不同的。理论上是这样：只看流通的话，有将价格定低定高的自由，因此利润就会有无限变化的可能，在此基础上努力提高销量的结果就会有无限的利润产生。

第十九章

货币经营资本

货币经营资本的开始

从现实角度来说，货币经营资本一般是指金融业的整体。不过马克思是从历史角度出发的，所以主要讨论的是兑换业。马克思认为货币经营资本是从产业资本当中作为专门从事货币收支的部门而独立的。当然，从历史角度来看它更像是在已经存在的东西上附加了这块业务。特别是业务庞杂的兑换业，它负责国际贸易的决算，与产业资本是根本不同的。

> 货币经营——即以货币商品为对象的经营——最先是在国际贸易中出现的。当一国有另一国的铸币时，在外国购买货物的商人必须用本国的铸币，交换当地的铸币；反之，亦然。不然，就须用不同的铸币和当作世界货币的未铸的纯银或纯金相交换。就因此发生了兑换业，这可说是现代货币经营的原始基础。

在这里，马克思以历史进程进行说明，即由于铸币因邦国及城市不同，商人在各地做生意时往往会遇到相当大的困难。这一困难就是商人在外国贸易时只能携带没有经过铸造的银和金，换成当地的铸币，等返回时再换成未铸造的金和银，非常之不便。由此，货币兑换业出现，以阿姆斯特丹、威尼斯、热那亚、斯德哥尔摩、汉堡等为首的兑换银行也因从事这种业务而闻名。

由此，世界各地的货币和金银为了进行国内国外的商业经营而被集聚起来，一方面会产生为通常支付而必须积蓄的囤积货币记账的保管业务，另一方面也产生了进行支付决算的出纳业务。这样货币经营业务因集聚而得到发展。但这些是第五篇讨论的主题，这里不做详细讨论。

货币经营资本的利润从何而来?

这里讨论的是，从信用制度中分离出来，纯粹以货币经营作为业务的货币经营业问题。当然它们从事的业务与商品经营业不同，它不是进行商品买卖，而是只与商品流通的一个要素，即与货币流通的技术和由此产生的不同货币职能有关。所以从某种意义上来说，虽然像 G–G′ 这种生息资本的货币预付也有可能存在，但业务最后还是通过货币交换获得利差，那他们的利差是从哪里产生的呢?

其实，货币经营者的利润不过是从剩余价值中所扣除的一部分，因为他们的活动只与已经实现(即使只是在债权形式上实现)的价值有关。

这种利润，最终也只是产业资本产生出的剩余的一部分而已。

第二十章

商人资本的历史考察

流通中利润上升的这种谣言流传的原因是什么?

我们要注意，马克思在这里所说的历史，不是具体的历史，而是理论上的历史。商人资本的历史固然比产业资本更久，但问题在于历史更久的商人资本经营利润的获得，也就是资本主义之前的利润获得法——低买高卖，仅是在流通中以利差获得利润的方法，对产业资本没有影响。

因此就会出现资本主义中商人资本的利润是从流通中的利差产生的这种偏见，这里对此含有批判的意思。

> 商人资本为什么会在资本支配生产以前，就表现为资本的历史形态，真是一件不难理解的事。商人资本的存在及其相当的发展，对于资本主义生产方法的发展是历史的前提。(1) 因为它是货币财产累积的先决条件；(2) 因为资本主义生产方法的前提是为商业的生产，是大规模的不以少数顾客为对象的贩卖，是那种不为满足自身需要而购买的商人。这种商人会把许多人的购买行为，累积成为他一个人的购买行为。从别方面说，商人资本的发展，又使生产日益以交换

> 价值为目的，使生产物日益转化为商品。但商人资本的发展，就其自身说，却如以下所说，不能促成一个生产方法到另一个生产方法的过渡，也不能把这种过渡说明。

引言的意思是商人资本通过积蓄货币，成为共同体之间的产品中介，商品生产因此而扩大，但这并不会立刻产生一个新的生产方式。

商人资本使社会发展速度减缓

在资本主义产生之前，拥有巨大力量的商人资本，为什么到了资本主义社会后反而会成为产业资本的附属？即为什么商人资本越强的地方资本主义就越不发达？马克思对此回答道：

> 商人资本之独立的发展，与社会之一般的经济的发展是成反比例的。

商人资本通过共同体之间的商品交换来扩大商品生产。作为商人资本而积蓄的货币，虽说是将社会整体变成商品社会的诱因，但它本身并没有起到将商品社会转变为资本主义社会的作用。与资本主义社会根本的不同在于，资本主义社会将生产本身作为商品生产。

一般来说，商人资本的运动是以 G-W-G′ 的形态存在的，即买和卖是分离的，从这个意义上来说利润是一种让渡利润的形态。所谓让渡利润就是从低买高卖中产生的利润。商人利润制造出了有力的利益是流通中产生的这种印象的原型，在之后的资本主义也是如此。

商人资本也是掠夺

> 当商业资本在未发展到共同体间促成生产物的交换时，商业利润不仅会表现为利益夺取和欺骗，且有一大部分是这样发生的。

与产业资本阶段不同，商业资本没有存在于产业资本的利润当中，它以低买高卖来获取利润赚钱，这一点没有问题。然而正是这样不断地积蓄，利润就越来越大。所以就如《资本论》第一卷的积蓄部分中所论述的一样，在这个时代充满了暴力的掠夺。

> 商业资本在其优越支配时期，到处都代表一种劫夺制度，而就旧时代和新时代的商业民族而言，商业资本的发展，也与强暴的劫掠、海上劫盗、奴隶劫盗（殖民地）、征服有直接的关联。迦太基、罗马的情形就是这样的。后来，威尼斯人、葡萄牙人、荷兰人等等，也是这样的。

这里引用了马丁·路德《论商业及高利贷业》中的一段内容，书中是这样写的：

> “现今商人间流行一种怨声，因为他们通商时时有被贵族或劫盗绑架、殴打、讹诈和劫夺的危险。如果他们竟为正义而忍受这种苦痛，这种商人就是圣人了……但商人既会在全世界行了大的罪过，犯了非基督教的劫掠之罪，甚至在他们自己中间也会经常这样做，所以，上帝再使他们由非义得来的大财被盗去夺去，并使他们自己被杀害，被囚拘，又有什么可怪呢？……国君其实应当严厉处罚这种不合正义的交易，提防着，使臣民不致无辜受这种商人的凌辱。因为国君不这样

办，所以上帝使用骑士和盗贼，凭借他们的手来处罚那种多行不义的商人。上帝是把这种骑士和盗贼当作恶鬼来利用的。他会经常用恶鬼使埃及和全世界发生痛苦，并加害于他的敌人。他是借一个人的手来打击别一个人，虽然骑士和商人一样是强盗。不过，强盗在一年内仅劫掠一次或两次，且仅劫掠一个人或两个人，商人却是天天劫掠全世界。”“依照以赛亚的话，你们这班国君已经与强盗为伍了。偷一个古尔登或半个古尔登的人，被你们绞杀，但你们却和那些大胆无忌劫掠全世界的人串通一气。大盗杀小盗这一句俗话，仍然是适用的。罗马元老院议员伽图说得好：‘小偷坐牢枷，大盗携金银穿锦绣。但上帝最后说了什么呢？’他曾对埃宰居尔说过，他会把国君和商人，把一个强盗和另一个强盗混在一起，好像把铅和铁混在一起一样。一旦都市烧毁，则既无国君，也无商人了。”

路德说商人的交易就如小偷一样，而且这种交易并不会将他送入监狱，所以缺口一旦打开就再也合不上了。

资本主义是如何诞生的?

那么资本主义究竟是怎么诞生的呢？15—16世纪的地理大发现所引起的商人资本发展，便是一个很重要的契机。不过，从今天历史研究角度来看是存在误解的。虽然世界范围内商人活动的扩张引起了封建制度的破坏这一点没有疑议，但实际上资本主义兴起的不是葡萄牙，而是工厂制手工业发达的荷兰，同时英国这种生产方式比较完备的地方则首先完成了全社会资本主义的转变。

> 封建生产方法的推移是从两条路进行的。生产者成为商人与资本家，而与农业的自然经济和手工业（那是中世纪的与基尔特相结合的都市产业）相对立。这是现实的革命的路。但还有一条路，是商人直接支配生产。

封建制生产关系崩溃有两个原因：其一是农村的生产者与享受封建特权的城市工业及农业之对立；其二是商人在农村开设小型的工厂扩大工业。而资本主义则是在此基础上进行了三种转移：

> 第一，是商人直接变为产业家；以商业为基础的各种产业，都是这样；而奢侈品工业尤其是这样；在这种工业上，原料和工人当初都是由外国，经商人的手输进来的，例如十五世纪，从君士坦丁堡（伊斯坦布尔）向意大利的输入即是。第二，是商人把小老板变为居间人，或直接向自生产者购买，在名义上，仍然让这种自生产者独立，也不变更其他的生产方法。第三是产业家变为商人，并直接地为商业而实行大规模的生产。

无论怎样，确立资本主义生产方式的道路并不平坦。向资本主义过渡的过程中有多种可能，但资本主义最终还是完成了这一艰难的过渡。伴随着由制造业带来的大规模生产，产业资本逐渐侵蚀被商人所独占的市场。这样产业资本就取代了以往如日中天的商业资本。

而商业资本成为产业资本的附属，也出现了新的情况：产业资本掌握着利润的源泉，商人不能再使用以往低买高卖的方法。于是便进入一个将自己的利润渗透到产业利润中而慢慢获得利润的时代。这样，利润是通过不等价交换产生的这种理论就说不通了，经济学也是从这个时候开始出现的。但是，经济学是以等价交换作为基础的。

第五篇

利润之分为利息与企业利益。生息资本

第二十一章

生息资本

> 货币——在这里，它是一个价值额的独立的表现，无论这个价值额实际是在货币形态上存在，还是在商品形态上存在——在资本主义生产的基础上，能转化为资本；而由这种转化，它又能由定额的价值变为一个自行增值其价值的价值。它会生产利润；那么，使资本家能由劳动者榨取一定量的无给劳动、剩余生产物和剩余价值，而把它作为自己所有。就因为这样，它除当作货币，有一种使用价值外，又取得了一种追加的使用价值，即当作资本的使用价值。在这里，它的使用价值正是由它转化为资本时所生产的利润成立的。它可以当作可能的资本，当作生产利润的手段。在这个资格上，货币变成了商品，变成了一种特别的商品。换句话说，资本作为资本变成了商品。

“生息资本”就是生出利息的资本。很早以前，人们就认为货币生出货币是件奇怪的事情，如中世纪的利息禁止法就是如此，它认为货币不产生货币，产生货币也就是利息的是劳动。不只是基督教国家，这种原则是世界其他地方都有过的，是人类生存下去的必然存在。人类制造物品，然后消费，这种过程不断地重复，对我们来说是自然而然的事，用马克思的话来说是自然史的过程。不管是谁都不可能在不制造物品的前提下只通过出借金钱就获得利息，也就是说，不管是谁都不可能不流汗就得到利益。

虽然高利贷者心里也明白这样的道理是正确的，但他们总觉得自己是例外，不知道什么时候就开始以为高利贷本身能够产生价值了。在银行里存款的人，即使能够理解他的存款是因为投资到生产中才会产生利息，但只要产生利息，一般都不会关心到底是用到哪里了。这正是生息资本背后的秘密。

货币——只关心产生利润的商品

如果仔细观察的话，我们还能发现货币具有两种机能，即买卖商品的流通手段和将其投资到生产中获得利润。假设只看前者，是不可能从中产生利息的，当然以不等价交换为前提则是另一种情况，我们这里不以此为前提进行讨论，理论上这种情况也是被排除在外的（参照本书第一卷）。

马克思告诉我们，后者的使用价值，特殊的商品——只关心产生利润的商品才是作为生息资本的货币机能的出发点。

所以货币只有投资到生产中才可以产生利润，利润依然只能作为生产资本而产生。投资到生产中的资本被称为生产资本，具体来说就是劳动者工资的可变资本和机器原材料的不变资本之和。从生产资本中产生利润的过程可以从生产资本的循环中看到，但从货币的形态（货币资本）和生产出商品的形态（商品资本）是看不到的。因为在商品流通销售的过程中，资本只会作为商品（商品资本）、货币（货币资本）而出现。

总之，物品的买卖即货币和商品的交换，之所以利润看上去是从这里产生的，但所有的秘密也是从这里开始的。到这里，我们终于可以看出马克思为什么在《资本论》第二卷中非常执着地研究货币资本、生产资本、商品资本的真正原因了。

没有人关心资本主义生产的过程，大多数人只会看到商品和货币——商品资本和货币资本——的关系，所以利润的秘密就这样被掩盖了。

看不到生产实际状态的生息资本

说到这里，我们已经知道货币资本的最高形态是生息资本，也就是说生息资本就是不用考虑是否投资到生产中的资本。简单地说，就是只要能产生利息，不管投资到哪里都无所谓的资本。

因此，生息资本不是G–W–G′，而是G–G′，这中间可以没有制造东西的生产过程作为中介。绝不是这样的！只是我们看不到这个过程。看上去就像货币直接产生了货币一样。即使它投入到生产中，然后从中产生利润，但投资的人是看不到这一点的。马克思用下面的话来表明这个现象：

> 在现实的流通过程内，资本常只表现为商品或货币，它的运动常只表现为一系列的买卖。总之，流通过程只能还原为商品的形态变化。但我们考察再生产过程的总体时，却不是这样的。如我们从货币出发（即从商品出发，也一样的，因为在这场合，我们是从它的价值出发，并在货币的形态上加以考察的），我们就看到，一个货币额被给予了，但会在一定时期后，偕同一个加量流回来。也即，

有一个与垫支货币额相等的金额加一个剩余价值流回来。在一个一定的循环运动中，它保存了它自身，并且把它自身增值了。在货币当作资本来放贷的限度内，它就是当作这一个货币额放贷的；这个货币额会自行保存，自行增值，并且会在一定的时期后带着一个加权额度流回来，并不断地重新通过相同的过程。它不是当作货币也不是当作商品支出的，所以当它当作货币支出时，它不是为与商品交换，当它当作商品支出时，它也不是为货币而卖。总之，它是当作资本支出的。

的确，无论怎么看市场中的货币和商品，都不会从中看到资本之类的东西。小孩子用10元钱去买糖的行为，对作为大人的资本家来说就是用货币资本来购买商品资本的过程，但一般人决不会用后者的方式去思考，因此马克思才会使用“中介消失”这个词。我们每天都在进行商品买卖，但不明白这为什么会与资本主义有关系，这里隐藏了商品关系的所有问题。

所以马克思在《资本论》第一卷中仅仅谈到了生产过

程，对掠夺过程进行了分析。实际上，如果不看生产过程中存在白热化的剥削，就无法理解在市场中进行的单纯的买卖。

但在这一章就必须将看不到的部分，也就是货币产生单纯的利息来作为问题考察了。若不事先设置这个前提，就不可能理解后面所说的内容。

> 就它对产业资本家的关系来说，这样放贷的货币和劳动力有几分类似的地方。不过，劳动力的价值是他支付的，放贷资本的价值却是他付给的。就产业资本家而言，劳动力的使用价值是由这一点成立：即，当它被使用时，它所生产的价值会比它自身所有的价值，比它所费的价值更多，即生产利润。这个价值余额，便是它对于产业资本家的使用价值。同样放贷的货币资本的使用价值，也表现为保存价值和增值价值的能力。

产业资本家和货币资本家的对立

马克思认为，能够生出利息的货币资本与劳动力商品相似，如果我们回顾《资本论》第一卷论述过的劳动力商品的双重性，便会发现这是同一个问题。首先，劳动者用使用价值来生产价值，然后，作为代价资本家会以工资的形式购买，但只表现出低于生产出的价值的那一部分。如果前者劳动 8 个小时，工资部分只有 4 个小时的劳动，这个差额就是剩余价值。

货币资本家用出借的方法来获得高出原有价值总额的价值，这种关系与劳动力的使用价值和价格的关系有相似之处。出借资本家并不能获得剩余的所有，而是在满足产业资本家的剩余之后，用先行扣除的方式退还给他。产业资本家的利润部分对于货币资本家来说，好像是原本应该得到的金额被剥削了一样。

马克思在这里所表达的内容十分重要，因为这之后要展开的生息资本的问题就是，看上去好像是货币产生了利润。由于可以钱生钱，所以看起来恰似产业资本家在剥削出借货币的货币资本家，产业资本家好像在克扣由银行和股东所出借的货币资本制造出的利润。所以他们就像剥削劳动者一样，要求更多的利息和分红。

最近，由于全球一体化而出现的资本主义世界的常用句是“企业是为股东而存在的”，正说明了这里存在资本主义社会之谜——利润不是通过剥削劳动者得来，而是货币资本家的货币产生的——这样一个颠倒是非的结论。

当然，原本利润是由货币投资到生产中产生的劳动者的劳动力中剥削而来的，但在这里却完全看不到，在缺少了生息资本这种生产中介的世界里，就恰如货币产生了利润。

这里看上去不是劳动者对产业资本家之战，而是产业资本家对货币资本家的斗争，劳动者已经成了局外人，即一种生产资料。这里进行的是有发言权的股东和产业资本家之间围绕利润的战争。

第二十二章

利润的分割。利息率。“自然的利息率”

利息的最高限度

第二十二章讨论的是利息率有没有限度的问题。马克思在这里预先表示不打算讨论货币市场的短期变动等细节性问题，只将讨论范围放在利息和利润的关系上。

> 我们且假设，在总利润和必须当作利息付给货币资本家的利润部分之间，存有一个固定的比例。这样，很明白，利息是随总利润一同涨落的，这个总利润是由一般利润率和它的变动来决定的。

如果利润总额相同，那么产业资本家的利润和利息正好呈一种反比例关系，他们的利润增加时利息便会减少，利息与利润率之间有存在一种有趣的关系。从经济循环来看，低迷的时候，劳动报酬及运转的生产资料比较少，造成利润率较高，但是借钱的人很少，又令利息率较低；景气的时候，有资金需求的人大量出现，利息率便会升高，最终利息率会在危机来临之前达到峰值。

> 在危机期中，为要应付各种付款，不得不以任何代价，借入货币。因为利息提高与有价证券价格的

> 下落相照应，所以，对于有可用货币资本的人是一个很好的机会，他们可以利用这个低得可笑的价格，把这种有息的证券购进。这种有息证券，在常规的进行中，会在利息下降时，至少再回到它的平均价格。

自然利息率是不存在的

总而言之，在资金紧缺的时候利息率会上升，这个时候股票下跌，也就是说这是购买股票的好时候，可以便宜买到。如2008年9月雷曼兄弟破产时，银行的短期信用困难时即是如此。短期信用的利息率升高了，但是长期债券的利息率却下降了。

所以在闲置资本有剩余的国家，由于货币资本充足，也会有与这种产业循环无关而利息率降低的情况，即长期信用反而会降低。从这个意义上来看，很难去界定利息率是由哪些因素决定的。马克思的见解是：利息率，并不是一种能由市场价格来决定的东西。

第二十三章

利息与企业利益

利息和利润看上去都是自然产生的

理论上第二十三章与第二十一章直接相承接，主要说明货币资本家和产业资本家围绕利润所进行的争夺战，正是这场战斗最终掩盖了利润是劳动者创造的这一事实。从生产的过程中产生利润，但看上去又不是这样，这正是利润的奇妙之处。

> 就借来资本营业的产业资本家和不亲自使用资本的货币资本家来说，总利润之量的分割——那是在两种不同的人身之间分割的，这两种不同的人身，对于同一个资本有两种不同的权利名义，对于资本所生产的利润，也有两种不同的权利名义——都会由此变为一个质的分割。利润的一部分，现在表现为资本在一种规定上自然生出的产物，即表现为利息。利润的别一部分，则表现为资本在一个相反职分上的特殊的产物，即表现为企业利益。其一表现为资本所有权的结果，其他表现为资本机能的结果，表现为资本运用的结果，表现为活动资本家所实行的机能的结果。总利润这两个部分，于是凝

> 结化并独立化了，好像是由两个在本质上不同的源泉生出的，因而在全资本家阶级和全部资本看来，成了既定的事实。

尽管上面的引用稍微长了一些，但它很好地表现出了利润在一般情况下的形态。第一点，货币资本家的利息，因货币资本的特殊性质看上去是自然产生的。第二点，产业资本家的利润看上去也像是投资的资本自然生出的利润一样。从以上两点反映出的现象来看，已经看不出利润是在生产过程中产生的了。而且这两点原本只是利润上量的不同而已，但看上去的样子好像已经发展到了质的不同地步。作为资本家是乐于接受这种利润和利息朝着独立化方向发展的倾向的，因为这样一来劳动者就可以当面从他们的视线中消失了。

利息也只能从劳动中产生

利息并不是凭空产生的。资本投资到生产过程中，只要没有劳动者价值附加就不会产生利润，所以马克思这样说道：

> 在资本主义生产方式的基础上，即使资本不以

> 生产资本的资格发生机能，也即，不生产任何的剩余价值（利息不过是剩余价值的一部分），也会提供利息了。没有资本主义生产，仍会有资本主义生产方式了。

从这段引用中我们可以看出，生出利润是资本家的职能（所谓的企业经营者）。不过在此种假设上虽与劳动者劳动不对立，却和货币资本家对立。这是因为，没有利息的话，资本家能够获得更多的利润，也就是说敌人不是劳动者，而是会拿走一部分利润的货币资本家。

由劳动者和资本家的对立，变成货币资本家和产业资本家的对立

资本家都认为自己的利润不是从劳动者那里剥削的，而是通过自己的劳动，也就是监督劳动得来的。资本家认为是自己的才能赚取到利润，同样也认为利润与自己的劳动是等价的，觉得自己至少比劳动者更有才能，所以得到与自己才能相称的所得也是应该的。

> 所以，在他脑中必然会展开这样的思想：他的

> 企业利益，绝不是与工资劳动对立，绝不仅代表他人的无给劳动，却宁可说也是工资，是监督劳动的工资。这种工资之所以比普通劳动者的工资更高，第一，因为它是更复杂的劳动，第二，因为那是资本家支付给自己的工资。因此，这个事实——他的资本家的机能，本来是在最经济的条件下，生产剩余价值，生产无给劳动——就在下面那一种对立之前，完全被人忘记了：即，利息归属于资本家，即使他完全不尽资本家的机能，而仅为资本所有者；企业利益则归属于机能资本家，即令他不是他所运用的资本的所有者。

用我们身边的例子来说，这就像执行职能的资本家面对股东所提出的苛刻的分红要求，而将自己的能力标上高价。因为他们不只是为了工资劳动，同时拥有股票并成为股东，所以他们站在股东一边，也就是资本家一边，为了获得最大分红而努力奔走。

货币资本家因为与生产分离，所以看不到剥削的本体，因此看起来他们是持中立立场的人；与此相对，执行职能的资本家虽然不断地在生产中剥削，却以为自己并非实施剥削的资本家，而是监督劳动的劳动者。

作为劳动者镜子的资本家

实际上，这种监督劳动是一种压制反抗剥削的命令劳动，这种监督劳动的最高形态存在于奴隶劳动之中，但资本主义的劳动看起来并不像奴隶劳动，这是因为它的外在表现是支出一定货币以换取劳动者的劳动时间。正如米歇尔·福柯所说，监督劳动在资本主义社会是一种将输入给劳动者的自我规律提高到极限的机能实施。总结一下就是要像资本家那样勤奋，以之为模范，通过带头加班，传授工作为何物，顺利地实施剥削。

马克思引用了美国南北战争时期某位人物的话，下面的这段引用可以说是对工厂劳动者的隐喻。

> 是呀，诸位先生，自然已经把这种奴隶状态强加于黑人身上！他是这样强健，他是这样适于劳动，但使他这样强健的自然，却不许他有统御的才能和劳动的意志。（鼓掌）这两样东西，他都没有。

> 但不许他有劳动意志的自然，给了他一个主人来强制地实行这个意志，并且为黑人自己的利益和支配他的主人的利益，而在一个适合的风土内使他服种种有益的劳役。自然既然把黑人放在这个状况下，我敢说，任凭他处在哪个状况中，使他受主人支配，是绝无不合之处。主人既然用了心力统御他，使他变为于自己，于社会有用，所以，即使被迫为主人服务来报答主人，也决不能说是虐待。

我们可以把黑人这个词换成工资劳动者，这样就分成了生来就是才华横溢的主人和如家畜一般对待的工资劳动者两种人。

第二十四章

资本关系在生息资本形态上的外表化

作为资本主义的最高形态的生息资本

马克思关于企业主收入的话题在第二十三章结束，接下来的第二十四章终于进入货币资本家的话题。从这里开始便是《资本论》第三卷中最精彩的部分，即对不从事任何劳动的货币资本家是抢夺了巨额利息进行细致的分析。

> 在生息资本的形态上，资本关系取得了最表面、最拜物教性的形态。在这场合，我们有 G—G' 的公式，有生产更多货币的货币，有并无什么过程在二极端间充当媒介，而自行把价值增值的价值。

似乎利息是独立产生的，这个像魔术般产生的利息可以说是资本主义的最高形态。只从表面上看，不如说积极生产利润的就是利息本身，而利润只不过是其附属物而已。这虽然是完全颠倒的，但是越观察如今的金融业之发展就会越觉得这样有说服力，因为比起产业来金融业明显更赚钱。这句话会让人产生一种错觉：即使没有产业，只要有金融业，利润也会自然产生。而金融泡沫远离实体的过程正是缺少了这种中介。

还有另一些事情被曲解了。利息只是利润（或剩余价值，那是机能资本家从劳动者那里夺取的）的一部分，现在利息却好像是资本的真正的果实，是原来的东西，而现在转化为企业利益的利润，却像只是再生产过程的附属物和追加物。在这里，资本的拜物教姿态和资本拜物教的观念就完成了。

作为价值增值的货币

至此时为止，货币资本正式成为用利息率来表现其增值能力的商品。在《资本论》第一卷说过货币具有以使用价值来表现商品的价值的功能，货币正是以这种使用价值，使价值增值成为可能。另外，它具有了使一切都还原为价值的功能，甚至已经到了看不到价值是如何增值的程度。货币已然不只在生产过程中起作用，它在货币市场中也积极发挥作用，而产生利息已成为其存在的唯一目的。

马克思告诉我们，货币如同能长出利息的树一样，被各行为趋之若鹜，甚至连教会都认可收取利息是正当的行为。倘若在预定的日期里没有收到还款而遭受损失，或者本来用这些钱应该买到的东西却没有买成的情况下，都是可以收取利息的。另外，路德还附加了一些：如果这些只是偶然发生，那就是自己的责任。但债主是作为社会的润滑剂，担负着“解救”贫困者的义务。为维持这些，没有利息是不行的。

当然路德也了解由于偶然而将风险提高到极限的高利贷，对此他这样说：

> 如果这样说，那就会由一个不存在的事物造出其他事物来，并且使一个不确实的事物变为绝对确实的事物。这种高利贷，在数年之内就会把全世界吞下去的……

这个世界只有利息能变得富足吗？

纯属异想天开。但如果我们认可货币能无限产生利息这个说法会怎么样？那就会遇到蒲莱士的炼金术了。这是为什么呢？“资本会再生产其自身，并会在再生产中凭它的生得的性能日益趋于增值。”——这为什么是胡说呢？这是由于如果货币背后没有实体经济，就没有任何意义，要用复利支付货币就必须有与复利相对应的生产，否则就无法付出利息。

> 他没有考虑现实的蓄积过程，只考虑了会带着复利流回的货币借贷。它怎样会把复利带回来的问题，在他看来，是一个没有关系的问题，因为那是生息资本的天生的性质。

事实上，在现代社会里，这种炼金术仍旧存在，它就是以华尔街为中心的对冲基金，其虽然有巨额的利息，但它对于生产强压到了什么程度？可能到了最后泡沫破裂才会受到生产的回击的程度吧。还有亚·弥勒的浪漫主义，这种靠不住的说法是从下面的认识而来的，异想天开的“胡说的书”也可以说是从这种误解而来：

> 浪漫主义的内容是由日常的偏见构成的，它不过撷取了最皮毛的事物的表面。但这种错误的不足道的内容，竟由一种神秘化的表现方法，被“高扬”而诗化了。

第二十五章

信用和虚拟资本

信用制度的发展——从商业信用到银行信用

从这一章开始，我们进入信用制度的具体内容研究。信用制度的基本形态包括商业信用、银行信用以及拟制资本信用。

商业信用在信用制度尚未发展的阶段就已经存在，基本上就是以汇票出售商品，在几个月后再对汇票进行结算收取支付的活动，即使没有银行保证，这种信用也是可能的。

但是无论是汇票的发行还是结算，都需要在银行这种中介机构里有存款，因为只有这样做才能使相互结算起来方便、准确。从这里就发展到了以银行为中介，拥有存款账户的企业之间进行结算的银行信用。

这个系统可以用下面的话来表示：

> 货币的借贷成了他们的专业。他们成了货币资本现实放贷者和现实借款者间的居间人。一般说来，在这方面，银行业是把放贷的货币资本大量累积在他手内，以致在这场合，与产业资本家、商业资本家相对待的不是个别的货币贷出者，而是代表一切货币放贷者的银行业者。

银行通过集中货币来减少市场中流通的货币，用汇票结算来掌握闲置资本，这样资金就会大量集中于银行手中。马克思对这种信用向银行的集中导致出现投机进行了说明，但只有引用而没有充足的说明，恩格斯为此进行了补充说明。那么，我们先来看看恩格斯的说明吧。

银行信用引起的投机和危机

恩格斯以 1844 年开始的危机为例，它的过程是这样的：这个时候英国国外的商品需求增加，资本家们便扩大了生产，使更多的商品能卖到海外去，但在商品平安到达消费者手中之前他们会先在银行取得贴现而把它用到铁路投机上。也就是产业资本家以不知是否能卖掉的商品为前提借到钱而投机到铁路热潮中去。在这个时候，即 1846 年英国发生了谷物歉收，于是又不得不大量进口谷物，其结果就是英格兰银行的储备金大量用于进口，导致银行现金库存不足。马上英国国内便出现了现金亏空的问题，贷款开始停滞，短期利息上涨，为运转资金而发愁的资本家们因为支付现金不足而破产。这就是生产过剩危机，且因为资金不足而产生了过少消费。后来，英格兰银行向市场中大量发行资金（银行券），总算是度过了危机。

用这个例子说明现在马克思提到的问题也是行得通的。在进行大量生产时，一部分资金转向投机，现金需要变得缺乏，从而导致运转资金不足、资金短缺，由此造成信用收缩进而破产。生产过剩并不是单指东西的泛滥，而是指信用的收缩；信用膨胀可以扩大交易，但这不与生产的扩大关联的话，自然就会出现信用不安，从而产生资金短路，造成运转资金困窘。如果活期存款不足，盈利企业甚至都会破产。

银行独家将资金集中，作为对商品的担保用汇票完成支付，事实上商品在卖掉之前就已经被汇票所取代。如果一切顺利的话那没什么问题，但如果发生了沉船或者价格暴跌等情况，银行必将遭受巨大的损失，就要负担不良债权了。

第二十六章

货币资本之蓄积及其对于利息率的影响

货币资本的不足

第二十六章的前半部分都是关于1847年危机时各种资料的引用，是将许多内容的原样附上的。很显然这一章没有经过很好的整理，通读需要花费相当的力气。

第二十六章内容整体上是说，利息率为什么会在19世纪40年代持续上涨，原因就在于货币资金的缺乏和枯竭。以有限的资本用于信用上，因此发生了信用丧失，继而人们又需要大量现金而引发危机。恩格斯这样补述：

> 业务范围（与现有资金比较）过度扩大的结果，引起一种货币资本的紧逼；而由农作物歉收，铁路投资过度，生产过剩（尤其是棉制品的生产过剩），印度市场与中国市场上的欺诈营业、投机、砂糖的输入过多等等原因发生的再生产过程的扰乱，遂使这种紧逼情形爆发出来。有些人曾依照每卡德120先令的价格，购买谷物，但他们出卖谷物时，每卡德仅价值60先令。对这种人来说，所损失的便是他过度支付的60先令，便是他们以谷物押款所得的等额的信用。他们之所以不能把他们的

谷物，依照原价格化成120先令的货币，并不是因为缺少银行券。曾以过高价格购买砂糖但不能把砂糖售出的人的情形，也是这样。曾以流动资金投在铁路上，而凭信用获得流动资金，来经营“合法”业务的人的情形，也是这样。但在欧维斯坦看来，这一切都表现为“货币价值提高之精神上的承诺”。但货币资本的这种价值提高，曾由现实资本（商品资本和生产资本）的货币价值下落，直接得到抵消的作用。资本的价值在一个形态上提高，是因为资本的价值已在另一个形态上下落。

货币资本和实体经济的背离

货币资本的不足是银行信用膨胀带来的结果，它与现实中存在的实体经济货币量是不同的，正是它们的差别带来了货币短缺。那为什么危机没有马上发生呢？因为人们还存有一种在最初阶段以高价购买的汇票来再赚一笔的期待，不只是获得实际上卖掉商品的利益，还因为投机热潮的持续——这是托了生产之外以投机为目的而加入进来的资本家的福。所以下面的话放到现在也是完全适合的。

在 1857 年危机前数月间，他还主张，“营业是充分健全的”。

直到临近崩溃，实体经济并未觉察到这种情况，放在现代应该与 19 世纪信用制度之上的景况几乎相同了吧？今天，很多投机者无视 2005 年泡沫崩溃的预兆，直到 2007 年崩溃之前一直认为美国的股价会上涨，可以说就是这样的例子吧，不动产市场已经开始崩溃了，但金融市场的投机还在继续。

马克思以罗马帝国的财政崩溃和英国的财政崩溃为例这样叙述道：

罗马民族的伟大是他们征服许多地方的原因，但他们的征服恰好破坏了他们的伟大。富是奢侈的原因，但奢侈对于富有破坏的影响。真是滑头！资产阶级现世界的痴呆，最显著地由这种事实表示了：即，大富翁的“论理学”，这种卑鄙贵族的“论理学”，竟然曾在全英国人心中博得尊敬。

资本家认为，实体经济是和其所产生的信用对应发展的，这是因为它在不断获得高额的利息。利息是从高的利润率中获得的，但他们认为高利润率是从利息中得到的，正是因为这种颠倒，令他们觉得只要能收到利息，经济就是景气的。而在这里面恰恰隐藏着资本主义无法觉察到泡沫经济出现的缘由。

第二十七章

信用在资本主义生产中的作用

信用制度的作用

马克思在第二十七章中总结了信用论，特别是对股份有限公司进行了说明，表达出股份有限公司具有超越资本主义经济特征的观点。但在今天的我们看来，他的论述稍显唐突。为什么这么说呢？因为要对股份有限公司进行说明，就需要对信用制度进一步说明，但《资本论》里并未提到。关于信用制度的说明，只有商业信用和银行信用，而没有说明股份有限公司过度膨胀产生的虚拟资本信用问题。

但是，这一章也是了解马克思认为股份有限公司发展的未来方向是社会主义社会这一思想的重要章节。

信用制度的作用有四个：第一是为促成利润率的均衡，整个资本主义生产，信用制度是必然会成立的（这在第三卷第一篇已论述过），第二是各种流通费用的节减（这是到第二十六章为止的话题），第三是股份有限公司的成立，第四就是股份制度。

股份公司和企业的社会化

马克思积极评价了股份有限公司将个人资本社会化的过程。股份有限公司与个人企业不同，他的资本是从社会上广泛收集而来的。用法人这个现代词语来讲的话，企业的财务内容要公开，从这个意义上来说企业便是社会化的。经营者只单纯地发挥劳动者的作用，资本家便可以从全部资本的所有者变为全部资本的所有者之一，由此就出现了下面这样积极的言语：

> 这是资本主义生产方法在资本主义生产方法之内自行扬弃，是一个自行扬弃的矛盾，那在表面上表现为通向一种新生产形态的单纯过渡点。在现象上，它也会表现成为这样的矛盾。它会在一定部门内，形成垄断并诱使国家进行干涉。它会繁殖起一种新的金融贵族，并在发起人创立人、名义董事的形态上，繁殖起一种新的寄生虫，并由公司的创立、股票的发行、股票的买卖，引起一个完全的诈欺制度。那是一种私有生产，但没有私有财产的统制。

股份有限公司这种令资本家与资本部分分离的巨大企业得以形成，继而又逐渐发展成跨国垄断企业。其周围聚集着证券公司、投资银行和寄生虫一般的执行职能的资本家。虽然具有私人所有性质，但同时也具有社会性的一面，不过其生产的私有性质不会变。马克思认为，这种不彻底的制度是一个新的生产形态的过渡点。

股份公司的过渡期特征

在股份有限公司制度上，马克思进一步这样论述：

> 这种夺取，原来是资本主义生产方法的起点；它的完全的实行又是资本主义生产方法的目的。它的最后的目的，正是使一切个人的生产手段被剥夺，当社会生产发展时，这种生产手段将不复成为私有生产的手段和私有生产的生产物，而只能在结合生产者手里成为生产手段了，成为社会的所有和社会的生产物了。但这种剥夺在资本主义制度之内，却表现在一种矛盾的形态上，表现为少数人对于社会财产的占有。信用又使这少数人，日益成为纯粹的冒险者。因为所有权在这里是采取股票的形态，它的运动和移转也成为证券交易所的赌博的结果；在这种交易上，小鱼为大鱼所吞，羊是为交易

所的恶狼所杀的。在旧形态内，社会的生产手段，是当作个人的所有物表现的。对这种旧形态的对立性，在股份制度内已经存在了。不过，到股份形态的转化，尚且拘囚在资本制度界限之内。所以，股份制度没有克服社会公有财富和个人私有财产之间的对立，却不过在一种新形态上把这种对立形成。

马克思所说的过渡点，并不能解释为这种制度就一定会过渡到社会主义，充其量它只是完善资本主义的一种制度。与股份有限公司相比，少数人的管理更彻底，但小企业也更容易被大企业所吞并，可以说这只不过是巨型垄断集团的彻底掠夺过程，也就是资本的掠夺过程。

信用制度所具有的两面性

这种聚集到庞大程度的资本又投入到更大的投机世界里，马克思说：内在于信用制度之内的双重性质是：一方面，它会发展资本主义生产的发条和财富（以榨取他人劳动而起的）的蓄积成为最纯粹最巨大的赌博诈欺制度，并日益限制那少数榨取社会财富者的人数。另一方面，它又是到新生产方法的过渡形态。这是贯穿《资本论》全书的重点，也是解析资本主义剥削全貌的问题，这两种力量本身正是资本主义剥削的本质特点。在工厂内进行的孜孜不倦的剥削和在证券交易所进行的剥削即使领域不同，但都具有资本主义社会剥削特征。随着股份有限公司制度的设立，后者的侧面逐渐显现出来，这就是赌场资本主义的特征。

但在另一方面，这种特征通常会具有一种通过集聚社会财富而生出新的生产方式的可能性。资本主义正是有积极和消极的双重特征，才会一方面具有破坏性，另一方面又预告着自己未来的命运。

第二十八章

流通手段与资本：杜克和富拉吞的见解

货币和资本的不同

在本章中，马克思主要批判了通货学派。通货和资本如何区别，是在马克思的信用理论中另一个占有重要地位的问题。资本在经济景气时，没有信用，甚至是没有实体都是可以的，但不景气的时候作为实体的现金需求就会增加，即对货币的需求增加。很显然，货币和资本是明显不同的，这对资本主义经济来说是个致命问题，因为产生危机的原因就是信用已经不能解决问题，人们必须求助于作为最终结算手段的现金货币。

通货学派在这一点上比较含糊，作为流通手段的货币用信用来解决的话就不会再增加。将之称为“资本”还是“货币”原本就是职能的问题，故而以 W-G-W′ 作为中介的货币，在作为商品中介时，意味着货币也是通货，但如果从它是商品资本中介来考虑的话又是资本，所以从职能上来看其两者兼有。

资本必须是货币

但是马克思将“资本必须始终是货币”这个资本主义的现实问题摆在了眼前。

在营业振兴时期，所得支出上必要的流通手段必定会突然增加起来的。

再就资本移转所必要的通货，即资本在诸资本家间转移所必要的通货说，营业活跃的时期，同时即是信用最有伸缩性最容易获得的时期。资本家与资本家间的流通的速度，直接为信用所调节。从而，支付清算上必要的通货量和现金购买上必要的通货量，会相对地减小。它会绝对地增大起来；但在一切情形下，与再生产过程的扩大相比较，都会相对地减少。从一方面说，巨额的支付，虽全无货币，也可以了结清楚；从另一方面说，因为过程会更灵活。所以，同量货币当作购买手段和支付手段会有较速的运动。相同的货币量，会促成较大数个别资本的归流。

危机时期的情形，是正好相反。第一类流通将会缩减，物价会下落，劳动工资也会下落；被雇劳动者数量会减少，交易额也会减少。反之，在第二类交易上，则在信用减退时，货币通融的需要会依比例增加。

马克思在这里提出了一个问题，即为什么1847年经济危机时，在英国国内的信用需要海外的金钱流入补充？为什么金钱是必要的？换而言之就是“逼迫期感到缺乏的是资本呢，还是当作支付手段的货币呢？”这在当时的确成了问题。

其实即便是如今也一样，引起金融危机的，是短期信用上的运用资金不足，这不能是信用，只能是现金。同样，在现在持续的生产过剩过程中，问题不在于商品而在于货币。在这里，我们可以得出结论，即造成生产过剩危机的，是对于货币的短缺，也就是对货币资本的需求而不是对商品资本的需求。马克思就在这里结束了本篇叙述。那么，危机为什么又会引起通货紧缩而非通货膨胀呢？生产明明过剩了为什么物价反而下降呢？其实今天的我们已然完全明晰：这是因为资本最终依然必须以货币资本形态存在。

第五篇

利润之分为利息与企业利益。

生息资本（续）

第二十九章

银行资本的构成部分

国债的特征

可能是续篇的原因，本章与第二十八章的连接也不是很紧密，生息资本的一般论述在第五篇的正篇里，续篇在此基础上加上了银行资本的具体内容并进行了新的展开。本章的重点是，使用国债来说明生息资本从生产中完全分离的过程，这是生息资本的基本模式。

首先我们来说一下国债的特征：

> 由此，资本现实价值增值的一切关联，连最后的遗迹也消灭了。资本为一自行增值其价值的自动体的观念就确立了。

为什么引文中说产生价值增值的最后遗迹被消灭了呢？这是因为国债并没有直接投资到生产的企业里，而是投入到非营利部门里。什么生产都没有，但竟然有利息，这真是件不可思议的事。虽然税金这种利息的源泉看上去并不是从直接生产而来的，但只要能收到利息，资本也就满意了。从这个意义上来说，没有比国债更能体现生息资本典型性的东西了。

与生产毫无关系的利息

形成银行资本的有价证券有国债、汇票、股票等，他们的流通方式相同，都是生息证券。实际上，即使股票最初售出的面值直接投资到生产中，后来被买卖的股票时价滚动也没有作为资本被投资到生产中去。这些股价从生产的角度来看，都是虚无的。股票这种东西只要能支付高额利息或者分红价格就会上涨，但上涨的股价总额并没有投资到生产中去。

> 这种纸券的资本价值也纯然是幻想的。

有价证券的价值就这样逐渐与投入的生产相分离，变成了跟着证券市场的价格而变化的投机资本。

> 如果这种纸券的价值减少或价值增加无关于它所代表的现实资本的价值运动，则在此限度内，国家的富是和在它价值减少，或价值增加以前一样。

拟制资本

前面这段引文说得已非常清楚，股价上涨了资产不一定会增加，股价下跌了资产也不一定减少，这些都是虚假的。

实际上，股价上涨时资本时价总额会增加，即使什么业务都没有的企业也可以通过粉饰业绩来不断地提高股价，但其结果无非是泡沫。对此，马克思这样写道：

> 只要这种减价不表示生产之现实的停滞，不表示铁路运河交通之现实的阻滞，不表示已经开始的企业的停止，不表示资本在实在毫无价值的企业上的抛弃，国富就不会因名义上的货币资本的气泡发生破裂而减少一个钱了。

这就如同当年日本的不动产泡沫时期，我家房子的价格从市场行情来看，先变成1亿日元，又变成2亿日元，着实让人很高兴。但真实情况是房子的使用价值并没有上升，泡沫之后也并没有减少，但看上去的确是价格上涨了，这就叫作“肥皂泡”。

银行所拥有的有价证券正是由这些幻想出的汇票、公债、股票所组成，它们从价值因市场而发生变动的层面上来看，“一切物都会在信用制度内二倍化、三倍化，并转化为单纯的幻想。人们相信无论如何可在其内捉住一点实物的‘准备基金’，也是这样的”。

今天，有价证券已拥有银行里的存款的数倍价值之多，就算这是假想出来的，但从面值上来看确实是这样的。由存款和自有资本构成的银行资本，在作为有价证券出借时会拥有数倍的信用，这就如同魔法一样。这在经济平稳发展的时候一切都没问题，可一旦出现货币紧缺会怎么样呢？没错，就会产生对货币的大量需求而使信用收缩。

第三十章

货币资本与现实资本 I

作为索取权克扣利益的债权

马克思在第三十章中讨论的是现实中的实体资本与用货币来表现的资本之差，即用货币来表现的资本到底能多大程度上体现出现实的资本的问题。多大程度是虚假的？多大程度是真实的？再进一步，当虚假的部分也就是信用的部分崩溃的话，发生货币紧缩，会给现实资本带来怎样的影响？

在这里，马克思还举了生息资本国债的例子，也就是对于劳动者的索取权，而生息资本恰恰可以概括这个过程。马克思认为，克扣劳动者获得工资的权利是以证券来表现的，国债根本没有被投资到生产中去，可在这种场合下国债是有克扣税金的权利的，即税金的预收权。税金是国家的债权者，而国家是债务者，结果国家的债务就成了资本的蓄积。马克思是这样来表述这种现象的：

> 债务的蓄积竟然表现为资本的蓄积这个事实，表示了在信用制度下发生的颠倒，已经达到极点。

资本利益的实际状态

股票和债券作为生息资本，其意义不在于能投资到现实的资本中去，而在于通过转手买卖获得资本利益。从这个意义上来说，股票和债券与实际用于生产的优先股作用是不同的。股价的上涨并不是现实资本的增加，股市上所得到的收益并非表现为对劳动者的剥削，而是股东之间的争夺战。当然，争夺战实际上除了对劳动者的剥削之外并无其他，但没有像分红那样明显。以更高的红利为目标的股价上涨所产生的利得，也可以说是由更高的红利所产生的，但是抛弃高的红利而获得股票的让渡，看上去利益是从购买股票的股东那里得到的。

这里的利益已经成为一种被称作股价上涨的赌博，马克思对此这样描述：

> 这种所有权证会发生价格的变动。由这种价格变动引起的损益以及这种权证在铁路王手里的集中等等，依照事物的本质，会日益变成赌博的结果。在这场合，赌博行将代替劳动和强力，而成为原始的获取资本所有权的方法。

在此种情况下，便会发生货币资本和现实资本的背离，从直接生产中游离的货币资本活动超越现实资本而逐渐膨胀，这就是前文提到的虚拟资本，它是“与现实的积累朝着完全不同的方向前进”的。

黑字破产

接下来马克思论述了汇票结算在商业信用和银行信用上会引起的问题。

商业信用制度是一种不通过银行，由商人之间相互以汇票结算的制度。通过这种制度，即使手头没有现金也可以用汇票卖掉商品。虽说如此，但如果地方相隔较远或者商品一下子卖不掉，汇票便不能很好地兑换。所以不准备预备金的话，商品就有可能突然滞销、受损等，所以商业信用是需要一定程度的现金的，特别向较远地域销售预备金是必需的。由此我们可以得知，在商业信用里有某种限度会出现现金需要。如果不这样做，一旦危机发生，运营资金就会不足，从而导致货币需求出现，最终引起商品大量囤积且资金不能流动的黑字破产状况。

> 在危机时期，因为每一个人都要卖而不能卖，但为要支付起见又必须卖，所以在信用最缺乏的时候（就银行信用而言，就是在贴现率最高的时候），

> 最感到多余的，并不是休闲的寻找用途的资本，只是停滞在再生产过程内的资本。

货币紧迫和过剩生产

需要注意的是，停滞在再生产过程中的大量资本是商品资本而不是货币资本，过剩生产正是危机的特征。所以危机不单是货币危机、信用危机或是金融体系的问题，生产资本过剩才是真正的危机。

> 危机就只能由各部门生产的不平衡，由资本家消费与资本家蓄积的不平衡来说明了。但一考查实际的情势，就知道已投在生产上的资本的位置，有一大部分，要依存于不生产阶级的消费能力；而劳动者的消费能力，一方面既受工资法则的限制，一方面又受这个事实——即，他们在能为资本家阶级赚到利润的时候，才被资本家阶级使用——的限制。

另外，劳动者只有在能够为资本家带来利润的时候才能被雇用。一切真正危机的最根本原因，总不外乎群众的贫困和他们的有限消费。资本主义生产却不顾这些问题而力图无休止地发展生产力，好像只有增加社会的绝对消费能力才是生产力发展的源泉。

总之，危机由过少消费而起，换句话说是从工资太低而造成过少消费引起的。所以，现在为了扩大劳动者的消费，并不急于去提高工资，而是使用信用贷款等方式的借款来“帮助”劳动者们，令那些泡沫变成生活必需品。工资低又没有存款的移民劳动者，往往要贷款购买数千万日元房屋的现象，是从 2007 年的次贷危机时开始的，即通过这种长期贷款来解决之前人们制造出的消费泡沫。

信用崩溃突如其来

再来看看使用银行信用的地方。由于存款集中在银行里，所以可以在银行的存款账户中进行结算，而且结算时不需要使用现金，这便是银行信用。反过来说，不需要现金的部分，就成了比较复杂的交易行为。而且银行的财务也不是一眼就能明确哪类交易行为，所以信用的崩塌就不容易看得出。这样一来，信用崩溃便会被掩盖起来，以往看起来安全的银行往往突然就崩溃了。

> 以致崩溃已来到眼前，营业还好像是极健全的。关于这点，最好的证据是 1857 年至 1858 年《银行法报告》。在那里，一切的银行董事，商人，简言之，一切受召的专家，都在欧维斯坦公的领导下，相互庆贺营业的繁荣和健全——这件事，距 1857 年 8 月的危机，不过一个月罢了。

正如近年来接连不断的泡沫，尽管无法完全预测，但还是可以提前知晓。

只为了资本利益而投资

接下来，马克思论述的是现实资本和货币资本的关系，也就是投资到股票里的资金到底有没有流转到生产资本里去的问题。如果说流转到了，即投资到生产资本中去，那就应该会扩大现实资本；但实际上并不是这样的，它只不过是为了生产出一种泡沫而在提高股票价格上起了作用而已。

> 银行业务扩大的结果（可参看下面讲的伊蒲士威的实例。在 1857 年前几年之内，租地农业家的存款竟然增加了四倍），从前私人贮藏的货币或铸

> 币准备，都在定期间内，化为可放贷的资本了。由此，货币资本是扩大了，但这种扩大和伦敦股份银行的存款的增加（当存款有利息支付时，它们的存款就增加了），同样不表示生产资本的增加。

由此可见，那些剩余的资金，最终流入生产资本而逐渐枯竭，这样一来利息率又会逐渐上升。接着，信用开始增加，其结果就会引起货币的紧缩。这时就需要运转资金，利息率就会由于银行提供短期信用的租借而不断升高。

被推后的危机

马克思在论述信用和危机、利息率的上升和危机、货币和现实资本的关系的同时，对于每十年发生一次的危机也进行了详细的讨论。恩格斯在这里插入了一个让人感兴趣的话题，即马克思死后，再没有发生过较大的危机是为什么。关于这个问题恩格斯是这样论述的：

> 我曾在另一个地方讲过，自前一次大的普遍的危机以后，在这里曾发生过一个变化。周期过程的急性的形态以及一向来的十年一次的循环，似乎让

位给一种慢性的拖长的交代了。交代的一方面，是比较短的营业恢复状态，另一方面是比较长的漫无定期的营业衰沉状态。各产业国家是以各式各样的形式，分跨在这两种状态中的。但也许那不过是循环持续期间的延长。在世界贸易的幼稚时期，即自 1815 年至 1847 年，循环差不多是五年一次；但自 1847 年至 1867 年，循环显然是十年一次了；也许，我们现今正在一个空前激烈的新世界崩溃的准备时期中。有许多事情表示这一点。自 1867 年的普遍危机以来，已经发生了若干大的变化。交通机关的惊人的扩展——远洋轮、铁道、电报、苏伊士运河——第一次在事实上形成了世界市场。除了以前独占产业的英格兰，已经又出现一系列的产业国家和它竞争；过剩的欧洲资本，已经在世界各处，寻到了无限大无限多方面的投资范围，所以这个资本比以前分配得更广，而地方性质的过度投机，也更容易克制。由这一切事情，以前的使危机发生的理由和使危机成长的机会，大都除去了或大大减弱了。同时，国内市场上的竞争，既在加特尔和托拉

> 斯面前退却了，国外市场上的竞争，也由保护关税（英国除外，一切大产业国都曾以保护关税保卫自己）受到了限制。但这种保护关税，不外是最后的一般的产业斗争——那决定谁将掌握世界市场的霸权——之准备。所以，每一个阻碍旧式危机复演的要素，都包含着未来的更激烈得多的危机之胚芽。

这是一段意味深长的话。危机不再发生是件好事，实际上危机只是在不断积蓄能量而推后了一些而已，在爆发的时候会将巨大的能量向外释放。1929 年的大危机正是如此。的确，即便是现在也不能说危机已经完全消失了。

第三十一章

货币资本与现实资本 II（续）

马克思在第三十一章中继续展开讨论货币资本与现实资本的问题。他从两个方面来论述，第一个是由货币转化为贷放资本，第二个是资本或所得转化为货币，货币再转化为贷放资本。

第一节　由货币转化为贷放资本

借贷过剩的借贷资本

这里首先讨论的是短期贷出的资本，也就是短期信用。马克思首先为我们抛出的问题是：不知何时人们开始以高出实际流通的通货，更甚者说存款量的货币资本来进行信用贷款。

马克思首先以英国的地方银行和伦敦的隆巴特街银行之间的关系为例来论述。地方银行的存款实际上是没有地方投资的，这些银行的资金事实上是被汇票的中间购买人以较低的利息借走，然后又被中央的银行以高利息贷出的。虽然这是以一种汇票折扣的形态来进行，但事实上乡下是没有钱的。

而且中央的银行多次进行存款量之外的信用贷款，高于流通的通货就被借贷出去。

> 如把长时期内的利息率变动和不同国度间的利息率的差别除开不说（前者以一般利润率的变动为条件，后者是以利润率的差别，和信用发展程度上的差别为条件），则利息率的变动，依存于贷放资本的供给（假设其他一切事情不变，例如信任状态不变），也即依存于在货币形态硬币形态和银行券形态上贷放的资本的供给。

伦敦的银行里有着大量的存款，因此信用集中。信用的扩张也超出了实际的存款量和预备金数倍之多，在景气时期出现的这些都是毫无信用问题的。

第二节　资本或所得转化为货币，货币再转化为贷放资本

货币从现实的生产过程中增加

在论述了信用扩张之后，马克思为了确认存在银行里的存款原本都必须是从生产过程中产生的，而增加了这一节。

积累在银行里的货币资本并不是从天上凭空掉下来的，它是由生产而产生的货币。即使位于美国加利福尼亚的金山被发现时有大量的金子流入，也并不是它本身有价值，而是为此投入了巨大的劳动力，才成为货币。即只有制造出了大量的商品，再通过销售，价值才会增加。

> 这种急速的贷放资本的发展是现实蓄积的结果，因为它是再生产过程发展的结果，而成为这种货币资本家蓄积源泉的利润，也不过是再生产资本家所榨出的剩余价值的一种折扣（同时还是别人积蓄物的利息的一部分的占有）。这种贷放资本的蓄积，同时是要以产业家和商业家为牺牲的。

总之，没有产业资本和商业资本的发展就没有借贷资本的增加。借贷资本并不是先行存在的，它的剩余价值就在于存款，不管是被消费掉，还是变成存款，只要存在银行里，就会成为生息的货币资本。

第三十二章

货币资本与现实资本 Ⅲ（完）

扩大的信用

马克思在第三十一章用两节的篇幅继续对货币资本与现实资本进行了展开。货币资本是产业利润的反映，正如马克思论述再生产时所说，商品无论如何都必须以货币为中介进行滚动买卖，也就是需要有相应量的货币提前存在。由此可见，提前存在的剩余资金——闲置资本，就是这里所说的货币资本。

> 决定用在消费上的那部分所得（我们把劳动者的所得除开不说，因为他的所得为可变资本）的扩大，最先就表现为货币资本的蓄积。所以，在货币资本的蓄积上，会加入一个要素，那在本质上是和产业资本的现实蓄积不同的，因为年生产物中决定用在消费上面的部分绝不是资本。其中一部分固然会代替资本，也即，会代替消费资料生产者的不变资本，但在它实际化为资本的限度内，它一定是在这个不变资本生产者的所得的自然形态上存在。代表所得而仅促成消费的货币，通例会暂时转化为可贷放的货币资本。在这个货币代表工资的限度内，

它同时是可变资本的货币形态；在它代替消费资料生产者的不变资本的限度内，它是他们的不变资本暂时采取的货币形态，等他们的不变资本必须代替时，他就用它来购买这种不变资本的自然要素。无论在哪种形态上，它都不代表现实的蓄积，虽然它的数量会和再生产过程的范围一同增加。但它会暂时充任可贷放的货币的机能，从而会暂时充任货币资本的机能。就这方面说，货币资本的蓄积常常反映一个较现实为大的资本蓄积。因为，以货币为媒介的个人消费的扩大将表现为货币资本的蓄积，它将为现实的蓄积，为新投资所赖以开始的货币提供货币形态。

所以，可贷放的货币资本的蓄积的一部分，不外表示如下的事实：即，产业资本在循环过程中所转成的一切货币，都会采取这样一个形态，在这个形态上，它们不是再生产资本家垫支的货币，只是他们借进的货币；因此，必定会在再生产过程内生出的货币的垫支，会在事实上表现成为借入货币的垫支。事实是，一个人在商业信用的基础上，以再生产过程所必须用的货币贷给另一个人。但现在这种交易是采取这样的形态：即银行业者由一部分再生产资本家借入货币，再以这种货币贷给别一部分生产资本家；在这场合，银行业者成了给予福音的人了。同时，他们又以居间人的资格，把这种资本的支配权完全握在自己手中。

还有几种特殊的货币资本蓄积的形态没有说到。例如生产要素、原料等价格下落的结果，资本会游离出来。如果产业家不能立即扩大他的再生产过程，他的货币资本就会有一部分被当作过剩的，从循环内排除出来，并转化为可贷放的货币资本。其次，特别就商人说，在他的营业发生中断时，他的资本就会在货币形态上游离出来。假如商人已经把一笔生意做完了，但因遇到阻碍，必须到后来才能再开始新的生意，则已经实现的货币，对于他将只代表贮藏货币，代表剩余资本。但同时它又直接代表一个可贷放的货币资本的蓄积。在第一场合，货币资本的蓄积，表示再生产过程在比较有利的条件下的重复，表示以前被拘束的资本一部分发生现实的游离，并表示再生产过程得以同一的资金实行扩大。在第二场合，它却表示交易流的中断。但在这两个场合，它都会变成可贷放的货币资本，去代表能贷放的货币资本的蓄积，会同样影响货币市场和利息率，虽然在前一场合，它是表示现实蓄积过程的促进，在后一场合，它是表示现实蓄积过程的阻滞。最后，货币资本的蓄积还可由这一群人引起，他们在赚得若干财产后，便从再生产过程引退。在产业循环中所获的利润越多，这种人的人数也就越大。在这场合，可贷放的货币资本的蓄积，一方面表示现实的蓄积（就其相对的范围而言）；另一方面却表示产业资本家有多少转为单纯的货币资本家。

在经济周期的一定阶段出现货币资本的过剩，并且这种过剩会随着信用的扩张而发展。因此，驱使生产过程突破资本主义界限的必然性，同时也一定会伴随着这种过剩而发展。也就是出现产生贸易过剩、生产过剩、信用过剩。同时，这种现象必然以引起反作用的形式出现。

信用的扩张会相当程度地强行拉动生产，社会经济一时间可能会因此而好转，但最终过剩信用会引起货币紧迫，反而会招致生产断裂。

资本主义幻想的终老

这里以资本家的利润转化为货币资本作为主要切入点讨论，但马克思也承认存在劳动者也将节约的钱储存在银行里或者投资到股票中而产生货币资本的问题。然而，在信用紧缩时劳动者会被当作替罪羊这一点上，银行与资本家是不同的，因为如果银行破产的话，储蓄也会弃之而去。

资本家不仅能使用自己所拥有的货币资本，也可以从银行借款，通过支配企业而把他人的货币资本作为自己的东西来使用。所以资本主义是通过埋着头刻苦勤奋而诞生的，这一幻想到这里就灰飞烟灭了。

> 资本为本人克勤克俭的成果，原是资本主义的最后的幻想，但这个幻想现在是破坏了。不仅利润是侵占他人劳动的结果，甚至资本——那是推动别人劳动和榨取别人劳动的手段——也是由别人的所

有物构成。货币资本家把这种资本委托产业资本家去利用，并且，产业资本家也就为此受货币资本家的剥削。

资本是一种对于其他劳动者的索求权

原本货币资本家只是积蓄从生产过程中得到的货币的人，但他们最终通过资金的积蓄，使间接支配他人的劳动成为可能。他们与在工厂内直接剥削而掠夺利润的产业资本家不同，他们是间接剥削，即他们在剥削产业资本家的利润。

这种出借给产业资本的闲置资本，即货币资本实际上是信用，是虚无的。它并没有具体去投入货币的必要，只是一种相对于价值的权利证书而已。也就是说，是一种实际上并不存在的虚无资产而不是现实资本。

如果它转化为贷放资本，以致同一货币反复代表贷放资本，在这限度内，那很明白，它不过能在一点上面，是金属货币的资格存在；在其他一切点上面，它就不过是在资本请求权的形态上。依照我们的前提，这种请求权的蓄积是由现实的蓄积，由商品资本价值等等的货币化发生的；但它虽由现实的蓄积发生，却和现实的蓄积不同；货币的贷放，虽然会促成未来的蓄积（新的生产过程），但也和未来的蓄积不同。

虚无的积蓄

这里提到的是个很重要的问题。现代世界，全世界国民生产总值大约为4000万亿日元（2007年），但金融派生商品的名义价值却在它的10倍以上，达到了6亿亿日元。信用虽然能够扩大生产，但信用过度的话就会引发泡沫而走向崩溃。现代的资本主义社会就是用这种虚无的信用手段来散布所谓的“成长”幻想，可以说就是一种为了避开未来即将出现的泡沫破裂，而想方设法生存下去的经济形式。

马克思将这种发达的信用制度作为资本主义的特征，他认为银行业者、金融业者、借贷业者会不断增加。这样一来，“赌博业者”也终于出现了。

货币是万能的，商品不是万能的

在此之后，马克思又说明了利息率和利润率的关系，同时对货币资本和商品资本或者生产资本的关系也进行了说明。

> 货币必须当作独立的价值形态，与商品相对立，换言之，交换价值必须在货币上面，采取独立的形态，那是资本主义生产的基础。但要做到这样，必须有一定的商品，变为一切其他商品价值所用来当作尺度的材料，也即变为普遍的商品，变为一种出类拔萃的商品而与一切其他的商品相对立。这个情形，必定会在两方面显示出来；而在资本主义发达，货币已经大大为信用行为和信用货币所代替的诸国，尤其是这样。

这段文字好像在说一件稀松平常的事情，其实内涵却相当深刻。货币是一种用来评价商品的东西，但不知从什么时候开始它已离开商品独自行走。

人们在危机中明白了一点：在这个世界上货币是万能的，但商品不是万能的。信用，也就是泡沫破灭的时候，人们都想要货币，没有货币，商品就无法销售。是的，这就是过剩生产，不管商品怎么剩余，没有货币就卖不出去。“为要保全一二百万货币，必致有许多百万的商品被牺牲掉。这在资本主义生产上是无可避免的，并且是资本主义生产的美点之一。”这就像是一把双刃剑。原本起正面作用的信用膨胀，也会带来货币不足，甚至破坏经济。

危机席卷全世界

在马克思的时代其实已经存在信用货币，当时叫英格兰银行券。银行在信用危机的时候用这种信用货币来勉强维持紧急状态。但如果作为英格兰银行预备金的黄金由于国际贸易而流失到海外的话，银行就不得不回收这种银行券，所以说国际贸易是与危机有着紧密联系的。

接下来，对于危机的状态马克思这样说明：

> 危机的影响是：把支付差额和贸易差额间的差别，压缩到一个短期间来。而在受危机袭击时，支付期限已经临到的国度内，又会展开各种状态，这各种状态是已经伴有这种清算期间的收缩。在这种状态中，第一，要算到贵金属的输出。其次，要算到委托商品的拍卖；为拍卖或为要在国内凭以取得货币垫支而起的商品输出；利息率的增长；信用的

解除；有价证券跌价，外国有价证券拍卖，外国资本被吸引去购买这种已经跌价的有价证券。最后，便是破产，一举把大量的请求权解决。

当今时代，危机已经不是一个国家的事情，它早已成为世界性难题。在国内，国家的确可以想办法用信用货币救济，但国际贸易是用黄金结算的，结果就是黄金向海外流出。这样只会使国内信用货币的价值降低，从而导致对黄金的需求增加。接下来就是信用收缩，黄金不足产生货币不足，又因此而引起的各种货币需求会抬高短期信用的利息率，有价证券的价格下跌，并且外国的资本还会不断地流入。最终银行的所有金融方式都试过一遍，仍旧没有解决问题就只能破产了。

第三十三章

信用制度下的流通手段

危机时的货币紧迫

在第三十三章中，马克思谈到流通手段也就是银行券如何因信用而节约，当引起信用危机后又是如何提高银行券对于货币的需要的问题。一开始，马克思比较了从1844年至1857年的交易额和英格兰银行券的发行量，对尽管交易额在增加，但流通的银行券却在减少的现象进行了说明。

马克思认为，节约流通的银行券之方法当然是汇票之类的信用，但通过电信、铁路、邮政等所谓的交通手段也可以达到目的。此外，马克思还引用了葛尼商会查普曼的议会证言来说明。

他所论述的是，信用崩溃之后一段时期内对于货币的需要问题，如果信用紧迫，银行券从流通中消失，因此为了调配资金，货币的需要必然会增加。

> 货币也在危机中。每一个人都当心不把它化为贷放资本，不把它作为贷放货币；每一个人都抓住它，希望由此应付现实的支付需要。

马克思用上面的话表示信用的丧失，也就是信用危机。的确在货币需要紧迫时，资本家就不再为了利息而出借货币，而改为无视利息且捏紧货币不再放出了。

乍浦曼这样说："如果我们需要货币时，不一定能把货币收回，我们就宁愿不借，宁愿不要利息了。"

货币主义的复活

> 在危机期间，就是这样突然由信用制度转变为货币制度的。

特别是必须有世界货币的情况下，就连银行券也不需要了，所需要的只是作为世界货币的黄金。当然，当时的英格兰银行在黄金储备的基础上还发行其银行券，但预备金由于国际贸易而不断减少。然而，作为中央银行的英格兰银行还是财大气粗，因为其银行券是以国民的财富为靠山而能维持其流通能力。

信用一旦紧迫，大银行往往会出卖债权猛然拉低股价，先击垮一部分小资本家。然后再提高折扣率导致货币需求紧迫，从而反过来利用这种状况以高利息率出借货币。这些大银行被称作"大鲨鱼"。马克思说"要由同一手法，使金融紧逼变为金融危机也只要有三家大银行联合起来干就行了"。

即使放到现在，马克思的这句话也是可以说得通的：大银行只要将股票脱手或者卖空来降低股价，便可以制造出信用危机紧迫的情形。由于股价下跌而陷入资金不足的企业和银行无路可走，股价下跌的企业和银行也会卖掉股票。从中寻找牺牲品，一口气拉低股价再将其收购的，正是这些大鲨鱼。

危机是银行提高利益的好时候

作为英国国家银行的英格兰银行不允许其他银行抢先做这些事，因为即便不做，该银行也能很好地获得利益。中央银行没有黄金储备只发行银行券也可以得到追加融资，如果再将其出借，银行就可以得到追加的利润。当然通过银行券的发行，金币的流通会得到节约，通过节约便可以产生利润。

而且通过承包国债发行，向国家出借银行券，再用国民的税金来供给国债的利息仍旧可以获得利益。英格兰银行通过调节贷款的利息可以应对危机时的紧迫，当然英格兰银行也不被允许像私人银行那样为了实现自己的利益而轻率地使用这种权力。一般来说，银行就是利用资金紧迫来提高利益的。

英格兰银行不允许去做这些事，它有着去缓和紧迫而向市场供给持有资金的作用。这样会降低这个银行的利益，但是会给一般银行带来利益，也就是给一般银行家带来利益。英格兰银行与私立银行的利益共同机构是一种在安定金融这个名义之下对国民的剥削行为。

> 还说集中！以所谓国民银行及其周围的大货币放贷业者高利贷业者为中点的信用制度，就是一个异常的集中。它把一种构想的权力给予这个寄生阶级，他们不仅可以周期地在十个产业资本家中杀掉一个，并且依一种极危险的方法干涉现实的生产。他们这个寄生集团，对于生产是什么也不知道的，也和生产没有一点关系。而 1844 年和 1845 年的法规，却证明这班强盗的权力是在增加。理财家和证券投机家都包括在这个强盗班里面的。

金融支配因危机而加强

因为危机，不，因为银行才制造出危机。利用危机大量地摧垮产业资本进行剥削的就是中央银行和它周围的银行集团所为。

> 估计还有人猜想，这班尊贵的强盗，单是为生产的利益，为被榨取者的利益，而榨取国民的和国际的生产，那他顶好再读一读下面这个片段，那称颂着银行业者的高贵的道德的尊严。
>
> “银行是宗教的道德的制度。有许多青年商人就因为恐怕银行家以警戒的不赞成的眼光看待，所以不敢走到胡闹的社会去，不敢交结胡闹的朋友！他们都想在银行家面前表示自己是怎样诚实，是怎样可靠！银行家摇一摇头，要比朋友的许多忠告，更能发生效力。他们最怕银行家怀疑他们在撒谎，在做不诚实的事，因为怀疑的结果，会使他们的银行通融受限制，甚至于取消！银行家的忠告，要比牧师的忠告，更有力得多。

银行从业者利用金融的力量贪婪夺取国民的利益，使人们陷入恐慌中，就会出现好像社会不是因这些人的生产而建立，而是因为金融业者的存在而建立的错误认识。

第三十四章

通货原理及英格兰 1844 年以来的银行立法

对于英格兰银行发券的限制

第三十四章又是马克思未写完的一章，恩格斯进行了大量的编辑加工，来尽力使篇幅完整。在本章中，马克思基本上全部引用了别人的文章，从整个流程来看作为前一章结束语也没什么问题。

这一章对组成李嘉图经济学通货学派的理论和危机之间的关系进行了说明。恩格斯认为在通货学派理论中决定物价的是货币的量，货币的量增加导致商品价格上升；货币的量减少导致商品价格下落。

我们知道，英格兰银行券可以与黄金兑换，但是在国际贸易中超额使用的话，黄金便会外流。这样的话，因英格兰银行的预备金减少，银行券也会减少，然后在市场中流通的银行券也相应减少，信用变得紧迫，但是这些却可以避免过剩流通。

1844 年的银行条例可以说是为了避开引起过剩信用的信用膨胀而制定的，它限制了英格兰银行预备金的额度。

恩格斯这样写道：

> 1844 年银行法，把英格兰银行划为发行部和

> 营业部。前者收受担保品——最大部分是政府债券——达 1400 万镑，并保有金属贮藏的全部（其中至多只能有 1/4 由银构成），并依两者的全额，发行等额的银行券。一切不在公众手中的银行券，都发到营业部；这种银行券，和少数日常使用所需的铸币（约有 100 万），成为营业部的常备准备金。发行部以金给公众，换来银行券，同时以银行券给公众，换来金。

由此可见，当英格兰银行的准备金发生外流的话，银行券便会回到银行，而银行券增加到一定数量又可以投入到流通中去，由此金属流通和银行券成正比，就不会引发危机，也就是不会发生信用膨胀。

限制的撤销使银行的利益扩大

然而，事实上就像李嘉图经济学原理所说的那样，若准备金外流到海外，就必然减少银行券的流通，造成市场中银行券不足的状态。如果信用紧迫，对银行券的需要增加，相反的，银行券的数量减少，利息率飞涨，就会造成对于银行券需求紧迫，这完全是自找麻烦。

使利息率提高相当于逐步夺走了流动性，结果就是不得不废止这个条例，但最后这种处置反而是向着对大资本有利的方向发展的。

持有银行券的大资本将其用高的利息出借而提高利益，而小资本则会因付不起利息而衰退。这里所试图阐述的通货学派的政策从结果上看，不只是加速了危机，还扩大了大资本的利益。

在第三十三章马克思批判英格兰银行和大资本是强盗集团，这一章也延续了这个论点，可以说通货学派的理论就是这个强盗集团的理论。

第三十五章

贵金属与汇兑行市

第一节　金贮藏额的运动

试图只挽救自己而崩溃

在本章中，马克思对资本主义信用制度中意想不到的陷阱进行分析论述，也就是在危机中黄金挤掉信用而占有主导地位的问题。

中央银行的黄金储备经常随黄金的输入输出变化而变化，所以中央银行也经常性地限制由于黄金外流而造成的信用扩张。因为进口的增加会引起黄金的外流，在进口期间黄金贮备不足，对信用产生不安。在其收缩之后，危机就开始了，这就出现了一种时间滞后。

由于黄金储备不足而感到不安的人们将英格兰银行券换成了黄金并将其留在国内，然后信用扩张，他们对于英格兰银行券的信赖越发动摇。这是一个能欺骗人的问题，虽然不安早已出现，但它的反应却是在观望之后才发生，这里经常性地发生时间滞后。

> 但一到金银回流不畅，市场显得壅塞，外表的繁荣只能由信用来勉强维持那时候，贵金属会持续

地严重流出。这就是说，只要对贷放资本已有极强的需要，利息率至少已达到中位水准，贵金属的出流就会立即发生的。这诸种情形，将由贵金属的出流反映出来。资本如果在直接当作可贷放的货币资本的形态下不断被提出，那当然会发生影响，但在上述诸种情形下，这种影响又一定会加强。那一定会直接影响利息率。但利息率的提高，不会限制信用的营业，反而会扩大它，并诱使它的一切辅助的手段，过度地伸张。所以，这个时期，正好是在崩溃时期的前头。

信用扩张，即市场扩大的时候，一般会引起贵金属外流，资本家会试图控制出借，之后就会引起资本不足，利息率反而更加上升。资本家为了确保资本而揪住信用，信用就会更加膨胀。这时，原本作为危险信号的黄金外流反而造成了信用扩张，这和试图逃离搞得一团纷乱，结果却没逃掉有相似之处。

试图挽救自己而囤积命根子一样的金币，会使信用崩溃，这对于膨胀的信用之冲击是相当大的。

要使向一边倾斜，放一根羽毛就足够了……

关于这个问题，马克思是这样说的：

> 把一根羽毛加到天平上去，就可以决定上下摆动着的天平，究竟是哪一面向下坠了。

所以从某种意义上来说，信用制度只会不断激化危机，其原因不只来自信用膨胀这个层面，也来自信用制度内部的过度生产扩张。如果信用开始扩张，货币就会趋向生产投资并在那里固定下来，这样即使手头现金用完，信用也会及时补充进来，这种安心感正是信用制度、银行制度的基础。但只要它产生动摇，就会引发大洪水。

这种崩溃的起源，大多是因为农业的歉收等外来的冲击。一旦出现这种冲击，信用就会崩溃，并引起巨大的波动。黄金储备就是为了消除这种不安而存在的。虽说如此，人们会沉醉在信用的这种心理中而忘了不安，会认为金币不是货币，信用才是货币。只有突如其来的货币紧迫来到时才能如梦初醒，抱着金子才是货币的想法慌张地跑向银行兑换黄金。

叫作信用的不安定世界

从马克思时代开始，中产阶级经济学便常常沉醉于一种二元论之中——认为货币既是信用，又是金钱。

> 早期的经济学真正考察“资本”时，是以最轻蔑的眼光看待金和银，把它们看作是事实上最无关紧要、最无用处的资本形态。但当他们回头来讨论银行制度时，却是一切倒转过来了，金和银成了资本了；要保存它，其他各种形态上的资本和劳动，都必定要被牺牲。但金和银是怎样和别的财富姿态相区别呢？不是由价值量，因为价值量是由在其内对象化的劳动量决定的。那是由这种事实：即，金和银是财富的社会性质之独立的体化物，是财富的社会性质之表现。

金银之所以是财富，就是因为没有它们商品的买卖就不能成立。商品本身是不会自动完成它们的交换过程的，没有货币作为中介是不行的，所以说实体经济本身就是财富。但是如果没有金银用来作实体经济的强大后盾，货币就不能流通，在信用膨胀的时候，这是信用的工作，金银是不必要的；但信用崩溃的时候，还是会回到金银上来。

而今，作为社会财富形式的信用，一直在排挤货币，并篡夺它的地位。正是由于对生产社会性质的信任，产品的货币形式才能够表现为某种转瞬即逝的观念，即表现为单纯想象的东西。但是一旦信用发生动摇（而这个阶段总是必然地在现代产业周期中出现），一切现实的财富都会要求突然地转回到货币形态，或者转化为金和银。

无政府生产的问题点

其原因在于，资本主义的生产是一种没有被置于社会统管之下的无政府生产，代表实体经济的金银从外部观察着因这种信用而膨胀的无政府生产。一旦生产的无政府性达到崩溃的边缘，金银就恰如审判官一般突然出现在人们的视野中，使所有一切都走向崩溃。马克思对于资本主义制度的弱点这样说道：

> 第一，在资本主义体系内，为直接使用价值而行的生产，为生产自己使用而行的生产，是最完全地废止了，所以，财富只以社会过程的资格存在

> 着，这种社会过程又表现为生产和流通的错综关系。第二，因为随着信用制度的发展，资本主义生产虽不断要突破这个金属限制，要突破财富及其运动所遭遇的物质的同时又为幻想的限制，但每次它都是在这个限制上面，把它的头碰破。

资本主义生产的无政府性，存在于商品交换过程的不确定性之中。它既然是不确定的，就常常会和信用这种不确定因素相结合，有时会因为它生产扩大前景变好，所以就会有超出限制交换的金属货币之界限的错觉，但是这个不确定性问题最终还是会被摆在眼前。

第二节 汇兑行市

对亚洲的汇兑行市

货币资本和商品资本的不同

这一节又是相当不完整的一节，虽然恩格斯进行了编辑整理，但读起来意思依然不是很明确。

但从本节的前后关系来看，还是可以知道本节是论述关于汇兑行市和利息率之间的问题的。但为什么危机之下黄金会外流，从而令黄金储备不足，然后引起信用紧迫？为什么这反而会使利息率升高而最终加速危机？为什么这与作为实体经济的产业生产有关？这一切的答案就在于危机中货币资本和产业资本的关系。

恩格斯在这里将汇兑行市比喻成气压计。可见汇兑率表现在商品的输入输出上，就如同气压计一般。如果输出过量的话通货的价值会降低；输入过量的话它就会升高，这样就能保持贸易的均衡。

在使用金本位制的国家，这种均衡通过黄金的外流和回流来维持，为了防止黄金外流，只要提高利息率就可以了。可以说，利息率限制着输入和输出，不过这样看起来好像利息率也限制着实体经济。

这里的问题是，要找到利息率和汇兑行市之间的关系。马克思通过列举向印度输送贵金属（货币资本）和输送铁路等资本（商品资本）等，对利息率和汇兑行市带来的影响，来分析实际上贵金属的变化，即货币资本的变化和商品的变化，或者是资本的变化之间有什么不同。

《经济学人》的编者威尔逊坚定地认为，这两种流通是相同的，它们都对汇兑率产生影响，汇兑行市又对利息率产生影响。马克思否定了威尔逊的意见，他认为它们的变化是完全不同的。

为什么利息率的调整没有作用？

马克思认为，这是因为借贷资本和产业资本有着不同的运动方向。

如果说两者相同，那么危机时生产过剩，只要降低利息率、降低汇率就可以促进输出。但实际上生产过剩时，在库积压很多，利息率高，汇率也高，输出无法进行，其原因是借贷资本和产业资本有着不同的运动方向。于是会出现以下这种情况：黄金自动调节机构不能正常运转，虽然生产过剩，但货币需求仍然很大；反过来生产在不断扩大，但货币需求又很小。

接着，马克思列举了表示 1847 年汇兑率和黄金外流的关系的数据表，表中数字证明了黄金在利息率很高、汇兑行市很高的状况下却发生不断外流的情况。

英国的贸易差额

最终金子起决定性作用

在这一节开始部分，马克思叙述了19世纪时英国经济的现状。当时的英国正值鼎盛时期，除了因贸易输出而流入的金子之外，由别的资本输出所产生的利益也回流到了英国。所以像英国这样的国家的汇兑率应由什么来决定呢？第一是暂时的支付差额，第二是一国货币的贬值减少，第三是金和银的价值变动。

英国在遇到危机的时候，由于信用紧迫、利息率升高，黄金需求增加；但在危机之后，又出现了生产过剩，积蓄的黄金储备过剩，然后利息率下降，黄金逐渐外流了。

马克思以这种现象为依据，认为最终由金银来决定一切。对于金银信用的想法，是这样叙述的：

> 货币制度在本质上是天主教的；信用制度在本质上是基督新教的。“苏格兰人讨厌金”。商品的货币存在，在纸的形态上，是只有社会的存在。信仰使人得救。他们信货币价值为商品的固有精神，他们信生产方法及其预定秩序，他们信各个生产当事

> 人为自行增值其价值的资本的人格化。但像基督新教没有完全从天主教的基础解放一样，信用制度也完全没有从货币制度的基础解放出来。

前面马克思说过，只要有危机时大家便会成为货币主义者的观点，这里是这个观点的延续。他用新教和天主教的对比来说明货币主义是根本，信用主义是从这个根本中产生的问题。无论新教怎么自以为是，它也不能从天主教中脱离，为什么呢？因为那里有他们信仰的所有东西。新教虽然主张只要心中有信仰就可以，但像《圣经》和教会这种威严依然是必要的。诚然，这只不过是一种仪式，但在信仰产生动摇的时候，这种仪式便会以一种巨大的威严显现出来。

顺带说一下，马克思是从犹太教改信新教的，可能他发自内心地对没有价值实体的新教感到不安，才会说出以上这段话。

第三十六章

前资本主义的状态

资本主义以前的高利贷资本的特征

点缀信用论结尾的是一个历史讨论部分，这一章比较完整，它将生息资本和过去的高利贷资本、商品资本进行比较，并从历史的角度去把握它的发展。

首先，马克思列举了资本主义以前高利贷资本的两个特征形态。

> 第一种是凭高利贷的方法，以货币放贷于奢侈的阔人，那大体是土地所有者；第二种是凭高利贷的方法，已货币放贷于自有各种劳动条件的小生产者，那包括手工匠，但特别指自耕农。

这便是两种高利——对贵族阶级的高利以及对农民阶级的高利。

无论怎样，高利贷都会对这两种高利进行掠夺。而后者就是马克思年轻时在故乡摩泽尔看到的景象。他的父亲海因里希律师，曾为受高利息的贷款而苦不堪言的贫困农民辩护。即便如此，摩泽尔的红酒葡萄田还是一个接一个地转移到高利贷资本家的手中。

他认为这两种高利贷资本就是车的两个车轮。它一方面破坏小农民生产，另一方面也破坏传统的贵族、地主形态，在这一点上，它用的是一种共同创造出新的生产形态之相互协作的方法。

低利息的现代的生息资本是天使吗?

经济学家纽曼在这里出场了，他主张和以前的世代相比，现代的生息资本利息低，也就是说现在的高利贷剥削和以前相比减少了。但他并没有看到事情的本质，正是因为高利贷造就了资本主义的根基。曾经的高利贷通过从农民那里吸收所有的剩余而产生出劳动者。已经成为劳动者的农民自身并没有借高利贷，可劳动者因为被榨取着不仅限于利息的利润，所以实际上支付着更为庞大的利息。

> 工资奴隶和现实奴隶一样不能变为债务奴隶，至少不能以生产者的资格，变为债务奴隶。他不过偶然能以消费者的资格变成这样。

这样，高利最终为新的生产方式出现创造了条件。

> 只有在资本主义生产方法的别的条件已经具备

> 的地方和时候，高利贷会表现为新生产方法的形成手段之一；它所以会表现为新生产方法的形成手段之一，不外因为它一方面会把封建领主和小生产者破灭，另一方面会把劳动条件集中成为资本。

信用制度是从高利贷资本的反作用中产生的吗？

从这里开始谈到了中世纪的利息问题。前面已经说过作为基本原则，利息在中世纪不被认可，但是有很多的现金需求都是用高利息贷出的。特别是在生产力落后的地方，高利更容易发展，因为没有比小生产者更渴望现金的，这些人也因此信奉货币的绝对价值。这样做的结果就是，货币逐渐因高利贷而囤积下来，不断积累。在中世纪，将农民置于奴隶状态的手段正是这些高利贷资本拥有者们。

那么信用制度是怎么产生的呢？它其实是作为对于这种高利的反作用而产生的。

> 信用制度的发展，是当作反高利贷的反应实行的。但我们决不要把这点误解了，决不要依照古代著作家、教会神父、路德以及空想社会主义者的意思来解释。它所指的不多不少，恰好是生息资本隶

属于资本主义生产方法的条件和需要这一回事。

总而言之，不是说高利这个东西本身被废弃了，而是它变换了一种形态被重新投入到了资本主义社会当中。虽然在资本主义社会中，平民金融、给穷人用高利息贷款来剥削的这种工薪阶层高利贷形式还一直存在，且越来越合法化。造成这一原因实际上在于高利和产业资本之间的关系。

信用制度是高利贷资本的完成形态

那么，放在和产业资本的关系中会怎么样呢？那就是把钱借给有能力的人，让他获得利润，然后将其作为利息再薅掉。从这种意义上看，职能执行资本家不是资本的所有者也不要紧，家世门第不为人知的穷人也不要紧，只要能给生息资本带来高利息，是谁都无所谓。马克思将这一点和中世纪的教会体系进行了比较：

> 这好比，天主教会在中世纪，曾不分阶级身份财产，而由人民优秀分子中选出若干，来形成它的等级制度一样。这是巩固僧侣统治权压迫世俗社会的一个主要手段。统治阶级越是能吸收被统治阶级

> 的优秀分子，它的统治权就越是牢固，越是含有危险性。
>
> 近代信用制度开拓者的出发点，不是诅咒生息资本；反之，却是公然承认生息资本。

由引文可见，信用制度是以合法、合理的高利贷资本的完全形态出现的，它通过采取高利贷批判的形态变成了更加完整的东西。

马克思在此表示不打算谈及作为针对平民金融的高利贷批判的公立当铺，当然它作为结果来说也是剥削人民的一种手段。在这一点上，马克思个人有着常年与当铺打交道的经验，对此十分熟悉。

他接着谈到了英国的当铺，当铺的利息相当高，这是因为迅速地进行抵押品的存取，钱会被人们不断拿走。人们拿回当品只需要缴纳很少的差额，但是这样的次数非常多，结果当铺就得到了暴利。马克思本人也去过很多次，去领回当品。

让高利贷资本从属于产业资本

接下来马克思谈的是英格兰银行创建的历史。银行的设立导致高利的废弃，换句话说就是使收取高额利息的高利贷资本只能从属于商业资本。

> 这种有力的反对高利贷的斗争，以及生息资本应隶从于产业资本的要求，不过是这诸种有机的创造之先驱。这诸种有机的创造，在现代银行制度的基础上，创造了资本主义生产的种种条件。因为现代的银行制度，一方面，把一切闲置的货币准备累积在它手里，并把这种货币准备投到货币市场上来，从而把高利贷资本的独占权夺去，另一方面，它又创造信用货币，从而把贵金属的独占权限制。

银行集聚民间的资本，将它们出借给产业资本家、商业资本家，英格兰银行作为“银行中的银行”而站在所有银行的头上。英格兰银行将各个资本家的利润作为总资本来分配，社会资金被投资给个别企业而获得利润，这里看起来像是资本已经失去了私有的性质。

资本的集积和新的可能性

这里马克思再一次提及《资本论》第三卷第二十七章讨论过的资本社会化问题，他这样写道：

> 但同时银行和信用，却也由此成为一种最有力的使资本主义生产超过其固有界限来进行的手段。此外，它还是引起危机和欺诈的最有效的手段。

接着，马克思对已超越资本主义生产方式的信用制度的未来可能性进行了阐述，在最后他加入了一句补充：我们须注意，依照这个定义，信用乃是所有权的构成方法的结果。

毫无疑问，在由资本主义生产方式向联合劳动的生产方式过渡时，信用制度会作为有力的杠杆发挥作用。但是，它本质上仅是和生产方式本身的其他重大有机变革相联系的一个要素。

与此相反，将信用制度和银行制度奇迹般的力量之种种幻想赋予社会主义意义，是因为对资本主义生产方式和作为它的一个形式的信用制度没有完全认识而作出的结论。

第六篇

剩余利润之地租化

第三十七章

绪　论

地租是占有一部分利润的典型

《资本论》中为什么要研究地租？马克思从下面的句子中给了我们答案："农业如同制造业一样，由资本主义生产方法所支配，换言之，即农业如同制造业一样，由资本家所经营；而这农业资本家与其他资本家的区别所在，不过是资本及其所运转的工资劳动所投下的要素而已。"也就是说，马克思原本并未打算研究农业问题，如果研究也只限于和利润有关的地租问题。

然而，马克思发现农业的资本主义化，也就是土地所有化对资本主义有着决定性的影响。它首先体现在将农民变成劳动者的问题上，其次体现在最终资本让农业变成从属的问题上，最后还体现在所有产生出的生息资本和制造出的地租的问题上。换言之，地租成了资本主义产生的生息资本的一个基础。但是地租是自然所赋予的东西，会受自然条件左右，在这一点上与资本是完全不同的，即地租不能通过劳动实现再生产。

马克思只进行了地租论的分析，但对此得到的结果，或者历史性的问题并没有谈及，从某种意义来说只是一些让人感觉没有意义的数字罗列而已。虽然列举了很多情形，但很多最后都只是简单的收尾未做分析展开，或者就是以“既不是这样也不是那样”来匆匆结束。到了第四十三章，恩格斯觉得太过磨蹭索性强行给出了结论。但遗憾的是，马克思就这么吊着大家的胃口，似乎自己也没思考出什么结论。

也许马克思在完成这个地租论之后，打算在分析英国的地主和资本家的变迁的同时，对它和地租论的关系进行说明吧，所以此处才会草草收尾。

以近代农业为典型

这里的主要问题——农业，作为其典型是资本向地主租借土地生产商品的农业——耕种者是领取工资的农业劳动者，资本家是获得利润的资本家，地主是以借地费用的方式从中获得超额利润的人物。

对于地租马克思是这样阐述的：

为消费目的或为生产目的利用土地时，对土地所有者支给租金，都是用地租的名义。这种地租，有种种现象形态。我们在研究地租的种种现象形态当中，应记得：本身并无何等价值的，也不是劳动

> 生产物的土地，或者像古董、艺术大师作品等等那样不能由劳动再生产的物品，其价格是可由许多极偶然的配合来决定的。要卖一件东西，唯一的条件，就是这件东西能被占有，能被让渡。

因为地租的表现形式多种多样，看起来它的价格会被非常偶然的因素所左右。所以，不知在什么时候地租是剩余劳动这个事实便被掩盖了，再加上土地所有的形式的不同使这个问题变得更加复杂。但是通过下面这一点就会变得清晰。

地租是超额利润

> 一切地租是剩余价值，是剩余劳动的生产物。我们对于与资本主义生产方法相对应的地租，只要把剩余价值和利润一般的存在条件解释了，就可以解释清楚。实则这种地租经常是利润以上的剩余。

由于地租是从超过产品价值的超额部分中产生的，所以看起来它便像是因土地因素而出现的偶然现象。但是，其也可以说是从其他的竞争对手那里得到的超额部分。看起来，地租好像是凭空生出的价值，实际上，这是从生产率较低的竞争对手的价值中掠夺的利润。

第三十八章

对差地租——总论

地租不是因偶然而决定

这里以利用瀑布水流生产的工厂之超额利润为例，与其他企业相比，它因为有瀑布的自动水流，而有较高的生产率。所以马克思这样说：

> 这种剩余利润，等于这些有利生产者的个别生产价格，与这全生产领域内调节市场的一般的社会生产价格间之差额。

概括地讲，就是因为自然条件的优势减少了地租价值中劳动所占的比例，与其他竞争对手相比超额利润占有更优势条件。

作为超额利润的地租看起来是偶然的，实际上并非如此，因为它可以通过使用和其他资本家相比更低的生产价格来制造。换句话说，这是个别利润率与一般利润率之差。再换句话说，因为处在条件好的土地之上，所以生产率要高于其他“企业”。

但是地租的利润是垄断出卖的

当然，超额利润是从不断追求生产率提高的竞争中产生的，购入新的机器便是如此。但是这也会逐渐被其他企业所采用，最终利润率会逐渐平均化。不过，自然条件占优势的场合并不是这样。

> 但这种自然力的所有，就构成所有者手中的一种独占。这是投资有较大生产力的条件；资本的生产过程，对此是不能加以创造的。能够这样独占的自然力常附着于土地。它不是该特殊生产领域的一般条件，并也不是该特殊生产领域一般所能创造的条件。

也就是说，这里所说的情况只能是资本所不能创造的、利用自然有利因素（这里说的是拥有存在瀑布的土地）产生的才能产生垄断。因为，其与其他土地的差异性就是对差地租。

地租的源泉是劳动

当然，我们不能忘记这种超额利润并不是从天而降的，那它们又是从哪里来的呢？它是通过利用自然条件降低生产价格的资本家，从其他的资本家那里夺来的剩余价值而来。

从这个意义上看，超额利润依然与劳动剥削有关。

> 土地所有权，并不创造转化为剩余利润的那一部分价值，那不过使占有瀑布的土地所有者，能够从工厂主口袋中把这种剩余利润赚到自己口袋中来。

第三十九章

对差地租的第一形态（对差地租Ⅰ）

对差地租的两种形态

形成超额利润也就是地租的原因有两个：即土地的丰度与土地的位置。对差地租的第一形态的前提是“在同量土地之上”；第二形态的前提是这种剩余利润转化为地租（和利润有区别的地租），这里只以对差地租的第一种形态作为问题来讨论。

对差地租的第一形态

首先马克思先以土地的丰度作为问题，根据它们的不同分为四类（A、B、C、D）。

从丰度最差的土地开始按顺序分为 A、B、C、D，也就是 A 是丰度最差的土地。假设，A 由 50 先令生产了 1 夸脱的小麦，然后得到 60 先令，获得了 10 先令的利润；B 由 50 先令生产了 2 夸脱的小麦，然后得到 120 先令，利润为 70 先令；C 由 50 先令生产了 3 夸脱的小麦，然后得到 180 先令，利润为 130 先令；D 由 50 先令生产了 4 夸脱的小麦，然后得到 240 先令，获得的利润为 190 先令。那么以 A 为基准的话 A 便是没有超额利润的，也就是没有地租；B 得到 1 夸脱的份额也就是 60 先令；C 得到 2 夸脱的份额 120 先令；

D 得到 3 夸脱的份额 180 先令的超额利润的地租。

第Ⅰ表

土地等级	产量		预付资本	利润		地租	
	夸脱	先令		夸脱	先令	夸脱	先令
A	1	60	50	$\frac{1}{6}$	10	—	—
B	2	120	50	$1\frac{1}{6}$	70	1	60
C	3	180	50	$2\frac{1}{6}$	130	2	120
D	4	240	50	$3\frac{1}{6}$	160	3	180
合计	10	600	—	—	—	6	360

对差地租是由最坏土地决定的

从上面这张表，我们感觉地租是被像 A 这样的最差土地所决定。如果最差土地的生产率提高的话，那当然差额会减少，如果有人耕作比最差土地更差的土地，那就连这里的最差土地也能产生地租了。

最差土地决定着优等土地的地租，这真是讽刺。举个浅显的例子，决定日本东京银座一等地价格的，是由离得最远的土地的开发情况来决定的。如果新土地得到开发，那优等土地的地价会上升；就算是不好的土地，也会因为出现更不好的土地而产生偏差值。当然，这里面会因为土地改良、肥力减少等生产率不断改变，所以实际情况也不是这么简单。

> 故在这前提下，剩余价值较大，随之在其他情形不变的限度内，利润率也会较高（利润率的问题，应另外详细讨论）。

对差地租是由农业发展各个阶段的土地自然丰度的差别而产生的（这里仍旧撇开土地的位置不说）。

地租所具有的虚伪性

> 关于对差地租，我们应注意，市场价值常超在生产物总量的总生产价格以上。例如，就第Ⅰ表来说吧，10卡德（每卡德60先令）总生产物所以卖600先令，就因为市场价格是由A级土地的生产价格所决定。然实在的生产价格却是：
>
> A　　1卡德=60先令　　每卡德=60先令
>
> B　　2卡德=60先令　　每卡德=30先令
>
> C　　3卡德=60先令　　每卡德=20先令

D　　4 卡德 =60 先令　　每卡德 =15 先令

合计　10 卡德 =240 先令　　平均每卡德 =24 先令

10 卡德的实在生产价格，为 240 先令。然却以 600 先令售卖，即贵卖 250%。每卡德的实在平均价格为 24 先令，然因市场价格为 60 先令，所以也是贵卖 250%。

这就是由市场价值决定。这市场价值，在资本主义生产方法的基础上，是由竞争而贯彻的。这种决定造出了一种虚伪的社会价值。

在这部分引用中，600 先令里，资本家各自能得到的只是 10 先令，地主可以到手 360 先令，剩余价值是 40 先令加上 360 先令之后的 400 先令。假设资本家是在自己的土地上生产，那么所有的地租都会落到资本家手中，也就是说能创造出这些地租的土地是一种很好的生产资料。这与劳动者的劳动因土地这种生产资料得到了强化是一种相同的关系。换句话说，地主等于从别的资本家那里得到了高于平均利润的利润。但是因为土地和资本是分离的，所以在这里表面上看地租不是从这个利润来的，而是从市场中产生的，这就是虚伪的价值的问题（对此会在第四十七章再进行详细分析）。

马克思在这之后马上考虑到社会主义社会，他认为在社会主义社会中没有土地所有，所以就不会有地租，也就是虚伪的价值。不过，因为土地的丰度有差别，所以好的土地和坏的土地的生产率的差别还是有的，但不会产生地租，而且利润是被全社会共有的。

第四十章

对差地租的第二形态（对差地租 II ）

地租因追加投资而变化

对差地租有另一个形态，即第二形态。它与第一形态的差别在于：向土地进行追加投资时，土地的生产率会上升。这种投资会产生超出土地原本丰度的新对差地租。尤其是向优等土地投资的场合，劣等土地会从生产中退出，这样对差地租就会发生全盘改变。

从后面的章节开始将地租分为三种情况（生产价格不变的场合、生产价格降低的场合以及生产价格上升的场合）进行分析。

第四十一章

对差地租 II（第一场合：生产价格不变）

并不能因追加资本而得到更多地租

第二形态也就是在向某片土地上追加资本投资之后，到底能得到多少对差地租的问题，但实际上由于收获递减法则（收获量逐渐下降），现实是不能对它的升高抱有太大希望的。马克思对此这样阐述，生产价格不变是以最坏土地的生产价格不变，也就是不进行追加投资为前提的。

> 唯一的前提是：追加的投资。在任何一级付租土地上，都会提供剩余利润，但其比例，与资本追加的量相对而言是渐减的。

的确，作为地租超额利润的量，不会像追加的资本量那样增加。但是从绝对意义上说，超额利润地租是增加的。反过来说，就是超额利润的总量、地租的总量是增加的。

第四十二章

对差地租 II（第二场合：生产价格下落）

地租因生产价格的下降而减少

这里阐述生产价格下降的情况，也就是最差土地之外的土地来控制生产价格的问题。与前文结合起来说就是最差土地 A 放弃耕种的情况。

在这种情况下，不管怎样，地租也同样不能实现与追加投资相称的增加，虽然对差地租的总量会增加，但地租本身是减少的。

第四十三章

对差地租Ⅱ（第三场合：生产价格增高）

因价格上涨参与者增加，地租增加

实际上马克思并未写这一章，这一章是恩格斯后加的，所以我们能看出其与前文整体上相当不协调。前文中马克思曾说要分三种情况来分析对差地租，但不知道为什么就突然省略了最后这种情况而直接推出了结论。可能恩格斯认为，还是有必要把最后这种情况写完整。

那么在这种情况下，由于生产价格上涨而有新的参与者加入，也就是到目前为止最坏土地已经不再是最差土地，而出现了比它更差的土地，当然结果就是地租因而增加。恩格斯将这个分析结果作了如下归结：

> 使用在土地上的资本越是多，一国的农业和一般文明越是发展，每英亩的地租以及地租总额也越是增进，而社会在剩余利润形态上付给土地所有者的贡物也越是大——当然，我们在这里是假定，一切已耕种的土地都保有竞争的资格。
>
> 这个法则，说明了大地主阶级的奇怪的生活力。任何社会阶级也不像他们那样浪费；任何社会阶级也不像他们那样有权可以不问货币的来源，继

> 续要求那种和“他们的身份相合”的奢侈；任何阶级也不像他们那样可以放心大胆堆起债务来。他们常常立得住，这是因为别人有资本投在土地里面，那种资本，会为他们生出地租来，并且，由此生出的地租，还不是资本家由此取得的利润所能比拟。

与海外的价格竞争失败的话地租会减少

在没有海外农作物竞争的情况下，竟然也能够获得价格上涨的特权，估计只有在颁布了《谷物法》的英国才能如此。在这种情况下，地租都会上涨，尤其是因《谷物法》而价格上涨的情况对于地主来说就是天堂。

即使如此地主阶级还是衰退了，因为国际贸易的出现，或者说自由贸易的出现。这里以俄国和印度的土地作为例子，地主与从这些地方而来的便宜谷物价格的竞争中不能取胜，最终使得生产价格下降。也就是说因为追加投资反而令生产率下降，逐渐投资便从农业生产中被剥离了。

第四十四章

最劣等耕地的对差地租

没有地租的土地是不存在的

这一章马克思没有写完，因此为什么要把这一章独立列出来我们不得而知，可能因为在内容上延续了前一章，讲了因为生产价格上涨而连最坏土地也产生了地租的问题。可是，如果只讲这个问题的话仅有下一章就够了。

本章说的是最劣等土地通常也有价格的问题。在下一章中，马克思主要论述的是为耕种荒地而导致农产品价格升高，获取地租便成为必要手段。从某种意义来看，第四十五章与本章论述的是相似的内容。

第四十五章

绝对地租

土地所有产生地租

前面几章曾说过，对差地租的前提是：不向最差土地支付地租。但真实情况是不存在拥有土地而不收取地租的情况的。马克思将所有从土地中产生的地租都称为“绝对地租”。

从某种意义上来说，这种地租是从界限效用中出现的，因为多少可以获得一些超额的利益。即使是最贫瘠的土地也被使用，这种期待就成了地租。

> 这种价格增进和最后追加投资的剩余利润，必须是这个事实——A 级土地不提供地租，即不能耕作——的结果。

引文中这种情况必然会造成绝对地租。但反过来我们也可以说，即使土地是有归属的，但只要不能带来地租，它就不会被利用。

但是，地租是通过压低劳动者的工资而得来的这一点是没有错的。

第四十六章

建筑地的地租。矿山地租。土地价格

在地理上占有好位置而产生的地租

在第四十六章中所论述的建筑地段的地租、矿山地租一般都具有很好的地理条件，从这个意义来说，占有者必然会趋向于独占的。马克思在这里使用了独占价格这个词，这个词包含不被生产价格所限制而通常被市场的趋势所左右的特殊价格的含义。

> 我们说独占价格，是统指那种价格，这种价格只由购买者的购买欲望和支付能力决定，和那种由一般生产价格或由生产物价值决定的价格，完全没有关系的。所产葡萄酒有异常好的质量的葡萄园（这种葡萄酒的产量，通常是极小的），就能提供一个独占价格。葡萄栽培者因有这个独占价格，将能由富有的葡萄酒饮者，而在生产物的价值之上，实现一个很大的剩余利润。

由此可见，独占价格是不顺应价值法则的某种特殊商品所产生的价格，如艺术品就属于这个范畴。如此，马克思将这种独占价格排除在研究对象之外，因为如果用这个例外来研究的话，劳动价值说就彻底不成立了。

随后，马克思又突然转到土地价格的问题上，可见文章在这里承接得很不好。然而土地价格和作为超额利润的地租没有关系，在价格上升下降这一点上，建筑地段的地租和矿山地租相似。作为其结论就是“即使土地生产物价格减小，土地价格还是可以提高的”。

第四十七章

资本主义地租的发生

第一节 导 论

地租是从哪里来的

这一章是解开地租之谜的章节，关于这个谜的答案马克思是这样说的：

> 困难是在这种证明：即，剩余价值在不同诸资本间均衡化为平均利润以后，不同诸资本已经比例于它们的相对量，而在社会资本在一切生产部门所生产的总剩余价值中，分得比例的部分以后，也即，在这种均衡化发生以后，在待分配的剩余价值已经分配以后，投在土地上的资本怎样还能在地租形态上，把这个剩余价值的多余部分付给土地所有者。
>
> 承认农业资本的地租的发生，是由于这个投资部门的特殊作用，由于地壳本身的性质，那是等于把价值概念放弃，等于否认这个范围的科学认识的可能。

在第四十章中，马克思曾经讨论过这个问题，即当地租因土地丰度而产生出高于生产价格的超额利润的话，不清楚这个超额部分到底是从哪里产生的。生产率高可以收获更多农作物，但价格会相应下降。这种情况下，如果产生超额利润的话就是矛盾的。而实际上地租只是看上去如此而已。

我们已经论述过很多次，既然地租也是农业劳动者利润的一部分，那它就是不正常的存在。实际上资本主义的地租是在与工业制品的市场上商品生产发展的同时产生的，农产品势必会受到工业制品的平均利润影响，农业产品也必然会受资本主义理论的影响，地租也一定就是产品的剩余价值的一部分。地租看上去好像是之后被产品价值添加的，但实际上是早已转化在产品的价值中的。

第二节　劳动地租

透过劳动赋役可以解开谜团

马克思认为，能够最简单地表示农业劳动者的剥削形式的，其实就是劳动赋役，也就是劳动地租。劳动者在一定期间内在领主的田地里工作的过程，就是赋役。

事情是十分明白的。在这场合，地租和剩余价值是一致的。在这场合，无给付的剩余价值是以地租，不是以利润为表现形态。

剩余价值最基本的形态就在这里，在领主的田地里工作无疑是被剥削的劳动，所以这里的剩余价值和地租无疑就是同一种东西。

第三节　实物地租

即使实物地租也是同样

从经济学的观点来说，劳动地租转化为实物地租，并没有改变地租的本质。就我们这里考察的几种形式来说，地租的本质在于：地租是唯一由剩余价值或剩余劳动占统治地位的形态。

在这个形态上和劳动地租的形态上，地租都是剩余价值的。从而是剩余劳动的通例的形态，也即直接生产者无代价（在事实上还是强制，虽然这种强制已不复在旧时的野蛮的形态上表现）对土地

>（最必要劳动条件）所有者所必须提供的全部剩余劳动的通例的状态。

第四节　货币地租

货币地租的特殊性

值得注意的是，货币地租与前面叙述的两种地租有着本质的不同，那就是货币地租是以商品生产为前提的。

> 直接生产者不是把生产物付给土地所有者（不论他是国家还是私人），而是把生产物的价格付给土地所有者。单是一个在自然形态上的生产物剩余已经不够了，那还须由这个自然形态转化为货币形态。虽然直接生产者的生活资料的最大部分，还是由他自己生产，但现在已有一部分生产物要转化为商品，当作商品来生产了。

货币地租有一个必要条件就是产品要提前在市场上卖掉才行，这一点与以往的地租有着本质的不同。以往我们可以明确地知道地租是超额劳动、超额产品，但一旦作为商品被销售而变成货币支付的话，它是利润这个事实就再次被掩盖了。

货币资本掩盖本质

> 货币地租同时还是以上考察的各种地租的崩溃形态。我们以上考察的地租显然是和剩余价值及剩余劳动一致的，是剩余价值之通例的支配的形态。

一切地租都会因货币地租而向货币关系转化，最终导致大土地所有化，并将农民变成农业劳动者。货币地租还会制造出地主、资本家和农业劳动者阶级，因此地租就明确地成为资本家和地主围绕利润的争夺战。到底交给地主多少份额，这是由非农业生产部门的资本带来的平均利润，以及由平均利润所限制的非农业生产部门的生产价格来决定的，资本家不可能为了给地主缴纳地租而连自己的利益都扔掉。从这种意义上来看，在这里利润就是本来的剩余价值，从中交给地主的部分，也就是地租，是从本来的剩余价值中剔除的。而农村的资本主义化就是这样得以发展的。

第五节　分益农制和自耕农的小土地所有制

大土地所有制加速衰败

在本节中，马克思追溯了货币地租发展最后的阶段历史，就是分益农制和自耕农的小土地所有制。

分益农制——在这个制度下，经营者（租地农业家）不仅是供给劳动（自己的劳动或别人的劳动），并且还供给经营资本的一部分，土地所有者除供给土地以外，还供给经营资本的另一部分（例如家畜），生产物则依一定的比例（各国那是不同的），分配在经营者和土地所有者之间——可以看作是一个由原始地租形态到资本主义地租形态的过渡形态。

而小土地所有制，就是自耕农同时是土地的自由所有者。土地表现为他的主要生产工具，表现为他的劳动和资本的不可缺少的使用场所。在这个形态上，是不要支付租金的。所以，地租也不表现为剩余价值的特殊形态之一。在资本主义生产已在其另一方面发展的国度，它会与其他生产部门相比较而表现为剩余利润，但这种剩余利润，和劳动力的全部收益，是会一样到自耕农手里来的。

最终这些所有形式会被大土地所有形式所驱逐，并由昂贵的资本利息和租税制度，使其一步步走向衰败，尤其是因为借钱或者购买土地、租借土地而衰败并解体。

接着，马克思谈到了购买土地和土地价格。

他认为，土地价格不外是资本化的先付地租。

土地的价格是先付的地租，马克思是将土地作为资本，对产生利润起作用为前提的。其不仅与资本、生息资本有着相同的意义，也与国债之类的证券相同。只要土地能够产生利息，它是什么形态都无关紧要。

马克思可能打算证明地租在土地购买上，已经表现出了生息资本的特征，但从理论上没有得到充分的展开。

地租、土地价格具有利息索取权这样的特征明确了它与资本家的利息索求权一致。换句话说，地租只不过是利息的一种，或者说是利润的一种。

第七篇

所得及其源泉

第四十八章

三位一体公式

古典派的三位一体公式

前几章马克思为我们列出了三大阶级，可为什么最后三大阶段会成为两大阶级呢？这个问题会在本章进行说明，本章从下面的文字开始：

> 资本——利润（企业利益＋利息），土地——地租，劳动——工资，这是一个三位一体的公式，它把社会生产过程的一切秘密包括在内了。
>
> 资本——利息，土地——地租，劳动——工资。在这个公式内，资本主义生产方法所独有的特征的剩余价值形态，利润就很幸运地被排除了。

这两段话看起来很相似，但至少有一点有很大的不同。前者有“利润—剩余价值”的意味；而后者作为利润一部分的利息与资本对应，作为利润另一部分的职能执行资本家的所得变成了监督劳动的工资。

不论怎样，利润、地租、工资这三种剥削方式全都是劳动者创造出来了。但问题是，明明都是剥削方式可为什么看上去被分成了三种呢？这一章来分析这种现象。实际上这个公式只是照搬了古典派经济学的公式，在这里资本所产生的利润、土地所产生的地租都以一种永恒的生产关系出场，劳动所产生的工资也是如此。

三位一体是个圈套

如果仔细分析就会发现，这三种剥削方式只是表示了某种社会关系而已，也就是只有在以资本主义的生产方式为前提的范围内才有意义，而作为超出历史性的生产关系，则仅仅是一个圈套。

马克思在写《1844年经济学哲学手稿》的时候，便开始将古典派所设定的这个前提作为问题来讨论，在《资本论》中，他还是一贯地使用以唯物史观来解析资本主义生产关系。由此可知，他的思想在整个研究生涯中一点也没有改变。因此，马克思发现了这样一个问题：如果说土地产生地租的话，那就算没有人工作也能产生价值了。而且货币本身能产生利润和新的货币这一点也很奇怪。

实际上，如果资本和土地没有劳动也能产生价值的话，就等于是不需要劳动者了。但马克思为什么最后又附加上了“劳动—工资”这个关系呢？既然土地和生产资料能自己产生价值的话，那支付给劳动者的工资就是徒劳的费用了——

从资本的立场来看是这样的，所以马克思用“一个幽灵——劳动——那不外是一个抽象”来表现，劳动看起来确实是可有可无的，是一种徒劳的费用。

资本主义生产方式是文明的吗？

创造出三位一体的资本主义生产方式和以前的生产关系，比如封建制生产关系或奴隶制生产关系不同，是以自由契约来进行的。但在创造利润或者地租这些剩余价值上，它们都是从强制劳动得来的，这一点从未改变。不过，这种剩余价值的形成过程与以前的社会相比推进得更加顺利，因为人们因欲望增大而要求更大的生产。马克思在这里使用了“资本的文明的侧面”这个词来解释。

资本主义可以提供强大的生产力，使缩短剩余劳动时间成为可能。当然这是一种积极意义上的含义，并不代表资本主义马上就能去实践它，但在人类历史上是资本主义第一次为人类带来了物质的丰富这一点并没有错。

从必然之国到自由之国

马克思在这里写了下面这段有名的文字：

> 未开化人为要满足各种欲望，为要维持并繁殖生命，必须与自然相争斗；同样，文明人也必须与自然争斗；并且，无论他生在哪种社会形态内，生在哪种可能的生产方法下，他都必须与自然争斗。他越是发展，这个自然必然的国，会越是扩大，因为欲望也会增大；但同时，满足这种欲望的生产力也会增进。在这个领域内，自由不过是由这一点成立：即社会化的人，协作的生产者，合理地调节他们和自然的物质代谢机能，把自然放在他们的共同管理下，不让它当作一种盲目的力来支配自己，却以最小的力的支出，在最与人性相照应相适合的条件下，实行这种机能。但这个领域，依然常常是必然的领域。在这领域的彼岸，以自身为目的的人间力的发展，真的自由国方才开始。并且，这个自由国仍须以必然国为基础，方才可以开花结果。劳动日的缩短是根本条件。

文章的结尾虽然稍显突然，但已经简洁地说出了马克思对于未来的想象。未来之国，只能在距离现在资本主义世界的，很遥远的将来出现，从共同支配由资本主义创造的生产力中产生。比起其他，更重要的是其结果可以将人们从劳动这个常年套在人类脖子上的枷锁中解放出来。

马克思有时说劳动是连接人与人之间的纽带，有时又说劳动是痛苦的，应该缩短它的时间，这种看似矛盾的说法，从某种意义上来说可能正是马克思思想的源泉。为什么这样说，因为马克思既不主张全面地从劳动中解放，也不主张强制劳动。

揭穿三位一体的秘密

资本主义社会会不会就这样被简单消灭？我们不得而知。但资本主义不会将由于生产力的扩张而产生的剩余价值交到劳动者手里，即使剩余价值以利息、地租的形式出现也是如此。但总体上，劳动者创造出的价值而并非他物，三位一体最终还是会汇集到劳动上。

马克思在这里提出了一个关于土地—地租应该关注的观点：资本主义土地所有的含义就是从资本那里偷偷地窃取利润，这即是资本主义本质的侧面，或者说是生息资本的原型。

> 土地所有权对于现实的生产过程没有任何的关系。它的职能，不外是把所生产的剩余价值的一部分，由资本的钱袋内移到自己的钱袋内。

马克思在《资本论》中谈及地租的意义在于：这是一个与生产没有任何关系但能获得超额利润的问题，它与贯穿整个信用论的问题有着深刻的关系。正是它，成了解决这些问题的出发点。

如果说地租是在与资本的竞争中得到的；利息是争夺职能执行资本家所创造的利润而产生的，这两者看似都没有生产过程中的剥削关系。从这个意义上，可以说土地—地租、资本—利息这种三位一体的公式，是资本主义三位一体形式的完成形态；在劳动—工资里包含着职能执行资本家的所得和劳动者的利润，这个公式就不是“劳动者对地主、资本家、职能执行资本家”的构成，而成了“地主、资本家对职能执行资本家、劳动者”的构成，这样就看不到资本主义剥削的构造了。从前者可以看到，地主、资本家、职能执行资本家蚕食劳动者创造的剩余价值，但在后者是谁创造了价值就完全不知道了。加之它以土地产生价值、资本产生价值为前提，所以看起来只是一种接受了出借的土地和资本产生的利润的关系。

引用经济学者罗雪尔的话，正是对这种讽刺现象的诠释：

> 利润必定是由生产手段（资本的物质要素）发生的，地租必定是由土地所有者所代表的土地或自然，发生的了。

强加一个相称的身份

资本主义生产方式事实上就是劳动只创造出工资部分，地租从土地而来，利润是从资本中产生的——马克思认为这是一种完全颠倒黑白的说法。如果单从这个视角来看，只能看到在生产过程中包含于劳动中的资本创造出了价值；再从流通过程中看的话，地主只是获取了由土地产生的价值，而投资的资本家只是获取了所投资的资本产生的利息，所以看不到是劳动在创造价值。马克思说："本来的价值生产的关系是完全被丢到后面去了。"

> 无论资本在直接生产过程内吸收了多少的剩余

> 价值，也无论这种剩余价值表现为多少的商品，商品内含的价值和剩余价值，总是要在流通过程内实现的。生产上垫支的价值的收回和商品内含的剩余价值，都好像不只是在流通过程内实现，并且是由流通过程发生。这个外观，又特别由两个事情加强了：第一是由欺诈、奸谋、灵敏、熟练及各种市况弄来的利润让渡；第二是在劳动时间之外，尚有第二个决定的要素，即流通时间加人。

可以说马克思在《资本论》第二、第三卷中所研究的问题在这里就全部被探讨了。马克思之前的问题，在流通过程及其总过程中，现实的资本主义是如何来隐藏生产过程中产生的剩余价值？在这里已经有了答案。的确，在现实的社会中，仿佛是低买高卖的智慧创造了剩余价值，所以抱怨不断的劳动者最后只能认为是自己的无能导致了贫穷。可是，任何人都明白，每天工作 12 个小时却越来越穷，这是不正常的。因此，资本家会让劳动者认为这都是因为自己的命运不济。可以说资本主义世界就是由这种强加给劳动者的“相称”身份来建立的。

投放到市场的商品会暴露在竞争之中，为了卖出去就必须做到比其他商品销售价格便宜。高于平均利润获利的商品，只是沾了低于平均利润的企业商品的油头而已，也就是脱销后的利益——让渡利润。因此，创造利润就成了流通的一种策略。

资本主义的魔术

而且，股份资本加入资本之后，利润就成了贷款的利息，由此会产生一种利息不是生产过程中产生的，而是因贷款而产生的错觉。所以企业经营者，也就是职能执行资本家的利润就成了作为监督劳动的报酬，因为在生产过程中围绕利润和劳动报酬的对立也就消失了。中层在和领导交涉的时候，因领导的一句“其实我也是被雇佣的劳动者”的发言而扑个空，也正是这种问题的体现。

> 资本—利润（资本—利息），土地—地租，劳动—工资，这是一个经济的三位一体，它表示价值和财富一般的构成部分与其源泉，有怎样的关系。在这个经济的三位一体内，包含资本主义生产方

法的神秘化，包含社会关系的实物化，包含物质的生产关系与其社会历史的决定性直接混而为一的看法。那是一个妖怪的、颠倒的、倒立着的世界。在这个世界内，资本先生和土地太太，是当作社会的人物，同时又当作单纯的物，来实行他们的魔术。把这个虚伪的外观和错觉，把财富的不同诸社会的要素的独立化和凝固化，把物的人格化和生产关系的物化，把这个日常生活的宗教拿来解决，那是古典派经济学的伟大功绩。古典派经济学在解决这一点时，是把利息还原为利润的一部分，把地租还原为平均利润以上的剩余，所以二者会在剩余价值内相合为一。

这是一种魔法，将资本主义社会真正意义上的剥削关系掩盖掉，就是因为它存在于被魔法化的世界里。

第四十九章

生产过程的分析

两种社会

从整体的脉络来看，第四十九章的前后语句不是很连贯。这一章与三位一体无关，它整体的主要着眼点与《资本论》第二卷再生产的表示方式相似，即一年总产品的价值如何被生产和消费的问题。而这里的问题是，一年的总收益、总所得、纯收益，还有在资本主义的外观下和并非如此的情况下是明显不同的问题——当然从某种意义上来说，这与是否是资本主义社会无关。

的确，占有剩余价值的人和只有工资的人的劳动是不同的，但是……

在资本主义生产方式消灭但社会生产依然存在的情况下，价值决定仍会在以下意义上起支配作用：劳动时间的调节和社会劳动在各类不同生产之间的分配，最后与此有关的簿记，将比以前任何时候都更重要。现在并没有放到更重要的地位。

总价值 = 总价格

假使收回剩余价值使得特定阶级消失，但剩余劳动还是必需的，该如何去分配它这个问题就更为重要了。这是 1917 年十月革命后苏联的经济学家讨论的问题，它以计划和簿记为表现形式。普雷欧布兰丁斯基就如此主张，他主张在社会主义条件下，占中心地位的并非以往的经济学，而是计划和簿记。但苏联在 20 世纪 20 年代是不是已经废弃了这里所谈的资本主义生产方式还是个疑问。

在本章中首先建立了一个总价值 = 总价格的前提条件。在价值转变为价格的阶段，个别价格未必贯彻了其价值。由于竞争既有低于也有高于价值出售的情况，所以如果将这些情况全部舍去的话，整体上所有的产品总和的总价值与所有的生产价格总和的总价格就是一致的，如果不一致那这个前提就不成立。

那么以此为前提的话，一年中新创造出的总价值就是工资 + 利润（利息、地租、企业主收入），这就是总所得。但是价值里增加了目前为止价值转移了的部分，也就是不变资本部分（原料和机器）的一部分，将其加上之后就是总收益。从资本的角度来看，总收益还是总所得都没有关系，比起这些更为重要的是自己能获得的利润，就是从总所得中减去工资的部分。

那么这里就会出现某种问题，这是个已经在《资本论》第二卷的再生产过程中出现并且得到了解决的问题，如果用新创造出的价值来购买所有商品的话，那不变资本的部分就不会被购买从而会留存下来。实际上就如下文中表示的一样，第二部门的工资（500v）和剩余价值（500m）在第二部门消费；接着第二部门的2000c被第一部门的工资（1000c）和剩余价值（1000m）交换掉；最后第一部门的4000c又在它自身中被交换。并不是用3000c来购买9000c，作为这种交换中介的货币是提前投入的，这里的6000c是不变资本的部分，它不是新附加的价值，而是被转移了的价值。

Ⅰ 4000c+1000v+1000m

Ⅱ 2000c+500v+500m

在资本主义社会里，这个问题会产生不以简单形态示人的复杂形态。但在扬弃了资本主义的阶段，这个问题可以得到明确的解答。

第五十章

竞争的外观

利润看起来是因为地租、利息、工资便宜而产生的

第五十章主要说明的是在竞争中由于地租和利润的变动，生产过程中的剩余价值和有偿劳动的关系是如何被掩盖的。但马克思的表现方式过于啰唆，而让人无法理解文章的内容。

所以为了抓住重点，请阅读我为各位精简后的文字。

在独立的资本家之间进行的竞争和在世界市场上进行的竞争中，被作为不变的和起调节作用的量加入计算中去的，是已定的和预先存在的工资、利息和地租的量。这个量不变，不是指它们的数量不会变化，而是指它们在每个场合都是一定的，并且为不断变动的市场价格形成不变的界限。

例如，在世界市场上进行的竞争，问题仅仅在于在工资、利息和地租一定时，是否能够按照或低于现有的一般市场价格出售商品而获利。也就是说，是否能实现相当的企业主收入。如果一个国家的工资和土地价格相对低廉，资本的利息却很高，那么那里资本主义生产方式总的说来就是没有发展；而另一个国家的工资和土地价格名义上很高，资本的利息却很低，那么资本家在一个国家就会使用较多的劳动和土地，在另一个国家就会相对地使用较多的资本。在计算两

个国家之间可能在多大程度上进行竞争时，这些因素都在起着决定作用。

因此在这里，从经验出发我们可知，利己的资本家打算从实际方面表明：商品价格由工资、利息和地租决定，即由劳动的价格、资本的价格和土地的价格决定。而这些价格要素确实是起调节作用形成价格的要素。

这里所说的是利息、地租、工资构成了价格，看上去好像是限制了企业主的收入。但如果企业主要获得更多的利益，似乎就只能通过用低利息来获得资本，或者用便宜的地租借到土地，抑或用低廉工资去雇佣劳动者了。

然而要以世界市场为前提的话，那就只需要向低工资和低地租的地方投资，然后在那里生产就可以了。通过降低工资来获得利润，这也正是世界一体化的时代各资本主义国家所进行着的活动。要降低利息部分，只需要将资本调配到利息率低的地域就可以。可以说，在日本被称为远程交易的投资基金，正是从事着从低利率国家调配资金然后贷款给利息率高的地方的活动。

但实际上利润是从劳动中产生的

然而，正如我们说过很多次的，实际上利息、地租、企业经营者所得等都属于剩余价值，他们一般都是劳动者所提供的剩余劳动，也就是通过将劳动者的工资压到最低限度的再生产费用范围内而产生出剩余价值。所以在研究了利息率和地租之后，我们还会发现提高利润最简单的方法是压低劳动工资。看起来由于竞争，是地租和利息率发生变动降低了利润，但利润最大的敌人仍旧是工资。

第五十一章

分配关系与生产关系

唯物论的定式

> 每一个确定的历史的形态，都会进一步发展这个过程的物质基础和社会形态。一经达到相当的成熟时期，这个确定的历史形态就会被剥去，并让位给一个较高级的形态的。各种分配关系，从而，与其相照应的生产关系之一定的历史的姿容，在一方面，生产力，生产效率，及其当事人的发展；在另一方面，只要这两方面的矛盾和对立取得了相当的广度和深度，这个危机的瞬间的到来，就有预兆反应了。在这时候，生产的物质发展就和它的社会形态发生冲突了。

马克思在这里所谈及的内容与《经济学批判》的序文里所写的唯物论定式相似，即生产力的发展及与之呼应的生产关系出现使建立在它们之上的诸多关系发生变化。在这里他对分配关系不过是生产关系的反映这个问题进行了说明。

资本主义的分配关系是什么?

分配关系的意思就是地租、利息、工资等所得的分配关系。资本主义的生产关系就是有偿劳动与资本之间的关系及从中产生的剩余价值的形成过程。资本主义从这个意义上要尽量降低费用价格而使剩余价值最大化。资本家对于劳动者并不是用神秘的权力施压来进行剥削，而是用更合理的自然法则来剥削。

地租借由资本主义的土地所有形态而产生，利息借由资本主义的资本所有而产生，这就意味着分配过程就是资本主义的生产关系。

换句话说，资本主义的分配关系是从资本主义的生产关系中产生的。既然如此，那就不能说分配关系与生产关系不同，也就是分配关系本身就反映了资本主义的生产关系，所以这个关系在生产力的发展中早晚会走向崩溃。

第五十二章

诸阶级

在现实社会中看不到阶级对立

终于到了最后一章。这样说可能有点不太好，实际上读过第二卷和第三卷的读者，我建议大家与其从第二卷的开头读还不如倒着读，也就是从放在第三卷第七篇的最后一章的"诸阶级"开始读。

为什么这么说呢？这是因为第二卷和第三卷所阐述的重点在于，在进入说明现实的流通过程的阶段后，阶级是如何产生的这个问题。正如不能只见树木不见森林，我还是希望大家首先从森林看起。

第一卷的论述对象是对生产过程内部的资本和雇佣劳动之间剥削构造的分析。就是放在任何一个工厂都能成立的、产品的价值是怎么构成的问题。它的内容是，作为可变资本的劳动力的价值（劳动工资）和从劳动力的使用价值中减去其价值而得到的差额（剩余价值），是如何向原料和机器这种不变资本赋予价值的。这里不存在产品进入市场后的销售过程中出现的竞争，向被雇佣社长（职能执行资本家）投入资本的资本家、出借土地的地主等这一切也都是看不到的。然而在现实的社会中，买卖总是在复杂环境中进行的。

追求被掩盖的本质

到这里我们可以说，马克思《资本论》的第一卷就像真空中的实验一样，讨论的只是在理论环境下商品的价值是如何形成的问题。但是，在实际的社会中，工厂剥削劳动者得来的剩余价值，也可以看作与其他企业竞争获胜而得来的利益。从理论上来说就是看不到剥削。

然后，抢夺来的企业的剩余价值（利润），会卷入向企业投资的股东和运营企业的职能执行资本家之间的利润争夺战中，这就是股东的分红和企业家监督劳动的利益的对立。如果只将焦点聚集在这上面的话，就会使人忘记利润是如何形成的，而只会一味地去关注到底是哪一方夺取了利润。

所以马克思在《资本论》第一卷中舍弃了存在于所有现象中非本质的东西，以某种商品为落脚点，引出了沉睡于所有现象深层的本质，也就是商品的双重性（即使用价值和价值）。特别是对于本质是商品的双重性、存在于根源的劳动力的双重性以及由此而产生的剩余价值，也就是剥削的结构进行了解析。并以一个工厂内部为原型来解释，这些就比较容易理解。

但是，一旦到工厂之外进入流通，这种原型很快就看不到了。在第二、第三卷只管一味地追求这种看不到的现象，但在追求的过程中忘记了为什么要去追求这种现象，所以最后还是追溯一下阶级的问题比较好。最后的这一章虽然并未写完，但它作为一个提醒我们不要忘记的记录，起到了很重要的作用。

分成三大阶级的虚伪性

> 劳动力的所有者（他的所得源泉是工资），资本的所有者（他的所得源泉是利润），土地的所有者（他的所得源泉是地租），换言之，工资劳动者，资本家，土地所有者，是以资本主义生产方法为基础的近代社会的三大阶级。

首先，我们不能忘记这三大阶级是现实存在的，但是对这三大阶级的区分从某个意义上来说是不正确的。严格来说，只有资本家阶级和雇佣工人阶级就可以了。为什么会出现地主呢？还有为什么会出现地租呢？这就有些让人不知所措了。《资本论》三卷中关于地租仅出现了很少一部分，而且马克思甚至说他对和资本主义生产没有关系的地租没有兴趣。

但为什么是地主和地租？实际上这里存在着从利润中获取利息的资本结构的萌芽，也就是靠利息生活的资本家原型。出借土地和出借资本有着相同的意义，在这种条件下，在英国所看到“地主—资本家”的对立形式，现在也可以说这是“货币资本家—职能执行资本家”的对立形式。

结果就只有两个阶级——劳动者阶级和资本家阶级

当然，现实社会中看起来是有很多阶级的。但是很多人会因为资本主义社会的不断发展，大多转化成了雇用劳动者而不再是一种独立的存在了。从理论上说，资本主义社会必然存在三大阶级，但是从资本的运动上来说，就成了两个阶级，即包含获得地租、利润、企业主收入的资本家阶级和劳动者阶级。马克思的草稿在这里就结束了，并没有写为什么会讲到这些内容，但从整体的脉络而言，必然会是这种结论。农民会成为雇佣劳动者，地主会成为向近代的资本家出借土地的地主阶级，也就是靠利息生活的资本家，这样三大阶级就变成了两大阶级。

是的，分析这两大阶级的对立就是第二、第三卷最重要的课题。

后 记

我在经历了一年的在外研究之后于2008年7月31日回到了日本，未做休息便开始执笔书写《〈资本论〉轻松读》的续篇，也就是《资本论》第二、第三卷的部分。我每天集中精力伏案写作，已经忘了季节更替、寒来暑往。

从金融危机到经济危机的时代变迁中，我深切地感觉到《资本论》到现在依然为人们所迫切需要。遗憾的是，之前出版的《〈资本论〉轻松读》只是以第一卷为论述对象，并没有写到马克思的信用论问题，所以尽快完成后两卷的想法一直在驱使着我。

由于《资本论》的第二、第三卷是马克思留下的草稿，有些内容表达不甚清晰，恩格斯在编辑上加了新的内容，所以并不是随便就能写好的。但是听到读者们想要阅读的呼声，我就毅然决然地接受了挑战。

只是解说马克思经济学并不是那么困难，但要完整地说明《资本论》第二、第三卷的各章和各节就非常有难度了。

有时候是不断重复、有时候是内容缺失、有时候是不连续的断章，总之满篇喋喋不休的论述，迎面而来的是该如何去处理这些问题。我没有泄气，我知道这就像修隧道一样，只能不停地向前挖掘，不能说有坚硬的岩石就选择绕道迂回。当然从某个意义来说，解释中可能有不对的地方，但我觉得这也是没有办法的。这样说可能有些冒昧，既然马克思已经不在，那就只能由我代替他将本书去融会贯通了。

更何况在逐渐走向经济危机的今天，就更要正确地去把握资本主义的现状，在这中间尽可能地将现代社会所面对的各个环节用《资本论》来解释，我认为这是理所当然的。虽然有一点粗制滥造的嫌疑，但身处如今这个社会，我还是建议大家去读一读《资本论》，这就是我恳切的愿望。我希望大家能把第二、第三卷放在一起阅读。

为什么呢？就像法国的马克思学者马克西米利安・卢贝尔所做过的一样，将两卷作为《资本论》的草稿放在一起是有它的意义的。

这样我们就能明白马克思遗留下来的草稿里有什么样的意图。我希望大家不要将它只是作为《资本论》第二、第三卷这样连续的图书来读，而是作为马克思所遗留下来的《资本论》体系的遗产来阅读。

从2008年开始的裁员风暴中，日本大企业的正式职员无一例外地受到了影响。这时，资本只有通过牺牲劳动者才能壮大这一点正在被现实所验证。对于透过英国维多利亚时期繁荣表象下的英国而预告了这一切的马克思，真是太伟大了。现在，就让我们怀着敬畏之心去阅读《资本论》吧。

的场昭弘

2009年3月

译者后记

这本书原名《超译〈资本论〉》。刚拿到这本书时还没有真切地体会到任务的艰巨，注意力首先被“超译”这个词所吸引。

通过阅读序言，我才深深地感受到的场教授对《资本论》的厚重积累。是的，他甚至对马克思在写作过程中的思想变化以及马克思与当时社会中的各种思潮作斗争的艰辛都进行了介绍，而的场教授博客的笔名就叫“马克思”。

抱着这种感动和敬佩之心，我开始了翻译工作。这本巨著翻译为中文共有 30 万字（第一卷 10 万字、第二卷 9 万字、第三卷 11 万字）。其解读版从翻译的角度上来说比原著更加难懂，除了反复阅读原著外，还要用心体会作者思路的切入点。在翻译的过程中，我时常叹服作者的游刃有余，又如履薄冰般仔细揣度飘忽的文字背后深刻的思想。马克思主义的伟大自不必说，展现的场教授的大家风采也实非易事。

所幸张琰龙老师和江涛老师一同加入翻译团队，由张琰龙老师分担了第二卷，江涛老师分担第三卷的翻译工作。历经一年多的努力终于完成了此次翻译任务。我们努力再现大家笔下的巨作之精华，毕竟积累有限，难免纰漏，敬请读者专家指正。

西安外国语大学副教授　王琰

2020 年 12 月 30 日

图书在版编目 (CIP) 数据

《资本论》轻松读 / (日) 的场昭弘著 ; 王琰 , 张琰龙 , 江涛译 . — 杭州 : 浙江人民出版社 , 2022.7

ISBN 978-7-213-10309-4

Ⅰ . ①资… Ⅱ . ①的… ②王… ③张… ④江… Ⅲ . ①《资本论》- 马克思著作研究 Ⅳ . ① A811.23

中国版本图书馆 CIP 数据核字（2022）第 056662 号

浙江省版权局著作权合同登记章
图字 : 11–2019–188 号

《资本论》轻松读

［日］的场昭弘 著　王　琰　张琰龙　江　涛 译

出版发行：浙江人民出版社（杭州市体育场路 347 号　邮编：310006）

市场部电话：（0571）85061682　85176516

责任编辑：沈敏一　尹晓捷　潘海林　李　楠

营销编辑：陈雯怡　陈芊如　赵　娜

责任校对：陈　春　杨　帆　王欢燕

责任印务：刘彭年

封面设计：异一设计

电脑制版：北京尚艺空间文化传播有限公司

印　　刷：杭州丰源印刷有限公司

开　　本：650 毫米 ×960 毫米　1/16　　印　　张：60

字　　数：456 千字　　插　　页：6

版　　次：2022 年 7 月第 1 版　　印　　次：2022 年 7 月第 1 次印刷

书　　号：ISBN 978-7-213-10309-4

定　　价：248.00 元（全三册）